北京语言大学校级科研项目（批准号15WT05）
北京语言大学中国周边语言文化研究所资助

新时代语言状况调查研究丛书

总主编 郭风岚 朱艳华
审定 戴庆厦

云南语言状况调查研究

余金枝 等◎著

中国社会科学出版社

审图号：云 S(2019) 031 号
图书在版编目(CIP)数据

云南语言状况调查研究 / 余金枝等著. —北京：中国社会科学出版社，2023.6
(新时代语言状况调查研究丛书)
ISBN 978-7-5227-1340-3

Ⅰ.①云… Ⅱ.①余… Ⅲ.①语言调查—调查研究—云南 Ⅳ.①H004.2

中国国家版本馆 CIP 数据核字(2023)第 067988 号

出 版 人	赵剑英
责任编辑	宫京蕾
责任校对	李 莉
责任印制	郝美娜

出　　版	中国社会科学出版社
社　　址	北京鼓楼西大街甲 158 号
邮　　编	100720
网　　址	http://www.csspw.cn
发 行 部	010-84083685
门 市 部	010-84029450
经　　销	新华书店及其他书店

印刷装订	北京君升印刷有限公司
版　　次	2023 年 6 月第 1 版
印　　次	2023 年 6 月第 1 次印刷

开　　本	710×1000　1/16
印　　张	23.5
插　　页	2
字　　数	398 千字
定　　价	148.00 元

凡购买中国社会科学出版社图书，如有质量问题请与本社营销中心联系调换
电话：010-84083683
版权所有　侵权必究

新时代语言状况调查研究大有可为
——《新时代语言状况调查研究丛书》序

戴庆厦

我主要是做少数民族语言的教学和研究的。长期以来，喜欢了解、思考我国的语言问题，特别是对我国少数民族地区语言文字使用情况的变化很感兴趣。近期，获悉由北京语言大学主持的《新时代语言状况调查研究丛书》经过多年的努力即将与读者见面，十分高兴，好像很快就有一套可供自己了解、研究全国各地区语言使用情况的参考书。趁写序的机会，谈几点想法，与大家交流。

一 重要性、必要性

半个多世纪以来，我到过民族地区做过不知多少次的语言使用状况调查，每次调查都让我增长了知识，扩大了眼界，不断加深了对语言使用规律的认识。我深深体会到，我国语言的使用太有特点，太有规律可循。不同民族、不同地区、不同时期、不同人的语言使用特点既有共性，又有个性。不同语言存在不同的类型和特点，其差异都能找到成因。而且，语言使用状况直接影响到社会的发展和进步，与人们的利益直接相关，需要语言工作者及时把握动态，根据语言实际提出应对策略。下面举两个例子来说。

例一：哈尼族的语言使用由单语型向双语型转变

半个世纪以来，哈尼族地区的语言使用实现了由单语型向双语型转变。这是我在实地看到的。1956—1959 年，我有幸参加了中国科学院少数民族语言调查第三工作队到云南做哈尼文创制工作，去过不少哈尼族村寨调查哈尼语。那时哈尼族村寨的群众基本都只会说自己的母语，仅个别上过学的会说些汉语。汉族干部、教师、医生到村寨工作，若不靠翻译就无法工作和生活。但时过50年，2011年我重返当年住过3个月的绿春县坡头村做调查，吃惊地发现当年的单语型已转型为双语型，即由母语单语型转变为兼用汉语的双语型。老乡们见到我这位当年被称为创造哈尼文的"北京人"喜出望外，不分年龄大小都能用汉语向我问候，与我交谈。我顿时就感到这个哈尼山寨的语言生活大变了。他们还带我环绕了整个村寨，带我看了当年住过的房子，感到哈尼人的生活真是大变了。过去的瓦房已换成水泥楼房，家家都有现代化电器。许多家庭还有摩托车、汽车，生活水平有了意想不到的提高。青少年都能享受国家的九年义务教育，文化教育水平大大提高，寨子里出现了一些大学生、研究生。这些变化都与语言转型、学会了国家通用语汉语，有着密切的关系。①

例二：使用人数少的耿马景颇族语言仍然具有强大的活力

2009年6月，我出于对小语种语言活力的兴趣，带了一个调查组赴云南省耿马县调查景颇语的使用现状及其演变。在我国，景颇族的主体是在云南省德宏傣族景颇族自治州，只有少量在耿马县（1004人）。景颇语在耿马那里是个"语言孤岛"。这种处境下的语言，其生命力如何，会不会出现濒危，如何解决语言使用，这些是我们课题组要探讨的问题。经过细致的田野调查发现，这个使用人口只有千余人的语言，在几个强势语言（汉语、傣语、佤语）的包围下，竟然都完好地保留了下来，说明弱小语言的生命力不都是那么脆弱。我们分析其原因发现，这主要是由我国的民族平等、多元文化共存的国家政策决定的，还与景颇语的语言适应有关。人口少的耿马景颇族要生存、发展，就要学习国家通用语，实现了全民双语，从白发苍苍的老人到儿童，两种语言切换使用自如。此外，他们有的还会使用周围的另一语言如佤语、傣语等。②

以上例子说明，语言状况如何与民族的发展有密切的关系，是一个国家制定正确的语言政策不可缺少的依据。兼语实现了语言功能互补，有助于母语的生存、发展。做好新时代的语文工作，必须对语言状况要有一个基本的了解，基本的估价，才能根据实际做好工作。

二 知识性、实用性、学术性

就我看来，这套丛书的编写，作者注意了以下三点：知识性、实用

---

① 参看戴庆厦主编《云南绿春县哈尼族语言使用现状及其演变》，商务印书馆2012年版。
② 参看戴庆厦主编《耿马县景颇族语言使用现状及其演变》，商务印书馆2010年版。

性、学术性。

知识性：该丛书花费了大量精力汇集了一个地区语言使用的第一手实况，给人以耳目一新的感觉。语料是第一性的，是认识语言的基础，也是最有价值的。语料有多元的用途，语言学的、民族学的、社会学的、人口学的等，从语料中能够发现当地的民族关系、语言关系。有了语料，能够炒各种各样的"菜"，说明各种问题。该书给读者以丰富的语言使用状况方面的知识，透过语言状况可以领略到里面蕴含的无数哲理，能够透过语言使用状况认识这一地区的过去、现在和未来。

实用性：语言是社会民族的一个重要特征，是国情的一个重要组成部分。但许多人不了解我国究竟有多少语言，不同语言是如何形成的，是如何发展、演变的，也不知其存在的必然性，应如何正确对待。有不少好心的朋友问过我："为什么要有那么多语言和方言？都用一个统一的语言不是更好吗？""你们研究语言有什么用处？"存在这些疑问是可以理解的，因为他们不了解我国语言的状况如何，其存在的必然性是什么。该丛书通俗地给我们提供了中国语言的基本知识，还有与语言有关的社会、民族、文化、地理、民俗、交通等方面的知识，能够帮助读者从语言上科学地认识中国是如何形成中华民族共同体，为什么要铸牢共同体，有其实用价值。

学术性：语言使用状况属于语言国情学，是语言学的一个重要分支。研究语言，除研究语言本体结构外，还要研究语言的分化、融合、濒危以及语言功能的增强、衰退等。语言使用状况如何，还会影响语言结构的演变。该丛书详细地描写了各地区的语言使用状况，可供语言学研究，具有重要的学术价值。我们过去重视单个民族语言和方言的研究，这是对的，但还需要有地区性的语言研究，可以从地区角度揭示语言的特点，是对单个语言研究的补充，有其不可替代的价值。

三　新时代的语言状况调查

进入新时代，我国各方面的进步将会比以往更快、更大，语言的使用也将会出现许多过去未见过的特点；进入新时代，语言问题仍然存在，对国家的发展、民族的进步将起到重要的影响作用。所以，语言状况调查，必然也是新时代语言学的一项重要任务，而且不断会有新的内容出现，时做时新。

新时代的语言状况调查，是我们过去尚未经历过的，是一个新的课题。我们需要在中央的方针指导下，"摸着石头过河"，逐步在内容、方法、理论上摸索一套适合中国特色的框架。如何做好新时代的语言使用状况调查研究，这里仅就我的初步思考，提出几点与大家交流。

（一）必须有助于铸牢中华民族共同体

中华民族共同体是中国独具特色的一种重大社会现象，是中国长期社会发展形成的大势。巩固和发展中华民族共同体，是各民族发展、繁荣和实现中华民族伟大复兴的必要保证。进入新时代，中华民族共同体将不断得到加强。语言使用状况调查，必须为铸牢中华民族共同体献力。

处理好语言关系，发挥不同语言、方言的作用，将会有利于促进中华民族共同体的巩固。而且，语言是一面强烈反映社会、文化的镜子，在语言中富有共同体的各种因素，在语言使用状况的调查中必须深入挖掘语言上的各种共同体的因素，从理论和实践的结合上证明中华民族共同体形成的必然性和重要性。比如，我们可以从我国的历史文献中，包括汉文文献、民族文字文献，发现关于我国各民族交往、交流、交融，以及各个民族语言相互交融、相互学习的记载，特别是少数民族语言与汉语的交融，包括语言影响与语言兼用。又如，可以在我国民族语言的口传史诗、谚语、故事的文化词中，如人名、地名、亲属称谓词等，发现共同体内不同语言的密切关系。再如，在中华民族的文库里，有一大批汉族优秀文化题材用少数民族语言创作的诗歌、戏曲、唱词，如《三国孟姜女哭长城演义》《封神演义》《梁山伯与祝英台》《白蛇传》《西厢记》《藏王与汉女》《董永与七仙女》等，是不同民族长期、密切的文化交流、交融，以及少数民族学习汉族文化的结果，没有共同体的"基因"，没有共同的价值取向和相同的审美观念，就不可能在各民族中扎根发芽，长期流传。[1]

（二）必须有助于解决一体化和多元化的关系

在一个多语言、多方言的中国，多元化是客观存在，是中国的特色之

---

[1] 见梁庭望主编《汉族题材少数民族叙事诗译注——壮族卷》，民族出版社 2009 年版；拉斯格玛主编《汉族题材少数民族叙事诗译注——蒙古族卷》，民族出版社 2016 年版；吴刚主编《汉族题材少数民族叙事诗译注——达斡尔族、锡伯族、满族卷》，民族出版社 2016 年版；蓝柯主编《汉族题材少数民族叙事诗译注——壮族、仫佬族、毛南族卷》，民族出版社 2016 年版；龙耀宏主编《汉族题材少数民族叙事诗译注——侗族、水族、苗族、白族卷》，民族出版社 2016 年版。

一。多元化是文化丰富多彩的表现，是宝贵的遗产，有利于国家的发展和文明建设。但对多元化，要保护，要处理好与一体化的关系。

在语言的使用上，如何处理好学习国家通用语与民族语之间的关系是一体化与多元化中的一个重要问题。随着社会的发展、进步，全国各民族对全国统一使用通用语的要求更加迫切，这是历史的大势，必须促进其发展。在语言使用状况调查中，应当广泛收集、了解不同民族、不同地区的人们是如何学习国家通用语的，如何科学地摆好通用语和民族语的关系。有哪些经验，有哪些困难，存在哪些需要解决的问题。不仅要调查现实状况，还要调查历史的演变，古今串通。

进入新时代，社会发展迅速的客观实际，会使得一些使用人数少的语言出现功能下降，语言保护是新时代必须做的事。在语言状况调查中，要重视收集语言功能变化的情况，并分析其成因，研究其规律。

（三）必须改善语言调查方法，重视使用现代化手段

语言国情调查，过去已积累了一些经验。但在新时代，随着交叉学科的发展、现代化手段的更新，在研究上必然要有新的进步。如何将一些新的手段、方法，运用到语言使用状况的调查中，如语料库建设、数字化手段的运用、语音录制及保存等，需要我们学习使用。

感谢丛书作者的辛勤付出。期待见到更多的语言使用状况的成果！

边境语言的"睦邻成边"作用(代序)

李宇明

"语言安全"有两种含义:一指语言自身的安全,如语言文字不规范现象增多、语言使用的媒体落后、受到外来语言的压力加大、语言使用人口减少等;二指因语言文字而涉及的安全问题,包括因语言文字引发的安全问题,如语言矛盾激化而产生的语言冲突乃至语言战争;也包括利用语言文字维护安全的问题,如利用难懂的语言传递军事情报,利用网络大数据破译毒品走私信息,利用笔迹特征帮助案件侦破。

这两种含义的语言安全虽然具有内在关联性,但是其内涵、外延、社会关注度、对社会的影响力等却有不少差异。社会所理解的语言安全,往往是第一种含义的语言安全,其实第二种含义的语言安全更为重要,特别是在非传统安全背景下。在许多关于安全的讨论中,常常不直接涉及语言安全问题,其原因之一是把"语言安全"作第一种含义理解,将其放入文化安全之中了。这显然是不全面的。本书主要在第二种含义中讨论语言安全问题。

语言与安全问题相关,是由语言的属性决定的。语言是人类最重要的交际工具和信息载体,也是身份的重要认同标志,同时是文化最重要的组成部分和文化最主要的建构者、阐释者、负载者、传播者。这些特性,使语言在信息沟通、情感表达、身份认同、文化传承、技术传播、经贸活动中发挥着基础作用,在中华民族共同体意识的形成和发展中,在边境安全守护中,在与周边国家和地区建立睦邻友好关系中,语言的助力都是不可忽视、不可缺少、不可替代的。

中国是多民族的统一国家,有56个民族,百余种语言。由于对语言资源掌握的情况不同,也由于所秉持的语言划分标准的差异,国外也有认为中国有300多种语言的;作为学术研究,这种说法也可聊作一说。中国是世界上陆地边界线最长、邻国最多的国家，陆地边界总长22000多千米，与朝鲜、俄罗斯、蒙古国、哈萨克斯坦、吉尔吉斯斯坦、塔吉克斯坦、阿富汗、巴基斯坦、印度、尼泊尔、不丹、缅甸、老挝、越南等14个国家接壤，与朝鲜、韩国、日本、菲律宾、文莱、马来西亚、印度尼西亚、越南等8个国家接海为邻。沿陆海疆界有辽宁省、吉林省、黑龙江省、内蒙古自治区、甘肃省、新疆维吾尔自治区、西藏自治区、云南省、广西壮族自治区和河北省、天津市、山东省、江苏省、上海市、浙江省、福建省、台湾省、广东省、香港特别行政区、澳门特别行政区、海南省等21个省级单位，其中，与外国陆地接壤的边疆地市有45个。

中国的边界十分复杂，有些段落还没有划定边界，有些还存在划界争议。中国的边境语言更为复杂，亟须研究，更需具有驾驭边境语言的能力。边境语言，是指边境线附近（300—500千米）的语言或方言，可分为三大类别：A类，跨境语言。跨境语言是指跨越边境分布的语言或方言，一般认为有30多种。近来，北京语言大学语言资源高精尖中心发布的统计结果显示，就中国的语言标准看，跨境语言有54种，而按照国外的语言标准看却有90多种。这些数据都还没有考虑邻海国家的跨境语言问题。B类，界内边境语言，是指只分布在我国境内的边境语言。C类，界外边境语言，是指只分布在我国边境线外的边境语言。B、C两类是非跨境的边境语言，其数量尚未精确统计。如果考虑到海疆，我国的边境语言在200种左右。

边境语言的作用可以概括为"兴边睦邻、戍边护疆"。历史上，中国与周边国家基本上是"有边无界"，两边多是亲戚邻居，出国就如同走亲访友。今日的中国，更是实行兴边睦邻政策，边界是双边贸易口岸和人员交流通道，且日益成为双方边境省区扩大经济和人文交流的重要平台。近些年来，随着中国的发展，边境对面来嫁、来学的现象增加；特别是在新冠肺炎疫情防控中，边界既是防控的关卡，也是援助周边的通道。人员交往、经贸交流、通婚成家、文化教育、应急服务等，都离不开边境语言的参与，边境语言是架设在边界上的"语言睦邻桥"。

边境既是友好合作之地，也是冲突动荡之源。边境守护、划界谈判与边界勘定，需要熟悉边境语言、文化和历史，其中包括地名的由来和边民的构成。边疆的语言文化、经济教育等的发展繁荣，也关乎人心向背，关乎边境安全。语言在戍边卫疆方面具有重要作用，就像边境的河海与山脊。

发挥好边境语言作用，必须制定科学的边境语言规划。

第一，深入调查研究，了解边境语言状况。对边境语言进行详细的取样调查，建立边境语言文字的知识库和数据库。调动汉语、民语、外语及其他有关学科的学者，大力开展边境语言研究，弄清其谱系关系、类型学特征及语言功能的发挥状况，要把语言与使用这种语言的人民结合研究，建立语言文化数据库，弄清边民的历史、现状及语言生活状况。

第二，做好边境语言规范。（1）首先是语言的名称规范。语言名称一般与其民族的名称一致，有时跨境民族的名称在不同国家有不同叫法，有些族群在不同的国家有不同的归属，族称及归属的不同，就会带来语言命名的问题。语言名称同民族名称一样，不仅有本族自称，还有外族他称，同时还有名称的书写问题。（2）有文字的边境语言还有文字规范问题。文字规范牵涉三个方面：文字名称、文字形体或字母表的选定、正字法；其中正字法也包括人名、地名及其他专有名词的拼写（书写）问题。语言名称规范和文字规范的基本原则是：（1）遵从语言规律；（2）尊重本民族的意愿和文化传统；（3）有利于中华民族共同体的构建和边疆发展。特别是要谨慎处理跨境语言问题。

第三，发挥边境语言的社会作用。边境语言是边民的重要交际工具，也是边民生活与发展的文化凭借，同时是边疆地区对外交流凭借和展示中国的窗口。利用边境语言办好媒体，包括平面媒体、有声媒体、网络媒体和融媒体；利用边境语言发展文化艺术，包括民间故事、歌谣、戏曲、旅游文化、电影、电视剧、卡拉 OK、抖音等；利用边境语言发展卫生教育、健康生活教育、农牧科技教育、护边睦邻教育等。国家通用语言在边疆语言生活中起主导作用，但也不能忽视边境语言特殊的社会作用。

第四，研发边境语言的现代信息技术。现代信息技术主要是网络语言通信和语言智能技术，因此也可以称为现代语言技术。边境语言的现代信息技术，包括与边境语言相关的各种数据库建设、软件开发、App 应用等。这些技术既可以用于巡边、缉毒、反恐、卫星导航等领域，也可以用来兴边睦邻。

边境语言规划，是在宏观上使国家具有"兴边睦邻、戍边护疆"的语言能力，是综合、科学、长远地发挥边境语言的作用。近 20 年来，我国开展了"有声语言资源数据库建设"和"语保工程"，积累了语言调查、库藏、数据开发的经验，这一经验应当用在边境语言的调查研究上。如果说把汉语方言保护看作语保工程的"第一圈"，国内少数民族语言保护看作"第二圈"，边境语言的调查研究就可以看作语保工程的"第三圈"。"第三圈"语保工程，对内是国内语言保护事业的完善，对外是中国参与世界语言保护的开端。同时，我国的中文（包括民语）信息处理技术已经获得了较大进展，这些技术在边境语言的迁移利用，是十分有前途的。边境地区山高水远，语言调查比较困难，而且还涉及周边国家，语言规范及技术处理也涉及周边国家，因而最好能够在共商共建共享的理念下开展合作，合作本身就是睦邻之举。

最后需要指出的是，陆地划界不易，领海争端解决更难。海上疆界在历史还没有划定过，海上争端还牵涉国际海洋法等国际法规则。随着海洋资源和海上通道安全重要性的日益上升，解决领海争端将成为摆在中国和周边国家面前的一道世纪性难题。睦邻护海涉及的主要外语有日、韩/朝、菲律宾、马来西亚—印度尼西亚、越南、英、俄等，还涉及国内邻海的汉语方言。要特别重视对有关岛礁、海域的名称研究，许多岛礁、海域的命名包含着南方方言的元素，证明着中国人的历史发现权。海境语言能力的问题，也应当引起高度重视。

目 录

第一章 社会人文状况 …………………………………… (1)

第一节 民族语言文化资源的丰富性和差异性 …………… (1)
    一 民族语言文化资源的丰富性 ………………………… (2)
    二 民族语言文化的差异性 ………………………………… (3)

第二节 民族人口分布及历史渊源 ………………………… (4)
    一 民族人口 ………………………………………………… (4)
    二 民族分布 ………………………………………………… (5)
    三 民族历史渊源 …………………………………………… (8)

第三节 行政区划 …………………………………………… (10)
    一 当代行政区划 …………………………………………… (10)
    二 行政区划历史 …………………………………………… (12)

第四节 经济文化 …………………………………………… (14)
    一 经济 ……………………………………………………… (14)
    二 文化 ……………………………………………………… (16)

第二章 云南语言使用状况 ……………………………… (20)

第一节 汉语使用状况 ……………………………………… (20)
    一 普通话使用状况 ………………………………………… (20)
    二 云南方言使用现状 ……………………………………… (25)

第二节 少数民族语言的使用状况 ………………………… (28)
    一 藏缅语族语言使用状况 ………………………………… (29)
    二 壮侗语族语言使用状况 ………………………………… (44)
    三 苗瑶语族语言使用状况 ………………………………… (48)
    四 南亚语系语言使用状况 ………………………………… (50)

第三节 少数民族文字的使用状况 …………………………………… (55)
　　一 文字类别 ………………………………………………… (56)
　　二 使用状况 ………………………………………………… (59)

第三章 云南少数民族使用语言的状况 …………………………… (65)
　第一节 人口百万以上的少数民族使用语言的状况 ……………… (67)
　　一 彝族使用语言的状况 …………………………………… (67)
　　二 哈尼族使用语言的状况 ………………………………… (72)
　　三 白族使用语言的状况 …………………………………… (75)
　　四 傣族使用语言的状况 …………………………………… (79)
　　五 壮族使用语言的状况 …………………………………… (82)
　　六 苗族使用语言的状况 …………………………………… (84)
　第二节 人口十万以上的少数民族使用语言的状况 ……………… (86)
　　一 傈僳族使用语言的状况 ………………………………… (86)
　　二 拉祜族使用语言的状况 ………………………………… (89)
　　三 佤族使用语言的状况 …………………………………… (92)
　　四 纳西族使用语言的状况 ………………………………… (93)
　　五 瑶族使用语言的状况 …………………………………… (96)
　　六 藏族使用语言的状况 …………………………………… (97)
　　七 景颇族使用语言的状况 ………………………………… (99)
　　八 布朗族语言使用的状况 ………………………………… (103)
　第三节 人口十万以下的少数民族使用语言的状况 ……………… (112)
　　一 布依族使用语言的状况 ………………………………… (113)
　　二 普米族使用语言的状况 ………………………………… (114)
　　三 阿昌族使用语言的状况 ………………………………… (118)
　　四 怒族使用语言的状况 …………………………………… (121)
　　五 基诺族使用语言的现状 ………………………………… (124)
　　六 蒙古族使用语言的状况 ………………………………… (125)
　　七 德昂族使用语言的现状 ………………………………… (128)
　　八 独龙族使用语言的状况 ………………………………… (129)
　　九 仡佬族使用语言的现状 ………………………………… (130)
　　十 西双版纳毕苏人使用语言的状况 ……………………… (131)

第四章　云南边境地区语言使用状况 …………………… (132)
第一节　云南边境地区的地理人文状况 ………………… (132)
　　一　云南边境地区的地理人文状况 ………………… (133)
　　二　云南边境地区的跨境民族 ……………………… (135)
第二节　云南边境地区语言使用状况 …………………… (141)
　　一　云南边境地区语言分布概况 …………………… (142)
　　二　边境地区民族语言使用状况 …………………… (143)
第三节　边境地区语言使用特点 ………………………… (148)
　　一　少数民族语言具有跨境性特征 ………………… (148)
　　二　汉语具有通用性特征 …………………………… (151)
　　三　语言生活具有多语性特征 ……………………… (151)

第五章　滇缅边境地区语言使用状况 …………………… (153)
第一节　滇缅边境北段语言使用状况 …………………… (154)
　　一　滇缅边境北段社会人文概况 …………………… (154)
　　二　贡山独龙族怒族自治县语言使用状况 ………… (156)
　　三　福贡县语言使用状况 …………………………… (159)
　　四　泸水市语言使用状况 …………………………… (163)
第二节　滇缅边境中段语言使用状况 …………………… (168)
　　一　滇缅边境中段语言使用状况 …………………… (168)
　　二　保山市边境县语言使用状况 …………………… (170)
　　三　德宏傣族景颇族自治州边境县语言使用状况 … (175)
　　四　临沧市边境县语言使用状况 …………………… (190)
第三节　滇缅边境南段语言使用状况 …………………… (203)
　　一　语言使用类型 …………………………………… (204)
　　二　滇缅边境南段跨境民族使用语言状况 ………… (205)
　　三　普洱市边境县语言使用状况 …………………… (207)
　　四　西双版纳傣族自治州边境县语言使用状况 …… (217)

第六章　滇越边境地区语言使用状况 …………………… (239)
第一节　文山州三个边境县语言使用状况 ……………… (241)
　　一　文山州语言文字使用的总体特点 ……………… (242)

二　富宁县语言使用状况 ……………………………………（245）
　　三　麻栗坡县语言使用状况 …………………………………（247）
　　四　马关县语言使用状况 ……………………………………（254）
　第二节　红河哈尼族彝族自治州三个边境县语言使用状况 ……（267）
　　一　河口瑶族自治县语言使用状况 …………………………（268）
　　二　金平苗族瑶族傣族自治县语言使用状况 ………………（274）
　　三　绿春县语言使用状况 ……………………………………（279）
　第三节　普洱市社会人文及其与越南接壤地区语言使用状况 …（290）
　　一　普洱市社会人文概况 ……………………………………（290）
　　二　江城县与越南接壤地区语言使用状况 …………………（291）

第七章　中老边境地区语言使用状况 ……………………………（292）
　第一节　勐腊县语言使用状况 ……………………………………（292）
　　一　勐腊县社会人文概况 ……………………………………（292）
　　二　语言使用的几种类型 ……………………………………（293）
　　三　各民族语言使用状况 ……………………………………（296）
　　四　语言使用场合分析 ………………………………………（300）
　　五　语言教育和媒体传播 ……………………………………（302）
　　六　勐腊县与老挝接壤乡镇的语言使用状况 ………………（303）
　第二节　江城哈尼族彝族自治县语言使用状况 …………………（312）
　　一　江城县社会人文状况 ……………………………………（312）
　　二　世居民族语言使用状况 …………………………………（313）
　　三　语言使用场合分析 ………………………………………（316）
　　四　江城县沿边民族语言使用状况 …………………………（317）
　　五　小结 ………………………………………………………（322）
　第三节　中老边境语言使用的两个个案 …………………………（322）
　　一　勐腊县南欠村小组语言使用状况 ………………………（322）
　　二　江城县曼滩村语言使用状况 ……………………………（328）

第八章　云南少数民族双语教育及语文政策 ……………………（330）
　第一节　云南少数民族双语教育 …………………………………（330）
　　一　云南民族教育的历史 ……………………………………（331）

二　新时期民族教育的现状 …………………………………（331）
　　三　云南双语（文）教学的历史 …………………………（333）
　　四　云南双语（文）教学的现状 …………………………（335）
　　五　云南双语教学的反思 …………………………………（337）
　第二节　国家语文政策在云南的实施情况 …………………（339）
　　一　"主体性"语文政策 …………………………………（340）
　　二　"多样性"语文政策 …………………………………（342）
　　三　国家语言政策在云南省的落实 ………………………（345）
　　四　云南推行语言文字政策的经验与问题 ………………（348）

参考文献 ………………………………………………………（351）

附　录 …………………………………………………………（354）
　照片 ……………………………………………………………（354）
后　记 …………………………………………………………（358）

第一章 社会人文状况

云南简称"云"或"滇",地处中国西南边陲与东南亚、南亚两大区域的结合部。云南省拥有国家一类口岸16个、二类口岸7个,陆地边境线4061千米[①],约占中国陆地边界线的20%,是我国陆地边境线最长的省份。云南西与缅甸唇齿相依,边境线长1997千米;东南与越南山水相连,边境线1354千米;南与老挝接壤,边境线710千米;东与广西和贵州毗邻;北以金沙江为界,与四川省隔江相望;西北与西藏自治区相连。云南与泰国、老挝和柬埔寨通过澜沧江—湄公河相连,并与马来西亚、新加坡、印度、孟加拉等国邻近,是我国毗邻周边国家较多的省份之一。

为了帮助读者理解云南各民族的语言使用状况、边疆地区语言生活的特点及其形成的原因,本章拟从民族语言文化资源的丰富性和差异性、民族人口、行政区划、经济文化四个角度来介绍云南的社会人文状况。

第一节 民族语言文化资源的丰富性和差异性

云南是我国少数民族成分最多的省份。这些民族中,既有云南的世居民族,也有外来民族;既有特有民族,也有非特有民族;既有跨境民族,也有非跨境民族;既有由原始社会直接过渡到社会主义社会的直过民族,也有非直过民族;既有有传统文字的民族,也有无传统文字的民族;等等。其民族资源的丰富性和民族情况的差异性成为云南民族的重要特征。

---

① http://www.yn.gov.cn/yn_yngk/index.html (云南省人民政府门户网站)。

图 1-1　云南省地图

一　民族语言文化资源的丰富性

云南省国土面积 39.4 万平方千米，其中少数民族自治地方的面积为 27.67 万平方千米，占全省总面积的 70.2%。全省的民族自治州有 8 个，民族自治县 29 个，是我国民族自治州、县最多的省份。全省人口 4596.6 万人，其中少数民族人口 1533.7 万人，是全国少数民族人口数超过千万的 3 个省区之一。有汉、彝、哈尼、白、傣、壮、苗、回、傈僳、拉祜、佤、纳西、瑶、藏、景颇、布朗、布依、普米、阿昌、怒、基诺、蒙古、德昂、满、水、独龙等 26 个民族，其中 5000 人以上的少数民族 25 个，是我国少数民族成分最多的一个省份。这 25 个民族中，有彝、哈尼、傣、壮、苗、傈僳、拉祜、佤、瑶、景颇、布朗、布依、阿昌、怒、德昂、独龙等 16 个少数民族是跨境民族，云南是我国跨境民族最多的省份。哈尼、白、傣、傈僳、拉祜、佤、纳西、景颇、布朗、普米、阿昌、怒、基诺、德昂、独龙等 15 个民族是云南特有民族。景颇、傈僳、独龙、怒、佤、布朗、基诺、德昂等 8 个民族，拉祜、苗、瑶、布依、纳西、阿昌、哈尼、彝、傣、白、藏等民族的部分人口及布朗族中的克木人，共 20 个民族是从原始社会或奴隶社会直接过渡到社会主义社会的直过民族。因此，云南是我国民族资源最丰富的省份。

二 民族语言文化的差异性

从民族自然分布看，各民族的分布呈现出两个视角的差异性。纵观同一区域的不同民族，从平坝到山巅在因海拔高度的不同呈立体分布状态，如：傣族居坝区，苗族居山头。横览全省的各个区域，从西部的横断山脉到东部的高原，从北部的巍峨雪山到南部的盆地，不同民族彼此区分，相同民族相对聚居。云南特殊的地理特征不仅为人口的生存和发展提供丰富的客观资源条件，同时也使各民族的经济文化、交通信息和语言使用呈现出多样性和不平衡性。

从社会发展历史阶段来看，云南各民族存在较大差异性，因此被称为"一部活的社会发展史"。新中国成立前，云南各民族社会发展同时存在原始社会、奴隶社会和封建社会三种进程不同的社会形态。当时尚处于原始社会向阶级社会过渡的历史阶段的民族有傈僳族、独龙族、怒族、景颇族、佤族、德昂族、布朗族、基诺族等，他们主要分布在滇西横断山脉与河谷之间，约占当时少数民族人口的10%。尚处于奴隶制阶段的民族有分布在小凉山一带的彝族，约占当时少数民族人口的1%。处于封建领主制阶段的民族有傣族、藏族、哈尼族、拉祜族、阿昌族、普米族等，他们主要分布在云南边疆地区，约占当时少数民族人口的29%。发展最快的已经进入封建地主制阶段，这些民族主要是分布在云南内地的彝族、白族、壮族、傣族、回族、苗族、纳西族、蒙古族等，他们约占当时少数民族人口的60%。

中华人民共和国成立之时，曾处于原始社会、奴隶社会或封建社会状态的近20个民族都直接跨越进入社会主义社会。经过近70年的发展，各民族取得很大发展成就的同时，仍然存在不同程度的社会差异，具体体现在经济文化、生产生活方式、思想意识观念等层面。云南各民族的社会生产方式不同，社会人口发展类型也错综复杂，整体经济水平相对落后。多元社会发展历史也使云南民族语言文化生活具有不同的特征，这些特征是其他省份所没有的，是研究语言社会的现状和历史时必须关注的。

云南语言文化资源与云南的地理位置、民族分布和来源、社会经济状况等多种因素有密切的关系。任何语言的使用状况都不可能孤立于其所属的自然环境和人文环境。

第二节　民族人口分布及历史渊源

云南有 26 个民族，从时间的视角看，可以分为两个层次：第一个层次是从新石器时代起就在云南居住的民族，第二个层次是唐代以后才从省外和国外迁徙而来的民族①。

自古以来，云南就是众多土著民族与来自东西南北各民族交汇叠合的地带。云南的少数民族整体呈现出同民族内部高度聚居，非同源族群按所属语言支系、历史来源和山脉海拔不同而梯度分散的分布特点。

一　民族人口

截至 2010 年年底，全省人口共 4596.6 万人，其中汉族人口 3062.9 万人，占总人口的 66.6%；其他各民族人口 1533.7 万人，占总人口的 33.4%。各民族人口统计信息见表 1。

表 1-1　　　　　云南省各民族人口数据②

民族	人口（万人）	占全省人口比例	民族	人口（万人）	占全省人口比例
汉族	3062.9	66.6%	彝族	503.3	10.9%
哈尼族	163.1	3.5%	白族	156.3	3.4%
傣族	122.4	2.7%	壮族	121.6	2.6%
苗族	120.4	2.6%	回族	69.9	1.5%
傈僳族	66.8	1.5%	拉祜族	47.6	1.0%
佤族	40.1	0.9%	纳西族	31.0	0.7%
瑶族	22.0	0.5%	藏族	14.3	0.3%
景颇族	14.2	0.3%	布朗族	11.7	0.3%
布依族	5.9	0.1%	普米族	4.2	0.1%
阿昌族	3.8	0.1%	怒族	3.2	0.1%
基诺族	2.3	0.05%	蒙古族	2.3	0.05%

---

①　马曜：《云南民族工作四十年》，云南民族出版社 1994 年版，第 50 页。
②　云南省统计局、国家统计局云南调查总队编：《云南统计年鉴》2011 年总第 27 期，中国统计出版社 2011 年版，第 44 页。

续表

民族	人口（万人）	占全省人口比例	民族	人口（万人）	占全省人口比例
德昂族	2.0	0.04%	满族	1.4	0.03%
水族	1.1	0.02%	独龙族	0.6	0.01%

表1-1的数据显示了几个信息：（1）彝族、哈尼族、白族、傣族、壮族、苗族等6个民族人口超过百万，是云南省少数民族群体中的"多数"民族。（2）回族、傈僳族、拉祜族、佤族、纳西族、瑶族、景颇族、藏族、布朗族等9个民族人口超过10万但不及百万。（3）布依族、普米族、阿昌族、怒族、基诺族、蒙古族、德昂族、满族、水族等9个民族人口超过1万人，不及10万人。（4）只有独龙族的人口不及1万人[①]。（5）云南少数民族人口数量差别大，人口最多的民族彝族有503万人，人口最少的独龙族只有6千人，彝族人口是独龙族人口的838倍。

2010年第六次人口普查的数据同2000年第五次全国人口普查相比，发现云南的总人口数增长7.20%，平均每年增加30.9万人，年平均增长率为0.70%。其中汉族人口增加了242.3万人，增长8.59%；各少数民族人口增加了118.4万人，增长8.37%[②]。

二 民族分布

民族的分布现状与民族渊源、迁徙历史有关，民族的语言能体现民族是否有同源关系。云南各民族除汉族、彝族、回族在全省大多数地区均有分布以外，其他民族多聚居于某一片区域。少数民族的分布在三维空间上同时呈现出垂直方向海拔高度的不同以及平面方位的不同。云南少数民族分布的几个特点：

（一）佤族、德昂族、布朗族等操南亚语系孟高棉语族佤德昂语支的民族分布在临沧市的沧源、耿马、双江、镇康、永德，普洱市的孟连、西盟、澜沧，西双版纳傣族自治州的勐海等县。这些民族大都在滇西南部与缅甸交界处跨境分布，沿着澜沧江两岸生活，呈现出高度聚居、跨境分布

[①] 《云南年鉴》编辑委员会：《云南年鉴2015》，云南年鉴社2016年版，第24页。

[②] http://www.stats.gov.cn/tjsj/tjgb/rkpcgb/dfrkpcgb/201202/t20120228_30408.html（数据来源：国家统计局、云南省统计局、云南省第六次全国人口普查办公室，《2010年云南省第六次全国人口普查主要数据公报》2011年5月）。

的特点。

（二）彝族、哈尼族、傈僳族、拉祜族、纳西族、基诺族、藏族、景颇族等操藏缅语族语言的众多民族，除彝族外，都分布在滇西。由于各民族的分布格局有较大差异，我们下面分别介绍。

1. 彝族：云南省各市州都有彝族，他们呈现为大分散、小聚居的分布现状。

2. 哈尼族：主要分布在元江和澜沧江之间，高度聚居于红河、江城、墨江及新平、镇沅等县，在滇南与老挝、越南、泰国等国跨境分布。

3. 傈僳族：主要分布在滇西北高黎贡山以南，怒江沿岸的怒江、迪庆、丽江、保山等州市，还有滇西南的德宏、临沧、普洱等州市，此外，滇中的楚雄、滇东北的昆明和曲靖等市也有傈僳族，呈现出滇西傈僳族聚居并跨境分布，滇中、滇东等地大分散小聚居或杂居的分布特点。

4. 拉祜族：高度聚居在澜沧江西岸的临沧、耿马、澜沧、孟连等县，与缅甸、越南、老挝、泰国等国跨境分布。

5. 纳西族：高度聚居在滇西北的丽江市的古城区及周边各县、迪庆州香格里拉县。

6. 基诺族：高度聚居在景洪市的基诺山及邻乡。

7. 藏族：高度聚居在滇西北的迪庆藏族自治州，丽江市等高海拔地区，并与四川、西藏跨省分布。

8. 景颇族：高度聚居在德宏傣族景颇族自治州山区，少数居住在怒江傈僳族自治州边境一带，整体呈现为在滇西与缅甸跨境聚居的分布状态。

9. 阿昌族：主要集中于滇西南德宏傣族景颇族自治州的陇川、梁河和潞西等县，呈现出高度聚居、跨境分布的特点。

10. 白族：主要聚居在大理州及相邻的州县中，呈现出大聚居的分布状态。

11. 普米族：主要聚居在怒江傈僳族自治州的兰坪县、丽江市的宁蒗县、玉龙县和迪庆州的维西县，高度聚居于滇西北的平均海拔2500米以上的高寒地区，与四川跨省分布。

12. 怒族：主要分布在滇西怒江傈僳族自治州的泸水、福贡、贡山、兰坪县及迪庆藏族自治州维西县，在高黎贡山区与缅甸跨境而居，与附近的傈僳族、白族、独龙族、汉族等杂居。

13. 独龙族：高度聚居于怒江傈僳族自治州贡山县独龙江乡独龙江流域河谷一带的山坡台地上，并且与缅甸跨境分布。

以上这些使用藏缅语族语言的少数民族基本在云南省的西部，他们的分布主要有两种不同的形态，一是以彝族、傈僳族为代表，在云南省境内分布较广的民族呈现出的大分散、小聚居或杂居的分布现状；另一种则是以滇西跨境分布的拉祜族为代表的民族呈现出的高度聚居、跨境分布的状态。

（三）苗瑶民族操汉藏语系苗瑶语族语言，在云南，苗族的分布比瑶族的分布更为分散，主要分为在滇东南、滇中、滇东北三大区域。滇东南以文山壮族苗族自治州的广南、马关，红河州的金平、屏边为高度聚居区。在滇东南他们整体呈现出与越南、老挝跨境分布的大分散、小聚居的特点。滇中以楚雄的武定，昆明的嵩明、富民、禄劝等县为聚居区。滇东北以宣威的倘塘镇、热水镇、西泽乡及昭通的彝良、镇雄、威信等地的半山坡以上山区为聚居区，在川黔滇交界处跨省分布。云南的瑶族主要为说优勉话或门话的瑶族，整体为大分散、小聚居的分布状态。他们主要分布在滇南边境县的山地中，由西向东有勐腊、绿春、元阳、金平、屏边、河口、马关、麻栗坡、富宁、广南等县为瑶族人口相对聚集的区域。

（四）壮族、傣族、布依族、水族等操汉藏语系壮侗语族语言的四个民族主要分布在滇南，都呈现高度聚居的分布现状。其中壮族主要聚居在滇东南的文山州境内，与广西跨省分布、与越南跨境分布；傣族主要聚居于滇西南的海拔两千米以下的河谷平原上，与老挝、缅甸跨境分布；布依族主要聚居在滇东曲靖市罗平县；水族人数很少，聚居在滇东曲靖市富源县的古敢水族乡和黄泥河镇。

（五）蒙古族、满族等原属于阿尔泰语系的民族和回族现都不再使用自己的民族语言，而普遍使用当地的方言，他们在云南的分布情况各不相同。比如，云南的蒙古族主要聚居在通海县杞麓湖沿岸；云南的回族在全省各州、市、县都有居住，主要聚居在交通沿线的城镇或村寨，具有大分散、小聚居的分布特点；云南的满族在全省大多县市都有居住，呈现出大分散、杂居的分布特点。

综上所述，云南省不同的民族分布特点不一，但总体可以概括为三大类：（1）以彝族、回族为代表的大分散、小聚居的特点；（2）以滇西南的哈尼族为代表，呈现出跨境分布聚居的特点；（3）以滇西北的纳西族、独龙族为代表，呈现出高度聚居的特点。

三　民族历史渊源

云南省是中国境内古人类发源地之一，人类发展历史悠久，考古工作者在过去的50多年间在云南境内发现的古人类化石表明元谋人、昭通人、西畴人、丽江人、昆明人是云南已知的最早的土著先民。考古学家挖掘出的新石器时代的考古材料与文献史料记载共同印证从新石器时代起，云南就已经有了众多原始族群的分布，而他们代表的文化类型已经是外来民族群体与当地土著发生融合及分化后共同产生的①。公元前221年秦始皇统一中国，在云南设置郡县，云南就已正式成为祖国疆域的一部分，云南各族人民也已经和中华民族融为一体。据《尚书·牧誓》和《逸周书·王会》记述，商周时期云南境内羌、濮、越各族人口已有较大发展，与内地和四邻各国已有通婚、贸易、军事等领域的联系。

结合考古、民族学、历史语言学等多方面的研究，根据各民族进入云南的原因，将云南各民族的历史渊源大致分为三种情况：

一是中国北方与南方部落的自然迁徙。

居住在西北高原地区甘肃、青海的游牧民族即古老的氐羌部落集团从原始社会时期就开始沿着横断山脉的怒江、澜沧江、金沙江及雅砻江流域的河谷通道逐渐南下，其中一部分进入云南西部、北部地区，再经过漫长的历史发展成为今天使用汉藏语系藏缅语族语言的各民族，如彝族、哈尼族、傈僳族、纳西族、拉祜族等。

不仅在考古研究中发现这些流域的石棺文化及出土陶罐、青铜时代的墓葬群均带有西北高原甘青文化色彩②；在文献记载中也有提及氐羌部落在西南活动的痕迹。此外现存的民间文学也仍存有证据，如普米族传说祖先在甘青一带、纳西族东巴在族人葬礼上所念的送魂经中也提及要往北送死者灵魂回到祖先居住的地方"多弥"，经考证为今青海玉树州通天河一带③。原居住在中印半岛的一些土著民族孟高棉人，即我国古代文献记载

---

①　王文光、龙晓燕编著：《云南民族的历史与文化概要》，云南大学出版社2009年版，第5—13页。

②　张增祺：《中国西南民族考古》，云南人民出版社1990年版，第60—73页。

③　尤中：《云南民族史》，云南大学出版社1994年版，第6—8页。

的"苞蒲蛮",大约是自秦汉时期北上迁入云南境内,或与当地的先民融合,成为现在说南亚语系语言的佤族、布朗族、德昂族等民族①。

二是军事、政治原因引起北方民族向云南迁徙。

历朝历代战乱及北方统治民族为征服云南而实行的"屯边"等,均陆续从北方带入一些阿尔泰语系的民族,如现今云南境内的蒙古族、回族、满族等。

公元1253年,忽必烈带领蒙古军队平定大理后留下部分军队驻守云南,其中有蒙古大将兀良合台和一批信仰伊斯兰教的中亚人,故云南从元代开始有了蒙古族和最早的回族人口。而云南的满族最早来自清朝初年。公元1681年,贝子彰泰率领满汉官兵扫荡吴三桂残余的战事之后至清末年间少量仕宦于昆明的官兵家眷,昆明的如安街华兴巷一度因为满族聚居而被称为满洲巷;新中国成立后还有一批满族迁入是因为解放云南时,随军南下参与支边工作②。

汉族群体进入云南也主要是出于军事和政治方面的历史因素,主要分汉晋、唐代(南诏)、明清这3个时期大量移民云南。分别因为汉王朝驻军垦殖、唐军战败被掳掠、明王朝的军屯和民屯、清代矿冶吸引汉族移民。南诏及之前迁入云南的汉族大多源自四川,单身且人数远不及当地少数民族,故多通婚而融合为少数民族。明清及之后的汉族则多携家眷迁往,大规模迁入并聚居,因而逐渐带入汉族文化并成为主体,影响当地少数民族③。

三是民族关系、生存环境等其他原因导致的迁徙。

不少操汉藏语系壮侗语族语言及苗瑶语族语言的少数族裔为了躲避民族歧视和欺凌、逃荒求生等,先后从贵、川、湘、两广等地迁入云南。

现云南境内使用壮侗语族语言的壮族、傣族、布依族等民族源于新石器时代晚期中国南方和中南半岛的百越族群,因受政治、军事及民族关系的发展等因素影响,从先秦时期开始就有部分百越人陆续进入云南。省内考古发现百越文化最早在滇池地区,僰人南下后越人大量南迁,如今澄

---

① 王文光:《中国古代的民族识别》,云南大学出版社1977年版,第252页。

② 张蓉兰:《云南满族源流实考》,云南省满族研究会:《云南满族研究文选汇编》,2014年,第75—80页。

③ 仓铭:《云南民族迁徙文化研究》,云南民族出版社1997年版,第52—62页。

江、新平、元江等地仍有傣族，便是南迁越人的后裔①。

现散居在滇东南、滇中一带的苗族最早是从南北朝后期由川黔湘鄂连接地带向西南迁徙进入云南的东北，此后逐步向西、向南延伸。有文献记载，瑶族迁入云南是从清朝开始，因为人口繁衍，清政府横征暴敛，于是部分瑶族从广东、广西等地自东向西进入云南，再向滇南迁徙②。

从历史渊源的角度，我们不难发现当代的云南早已经没有真正意义的土著民族，从新石器时代开始，四面八方的古老部落氐羌、百越、苞蒲、三苗、汉等民族就因自然迁徙、政治、战争、民族关系等各种缘由陆续来到云南，与云南境内原始的土著融合、分化，逐渐形成现在我们所称的云南的世居少数民族。根据当前的分布局势可以概括描述为：现主要分布在滇西北的汉藏语系藏缅语族各民族由氐羌原始部落的迁徙发展而来；现主要分布在滇西南的南亚语系各民族由古"苞满、闽濮"从中南半岛北上而来；现主要分布在滇南一带的汉藏语系壮侗语族各民族源自古百越群体；现主要分布在滇东南、滇中一带的汉藏语系苗瑶语族语言的苗、瑶族则是源自古三苗部落；现主要分布在滇中的蒙古族和满族本属于阿尔泰语系民族，加上已经扩散开的回族，虽然他们不再使用自己的语言，但历史上都是因为战争从东北部进入云南。

第三节　行政区划

一　当代行政区划

云南省辖8个地级市、8个自治州共计16个地级行政区划单位，16个市辖区、15个县级市、69个县、29个自治县共计129个县级行政区划单位③。根据2016年云南省最新的行政区划，绘制云南省行政区划图（见图1-2），并在表1-2列出2016云南省行政区划单位信息。

---

①　张增祺：《中国西南民族考古》，云南人民出版社1990年版，第2—5页。
②　红河州民族志编写办公室：《红河州民族志》，云南大学出版社1989年版，第30—53页。
③　http://www.yn.gov.cn/yn_yngk/yn_sqgm/yn_xzqh/201307/t20130717_11517.html（云南省人民政府网）。

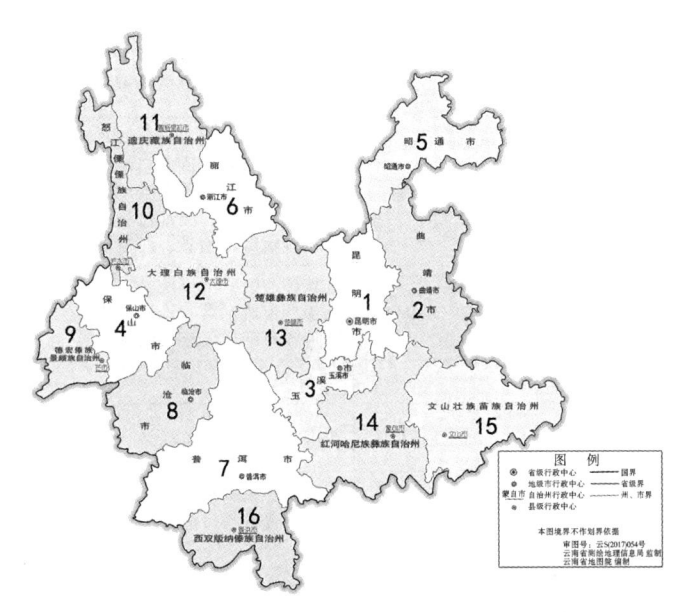

图 1-2 云南省 16 个地级行政区划图（2016 年）

表 1-2　　　　　　　　　　云南省行政区划

	区划名称	政府所在地	面积（平方千米）	下辖县级行政区划单位
— 地级市 —				
1	昆明市	呈贡区	21473	五华区、盘龙区、官渡区、西山区、东川区、呈贡区、晋宁区、安宁市、富民县、宜良县、石林彝族自治县、嵩明县、禄劝彝族苗族自治县、寻甸回族彝族自治县
2	曲靖市	麒麟区	29855	麒麟区、宣威市、沾益区、马龙县、陆良县、师宗县、罗平县、富源县、会泽县
3	玉溪市	红塔区	15285	红塔区、江川区、澄江县、通海县、华宁县、易门县、峨山彝族自治县、新平彝族傣族自治县、元江哈尼族彝族傣族自治县
4	保山市	隆阳区	19637	隆阳区、腾冲市、施甸县、龙陵县、昌宁县
5	昭通市	昭阳区	23021	昭阳区、鲁甸县、巧家县、镇雄县、彝良县、威信县、盐津县、大关县、永善县、绥江县、水富县
6	丽江市	古城区	21219	古城区、玉龙纳西族自治县、永胜县、华坪县、宁蒗彝族自治县

续表

	区划名称	政府所在地	面积（平方千米）	下辖县级行政区划单位
7	普洱市	思茅区	45385	思茅区、宁洱哈尼族彝族自治县、景东彝族自治县、景谷彝族傣族自治县、镇沅彝族哈尼族拉祜族自治县、墨江哈尼族自治县、江城哈尼族彝族自治县、澜沧拉祜族自治县、孟连傣族拉祜族佤族自治县、西盟佤族自治县
8	临沧市	临翔区	24469	临翔区、云县、凤庆县、永德县、镇康县、耿马傣族佤族治县、沧源佤族自治县、双江拉祜族佤族布朗族傣族自治县
— 自治州 —				
9	德宏傣族景颇族自治州	芒市	11526	芒市、梁河县、盈江县、陇川县、瑞丽市
10	怒江傈僳族自治州	泸水市	14703	泸水市、福贡县、贡山独龙族怒族自治县、兰坪白族普米族自治县
11	迪庆藏族自治州	香格里拉市	23870	香格里拉市、德钦县、维西傈僳族自治县
12	大理白族自治州	大理市	29459	大理市、漾濞彝族自治县、祥云县、宾川县、弥渡县、南涧彝族自治县、巍山彝族回族自治县、永平县、云龙县、洱源县、剑川县、鹤庆县
13	楚雄彝族自治州	楚雄市	29258	楚雄市、双柏县、牟定县、南华县、姚安县、大姚县、永仁县、元谋县、武定县、禄丰县
14	红河哈尼族彝族自治州	蒙自市	32930	个旧市、开远市、蒙自市、建水县、石屏县、弥勒县、泸西县、红河县、元阳县、绿春县、屏边苗族自治县、金平苗族瑶族傣族自治县、河口瑶族自治县
15	文山壮族苗族自治州	文山市	32239	文山市、砚山县、西畴县、麻栗坡县、马关县、丘北县、广南县、富宁县
16	西双版纳傣族自治州	景洪市	19700	景洪市、勐海县、勐腊县

二 行政区划历史

  行政区划是国家为了进行分级管理而实行的国土和政治、行政权力的划分，通常由管理政权及当地的经济地理条件、民族分布、历史传统、风俗习惯、人口密度等客观因素决定。一个区域行政区划的变化可以从侧面反映当地的政治、经济的历史发展。云南省属于边疆少数民族地区，它的行政区划在历史上一直采取特殊的管理模式和发展战略。

  早在夏、商时期，云南属中国九州之一的梁州。秦朝以前，曾出现古滇王国。秦汉之际，中央王朝在云南推行过郡县制。西晋时期，云南改设为宁州，是全国十九州之一。唐宋时期，曾建立过南诏国、大理国等地方政权。公元1276年，元朝在云南设立行中书省，"云南"正式成为全国省级行政区划名称。1382年，明朝在云南设承宣布政使司、提刑按察使司、都指挥使司，管辖全省府、州、县。清朝沿袭明朝制度，在云南设承宣布政使司，下设道、府、州、县。1911年，全省共设置15个府、18个厅、32个州、41个县、18个土司区。1949年，全省分设1个省辖市（昆明）、12个行政督察区、112个县、17个设治局、2个对汛督办区。1954年随着宪法和政府组织法的颁布实施，省内各级党的组织体系、各级人民政府委员会等组织平稳建立和完善。在整个"文化大革命"期间，云南省的行政体制发生了几次重大的变化，但行政区划却始终保持了大稳定、小调整。至1978年，云南省共有7个地区、8个自治州、2个地级市、2个县级市、106个县、15个自治县、1个县级区、4个市辖区、1个县级镇。改革开放时期云南省相继废除了人民公社，建立区乡政府、建立村民委员、撤区建乡等几次大的行政区划体制改革，坚持和完善民族区域自治、不断推动城镇建设、建立开发区。在此期间云南行政区划体制得到发展，民族区域自治恢复完善，城镇化步伐开始加速。2013年，全省行政区划有16个州（市），分别为昆明市、曲靖市、玉溪市、保山市、昭通市、丽江市、普洱市、临沧市、楚雄彝族自治州、红河哈尼族彝族自治州、文山壮族苗族自治州、西双版纳傣族自治州、大理白族自治州、德宏傣族景颇族自治州、怒江傈僳族自治州、迪庆藏族自治州[①]。近三年来，经国务院批准有一些较大的行政区划变革情况。2014年，《民政部关于同意云南省撤销香格里拉县设立县级香格里拉市的批复》（民函〔2014〕375号）：经国务院批准，同意撤销香格里拉县，设立县级香格里拉市，以原香格里拉县的行政区域为香格里拉市的行政区域。2015年，撤销腾冲县设立县级腾冲市，由云南省直辖，保山市代管；撤销江川县，设立玉溪市江川区；在昆明市主城区东西两侧设立云南滇中新区，初期规划范围包括安宁市、嵩明县和官渡区部分区域，面积约482平方千米。2016年，撤销沾益县，设立曲靖市沾益区；撤销泸水县，设立县级泸水市，由怒江

---

① http：//www.yn.gov.cn/yn_yngk/yn_sqgm/201201/t20120116_2914.html（云南省人民政府门户网站，转引自《云南年鉴》2016年）。

傈僳族自治州管辖；撤销晋宁县，设立昆明市晋宁区。

云南省行政区划近年来的主要变更体现在：因为经济发展策略和行政规划管理的需要而将一些县级的行政等级升为市级，或将主城周边的县撤县设为市辖区或成立新区。即遵循国家管理和建设中以城镇化带动区域经济发展，逐步形成城乡一体的发展策略；也充分尊重边疆多民族地区的历史、地理、文化，继承并实践民族区域自治制度。云南省政府因地制宜，根据云南省地处中国西南对外开放战略和发展的战略地理区位、省内各区域人口与资源环境状况、交通条件、产业发展特色与优势等，对各个城市的发展布局进行科学规划与统筹，以中心城市构建三大经济圈和城市群，同时推动城乡一体化建设。这样的行政区划与发展战略一方面巩固了边疆民族地区的政治稳定，另一方面推进了云南的经济发展。

第四节 经济文化

语言文化与经济之间存在互动关系，经济模式的变迁对语言文化有直接的影响。由于语言是文化系统中的核心要素，文化系统的特点会对语言使用状况有直接的制约作用。因此，本节简要介绍云南经济模式的历史变迁及云南文化的总体特征，以期为读者了解云南语言使用的历史和现状提供背景性的知识。

一 经济

20世纪80年代改革开放以前，云南的经济形态主要为农耕经济，经济比较落后。虽然改革开放以来，工业经济、旅游经济得到了空前的发展，生活水平和消费水平都有了很大提高，但是总体经济发展水平仍处于落后状况。

云南农耕文明有几千年的历史，直到如今，农业依然是云南省的基本经济基础，在云南省经济中占有特殊的地位。虽然农业带来的直接经济收入微乎其微，但是云南省财政收入、国民收入、外汇收入和轻工材料收入的大比例都是直接或间接来自农业[①]。截至2013年，云南省经济作物种

---

① 和志强：《云南经济发展若干问题的思考》，《经济问题探索》1991年第2期。

植面积达 4500 多万亩，特色经济林面积达 3500 多万亩。烟叶、橡胶、茶叶、花卉、核桃、咖啡、小桐子 7 种作物种植面积居全国第一；烟叶、橡胶、鲜花、核桃、咖啡 5 个产业产量居相应领域圈第一[①]。

云南旅游经济的发展得益于其独特的高原山水，热带、亚热带的边疆风貌，丰富多彩的民族风情，深厚悠久的历史文化，舒适宜人的气候环境和面向南亚东南亚开放的区位条件。这些独特的地理人文条件构成了云南旅游经济发展的综合优势。全省共有自然保护区 162 个，其中国家级自然保护区 16 个。全省共有 200 多个景点景区，其中国家级 A 级以上景区有 134 个，包含 5 座国家级历史文化名城，8 座国家历史文化名镇名村。丽江古城被列入世界文化遗产名录，三江并流、石林、澄江古生物化石群被列入世界自然遗产名录，红河哈尼梯田被列入世界文化景观遗产名录。2015 年旅游产业增加值占全省 GDP 的 6.6%，对全省经济的综合贡献达到 13.52%，旅游综合带动效应日益凸显。

云南总体经济在快速发展的同时伴随明显的发展不平衡现象，地区间差距越来越大。根据云南各地的经济发展水平、地理区位及在全省经济中的地位，云南经济可划分为三种区域类型：以昆明和玉溪为代表的经济核心区；以楚雄、曲靖、红河、大理、西双版纳、德宏和丽江等地为代表的经济腹地；以滇西北的迪庆、怒江，滇东北的昭通，滇东南的文山，滇西南的临沧等地为代表的经济边远区（也是经济边缘区）。经济中心的功能对不同区域类型的影响程度不一样，如对边远区的影响很薄弱。云南少数民族聚居区的经济形态多为初级产业结构，且生产经营条件差，技术落后、生产未形成规模经济、少数民族传统手工业发展不足、市场观念淡薄等问题制约了少数民族聚居区的经济发展。

近年来国家级顶层战略将云南定位为"面向南亚、东南亚的辐射中心"、面向西南开放的"桥头堡"。这个定位在提升了云南战略地位的同时，也促进了云南基础设施建设、旅游文化产业、农工商业的发展。

云南基础设施建设的发展主要体现在公路、铁路、航空和水运网络的日趋完善，正在构建的通往东南亚、南亚国家的三条便捷的国际大通道已经初见成果。第一条是西路通道：沿滇缅公路、中印公路和昆明至大理的

---

① 赵鸭桥、李宏：《弘扬云南多民族农耕文化大力发展高原特色农业》，《社会主义论坛》2014 年第 3 期。

铁路西进，有多个出境口岸，可分别到达缅甸的密支那、八莫、腊戍等地，并直达仰光。第二条是中路通道：由澜沧江—湄公河航运、昆明至打洛公路、昆明至曼谷公路和西双版纳机场构成，通往缅甸、老挝、泰国并延伸至马来西亚和新加坡。第三条是东路通道：以现有滇越铁路、昆河公路及待开发的红河水运为基础，通往越南河内、海防及其南部各地。2009年红河公路大桥正式通车，与中越铁路大桥、南溪河公路大桥一起构成连接中越两国交通网络的重要枢纽。2013年9月，中国第四条能源进口战略通道中（滇）缅油气管道开始输送天然气。2014年6月，集东线、西线、中线多条铁路段总称的泛亚铁路国内段开工，自腾冲出发延至缅甸边境，该境内路段建设将为境外路段建设提供基础，服务于丝绸之路经济带中泛亚铁路整段的建设。

云南的旅游业将方向调整为高端化、国际化、特色化，着力构建旅游全景化、产业全联动、服务全配套、社会全参与、管理全覆盖、成果全民共享的旅游文化发展新格局，并制定了"到2020年，全省接待旅游总人数突破6亿人次，旅游文化总收入突破1万亿元，年均分别增长13%和19%；游客人均消费水平提高到2000元以上；旅游文化产业增加值达3200亿元，占全省生产总值的15%；旅游文化产业直接和间接带动就业人数达到1000万人以上[1]"的发展目标。

总之，虽然云南的主体经济仍然是封闭性的农耕经济模式，但随着"一路一带"战略的实施、城市化进程的加快、旅游经济的发展，云南的经济已形成对外开放力度日益加大、区域互动更为便捷、经济形式多元化的趋势。在这一趋势下，云南省原有的语言文化生活模式必将随之改变，从而形成与经济生活模式相适应的新的语言生活模式。

二　文化

云南民族文化历史悠久，源远流长。云南文化是在土著先民的开拓创造之基础上，与外来民族、周边邻近国家以及中原汉族文化交流融汇，而形成的绚丽多彩、具有鲜明地方特色的民族文化。由于云南所处的边疆位置、自然环境及其多元化的民族构成，使云南在社会历史发展进程中具有

---

[1] 引用自云南省人民政府办公厅文件《云南省旅游文化产业发展规划（2016—2020年）》和《云南省旅游文化产业发展规划实施方案（2016—2020年）》，云政办发〔2016〕129号。

与其他省份不同的特点，这些特点在文化上也得到了体现。

第一，云南文化具有多元性特征。

由于云南边境的地理位置和特殊的社会历史条件，使得云南成为我国少数民族文化的交汇点。世居民族的文化积淀与外来文化的互相作用和交融，使得云南文化呈现出多元性的特征。26个民族在服饰、民族文学、习俗、宗教等方面都具有自己鲜明的民族特征。云南的26个民族或多或少地都保留了自己的服饰特征，就连云南汉族的服饰都具有与其他省份汉族不同的特点，从汉族老年妇女的服饰中我们能够看到彝族、傣族等少数民族服饰的元素。少数民族大多有自己的口传文学，记录自己民族的迁徙、发展，反映了自己民族的价值观和人生观。少数民族还保留了本民族婚丧嫁娶的习俗。族内婚在很长的历史时期是少数民族的主要婚姻形式。摩梭人的走婚、傣族的女娶男嫁等不同形式的婚姻模式分布在云南不同的民族和地区。

第二，云南文化具有多民族融合特征。

由于云南特殊的地缘位置、丰富性的民族资源和大杂居的分布格局，使云南各民族在历史发展演变过程中，形成了民族文化融合的特征。在多民族分布地区，不同民族文化互相影响、互相借鉴，形成了文化的地域共性。如居住在丽江市玉龙县的白族和普米族，其服饰有纳西族披星戴月的羊皮披肩，纳西族的民居借鉴了白族民居的风格，照壁上画着具有白族风格的花鸟虫鱼。居住在丽江市的白族、纳西族、傈僳族、普米族都过彝族的火把节，但这些民族的群众并不知道这是彝族的节日，他们以为是自己民族的节日。居住在西双版纳州的克木人喜欢穿傣族的筒裙；布朗族、德昂族、阿昌族的口头文学和技艺、医药知识等都用傣文记录和流传，他们还通用傣历，在一些民俗和节日上都与傣族相同。多民族地区的各民族互相学习和吸收周边民族文化的特色，和谐共生，繁荣发展。

第三，原始宗教与外来宗教的包容并存。

云南的宗教形态可分为原始宗教和外来宗教两大类。原始宗教在云南各民族内部都不同程度的保存，其形态主要包括自然崇拜、鬼魂崇拜、图腾崇拜、祖先崇拜和性力崇拜、灵物崇拜和精灵崇拜等[1]。外来宗教有道

---

[1] 缪家福、张庆和：《世纪之交的民族宗教——云南少数民族宗教形态与社会文化变迁》，云南大学出版社1999年版，第9页。

教、佛教（包括汉传佛教、南传上座部佛教、藏传佛教）、基督教（含天主教）和伊斯兰教4种，各宗教有不同的信仰群体。道教有汉、彝、纳西、瑶、苗等民族中的部分人信仰。汉传佛教在汉、白、彝、纳西、蒙古、拉祜等民族也有部分信徒。南传佛教在傣、布朗、德昂、阿昌等民族中拥有众多信徒，佤族也有部分人信仰。藏传佛教主要分布在藏、普米、纳西等民族居住的滇西北地区。自1881年开始，西方传教士将基督教带入云南的少数民族地区，目前，傈僳、景颇、拉祜、佤、怒、苗、哈尼、彝、白等多个民族，均有基督教的信徒。天主教在云南彝族和拉祜族等民族中也有部分信徒。信仰伊斯兰教的群体主要为回族，他们在云南全省均有分布。此外，还有不少群众的宗教信仰其实是原始宗教与道教、佛教融合演变的民间宗教。云南省因为宗教信仰情况门类众多，被誉为东方宗教与西方宗教交融混生、互为消长的活化石。

云南原始宗教与外来宗教的包容并存主要体现在以下两个方面：

（1）同一区域原始宗教与外来宗教并存。滇西南的德宏州、临沧市、普洱市、西双版纳州等边境地区的阿昌族、佤族、德昂族、布朗族等民族早期就存在自然崇拜、图腾崇拜和鬼魂崇拜等原始宗教形态。这些原始宗教形态至今仍然存在于婚丧嫁娶及祭祀活动中。7世纪左右，南传佛教从印度经斯里兰卡传入德宏、西双版纳等滇西南地区，并在当地迅速传播。信仰南传佛教的傣族，他们的寺院既是宗教活动场所，又是儿童启蒙学校和文化中心，促进了当地社会文化的进步①。滇东北的昭通市及周边县乡是彝族、苗族、回族等多民族的聚居区。该地区的彝族依然保留祭拜山石、树木和图腾崇拜等原始宗教信仰，祭祀中依然使用古彝文；苗族在一百多年前就已受基督教的影响而大都改信基督教，传教士帮助他们创制了苗文书写系统；回族信仰伊斯兰教，他们有自己的回民中小学、清真寺。为了能帮助信徒读懂《古兰经》，阿訇们在清真寺中还开始了阿拉伯文的课程。在云南，我们看到基督教堂、清真寺、佛寺、村寨祭祀场所在很多地区并存。

（2）同一民族内部原始宗教与外来宗教并存。云南省大多数民族都经历过漫长的外来宗教与固有原始宗教冲突与融合的过程，逐渐形成了具有民族特征的各类宗教并存的现状。例如：丽江市的纳西族，他们既信仰

---

① 云南省地方志编纂委员会：《云南省志·宗教志》，云南人民出版社1995年版，第6页。

本民族的东巴教，相信万物有灵，但随着藏传佛教、道教、汉传佛教的传播，纳西族中也有部分人信仰藏传佛教和道教。各地州的傈僳族分布区，也存在原始宗教信仰与外来信仰共存的局面。例如：怒江州西部福贡县的傈僳族村寨，几乎村村都有基督教教堂，星期天的礼拜活动已经成为全民参与的日常活动。然而靠近丽江市和大理州的兰坪县的傈僳族却依然保留原始宗教信仰，部分与白族、普米族杂居的傈僳族的日常祭祀活动还与白族或普米族趋同。迪庆藏族自治州维西县的傈僳族分布区则同时存在自然崇拜和巫术等原始宗教、藏传佛教及天主教和基督教等宗教类别。在长期发展的过程中，原始宗教与外来宗教已成为民族历史文化不可分割的一部分。

（龚露、余金枝）

第二章　云南语言使用状况

本章主要描写云南境内语言的使用状况，描写这些语言的分布、使用人口、使用类型、语言活力等现象，以使人们能够了解普通话及云南汉语方言、34种汉藏语系语言和11种南亚语系语言的使用情况。

第一节　汉语使用状况

汉语在云南的分布有普通话和云南方言，普通话在云南的使用时间远比云南方言短。普通话的群体性使用缘于义务教育的推广，普通话水平的快速提高得益于媒体的普及。而云南方言的使用则是在明朝时期汉族成为云南的多数民族之时。

一　普通话使用状况

云南推广普通话始于1956年。历经60多年的努力，少数民族群众掌握普通话的人数比例、水平有了显著提高，全省城镇普通话普及率已达到70%以上，农村、民族地区普及率由2005年的27.77%[1]（国情调查数据）上升到2014年的40%左右。但也要看到，民族地区普通话的普及率远低于全国普通话普及率，尤其是边远偏僻的民族地区仍有许多少数民族群众不会说普通话。根据普通话的普及率，可以将云南普通话推广分为三个阶段。

第一阶段：推广普通话的起始阶段（1956—1986年）

1956年，国务院发布《关于推广普通话的指示》，在全国范围内推广

---

[1] 张文凌：《云南民族地区普通话普及率上升》，《中国青年报》2017年9月13日。

普通话，1960年云南省教育厅在农村和山区设立拼音教学重点区，帮助教师搞好拼音教学，引导教师认识到汉语拼音、语文教学质量和推广普通话的重要关系，并开展教师普通话培训班，提高教师普通话水平。1980年省教育厅发出《关于进一步加强学校推广普通话的通知》，明确提出普通话是学校的教学用语，要求各级各类学校教师用普通话进行教学。同年，云南民族地区实行"双语"教学，把推广普通话和"双语"教学结合起来。如1982年秋，云南沧源县贺南小学开展了佤汉双语教学实验，德宏傣族景颇族自治州开展了"双语教学、拼音学话、注音识字、提前读学"实验，大理白族自治州剑川县西中小学实施白汉双语教学实验；1984年绿春广吗小学开展了哈尼、汉双语文对译对比教学实验；1986年丽江县纳西族主要聚居地开展了纳西汉双语教学实验。这些双语教学实验在一定范围内取得了显著成绩。早期，普通话的推广主要借助于学校教育。

1986年，国家颁布实施《中华人民共和国义务教育法》，规定国家实行九年义务教育制度，这标志着我国基础教育发展到一个新阶段。1987年，云南省文盲、半文盲的比例高达25.44%，远远高出全国的15.88%，在全国排第四位。云南的民族地区更是远低于省平均水平，如迪庆藏族自治州的文盲、半文盲比例远远超出云南省的平均水平，高达33.28%[1]。因此，义务教育法的实施对云南推广普通话、扫除文盲具有重要的意义。分期、分批、分步骤普及九年义务教育成为云南基础教育的发展历程。而九年制义务教育的实施为推广普通话打下了坚实的基础。

第二阶段：推广普通话的发展阶段（1987—2010年）

普通话的推广一直伴随着义务教育的推行而持续发展。九年制义务教育实施了10年之后，到1997年，云南省少数民族适龄儿童入学率为96.69%，小学毕业率提高到76.05%，初中毕业生升学率为50.14%[2]。全省已有90个县（市、区）实现"普九"[3]。2001年国家开始实施"免

---

[1] 杨镜乾：《改革开放以来云南省普九督导政策研究》，硕士学位论文，西南大学，2017年。

[2] 夏铸、哈经雄、阿布都·吾寿尔：《中国民族教育50年》，红旗出版社1999年版，第446页。

[3] 夏铸、哈经雄、阿布都·吾寿尔：《中国民族教育50年》，红旗出版社1999年版，第34页。

教科书费、免杂费、补助寄宿生生活费"的"两免一补"政策。这个政策的实施对云南九年制义务教育的普及起到了重要的作用。2005年，云南省普及九年义务教育的县（市、区）达到112个，人口覆盖率为86%，扫除青壮年文盲的县（市、区）达到127个，人口覆盖率为96.1%①。到2010年，云南全省129个县终于全部实现了"普九"，虽然比全国晚了近10年②。

这一阶段对云南推广普通话起到直接促进作用的是关于普通话测试的相关规定。1994年10月，国家语委、国家教委、广播电影电视部联合发布《关于开展普通话水平测试工作的通知》。从此，主要面向教师、播音员、演员以及公务员的普通话水平测试工作逐步有序地开展起来。2001年《中华人民共和国国家通用语言文字法》开始实施。这标志着我国的语言文字规范化工作全面进入法制阶段。普通话水平测试被列入相关条款③。至2004年，云南只有600万人不通汉语④。2005年1月，云南省颁布了《云南省国家通用语言文字条例》。该条例的第九条规定"学校及其他教育机构的教师的普通话应当达到二级以上水平，其中语文教师、幼儿园教师和对外汉语教学教师的普通话应当达到二级甲等以上水平，普通话语音教师的普通话应当达到一级水平"⑤。这个规定对教师的普通话水平提出了明确的要求，对规范云南中小学教师的课堂教学用语、提高教师的普通话水平起到了非常重要的作用。从此以后，云南省普通话推广进入快速发展阶段。

第三阶段：推广普通话取得实效的阶段（2010年至今）

2016年云南省启动了民族地区普及国家通用语的攻坚工程，加快推进教育扶贫全覆盖，开展国家通用语言文字使用的对口帮扶专项活动。云南省普通话普及取得显著成效，农村和少数民族聚居区普及率上升至

---

① 《云南省人民政府关于表彰云南省第十二批基本普及九年义务教育和基本扫除青壮年文盲县的决定》，《云南教育》2006年第5期。

② 杨镜乾：《改革开放以来云南省普九督导政策研究》，硕士学位论文，西南大学，2017年。

③ 刘照雄：《普通话水平测试是60年来国家推广普通话的新举措》，《语言文字应用》2009年第4期。

④ 云南省语言文字工作委员会办公室：《云南省语言文字工作研究》，《玉溪师范学院学报》2006年第4期。

⑤ 《云南省国家通用语言文字条例》，《云南教育》2005年第4期。

40%左右。至2017年，云南城镇普通话普及率已达70%以上。目前，全省已建设了一支以中央和省级普通话测评员培训班学员为骨干、有2300余名测试员（机测员近千名）的普通话推广工作队伍。截至2015年年底，全省参加普通话测试的社会人员达305万余人[1]。2018年4月，实施《云南省"直过民族"和人口较少民族推广普通话及素质提升实施方案》，推广应用手机App技术开展普通话和识字培训，首次实现了将现代人工智能科技与普通话学习培训相结合[2]。随着现代的科学技术的发展，这一阶段创造了更多、更便捷方法供人们学习普通话，普通话的推广进程取得了比较大的突破。

双语教育是对云南民族地区推广普通话起到辅助性作用的措施。2013年5月，出台了《云南省少数民族语言文字工作条例》（简称《条例》）。《条例》规定："各级人民政府应当支持少数民族地区的学校在学前和小学教育阶段开展少数民族语言文字和国家通用语言文字的双语教学。省教育行政主管部门应当会同省民族事务主管部门制定少数民族语言文字和国家通用语言文字双语教师的培训、培养规划和计划，培养双语教师。"[3] 民汉双语教学工作取得较大突破，双语双文教师培训工作取得显著成绩。目前，云南省共有双语教师12936人，占小学专任教师总数的5.9%[4]。这些双语师资对促进云南民族地区推广普通话的作用体现在：少数民族学生读到小学三年级时，能流利地使用普通话。

云南推广普通话虽然取得一定的成绩，但由于自然地理、社会文化、经济发展等诸多因素，还存在一些问题。

1. 普通话的使用率存在地域差异

云南省推广普通话使用存在明显的地区差异，城镇地区普通话的使用率明显比农村高，经济发达地区比经济落后的山区普通话使用率更高，交通沿线地区比交通闭塞地区高，中部地区比西北地区高。例如，交通较为

---

[1] 骆小所：《在多民族的云南，学汉语普通话之著——读陆惠云等著〈云南省民族自治州少数民族教师普通话研究〉》，《楚雄师范学院学报》2016年第11期。

[2] 赵丽斌：《云南省"直过民族"和人口较少民族推广普通话及素质提升工作培训会在昆举行》，云南教育报刊社2018年4月28日。

[3] 《云南省少数民族语言文字工作条例》，《今日民族》2013年第5期。

[4] 祁德川：《〈云南省少数民族语言文字工作条例〉实施多年见成效》，《中国民族报》2017年9月29日。

便利的丽江市玉龙县九河白族乡梅瓦、彼古、易之古、史家坡、高登5个自然寨，这5个自然寨的1180位白族人能熟练使用汉语的有1100位，占调查人数的93.22%[①]。而分布在交通相对闭塞的墨江县雅邑乡座细村座细寨的座细小组，该小组的132位哈尼族西摩洛支系人，能熟练使用汉语的只有46.97%；座细村大田头小组的96位西摩洛人，能熟练使用汉语的只有32人，仅占调查人数的33.33%[②]。

2. 普通话的使用率存在族群差异

在云南的25个少数民族中，有的民族普通话的普及率程度较高，有的民族较低。同一地区的不同民族普通话的普及程度也不相同，滇西边境瑞丽口岸聚居的民族数量多，其中汉族、傣族和景颇族的人口较多。汉族普通话能力水平96.8%，傣族普通话能力水平70.2%，景颇族普通话能力水平68.2%[③]。日常交际对普通话水平的提高有直接的促进作用，对傣族、基诺族、彝族、白族、景颇族、阿昌族、德昂族、藏族、哈尼族、瑶族、纳西族、佤族、布朗族、傈僳族、普米族、独龙族、怒族、拉祜族、苗族等19个民族学生日常使用普通话的抽样统计数据显示，日常交际中使用普通话人数比例高于30%的有瑶族（41.5%）、傈僳族（38.5%）、普米族（37.7%）、傣族（35.1%）、纳西族（32.2%），低于20%的有阿昌族（4.1%）、拉祜族（14.3%）、布朗族（14.5%）、独龙族和怒族（19.4%）、德昂族和基诺族（19.9%）[④]。

3. 普通话的水平存在年龄差异

居住在边远山区的少数民族，60岁以上的老年人（特别是妇女），大多数是文盲或半文盲，不会说普通话的较多，即使会说一点，也不愿意开口；7岁以下的学前儿童，不会说普通话的也较多。由于居住在民族聚居寨，儿童的第一语言大多是自己的母语，家庭、村寨社区的日常

[①] 戴庆厦、余金枝、闻静等：《云南玉龙县九河白族乡少数民族的语言生活》，商务印书馆2014年版，第226—227页。

[②] 戴庆厦、蒋颖、崔霞等：《西摩洛语语言使用现状及其演变》，商务印书馆2009年版，第86—87页。

[③] 曾晓英：《滇西边境口岸地区普通话普及度抽样调查》，硕士学位论文，云南师范大学，2016年。

[④] 周锦国：《云南省民族地区民族学生语言使用情况调查分析》，《语言文字应用研究》2018年第1期。

用语是少数民族语言，学前儿童缺乏习得普通话的环境。20 岁以上的成年人，由于外出务工、经商等原因，与外界接触较多，他们的普通话水平较老人和小孩好。例如：滇西边境畹町口岸的居民，6—19 岁，完全能听懂普通话的比例是 84.6%；20—39 岁，完全能听懂普通话的比例是 92.3%；40—59 岁，完全能听懂普通话的比例是 67.6%；60 岁以上，完全能听懂普通话的比例是 58.5%。处于 6—39 岁这一年龄段内的人具有更高的普通话水平，而 40 岁以上的群体普通话能力较弱，选择使用普通话的频率也更小。

二　云南方言使用现状

云南人所说的汉语方言属于北方方言西南官话。云南汉族有 3062.9 万人，少数民族 1583.3 万人①。云南汉语方言除通行于汉族，还普遍被少数民族兼用。

（一）云南方言的使用现状

云南方言被云南汉族和少数民族普遍使用，只有少部分居住在边远少数民族聚居区的儿童和老人或不会说也听不懂，或能听懂但不能说或不愿说，我们称之为具有半个云南方言能力者。

半个云南方言能力的情况反映了两个问题：一是教育的欠缺。普通话和汉语方言使用者比率随学历的升高而上升，从学历上看集中分布在初中文化程度以上，接受教育的时间越长，普通话和汉语方言的使用能力越高，这种情况会随着国民教育程度的普遍提升而得到强化。二是语言情感。语言情感是指对语言的感受和情感反映，表现为喜欢说或听某种语言或不喜欢说或听某种语言，对某种语言感到亲近或疏远。语言情感影响双语人的语言行为。在少数民族聚居寨，我们发现尽管少数民族群众普遍具有使用云南方言的能力，但他们不愿意用云南方言和同族人交流，他们认为用云南方言交流拉远了同族人之间的情感距离。只在族际交流或用本民族语言词不达意时才会选用云南方言。

（二）云南方言使用的历史变迁

云南方言的形成与云南的移民史密切相关。云南历史上有三次大规模

---

① 云南省统计局：《2015 年云南省 1% 人口抽样调查主要数据公报》。

的移民①，根据这三次移民可以将云南方言的形成分为三个时期：一是战国至先秦时期，这一时期汉语对当地少数民族影响极小。二是两汉至唐宋时期，这一时期汉语影响力较大，少数民族语言中出现了大量的汉语词汇。三是元明清时期，这一时期形成了云南汉语方言。

1. 战国至先秦时期汉语方言的使用状况

战国末期，楚威王派军进攻滇池地区，并建立了"滇"国，汉族移民在服饰和习俗方面和当地居民相融合了。尔后秦开"五尺道"，沟通了云南和中原，汉族和云南少数民族交往更加频繁，汉语方言的影响力扩大，但汉人毕竟人数少，只有移入的汉族居民使用汉语方言。

2. 两汉至唐宋时期汉语方言的使用状况

汉武帝时期，在云南设置郡县，大量汉人移民到达云南。这些汉人主要是四川移民和山西的罪人以及地主、商人。到东汉末年，战争和移民活动形成了从昭通经滇中到滇西保山一线上的若干居民点，产生了若干以四川方言为基础的汉语方言点，所有的汉人都能使用这种汉语方言进行交流。唐宋时期，经过南诏、大理政权的变化，唐朝兵败后的士兵留居云南，大多和白族融合，汉语对白语产生了重要的影响，白语中有很多的汉语词。而南诏进攻四川，俘虏的能工巧匠进入云南，建造宫室和器皿，汉语使用的范围更加广泛。南诏君臣爱好古诗，模仿唐诗作诗，使用了大量的汉语词汇，当地少数民族居民接受并开始使用汉语方言。

3. 元、明、清三代汉语方言的使用状况

元、明、清三代，是云南汉语方言得到充分发展并且基本定型的时期。元代移入云南的汉人多为四川人。明代发展屯垦制度，30多万南京人和50多万的军队移入云南，形成了无数的民屯和军屯基地，大多建立卫所，产生了大量汉民村落。清代继续屯垦政策，并向滇南滇西的少数民族聚居区推进，从根本上改变了汉族和少数民族的人口比例，汉族人口居云南民族人数的首位。不同卫所具有不同的方言，形成了各具特色的汉语方言。这一时期，除移民的汉人，在少数民族和汉族杂居但少数民族居住相对集中的地区，不同民族之间为了交流开始使用汉语方言；在和汉族杂居、小范围内聚居的少数民族居民为了和汉人交流，也使用汉语方言。

---

① 李兆同：《云南方言的形成》，《云南大学人文社会科学学报》1999 年第 1 期。

(三) 云南汉语方言的使用特点

云南汉语方言的使用特点可以从共时和历时两个方面分析，共时方面主要有地域差异、族群差异和代际差异等特点。

1. 地域差异

虽然云南省的汉语方言基本上属于全民性语言，但是不同地区，汉语方言使用仍具有差异性。多民族杂居地居民一般使用云南方言对外交流，少数民族聚居地区通常用民族语进行交流。例如：生活在昆明的藏族大学生，能够熟练地使用云南方言进行交流的比例达到84.7%，平时用汉语方言的概率也比较大[1]；而居住在云南迪庆藏族自治州德钦县奔子栏镇奔子栏村的藏族则用藏语交流，云南方言只是辅助性用语[2]。又如：生活在昆明市团结乡的苗族，经常使用云南方言与其他民族交流，而生活在文山壮族苗族自治州马关县都龙镇金竹村岩头寨的苗族，若不出村，几乎可以不用云南方言。岩头寨的村医说："在村里几个月不讲汉话，都忘记怎么说汉语了。"

2. 族群差异

汉语方言在使用上存在族群差异，根据兼用汉语方言的类型可以分为两种情况：一是使用民族语同时兼用云南方言，是"民族语—云南方言"的双语人。这种类型是云南省绝大部分少数民族的语言使用状况。如：保山市腾冲县阿昌族既保留母语，又兼用云南方言，兼用云南方言人数比例达94%，泸水县上江乡傈僳族既保留母语，又兼用云南方言，兼用云南方言的人数比例达73.3%。二是本民族语言消失，已转用汉语。云南回族、水族、满族已经丢失了自己的母语，转用云南方言[3]。三是不同民族兼用云南方言的人数比例不同。绿春县哈尼族普遍兼用汉语。哈尼族人口占全县的87.4%，是哈尼语和汉语的双语型民族。其中，绿春县大寨小

---

[1] 李阳：《藏族大学生的语言态度和语言使用状况调查》，硕士学位论文，云南师范大学，2015年。

[2] 张霞：《走进藏乡、感受藏语·迪庆藏族自治州德钦县奔子栏镇奔子栏村藏语使用情况调查》，《今日民族》2016年第12期。

[3] 周耀文、戴庆厦：《云南少数民族语言文学状况》，云南民族出版社1980年版，第23—25页。

组熟练和略懂汉语的占96.09%①。而澜沧县拉祜族汉语水平偏低，能熟练使用汉语的仅占32.9%，略懂的为39.8%，不懂的比例占27.3%。②

3. 代际差异

云南方言在使用水平上呈现出明显的代际差异。主流的情况是：20岁至50岁的，云南方言水平较高，普遍能熟练使用云南方言；而学前儿童和60岁以上的，则汉语水平不高，难以用云南方言交流。但也有不少例外的情况，如泸水县上江乡傈僳族各年龄段汉语语言能力呈现出明显的代际差异。7—19岁，熟练使用汉语的比例为20.8%；20—39岁的比例为18.2%；40—59的比例为7.1%；60岁以上的比例为3.6%。汉语熟练的人数从老年人到青年人顺次递增。又如：玉溪市峨山县塔甸镇的彝族儿童是先学会云南方言，上学之后才慢慢学会彝语。

从历时方面看，云南汉语方言具有历史层次性，是一种演变的语言。例如，特殊的丽江老派汉语可能是唐代从四川进入云南的，是当时南诏贵族学习的目标语，受到母语负迁移影响，在十分有限的使用环境中逐渐形成并流传下来。因此，就时间层次而言，丽江、大理等少数民族聚居区零星存在着的受少数民族音系深刻影响的特殊汉语，虽然可能更古老，但并非云南官话的源头，主流云南官话的源头是明代南直隶官话③。

（李玉静，余金枝）

第二节 少数民族语言的使用状况

云南分布着45种少数民族语言④，其中35种属于汉藏语系，10种属于南亚语系。属于汉藏语系的35种语言中，有25种语言属于藏缅语族，7种语言属于壮侗语族，3种语言属于苗瑶语族。详见表2-1。

---

① 戴庆厦等：《云南绿春县哈尼族语言使用现状及其演变》，商务印书馆2008年版，第34页。

② 戴庆厦等：《澜沧拉祜族语言使用现状及其演变》，商务印书馆2011年版，第82页。

③ 曾晓渝、陈希：《云南官话的来源及历史层次》，《中国语文》2017年第2期。

④ 王锋：《中国语言地图集·云南省少数民族语言（C2-7）》，商务印书馆2012年版，第228—237页。

表 2-1　　　　　　　　云南少数民族语言一览

藏缅语族 （25 种）	藏语支	藏语
	羌语支	普米语
	景颇语支	景颇语、阿侬语、独龙语
	彝语支	彝语、哈尼语、白语、傈僳语、纳西语、拉祜语、基诺语、卡卓语、堂郎语、怒苏语、柔若语、末昂语、桑孔语、毕苏语
	缅语支	载瓦语、浪速语、勒期语、波拉语、阿昌语、仙岛语
侗台语族 （7 种）	壮傣语支	傣语、壮语、布依语
	仡央语支	仡佬语、拉基语、普标语、布央语
苗语语族 （3 种）	苗语支	苗语、布努语
	瑶语支	瑶语
南亚语系 （10 种）	孟高棉语族	佤语、布朗语、德昂语、克木语、克蔑语、布兴语、户语、布赓语、布芒语
	越芒语族	莽语

表 2-1 所列出的 45 种少数民族语言的总体使用情况是：少数民族语言主要用于家庭和族内交际；不同的少数民族语言存在着语言活力和是否跨境等方面的差别。本节以藏缅语族语言、壮侗语族语言、苗瑶语族语言、南亚语系语言为序逐一描写。

一　藏缅语族语言使用状况

云南有 25 种语言属于藏缅语族语言，这些语言分属藏语支、羌语支、景颇语支、彝语支和缅语支。这些语言主要分布在云南的西部和南部。

（一）藏语支（藏语）语言使用状况

藏语支包括藏语、门巴语、仓洛语和白马语 4 种语言。在云南分布的藏语支语言只有藏语。藏语是跨境语言，除在中国分布外，还分布在与中国接壤的印度、不丹、尼泊尔、巴基斯坦等国。藏语分为卫藏方言、康方言和安多方言三个方言。云南境内的藏语属于康方言的南部土语，主要分布在云南西北部的迪庆藏族自治州，也有少量分布在丽江市。云南的藏族有不少人还掌握藏文，藏文进入学校教育和寺庙教育。藏语未出现濒危，使用人数约 14 万人（2011 年）。

（二）羌语支（普米语）语言使用状况

羌语支包括十余种语言，在云南，属于羌语支的语言只有普米语一种。普米语在云南仅被普米族使用。普米语分为南部方言和北部方言，南部和北部方言均在云南有分布。南部方言分布在兰坪县的河西乡、通甸乡、金顶乡、拉井乡，丽江市的鲁甸乡和石鼓乡，永胜县以及宁蒗县的新营盘区，维西县的维登区和塔城区。北部方言分布在宁蒗县的温泉乡和便衣乡。

在云南，普米语的分布区小于普米族的分布区。普米语在聚居区得以保留，在杂居区则出现了消亡或濒危。如在普米族聚居的兰坪县河西乡、通甸乡、金顶镇和石登乡，丽江市玉龙县九河乡金普村，普米语保持较强的活力，是村寨的交际用语。在兰坪县石登乡仁甸河村的大板凳村，回龙布村的川箐村、阿古屯村，普米语消亡，被傈僳语替代。在兰坪县的金顶镇、通甸乡，普米语出现了衰变，普米族部分群众转用了白语[①]。在丽江市玉龙县九河白族乡河源村，普米语出现了衰变，普米族的部分群众不通普米语转用了汉语。目前普米语的使用人数约3万人（2011年）。

（三）景颇语支语言（景颇语、阿侬语、独龙语）使用状况

景颇语支包括景颇语、阿侬语和独龙语。这三种语言在中国仅分布在云南。在境外，还分布在缅甸。

1. 景颇语

景颇语是自称为"景颇"的景颇族景颇支系所使用的语言。在境外，景颇语被称为克钦语，主要分布在缅甸北部的克钦邦。该语言内部差异不大，分为恩昆土语和石丹土语。恩昆土语分布较广，居住在盈江县铜壁关乡、梁河县、瑞丽市、陇川县、潞西县的景颇支系都使用这一土语。居住在盈江县卡昌乡和太平乡的景颇支系使用石丹土语。景颇语是较为强势的区域语，不仅被景颇支系使用，还被景颇族的载瓦、浪速、勒期、波拉支系以及与景颇支系杂居的德昂族兼用。景颇语不仅用于家庭，还被用于集市、政府机关。在景颇族聚居区，如德宏傣族景颇族自治州，电视和广播均有景颇语节目。

景颇文创制于19世纪，由西方传教士创制。新中国成立以后，国家对老景颇文进行改进推广。现有用景颇文出版的报纸、书刊。在德宏傣族景颇族自治州，有的学校推行景颇语文和汉语文的双语教育。景颇语的使

---

① 戴庆厦、陈卫东：《论普米族的语言观念》，《云南民族学院学报》（哲学社会科学版）1994年第2期。

用人数约4万人。

2. 阿侬语

阿侬语是自称为"阿侬"的人所说的语言。阿侬人属于怒族的一个支系。阿侬语是跨境语言。在境内，分布在怒江傈僳族自治州福贡县上帕镇、子里甲乡、鹿马登乡、石月亮乡，使用人数6千多人。在境外，阿侬语被称为日旺语，分布在缅甸北部的克钦邦。

由于与傈僳族杂居，很多阿侬人已转用傈僳语和汉语，阿侬语的分布范围在不断缩减，目前使用阿侬语的人数只有五六百人，并且这五六百人多为老年人，中青年人只会简单的问候语。阿侬语的传承处于严重的代际断裂状态，极度濒危。阿侬语濒危的原因与其居住环境有关。如：木古甲村是一个纯阿侬人聚居的村子，原来该村在半山上，去怒江要走一个小时的路，那时阿侬语是家庭和村寨的交际用语。十多年来，阿侬人陆续搬到怒江边的村子来，与傈僳族、白族、汉族、怒族杂居，村里的交际用语是傈僳语和汉语，阿侬语的语言功用由村寨用语退缩为家庭用语①。

3. 独龙语

独龙语是独龙族所使用的语言，是独龙族的族内交际工具。怒江傈僳族自治州贡山独龙族怒族自治县境内自称为"阿怒"的怒族支系，说阿怒语，阿怒语属于独龙语的怒江方言②。独龙语分为独龙江方言和怒江方言。独龙江方言分为三乡土语和四乡土语。三乡土语分布在独龙江流域的迪正当、献九当、龙元、孔日、龙拉、布卡凹等地。四乡土语分布在独龙江流域的木拉当、茂顶、马库、钦郎当等地。怒江方言分为怒江土语和维西土语。怒江土语分布在怒江流域的青拉桶、甲生、丙中洛、双拉、迪麻各、棒打、永拉茂等地。维西土语分布在迪庆藏族自治州维西傈僳族自治县。独龙语方言差别较小，操两个不同方言的人可以互相交际。

独龙语是跨境语言，除在境内分布外，还分布在缅甸北部的梅开恩江。在境内，独龙语的使用人数1万2千多人。独龙语是怒江傈僳族自治州贡山县独龙族和傈僳族的日常交际用语，用于家庭、村寨、集市、乡镇等场合。1983年，国家设计了独龙语拼音方案，独龙族没有传统文字，主要以刻木、结绳的方式来记事和传递信息。1979年，独龙族创制了独

---

① 孙宏开：《关于怒族语言使用活力的考察——兼谈语言传承与保护的机制》，《玉溪师范学院学报》2015年第1期。

② 孙宏开：《中国的语言——独龙语》，商务印书馆2007年版，第567页。

龙语拼音方案。1983 年在云南省少数民族语文指导工作委员会第二次扩大会议上讨论通过，1984 年起在独龙族干部群众中推行[①]。

(四) 彝语支语言使用状况

彝语支包括彝语、哈尼语、白语、傈僳语、纳西语、拉祜语、基诺语、卡卓语、堂郎语、怒苏语、柔若语、末昂语、桑孔语、毕苏语 14 种。这 14 种语言在云南均有分布。其中彝语、哈尼语、白语、傈僳语、纳西语、拉祜语 6 种语言使用人数在 10 万以上，其余的 8 种语言，使用人口均在 10 万人以下。这 14 种语言中，彝语、哈尼语、傈僳语、拉祜语 4 种语言为跨境语言，其余的 8 种为非跨境语言。

1. 彝语

分为北部、东部、东南部、南部、西部和中部 6 种方言。这 6 种方言在云南均有分布。北部方言主要分布在云南的小凉山。东部方言分布在昭通市、曲靖市和楚雄彝族自治州。东南部方言分布在曲靖市、文山壮族苗族自治州和红河哈尼族彝族自治州。南部方言分布在红河哈尼族彝族自治州、西双版纳傣族自治州和玉溪市。中部方言分布在楚雄彝族自治州和大理白族自治州。彝语是云南 45 种少数民族语言中使用人口最多、分布最广、方言土语最复杂的语言。

从行政区划看，彝语集中分布在 2 个自治州、15 个自治县、82 个自治乡。这 2 个自治州是楚雄彝族自治州和红河哈尼族彝族自治州。15 个自治县中有 6 个是彝族单一民族的自治县，9 个是彝族与其他民族的自治县。这 6 个彝族自治县是：峨山彝族自治县、宁蒗彝族自治县、石林彝族自治县、南涧彝族自治县、漾濞彝族自治县、景东彝族自治县。9 个与其他民族联合自治的县级行政单位是：巍山回族彝族自治县、寻甸回族彝族自治县、禄劝彝族苗族自治县、宁洱哈尼族彝族自治县、景谷傣族彝族自治县、江城哈尼族彝族自治县、新平彝族傣族自治县、元江哈尼族彝族傣族自治县、镇沅彝族哈尼族拉祜族自治县。

彝语的使用情况比较复杂。一般的情况是：在彝族聚居区和山区，彝语保留较好，彝语仍然是族内交际的主要工具；在杂居区和坝区，彝语出现了濒危，彝语仅仅被老年人使用。云南省使用彝语的人数 420 万余人。

彝语有与之对应的文字——彝文。彝文也称老彝文，历史悠久，自明

[①] 中央政府门户网站 www.gov.cn 2015-09-24 09：56。

代以后兴盛。关于它的起源，至今尚无定论。明清以来的史志中称彝文为"爨文""倮倮文""韪书"。彝文是音节文字。在彝语北部、东部、东南部、南部四种方言中使用。彝文有丰富的文献，如云南武定县的《凤诏碑》和禄劝县彝汉对照的《镌字崖》，双柏县雨龙公社彝族医生杨恩有的彝文医药专著。云南新平县和石屏县有用白布写成的彝文书①。

2. 哈尼语

哈尼语是哈尼族使用的语言。哈尼语分为哈雅、豪白、碧卡三种方言。哈雅方言分为哈尼和雅尼两种次方言。哈尼次方言分布在红河哈尼族彝族自治州的红河、元阳、绿春、金平四县。雅尼次方言分布在西双版纳傣族自治州和普洱市澜沧拉祜族自治县。豪白方言分为豪尼和白宏两种土语，主要分布在普洱市墨江县和玉溪市元江县。碧卡方言分为碧约、卡多、峨怒3种土语，主要分布在普洱市的墨江县、宁洱哈尼族彝族自治县、江城哈尼族彝族自治县、镇沅县、景东县。

哈尼语分布的自治的州级行政单位有红河哈尼族彝族自治州1个，县级行政单位有5个：玉溪市元江县哈尼族彝族傣族自治县、普洱市的墨江哈尼族自治县、宁洱哈尼族彝族自治县、江城哈尼族彝族自治县、镇沅彝族哈尼族拉祜族自治县。在这些哈尼族聚居区，哈尼语不仅是哈尼族的族内交际工具，还是彝族、傣族和汉族的兼用语。哈尼语的使用人数约120余万人②。

哈尼族没有传统文字。1957年，通过了哈雅和碧卡两个方言的拼音方案。自1983年起，开始哈尼文的推广工作，并出版了十余万册的哈尼文书籍，1984年，推行哈尼文、汉文的双语双文教学③。

3. 白语

白语是白族使用的语言。白语分为大理、剑川和碧江三种方言。大理方言分为大理和祥云两种土语。大理方言分布在大理白族自治州的大理市、祥云县、宾川县、永平县、云龙县、洱源县、漾濞县、巍山县、弥渡县，临沧市的云县、凤庆县，保山市，楚雄彝族自治州的南华县，昆明市等地。剑川方言分为剑川和鹤庆两种土语。剑川方言分布在大理白族自治州的鹤庆县、剑川县、云龙县、洱源县、宾川县，丽江市的玉龙纳西族自

---

① 武自立、纪嘉发、肖家成：《云贵彝文浅论》，《民族语文》1980年第4期。
② 王峰：《中国语言地图集·云南少数民族语言》，商务印书馆2012年版，第230页。
③ 何炳坤：《试析哈尼文推行受挫的原因与发展前景》，《民族语文》1993年第5期。

治县和永胜县。碧江方言分为碧江和兰坪两种土语。碧江方言分布在怒江傈僳族自治州的福贡县和贡山独龙族怒族自治县，迪庆藏族自治州的维西傈僳族自治县和香格里拉市，大理白族自治州的洱源县。

白语的使用区域主要在大理白族自治州、兰坪白族普米族自治县以及其他地区白族聚居的 16 个白族乡。这 16 个白族乡是丽江市的 4 个乡（古城区的金山白族乡和金江白族乡，玉龙县的九河白族乡和石头白族乡）、楚雄彝族自治州南华县的 1 个乡（雨露白族乡）、怒江傈僳族自治州泸水县的 2 个乡（老窝白族乡和洛本卓白族乡）、保山市隆阳区的 3 个乡（杨柳白族彝族乡、瓦窑白族彝族乡和瓦马彝族白族乡）、昭通市镇雄县的 1 个乡（坡头彝族苗族白族乡）、昆明市的 4 个乡（五华区沙朗白族乡、西山区团结彝族白族乡、谷律彝族白族乡和安宁市太平白族乡）、临沧市凤庆县的 1 个乡（郭大寨白族乡）。在兰坪白族普米族县兔峨乡的兔峨和小村两个自然村，怒族的柔若支系普遍兼用白语①。

白语的活力较高，白语是白族的日常交际用语。白族聚居的山区，白语用于家庭、村寨、集市、乡政机关、医院等场合，在白族高度聚居的剑川县，白语是全县的通用语。白语的使用人数 130 余万人。与白语对应的有老白文和新白文②。老白文史称"白文""僰文"或"方块白文""汉字白文"。老白文创制于唐代的南诏时期，是利用汉字作为记音和表意符号而创制的文字，至今仍在民间流行。新白文于 1958 年创制，是以拉丁字母为基础的拼音文字。新白文拼音方案经过 1982 年和 1983 年两次修订后得以推行。并用白文编写教材和各类读物。1996 年，大理师专开设了白语课。2005 年以后，云南省民语委每年暑假组织一些白族中小学教师到昆明接受白语文教学培训。目前，剑川县石龙小学、西中小学依然开展白语文教学③。

4. 傈僳语

傈僳语是傈僳族的母语。维西傈僳族自治县的怒族和独龙族，丢失了自己的母语，转用傈僳语怒江方言。怒江傈僳族自治州怒族中的怒苏支

---

① 施璐、王丽、段泗英：《云南怒族柔若语使用现状及保护研究》，《赤子》2015 年第 1 期。

② 王锋：《中国语言地图集·云南少数民族语言》，商务印书馆 2012 年版，第 230 页。

③ 张国荣、罗正鹏：《试论文化多样性保护与白语教育——基于白族新创文字应用情况的调查研究》，《广西民族研究》2015 年第 4 期。

系，大多能熟练使用傈僳语。傈僳语在云南的使用人数约 55 万（2000年）。傈僳语是跨境语言，在越南、老挝、泰国也有分布。傈僳语分为怒江、永胜和禄劝三个方言。怒江方言分布在怒江傈僳族自治州、德宏傣族景颇族自治州、迪庆藏族自治州、丽江市玉龙县、保山市、临沧市和大理白族自治州的云龙县。永胜方言分布在丽江市的永胜县、华坪县、宁蒗县和大理州的部分地区。禄劝方言分布在禄劝县和武定县的部分地区。这三个方言，怒江方言的活力最强，被怒江傈僳族自治州的独龙族、彝族和白族兼用，成为集市、商店、医院等公共场所的族际交际语①，傈僳语怒江方言在小学低年级阶段用作教学辅助语言。

  傈僳文共有"格框式"傈僳文、罗马字变体傈僳文、汪忍波文、拉丁字母拼音文字 4 种。"格框式"傈僳文是 1913 年英国传教士根据武定县滔谷村语音为标准音创制的。30 个声母用大字母表示，25 个韵母用小字母表示，声调由韵母在声母的不同位置表示。这种文字通行于武定县和禄劝县的基督教信仰区。罗马字变体傈僳文也叫老傈僳文，用于中缅边境的傈僳族教会。老傈僳文是在 1912—1914 年，缅甸克伦族讲道人塞耶巴多根据当时缅甸的傈僳语将罗马字母改变形状创制而成的。后经英国传教士修改，由缅甸传入滇缅边境的怒江傈僳族自治州、德宏傣族景颇族自治州及临沧市耿马县。这是一种音素字母体系的文字。汪忍波文创制于 20 世纪 20 年代，是由维西县傈僳族农民汪忍波创制的音节文字。该文曾在傈僳族地区流行，被用于记录了傈僳族历史传说、歌谣、历法、占卜、星象方面的材料。拉丁字母拼音文字也叫新傈僳文，由怒江傈僳族自治州政府和云南省民语委创制于 1957 年。目前，老傈僳文和新傈僳文并用，老傈僳文的使用较占优势，老傈僳文使用范围较广。目前只有怒江傈僳族自治州和大理白族自治州使用新傈僳文，而在维西傈僳族自治县、丽江市的玉龙县、永胜县、华坪县、保山市腾冲县、德宏州盈江县、陇川县等都只使用老傈僳文。傈僳族老文字现在不仅用于宗教领域，还用于学校教育、扫盲教育、日常生活、报纸书籍等②。老傈僳文的使用群体包括傈僳族和怒苏人。

---

  ① 中国社会科学院民族所、国家民族事务委员会文化宣传司：《中国少数民族语言使用情况》，中国藏学出版社 1994 年版，第 788 页。

  ② 马效义：《社会变迁与新老文字选择——以傈僳族为例》，《湖北民族学院学报》（哲学社会科学版）2008 年第 5 期。

5. 纳西语

纳西语是纳西族所说的语言。在云南的使用人数约27万人（2000年）。分为西部方言和东部方言，摩梭人所说的摩梭话和香格里拉市玛丽玛萨人所说的玛丽玛萨话属于纳西语东部方言。各方言又分为三种土语。西部方言的三种土语之间可以通话，东部方言的三种土语语音差别较大，不能通话。

纳西语不仅是纳西族的语言交际工具，在家庭、村寨、集市、政府、医院、学校等场合被广泛使用，还被白族、普米族、藏族兼用。如：丽江市宁蒗县普米族群众普遍兼用纳西语，部分50岁以下的普米人还转用了纳西语。居住在丽江市的藏族大多会讲纳西语，藏族喇嘛会用纳西语。在丽江市工作的汉族干部，大多能够听得懂纳西语。在小学阶段，用纳西语辅助教学。

纳西语有东巴文和哥巴文两种古老的文字。东巴文是一种象形文字，有1300多个字形。纳西族用它记载了历史传说、诗歌、格言、宗教祭祀、天文、医药、风俗。现东巴文主要为东巴教的经师所用。哥巴文是音节文字，字数很少，通行范围很小。除这两种文字以外，还有一种玛里玛萨文字。这种文字只在维西县自称"玛里玛萨"的纳西族群众中使用[①]。1957年，创制了拉丁文字的纳西语拼音方案，目前在丽江市的部分小学推行纳西语双语教学，在云南民族大学开设纳西语本科班。

6. 拉祜语

拉祜语是拉祜族的母语。使用人数约35万人（2000年）。自称为"苦聪"的拉祜族使用的语言也属于拉祜语。拉祜语属于跨境语言，在老挝、越南、缅甸、泰国、美国也有分布。拉祜语分为拉祜纳和拉祜熙两个方言。拉祜纳的使用人数约占拉祜族人口的80%，分布在澜沧江西岸的凤庆县、云县、临沧市、耿马县、双江县、沧源县、西盟县、澜沧县、孟连县，景洪县和勐海县的少部分拉祜族也使用这一方言。拉祜熙方言分布在澜沧江东岸的新平县、墨江县、镇沅县、景谷县、普洱市思茅区、勐腊县、金平县、绿春县的部分拉祜族也使用这一方言。

由于拉祜纳方言使用人口占绝对优势且拉祜纳方言和拉祜熙方言差别

[①] 中国社会科学院民族研究所：《中国少数民族语言使用情况》，中国藏学出版社1994年版，第782—786页。

不大，一些母语为拉祜熙的拉祜族群众也掌握拉祜纳方言，拉祜纳方言在拉祜语分布区具有通用语的地位。

　　拉祜语总体来看仍具有很强的活力。在澜沧江以西的拉祜族聚居区是拉祜语单语区，有20多万人以拉祜语为主要交际工具，会汉语的人少。在澜沧县境内的哈尼、彝、傣、佤等与拉祜族杂居的民族兼用拉祜语，有的甚至转用了拉祜语。在澜沧县城，很多来赶集的外族人都使用拉祜语。在拉祜族聚居的山区，有只会拉祜语的单语人。如澜沧县南岭乡勐炳村龙塘寨、勐朗镇唐胜拉祜新村、勐朗镇勐滨村松山林小组、竹塘乡茨竹河村委会达的寨四个村寨的拉祜族，熟练使用拉祜语的人数比例是100%，还有27.3%的人只懂拉祜语不懂汉语，有39.8%的人略懂汉语。在这样的村寨中，拉祜语必然成为全民交际用语。拉祜族无传统文字，历史上曾用刻木记事的方式来记事。新创文字有三套，三套均是拉丁字母。第一套拉丁字母拼音方案称为"老拉祜文"，是美国浸信会传教士于1921年创制的。老拉祜文主要用于基督教的传播，翻译《圣经》和《赞美诗》。曾办老拉祜文培训班，为1000余人扫盲，扫盲结业后分派到各村寨办教堂传教。现在，在中国的部分拉祜族地区，特别在缅甸和泰国的拉祜族村寨，基督教徒仍用老拉祜文通信。据不完全统计，熟悉拼音文字的拉祜族教徒和群众达2万余人。第二套拉祜义称为"新拉祜文"，创制于1957年，由我国政府部门对老拉祜文进行改造而成。推行的方式是在小学试行拉祜文和汉文双语双文教学，在大学开始拉祜语班。至今，云南民族大学仍开设拉祜语专业，招收对象为母语为拉祜语的学生。第三套方案是马提索夫文字方案。该方案是马提索夫根据他在泰国清迈府和清莱府的调查研究创制的，其目的是用于他编著的《拉祜语法》（1973年、1982年）和《拉祜语——英语词典》[①]。

　　7. 基诺语

　　基诺语是基诺族使用的语言，使用人数约为2万人。分为攸乐方言和补远方言。两种方言相隔约100千米。两个方言区差别比较大，通话有较大难度。攸乐方言主要分布于攸乐山区，使用人数1万多人，约占基诺语使用人数的90%。补远方言分布于补远山一带，使用人数2千多人，约占

---

① 刘劲荣：《云南拉祜族文字使用的历史与现状》，《云南师范大学学报》（哲学社会科学版）2008年第6期。

基诺语使用人数的 10%。

在攸乐方言区，基诺语保留较好，基诺语仍是基诺族族内交际的重要工具。如云南省西双版纳傣族自治州景洪市基诺山（基诺山过去叫"攸乐山"）基诺族乡，基诺族约有 11400 人，占总人口的 53.2%。基诺语是基诺族日常生活中最重要的交际工具，基诺语仍然具有较强的活力，仅在少数地区、少数人中基诺语出现衰退迹象①。在基诺乡，60 岁以上的老人，不仅是基诺族，汉族、哈尼族等其他民族也掌握基诺语。在基诺族与其他民族的杂居区，部分青少年出现了母语转用。基诺语没有文字。

8. 卡卓语

卡卓语是自称为"卡卓""嘎卓"的蒙古族所说的话。由于他们自称"卡卓""嘎卓"，所以将他们说的语言称为卡卓语。卡卓语主要通行于玉溪市通海县兴蒙乡的中村、白阁、下村、交椅湾和陶家嘴 5 个自然寨。使用这种语言的卡卓人只有 4834 人（1990 年）。这种语言内部比较统一，无方言土语之分。卡卓语在语音上与白语比较接近，但在基本词汇和语法上与白语相差较大。卡卓语在语音上与彝语相差较大，但在基本词汇和语法上与彝语相近。这种现象与卡卓语和白语、彝语的接触历史有关，自称为卡卓人的蒙古族在历史上先转用白语，之后又转用彝语。在由白语转用彝语的过程中，保留了白语的部分特征（如语音），而借用了彝语的词汇和语法②。

根据 2010 年的研究看，卡卓语在云南省唯一一个蒙古族的聚居乡——玉溪市通海县兴蒙乡（该乡蒙古族 5316 人，占全乡总人口的 96.4%）被全民使用，但卡卓语的使用域处于正在收缩，父母与子女的日常交流开始使用汉语③。

9. 堂郎语

堂郎语是自称为 tho^{42}lo^{42}za^{33} "堂郎人"的彝族所使用的语言。该语言是一种独立的语言，使用人数 2 千多人（2003 年），聚居在丽江市玉龙县太安乡和大理市剑川县境内。堂郎语没有方言的分歧。由于堂郎人聚族而居，地处山区，交通不便，且经济生活以传统农业为主，堂郎语仍然是

---

① 戴庆厦等：《基诺族语言使用现状及其演变》，商务印书馆 2007 年版，第 10 页。

② 和即仁：《中国的语言·卡卓语》（孙宏开、胡增益、黄行主编），商务印书馆 2007 年版，第 427—446 页。

③ 曾铃：《云南蒙古族卡卓语使用现状调查》，《怀化学院学报》2013 年第 9 期。

堂郎人的日常用语。没有记录堂郎语的文字①。

10. 怒苏语

怒苏语是怒族自称为"怒苏"的支系所使用的语言。怒苏语的使用人数约 8 千人（孙宏开，2015），主要分布在怒江傈僳族自治州的福贡县和泸水县。怒苏语为跨境语言，在缅甸也有分布。怒苏语分为南部、北部和中部三个方言。南部方言分布在福贡县果科、普洛、子竹、同坪、加甲、俄嘎，以及与福贡县交接的泸水县境内的少数民族村寨。北部方言分布在福贡县瓦娃、空通、友夺洛、亚谷等地。中部方言分布在福贡县知之罗、老姆登、棉古、沙瓦、子楞等地。怒苏语三个方言之间难以通话，操三个不同方言的怒苏人需要用傈僳语或汉语作为交际语。同一个方言之间，怒苏语仅用于村寨，在集市、学校、政府、医院等公众场合，多用傈僳语或汉语，在宗教活动中，则用傈僳语和傈僳文。

怒苏语在交通偏僻的村寨保留得较好，在河谷、城郊、公路沿线则存在衰退的迹象②。如在福贡县匹河乡的怒苏人村寨，在家庭内部使用怒苏语占 88.7%，与村民交谈使用怒苏语占 84.8%，打电话主要用怒苏语。但在匹河乡的集市、单位和学校等公共场合，很多不同的怒族村寨相互之间不能用怒苏语来进行交流③。怒苏语没有与之相适应的文字。

11. 柔若语

柔若语是怒族自称为"柔若"的支系所使用的语言。柔若语内部比较一致，基本上可以通话。柔若语的使用人数约 2500 人（孙宏开，2015）④。主要聚居在怒江傈僳族自治州的兰坪县兔峨乡澜沧江两岸的兔峨、吾批江、碧鸡岚、果力、江末、小村、松坪等自然村，以及泸水县鲁掌乡的部分村寨。兰坪县使用柔若语的人数约 2300 人，泸水县只有数百人（王锋，2012）。在兰坪县兔峨乡柔若人聚居的江末、果力、碧鸡岚和吾皮江四个自然村，柔若语仍具有较强的语言活力，柔若语的代际传承没有出现断裂，柔若语仍是柔若人的第一语言。在兔峨乡柔若人杂居的兔峨

---

① 盖兴之：《中国的语言·堂郎语》（孙宏开、胡增益、黄行主编），商务印书馆 2007 年版，第 366 页。

② 孙宏开：《关于怒族语言使用活力的考察》，《玉溪师范学院学报》2015 年第 1 期。

③ 谭丽亚、陈海宏：《怒江地区怒族使用汉语现状调查与分析——以福贡县匹河怒族乡为例》，《牡丹江大学学报》2017 年第 6 期。

④ 孙宏开：《关于怒族语言使用活力的考察》，《玉溪师范学院学报》2015 年第 1 期。

村和小村两个自然寨，柔若语的活力有所下降①。

12. 末昂语

末昂语是自称为"末昂"、他称为"自倮"或"高脚倮人"的群体所说的语言。说末昂语的群体属于彝族。末昂语在云南，分布在文山壮族苗族自治州富宁县的龙洋、龙迈、木央、木腊、里拱。虽然末昂人在云南的总人口有 4000 多人，但居住在木央、里拱几个自然村的末昂人已经转用汉语，丢失了自己的母语，这部分人口约占云南末昂人的 20%，因此末昂语的使用人数只有 3000 多人。末昂语虽然在木腊、木思等村寨还得以保留，但其功能已受到壮语的冲击，在不久的将来，有转用壮语的可能②。在富宁县龙洋乡，由于壮族人口是末昂人的一倍还多，很多说末昂语的人已转用壮语，尚未出现母语转用者，也大量借用壮语的词汇和语音③。因此末昂语属于濒危语言。末昂语没有与之相适应的文字。

13. 桑孔语

桑孔语是自称为"桑孔"、他称"布下"的哈尼族所使用的语言。桑孔语分布在西双版纳傣族自治州景洪市小街乡曼汪湾、曼扎罕丙、八卡回显等村寨及勐龙镇班飘布下寨等地，使用人口不足 2000 人。桑孔语仅在桑孔人居住的村寨里使用④。桑孔语属于濒危语言。桑孔语没有方言的差别，也没有与之相适应的文字。

14. 毕苏语

毕苏语是自称为"毕苏""米苏""米必苏"、中国境内他称为"老缅""老品"的人所使用的语言。在云南的使用人数约 2000 人。普洱市的毕苏人划归拉祜族，西双版纳的毕苏人至今族别未定。毕苏语是跨境语言，在境内，分布在云南的 4 个县的十来个乡，在境外，分布在泰国、缅甸与老挝交界的边境地区。

毕苏语分为老缅土语和老品土语。老缅土语使用人数约 1800 人，分布在普洱市澜沧县竹塘乡东主老缅大寨、老缅新寨、河边寨等自然寨；孟

---

① 施璐、王丽、段泗英：《云南怒族柔若语使用现状及保护研究》，《赤子》2015 年第 1 期。

② 周德才：《濒危语言的现状及保护——以云南富宁末昂语为例》，《第二届中国云南濒危语言遗产保护研讨会论文集》，2006 年，第 52—56 页。

③ 王战领：《末昂语的系属及其语言接触》，《红河学院学报》2018 年第 2 期。

④ 李永遂：《桑孔语初探》，《语言研究》1992 年第 1 期。

连县富岩乡老缅寨、南艾寨，南雅乡南雅寨和景信乡的3个自然寨，使用人数约1800人。讲老缅土语的人被当地人称为"老缅"人。老品土语使用于西双版纳傣族自治州勐海县勐遮乡老品寨，使用人数约240人。讲老品土语的毕苏人被当地人称为老品人，是一百多年前从普洱市澜沧县搬迁来的[①]。

毕苏语在十几个聚居村寨仍作为族群内部的日常生活用语，得以较好地保持和使用，但使用范围局限于聚居村寨之中和一些杂居村寨的部分家庭之中。毕苏语的使用范围远远小于毕苏人分布的十几个乡。在经济发展状况较好和交通较为便利的村寨，则出现了母语濒危。例如：有64户300位毕苏人的孟连县南雅乡南雅寨，毕苏语只在40岁以上的人中使用，20岁以下的年轻人已完全不懂[②]。

（五）缅语支语言使用现状

缅语支包括阿昌语、载瓦语、浪速语、波拉语、勒期语、仙岛语6种语言。这6种语言中除仙岛语以外，其余的5种语言均为跨境语言，且在境内，都只分布在云南；在境外，分布在缅甸。缅语支语言在境内的使用人口约9万多人[③]，集中分布在德宏傣族景颇族自治州及周边地区。这6种语言中，除阿昌语和仙岛语为阿昌族使用以外，其余的载瓦语、浪速语、波拉语和勒期语4种语言为景颇族的不同支系使用。这6种语言中，除仙岛语分布在德宏傣族景颇族自治洲的两个寨子以外，其余的5种语言均交错分布。

1. 阿昌语

阿昌语是阿昌族使用的语言，使用人数约1万7千人。阿昌语是跨境语言，在境外，分布在缅甸克钦邦的密支那和掸邦的南欧和景栋等地。阿昌语分为陇川方言、梁河方言和潞西方言。陇川方言主要分布在陇川县户撒乡一带。梁河方言主要分布在梁河县曩宋乡和九保乡一带。潞西方言主要分布在潞西县江东乡一带，另有少量分布在保山市的腾冲县和龙陵县。

---

① 徐世璇：《中国少数民族语言地图集·少数民族语言卷》（第2版），商务印书馆2012年版，第155—156页。

② 徐世璇：《论语言的接触性衰变——以毕苏语的跟踪调查分析为例》，《语言科学》2003年第5期。

③ 徐世璇：《中国少数民族语言地图集·少数民族语言卷》（第2版），商务印书馆2012年版，第172页。

三大方言在语音、词汇、语法方面均有一定的差异。总体上看，方言间的差异主要表现在词汇和语音上，语法差异较小。三大方言呈片状分布，相互间通话较困难。相比之下，梁河方言和潞西方言接近些。阿昌语没有传统文字，历来使用汉文。

　　三个方言在使用功能上存在较大差异。陇川方言的使用功能相对稳定，而阿昌语梁河方言，除了在阿昌族聚居的村寨保留较好以外，杂居寨大多出现了母语丢失现象。梁河方言的分布区在缩小。潞西方言的使用功能也出现分化，在腾冲，阿昌语的功能出现了衰变，使用人数减少，代际传承趋于中断，而在龙陵，阿昌语则保留较好[①]。

　　2. 载瓦语

　　载瓦语是自称为"载瓦"、他称为"小山"的景颇族所使用的语言，与勒期语、波拉语、浪速语、缅语比较接近。载瓦语是跨境语言。在境内，分布在德宏傣族景颇族自治州的潞西县、陇川县、瑞丽市、盈江县、梁河县、畹町县。在境外，分布在缅甸的克钦邦和掸邦。载瓦语在云南的使用人数有5万9千人（王锋，2012）。

　　载瓦语没有方言的差别，分为龙准、停注、崩瓦三种土语。不同土语之间可以通话。载瓦语保持较高的语言活力，在载瓦支系聚居的村寨，载瓦语用于家庭、村寨、集市、政府等场所。载瓦语有传统文字。1957年，政府创制了载瓦语拉丁字母拼音方案，1987年全面试行。在德宏州，还有学校实行载瓦语和汉语的双语双文教学。

　　3. 浪速语

　　浪速语是自称"浪速"、他称"玛汝"的景颇族所说的话。浪速语是跨境语言，英文通用名是 Maru。在境内，分布在德宏傣族景颇族自治州的芒市、盈江县、陇川县、瑞丽市和梁河县。在境外，分布在缅甸北部的克钦邦。浪速语在云南的使用人数为5千多人（王锋，2012）。浪速语与缅甸语、阿昌语、载瓦语最接近，浪速语与景颇语相差很大。浪速语没有方言差别，没有与之相对应的文字。由于使用浪速语的人数少，其使用范围限于家庭和村寨内的族内交际，很少用于集市、学校、医院、政府等公共场合。

---

① 王丽：《保山阿昌族语言使用现状及其发展研究》，《保山学院学报》2013年第6期。

4. 勒期语

勒期语是自称为"勒期"的景颇族所使用的语言，与载瓦语、浪速语比较接近[①]。勒期语是跨境语言，在境内，勒期语的使用人数约1万人，主要分布在德宏傣族景颇族自治州的芒市、瑞丽市、陇川县和盈江县，在怒江傈僳族自治州的部分地区都有分布。分布最多的是潞西县，有4千多人，大多在潞西县芒海镇、东山乡、中山乡以及三台山乡的拱岭寨、芒岗寨等地，其中邻近中缅边境线的潞西县芒海镇怕牙村是德宏州勒期人最为集中的一个村寨。勒期语在缅甸也有分布。

勒期语没有方言的差别，没有与之相对应的文字。勒期语主要用于家庭和村寨的日常交际，基本不用于集市、学校、政府等公众场合。

5. 波拉语

波拉语是自称为"波拉"的景颇族所使用的语言。波拉语与浪速语最为接近，其次是缅甸语。波拉语是跨境语言。在境内，分布在德宏傣族景颇族自治州芒市三台山乡引欠村，五岔路乡的勐广村、弄弄村、项丘村，西山乡的板栽二组，城郊的桦树林等地；梁河县的邦外；陇川县的双窝铺、王子树、帕浪弄村等地。在境外，分布在缅甸的九谷、帮卡帕铺，大约有100人。帕铺有一家波拉人，180余年前从中国移居缅甸，所操语言仍与国内的波拉语可以通话。在境内，波拉语有近500人使用[②]。虽然使用人数不足500人，却保持着良好的语言传承[③]。

波拉语没有方言的差别，也没有相应的文字。

6. 仙岛语

仙岛语是自称"坎岛"、他称"仙岛"或"先岛"的人所使用的语言，与阿昌语陇川方言最为接近，基本上能通话[④]。1983年，政府将仙岛人划归阿昌族。仙岛语主要分布在中缅边境的德宏傣族景颇族自治州盈江县姐冒乡芒面村的仙岛寨和芒线村的芒俄寨，总人口只有92人。92名仙岛人中只有20人还能用仙岛语交流自如，而且这20人大都属于祖父辈和曾祖父辈的成员，仙岛语处于严重濒危状态。在仙岛寨52个仙岛人中有15人能流利地使用仙岛语，而勐俄寨40个仙岛人中只有5人能讲仙岛语

[①] 戴庆厦、李洁：《勒期语概况》，《民族语文》2006年第1期。
[②] 戴庆厦、蒋颖、孔志恩：《波拉语研究》，民族出版社2007年版，第1—4页。
[③] 王跟国、孔志恩：《云南德宏波拉人的语言传承及原因》，《贵州民族研究》2018年第4期。
[④] 王朝晖：《仙岛人及其语言》，民族出版社2005年版，第9页。

了，勐俄寨仙岛语的濒危程度更严重①。

二 壮侗语族语言使用状况

壮侗语族语言包括壮傣语支、侗水语支、黎语支和仡央语支。在云南，只分布着壮傣语支和仡央语支。壮傣语支语言分布在云南的有傣语、壮语和布依语3种语言。仡央语支分布在云南的有仡佬语、拉基语、布央语和普标语4种语言。

（一）壮傣语支语言使用现状

1. 傣语

傣语是傣族使用的语言。傣语是跨境语言，在境内，主要分布云南西双版纳傣族自治州、德宏傣族景颇族自治州等云南南部地区。在境外，分布在老挝、越南、缅甸、泰国、印度等东南亚国家。傣语在云南的使用人口100余万。傣语分为德宏方言、西双版纳方言、金平方言和红金方言。德宏方言分为德保土语和孟耿土语②。德宏土语主要分布德宏州、保山市及耿马县孟定区。孟耿土语分布普洱市和临沧市。说德宏方言的傣族大多自称"傣纳"，意思是"上傣"，少部分自称"傣德"，意思是"下傣"，人口20多万。西双版纳方言主要分布在西双版纳傣族自治州和普洱市江城县。说这个方言的傣族自称"傣仂"。使用该方言的人口有20多万。金平方言主要分布在红河哈尼族彝族自治州金平苗族瑶族傣族自治县。金平县共有人口311671人，其中傣族有16782人（2000年），占全县总人口数的5.3%。红金方言用于红河流域和金沙江流域沿岸的区域，分为元阳土语、元江土语、绿春土语、永武土语、马关土语5个土语。元阳土语分布在元阳县、红河县和新平县。元江土语分布在元江县。绿春土语分布在绿春县、石屏县、建水县、个旧市。永武土语分布在永仁县、武定县、绿劝县和大姚县。马关土语分布在马关县、文山市、麻栗坡县和河口县。

西双版纳傣语广播是云南少数民族语言开办最早的少数民族语言广播之一。自1955年6月18日开播至今，已经有60年的历史。傣语广播每天通过卫星向西双版纳、德宏、普洱等傣族聚居区播音45分钟。老挝、

---

① 寸红彬、汪榕：《仙岛语——云南濒危少数民族语言调查》，《贵州民族研究》2014年第6期。

② 王锋：《中国语言地图集——云南省少数民族语言》，商务印书馆2012年版，第234页。

缅甸等周边国家也能收听到。目前西双版纳傣语节目有新闻节目、彩虹落傣乡、专题节目、周末节目和文艺节目,每天清晨和傍晚定时播出①。

傣语有4种文字:西双版纳傣文、德宏傣文、傣绷文、金平傣文。德宏傣文和傣绷文是同一个方言内的两种形体不同的文字,德宏傣文是方体,傣绷文是圆体。德宏傣文和傣绷文字母的数量、排列顺序、声韵结构都大体相同。德宏傣文已有几百年的历史,是国内使用范围较广的文字,主要用于德宏傣族景颇族自治州的傣族地区,以及保山、腾冲、昌宁、景谷、景东、临沧、双江、耿马、沧源、镇康、孟连等县的傣族地区。德宏傣文经过补充修改后,1956年开始进入小学,德宏州出版了《团结报》的傣文版。傣绷文只在德宏傣族景颇族自治州的瑞丽市和普洱市、临沧市的某些傣族农村使用,人数不多。傣绷文还通行于缅甸掸邦的北部②。西双版纳傣文主要是用于书写经书,是跨境文字,在境内主要为西双版纳傣族自治州境内的傣族和布朗族使用,在境外,被缅甸掸邦南部"傣痕"、泰国北部的"傣允"和老挝境内自称"傣泐"的部分群众使用。西双版纳傣文至少有7百年的历史。1954年,制定了西双版纳傣文的改进方案,1955年开始试行,用于学校教育、报刊出版③。金平傣文主要用于红河哈尼族自治州金平县的傣族地区。

2. 壮语

壮语是壮族所使用的语言。壮语是跨境语言,在云南,主要分布在文山壮族苗族自治州所辖的8个县市,红河哈尼族彝族自治州的开远县,曲靖市的师宗县,使用人数100多万人。在境外,还分布在越南沿中越边境线的谅山、高平、河江、宣光、老街等省。

壮语分北部方言和南部方言。北部方言分为7种土语,南部方言分为5种土语。北部方言的7种土语中,有2种土语(桂边土语和丘北土语)在云南分布。桂边土语分布在文山壮族苗族自治州的富宁县和广南县的北部,丘北土语分布在文山壮族苗族自治州的丘北县和曲靖市的师宗县。南部方言的5种土语中,有2种土语(砚广土语和文麻土语)在云南分布。砚广土语分布在文山壮族苗族自治州砚山县、马关县、文山市及广南县的南部。文麻土语分布在文山壮族苗族自治州文山市的南部、麻栗

---

① 岩庄丙:《傣语广播六十年》,《今日民族》2015年第12卷第25期。
② 周耀文、方伯龙、孟尊贤:《德宏傣文》,《民族语文》1980年第1期。
③ 刀世勋:《西双版纳傣文》,《民族语文》1980年第4期。

坡县的南部、马关县的东部和红河哈尼族彝族自治州的开远市。

壮语在云南文山壮族苗族自治州是强势语，不仅是壮族人的日常交际用语，也被与壮族杂居的苗族、傣族兼用。例如：壮语被马关县都龙镇董腊鱼寨的苗族兼用，被马关县都龙镇田坝心的傣族兼用。

方块壮字创制于唐代，是借鉴汉字的构字法创造的文字。兴于宋而盛于明清。有碑刻、大量的师公唱本和民歌抄本，但只在民间的一定范围内应用。1957 年，创制了拉丁字母拼音方案。1984 年起，在部分地区推行。坡牙歌书是用图画文字将壮族的民歌记录于土布上的民歌集。2006 年，在云南文山壮族苗族自治州富宁县剥隘镇坡芽村被发现。坡牙歌书用 81 个图画文字记录 81 首山歌。

3. 布依语

布依语是自称"布依"、他称"仲家""土家""水户""本地"的民族所使用的语言。在云南，布依语的使用人数约 2 万人。布依语没有方言的差别，分为黔南、黔中和黔西 3 种土语。云南的布依语属于黔南土语，分布在曲靖市的富源县和罗平县，聚居度较高的是曲靖市罗平县长底布依族乡和鲁布革布依族苗族乡。在布依族聚居的村寨，布依语不仅是布依族的交际用语，还被其他民族兼用，布依语是布依族聚居寨的强势语。例如：布依族聚居的罗平县鲁布革布依族苗族乡，布依族是鲁布革乡的主体民族，人数为 14178 人，占全乡总人口的 75%，全乡共有 9 个村委会，67 个自然村，其中有 32 个是布依族聚居的村寨，占村寨总数的 48%。在鲁布革乡，布依语是使用最广泛的语言，布依语不仅被布依族使用，也被部分汉族、彝族、苗族兼用[1]。

"方块布依字"或"土俗字"是以汉字为主、加上部分自创字和特殊符号构成的布依语文字体系，这类文字出现于唐宋，主要用来记录摩经。目前，在云南布依族地区发现用现成汉字记录的摩经文本。方块布依字只在一定的群体中使用[2]。新创的布依文方案是 1956 年政府创制的，1957 年开始在贵州的布依族聚居区推行，但没有在云南推行。

---

[1] 陈娟：《云南罗平鲁布革布依族苗族乡语言使用研究——以汉族、布依族为例》，硕士学位论文，云南师范大学，2015 年。

[2] 周国茂：《布依族古文字与新文字》，《贵州民族报》2017 年 5 月 16 日第 C02 版。

(二) 仡央语支语言使用现状

1. 仡佬语

仡佬语是仡佬族使用的语言，是濒危语言。在云南，仡佬语的分布范围比仡佬族小。仡佬族分布在文山壮族苗族自治州广南县、马关县、富宁县、文山市、麻栗坡县，而仡佬语仅分布在麻栗坡的马波老寨、月亮湾、杨万等村寨的仡佬族老人还懂母语，但已不怎么使用。仡佬族的大部分群众已丢失自己的母语[①]。

2. 拉基语

拉基语是自称"梨布罗"、他称"拉基"的壮族所使用的语言。拉基语是跨境语言，分布在文山壮族苗族自治州马关县南部的几个乡和与之毗邻的越南北部地区。拉基人有口袋拉基、汉拉基、红拉基、花拉基、黑拉基、长毛拉基、白拉基等多个支系。口袋拉基分布在马关县南捞乡，有37户，193人。汉拉基在仁和乡，有45户，200多人，在夹寒箐乡有124户，608人，花拉基在金厂镇，有72户，432人。"红拉基"在小坝子乡有28户，154人。黑拉基在越南曼优一带，约有550户。"长毛拉基"在越南曼逢一带，约有900户。白拉基在越南曼美一带，约有300户。在国内，拉基语严重濒危。除了金厂镇的花拉基约有60%的人说拉基语之外，其余几个支系的语言均已消亡，改用汉语了[②]。拉基语没有文字。

3. 布央语

布央语是壮族称为"布央""央连""雅郎"、自称为"布央""巴哈""央琼"的人所使用的语言[③]。在云南，布央语分布在文山壮族苗族自治州的富宁县和广南县。分布在富宁县的布央人自称和他称都是"布央"。分布在广南县的布央人自称"巴哈"，他称"央连"。说布央语的群体，在云南归入壮族，在广西归入瑶族。布央语是濒危语言，在云南的使用人数为1000多人。

布央语分为东部方言和西部方言。富宁县的布央语属于东部方言，广南的布央语属于西部方言。东部方言分为那坡土语、峨马土语和郎念土语三个土语，内部差别较大，难以通话。其中峨马土语和郎念土语分布在云南。峨马土语分布在富宁县谷拉乡的峨村、杜干、者龙、那达、龙纳、马

---

① 周国炎：《近现代散居地区仡佬族的双语现象研究》，《贵州民族研究》2003年第1期。
② 梁敏：《拉基语》，《语言研究》1989年第2期。
③ 李锦芳：《布央语概况》，《中央民族大学学报》1996年第1期。

贯 6 个自然村。郎念土语分布在富宁县谷拉乡郎架、念郎 2 个自然寨。

布央语在文山州富宁县在谷拉乡的峨村、杜干、者龙、那达、龙纳、马贯、郎架、念郎 8 个寨子，保留较好，使用人数约千余人①，布央语仍作为这些村寨布央人的支系内部交际用语。在广南县的情况则有不同，在底圩乡央连村，布央语保留较好，使用人数约 500 人，而在八达乡安舍村，虽然有 38 户 136 位布央人，但其中的 131 人放弃了使用布央语，转用了当地的优势语言壮语和云南官话方言，只有 5 位 59 岁以上的老人还在使用布央语，央语在安舍村已濒临消亡②。

4. 普标语

普标语是自称"嘎标"（qa^{33}biau^{33}）、他称"普标"的人所使用的语言。普标人于 1957 年划归彝族。普标语是跨境语言，分布在文山壮族苗族自治州麻栗坡县和越南河江省的同文县、安明县和苗旺县。普标语是濒临灭绝的语言，分布在文山壮族苗族自治州麻栗坡县的竜龙、普峰、普岔、普弄、马同等地的 300 多普标人，据陈其光（1984 年）调查，在中国一侧的普标人均会讲汉语，而且多数使用汉语，会说普标语的只有约 50 人，都是老人，有些已经记得不完全了。文山壮族苗族自治州麻栗坡县铁厂乡董渡村委会新民寨村小组，共 24 户，101 名普标人，只有几人能用普标语交流，年长的普标人曾使用普标语对山歌，在过年供奉祭祀时用普标语的名称呼唤祖先。普标语的使用范围非常有限③。普标语没有文字。

三　苗瑶语族语言使用状况

苗瑶语族分为苗语支和瑶语支。苗语支语言包括苗语、布努语、优诺语、巴哼语、炯奈语、畲语 6 种语言，瑶语支语言包括瑶语。苗瑶语族语言分布在云南的有苗语支的苗语和布努语，瑶语支的勉语。

（一）苗语支语言使用状况

1. 苗语

苗语分为湘西苗语、黔东苗语、川黔滇苗语 3 种方言。分布在云南的

---

① 李锦芳：《富宁布央语调查研究》，《中央民族大学学报》2002 年第 1 期。
② 保明所：《巴哈布央语的濒危趋势及其应对措施》，《无锡职业技术学院学报》2011 年第 2 期。
③ 张文娟、寸红彬：《普标语语言生态研究》，《价值工程》2017 年第 15 期。

苗语是川黔滇方言中的川黔滇次方言和滇东北次方言，使用人数94万人。川黔滇次方言分为第一土语和第二土语，分布在云南的苗语属于第一土语。第一土语的主要使用地区是文山壮族苗族自治州所辖的8个县市、红河哈尼族彝族自治州的金平苗族瑶族傣族自治县和屏边苗族自治县，及以下的8个自治乡：蒙自县的鸣鹫苗族乡、老寨苗族乡和期路苗族乡，河口县桥头苗族壮族乡；楚雄州武定县石腊它苗族乡；临沧市凤庆县新华苗族乡；保山市隆阳区汶上彝族苗族乡和昌宁县苟街彝族苗族乡。川黔滇次方言是自称为"赫蒙"或"蒙"的苗族所使用的方言，该支系语言还分布在越南、老挝、泰国、缅甸、美国、澳大利亚、法国等国家。

滇东北次方言主要分布在昭通，也分布在其他地区。滇东北次方言分布在昭通市的以下地区：昭通市大关县的高桥回族彝族苗族乡，永善县的马楠苗族彝族乡和伍寨彝族苗族乡，镇雄县的坡头彝族苗族白族乡、林口彝族苗族乡和以古彝族苗族乡，彝良县的龙街苗族彝族乡、奎香苗族彝族乡、树林彝族苗族乡、柳溪苗族乡和洛旺苗族乡，威信县双河苗族彝族乡，还分布在昆明市的富民县罗免彝族苗族乡和彝良县耿家营彝族苗族乡，曲靖市的师宗县高良壮族苗族瑶族乡和罗平县鲁布革布依族苗族乡。

苗语除在以上的这些自治州、自治县、自治乡保留较好以外，杂居在其他民族分布区的苗族也较好地保留了自己的母语。因为苗族多居高山，且喜欢聚族而居，即便在杂居寨里，苗族也是三五成群地聚居在一起，这对苗语的保留起到了重要的作用。

分布在云南的苗语，没有与之相适应的传统文字。滇东北次方言于20世纪初使用伯格理苗文。新中国成立后，政府创制为滇东北方言和川黔滇次方言创设了两套拉丁字母拼音方案。为了与伯格理苗文相区别，称伯格理苗文为老苗文，称滇东北拉丁字母拼音方案为新苗文。

2. 布努语

布努语是自称为"布努"或"努"的瑶族所说的语言，分为布努、包瑙、努茂3种方言。布努方言分为东努、努努、布诺3种土语。云南的布努语属于布努方言的东努土语，分布在文山壮族苗族自治州富宁县，使用人数2千多人。

（二）瑶语支使用现状

瑶语支只有瑶语1种。瑶语分为勉、金门、标敏、藻敏4种方言[①]。

---

① 毛宗武：《瑶族勉语方言研究》，民族出版社2004年版，第10页。

云南瑶语属于瑶语勉方言的广滇土语和金门方言的滇桂土语。使用人数17万余人。操勉方言广滇土语的瑶族自称"优勉""勉",主要分布在红河哈尼族彝族自治州的河口瑶族自治县南溪镇,金平苗族瑶族傣族自治县勐拉、十里村、铜厂、大寨、阿得博等乡,屏边苗族自治县白河乡,红河县车古、驾车、甲寅、石头寨、阿扎河等乡,文山壮族苗族自治州麻栗坡县下金厂、八布、杨万、六河、铁厂等乡,马关县篾厂、古林箐等乡,广南县者太、者兔、那伦、底圩、阿科等乡,富宁县那能、洞波、归朝、谷拉等乡,丘北县平寨、天星等乡,西双版纳傣族自治州勐腊县勐伴、瑶区、易武、象明、曼腊等乡镇。操金门方言滇桂土语的瑶族,自称"金门",主要分布在红河哈尼族彝族自治州的河口县桥头、南溪、老范寨、瑶山、莲花滩等乡镇,屏边苗族自治县滴水层乡,金平苗族瑶族傣族自治县的老集寨、老勐等乡,元阳县的马街、新街、黄茅岭、小新寨、大坪等乡镇,绿春县的牛孔、骑马坝、平河等乡,文山壮族苗族自治州的麻栗坡县南温河、勐硐等乡,马关县的南捞、都龙、小坝子等乡镇,西畴县的鸡街乡,丘北县的双龙营、温刘、羊街等乡镇,广南县的五珠、旧莫、董堡、杨柳井、板蚌、八宝、那洒、珠街、黑支果等乡镇,富宁县的阿用、花甲、那能、洞坡、板仑、里达、木央、郎恒、田蓬等乡镇,砚山县的干河、阿基、阿猛等乡镇,曲靖市师宗县高良乡,普洱市江城哈尼族彝族自治县的康平、宝藏、国庆等乡,墨江哈尼族自治县文武乡,景东瑶族自治县的文井、太忠、大街、花山等乡镇,西双版纳傣族自治州勐腊县的勐满、磨憨等乡镇[①]。

云南的勉方言和金门方言均跨境分布,在越南、老挝、泰国、缅甸均有分布,20世纪70年代,有部分瑶族从老挝和越南迁至美国、加拿大和法国。瑶语没有与之相适应的传统文字,20世纪80年代,创制了瑶文拉丁字母拼音方案。

四 南亚语系语言使用状况

南亚语系分为孟高棉语族、越芒语族、蒙达语族和尼科巴语族。分布在中国境内的有孟高棉语族和越芒语族的12种语言。这12种语言中,除了京语和俫语主要分布广西壮族自治区,其余的10种语言均分布在云南。

[①] 李云兵:《中国语言地图集·少数民族语言卷》,商务印书馆2012年版,第40—141页。

俫语是自称"巴琉"、他称"俫"的人所使用的语言。在云南,俫语已经消亡,分布在文山壮族苗族自治州广南县的俫人共167户、1006人,已改用彝语①。

分布在云南的佤语、布朗语、德昂语、克木语、克蔑语、布兴语、户语、布芒语、布庚语等9种语言属于孟高棉语族,莽语属于越芒语族。这些语言,除佤语和布朗语是使用人数较多的语言外,其余的语言使用人数都不多。这些语言都是跨境语言,除分布在云南,还在东南亚国家分布。

(一) 孟高棉语族语言使用现状

1. 佤语

佤语是佤族的母语。佤语是跨境语言,境内分布在云南省,境外主要分布在缅甸东北部山区。在云南,佤语的使用人口约38万人。佤语集中分布在临沧市沧源佤族自治县、普洱市西盟佤族自治县以及与这两县毗邻的双江、耿马、澜沧、孟连等县的部分地区。这一地区处于澜沧江和怒江之间。这一片山区习惯上称为"阿佤山"。

佤语分为巴饶克方言、阿佤方言和佤方言。不同方言之间不能通话。巴饶克方言是三个方言中使用人数最多的方言,阿佤方言次之,佤方言使用人数最少。巴饶克分为岩帅土语和班洪土语。说岩帅土语的佤族,自称"巴饶克",分布在沧源县的岩帅、团结、勐省、糯良、单甲、勐来、勐永、勐角等乡镇以及与这几个乡镇毗邻的耿马、双江、澜沧等县的部分地区,人口约16万。岩帅土语是佤语土语中通行最广、人数最多的一个。班洪土语分布在临沧市沧源县的班洪、班老、南腊等乡镇,人口约2万。阿佤方言分为马散土语、阿瓦来土语、大芒糯土语和时希土语四个土语。马散土语分布在西盟县的莫窝、中课、新厂、岳宋、勐梭等乡镇,人口约3万。阿瓦来土语分布在西盟县的力所乡,人口约2千。大芒糯土语分布在孟连县的富岩乡,西盟县的翁戛科乡等,人口约2万7千。时希土语分布在澜沧县的东回和糯福两个乡,人口约2千。佤方言没有土语之分②。

佤语具有很高的活力,是佤族的族内交际用语,广泛用于家庭、村寨的日常交际。在佤族聚居的阿佤山区,佤语不仅是佤族的族内交际用语,还是其他民族兼用语。佤语没有与之相适应的传统文字。20世纪30年

---

① 梁敏:《中国的语言——俫语》,商务印书馆2007年版,第2505页。
② 周植志、颜其香:《佤语简志》,民族出版社1984年版,第1、150页。

代，美籍英人永文森（M. Vineent Young）父子到阿佤山传播基督教，创制了一套以拉丁字母为基础的撒拉文（"撒拉"即牧师），用于翻译《圣经》《赞美诗》等基督教资料。这套文字只在布饶方言区部分信仰基督教的地区使用。1957年，创制了佤文拼音方案，并在沧源地区开展了佤文培训班，用佤文扫盲，在佤族聚居区的小学用佤文教学①。

2. 布朗语

布朗语是布朗族使用的语言。布朗语是跨境语言。境内的集中使用区主要在西双版纳傣族自治州勐海县的布朗山、西定、巴达和打洛等乡镇，零散使用区主要在西双版纳傣族自治州的景洪市，临沧市的双江县、永德县、云县，保山市的施甸县和普洱市的澜沧县、墨江哈尼族自治县、景东县、景谷县，使用人数约9万人。在国外，主要分布在缅甸东北部山区②。

布朗语的使用情况大致可以分为两类：一是在西双版纳傣族自治州勐海县布朗山、西定、巴达和打洛等布朗族聚居的乡镇，布朗语是族内最重要的语言交际工具，用于家庭、村寨、宗教活动中。二是在杂居区，该区出现了布朗语使用范围缩减的现象，布朗语仅用于家庭，在村寨则用傣语、汉语、佤语，甚至有的村寨出现了布朗语传承断裂的现象。如在西双版纳傣族自治州勐腊县、普洱市的墨江哈尼族自治县和江城县，临沧市云县等地的布朗族地区，有部分布朗族不会说自己的母语。

布朗语分为布朗与阿佤（或阿尔佤）两大方言。布朗方言分布在西双版纳傣族自治州勐海县的布朗山乡、巴达乡、西定乡、打洛镇和景洪县的大勐弄乡等地。操这个方言的布朗族自称"布朗"。阿佤（或阿尔佤）方言集中分布在西双版纳傣族自治州勐海县的勐满乡，普洱市的澜沧县，临沧市的双江县、耿马县、永德县，零星分布在西双版纳傣族自治州的勐腊县，普洱市的墨江哈尼族自治县和江城县，临沧市的云县，操这个方言的布朗族自称"佤""阿佤"③。

3. 德昂语

德昂语（旧称"崩龙语"）是自称为"德昂"或"达昂"的民族所说的语言。德昂语是跨境语言，在境内，主要分布在德宏傣族景颇族自治

---

① 赵福荣：《谈推广使用佤族文字的必要性》，《中央民族学院学报》1989年第3期。
② 周植志、颜其香：《布朗语概况》，《民族语文》1983年第2期。
③ 李道勇、聂锡珍、邱锷峰：《布朗语简志》，民族出版社1986年版，第75页。

州潞西县三台山乡和临沧市镇康县军弄乡,其余分布在德宏傣族景颇族自治州的梁河县、陇川县、盈江县、瑞丽市、畹町市及保山市的保山、临沧市耿马县和永德县,使用人数约1万8千人。在境外,主要分布在缅甸的掸邦和克钦邦。

德昂语分为布雷方言、汝买方言、梁方言。德昂语方言的划分主要是根据支系。同一个支系,尽管分布在不同地区,但语音相同。相邻地区的不同支系,语音却不同。布雷方言主要是自称为"德昂布雷"的支系使用,使用人数最多,约占总人数的50%,集中分布在德宏傣族景颇族自治州泸西县。梁方言分散在镇康县和保山市,约占总人数的30%。汝买方言大集中小分散,分布在德宏傣族景颇族自治州的陇川县和瑞丽市,使用人口约占总人口的20%。布雷方言和梁方言之间比较接近,这两个方言与汝买方言差别较大[1]。

德昂语被普遍用于德昂族村寨,成为德昂族同一支系之间的交际用语。德昂语没有与之相适应的文字。

4. 克木语

克木语是自称"格木泐""格木老""格木交"、他称"克木"的布朗族所使用的语言。克木语是跨境语言。在境内,分布在西双版纳傣族自治州勐腊县的10个村寨和景洪市的4个村寨,使用人数约2500人。在境外,分布在老挝、泰国、越南、缅甸,使用人口60万以上[2]。

克木语是克木人家庭和克木人聚居寨的日常交际用语,克木语的代际传承尚未出现断裂。分布在境内的克木语可以通话,没有方言的差别(陈国庆,2002)。克木语没有与之相适应的文字。

5. 克蔑语

克蔑语是原自称为"克蔑"、现自称为"曼咪"、他称为"曼咪人"的布朗族所使用的语言。克蔑语主要分布于西双版纳州景洪市景洪镇的小曼咪村、大曼咪村、江头曼咪村、嘎东乡的曼咪村、勐养镇的三家村等5个村寨,使用人口1千余人[3]。

克蔑语的功能是充当克蔑人家庭和克蔑人聚居寨的日常交际用语。例

---

[1] 陈相木、王敬骝、赖永良:《德昂语简志》,民族出版社1986年版,第101页。
[2] 张宁:《克木语使用状况调查研究》,《云南民族大学学报》(哲学社会科学版) 2011年第5期。
[3] 陈国庆:《克蔑语概况》,《民族语文》2003年第2期。

如：景洪市嘎洒镇曼迈村曼咪自然村是克蔑人聚居的自然村，该自然村有56户共200多人，除了嫁入和入赘的五六个傣族和汉族人以外，均为克蔑人。在曼咪自然村，克蔑语是克蔑儿童的第一语言，寨子里的孩子们和老人们都可以用克蔑语自由交流。大曼咪村有57户共300多克蔑人，距离大曼咪更远的江头曼咪村还有55户，共199个克蔑人，克蔑语的使用情况与小曼咪村相同①。克蔑语没有与之相适应的文字。

6. 布兴语

布兴语是自称"布兴""不辛"、他称"伩比人""伩咪人"的布朗族使用的语言，与孟高棉语族中的克木语关系最为亲近。布兴语是跨境语言。在境内，分布在西双版纳傣族自治州勐腊县磨憨镇南欠村、勐伴镇卡咪村，使用人口500多人。在境外，分布在老挝、泰国、柬埔寨和越南。

布兴语是布兴人家庭和两个布兴人聚居寨的日常交际用语。例如：卡咪村现有79户、366人，除了8名外来上门的女婿，都是布兴人。寨子里，大人小孩会说布兴语，但出了寨子，就改用汉语或傣语交流了。布兴语的民族歌谣和祭辞卜辞，许多人已经听不懂了。布兴语中逐渐大量借用傣语、汉语词汇。布兴语没有与之相适应的文字，他们所用文字为汉字和傣文。勐腊县磨憨镇和勐伴镇的布兴人是1941年从老挝逃难来的。卡咪村的岩才（78岁）是在老挝出生的，由于打仗、动乱，当年由爹妈背着来到卡咪村。当时，卡咪村的布兴人只有8户人家②。

7. 户语

户语是自称"户"、他称"空格""昆格""宽""欢"的人所使用的语言，使用人数约2500人（2017年），分布在西双版纳傣族自治州景洪市勐养镇昆格村委会的曼蚌汤村、纳回帕村、曼巴老村、曼巴约村、纳版一组村、纳版二组村，曼纳庄村委会曼戈龙村七个自然寨。户人于2008年划归为布朗族③。

户语是家庭、聚居寨的日常交际工具。户语没有与之相适应的文字。

8. 布芒语

布芒语是自称"布芒"的人所使用的语言。布芒语分布在红河哈尼

---

① 唐红丽：《历史记忆渐远　语言传承紧迫》，《中国社会科学报》2015年7月28日。
② 唐红丽：《历史记忆渐远　语言传承紧迫》，《中国社会科学报》2015年7月28日。
③ 陈国庆、落艳芳：《户语语音特征及其构词方式》，《黔南民族师范学院学报》2018年第5期。

族彝族自治州金平苗族瑶族傣族自治县勐拉乡的曼仗上寨和曼仗下寨两个村寨，使用人数仅 200 余人[①]，是高度濒危的语言。布芒语使用者的民族成分是傣族。布芒语没有与之相适应的文字。

9. 布庚语

布庚语又称布干语或本甘语，是自称"布庚""布干"的人所使用的语言。集中分布在文山壮族苗族自治州广南县那洒镇的老挖龙村、新挖龙村、小坪村、那腊村，篆角乡的九坪村、石碑坡村，还分布在西畴县鸡街乡曼龙村。使用人数 2700 人。

布庚语的使用范围是布庚人家庭和布庚人村寨。布庚语没有方言差别，没有与之相适应的文字。

（二）越芒语族莽语使用现状

越芒语族分布在云南的语言只有莽语。莽语是自称"莽"、他称"岔满""插满"的布朗族所说的语言。莽语是跨境语言。在境内，分布在红河哈尼族彝族自治州金平县金水河镇南科村的南科新寨、坪河村的坪河中寨和下寨、乌丫坪的雷公打牛寨。使用人数 600 多人。在境外，莽语分布在越南莱州省的新河、孟谍、封土、孟来等四县，有 2200 人，老挝丰沙里省北部山区的村落[②]。莽语没有方言的差别，没有与之相适应的文字[③]。

（余金枝，梁佳）

第三节　少数民族文字的使用状况

云南省是我国西南地区的边陲重镇，是人类文明重要的发祥地之一。这里有除汉族以外的 25 个少数民族，其中白、哈尼、傣、傈僳、普米、基诺、景颇、德昂、独龙、阿昌、拉祜、纳西、布朗、佤、怒等 15 个民族是云南省特有民族。

历史上，云南这些少数民族共使用过 50 多种不同形式的文字。现经相关部门规范整理后，云南现有 14 个少数民族、22 种现行文字。其中包

[①] 刀洁：《布芒语概况》，《民族语文》2002 年第 2 期。
[②] 李道勇：《莽村考察》，《中央民族学院学报》1993 年第 1 期。
[③] 高永奇：《莽语概况》，《民族语文》2001 年第 4 期。

括规范彝文、凉山规范彝文、哈尼文、白文、壮文、西双版纳新老傣文、德宏傣文、川黔滇次方言苗文、滇东北规范苗文、滇东北老苗文、新老傈僳文、拉祜文、佤文、纳西文、藏文、金门方言瑶文、勉方言瑶文、景颇文、载瓦文及独龙文。云南边境地区少数民族的文字使用现状和发展状况不平衡。其不平衡主要表现在两方面：一是有的民族有文字，其中有的民族有一种文字，有的民族有三四种文字；而有的民族没有自己的文字。二是使用范围和传承情况的不平衡。

下面我们从是否有自己的文字，文字形式的类别，文字产生时间的早晚以及文字的具体使用情况来描述云南边境地区少数民族文字使用的具体情况。

一　文字类别

了解各少数民族文字的类别，必须清楚这些文字的形式以及产生的时间。

（一）文字形式的类别

从文字形式来看，云南省边境地区的文字主要有象形表意文字、汉字式文字和拼音文字3种。

1. 象形表意文字

象形表意文字多来源于生产生活中的图画，然后逐渐发展成为象形兼表意的文字。属于这一类型的文字主要有彝文和东巴文。

彝文在文献中又称为罗罗文、韪书、爨文，是彝族的原有文字，彝文主要在彝语南部、东部、东南部和北部方言区使用。居住在不同方言区的彝族使用的彝文略有差异。北部方言的彝文有8000多字，东部方言的彝文有9000多字，东南部方言有3000多字，南部方言有6000多字。伴随着彝语的发展，象形表意的彝文为了适应语言的需求，在造字过程中采用了转位、引申、假借等方法丰富文字，因而除象形表意外，也逐渐具有了表音的作用。

东巴文是纳西族的原有文字之一，是一种以象形表意为主的文字。据调查统计，东巴文有1300多个字形，主要通行于纳西语西部方言区，以玉龙纳西族自治县山区、香格里拉市三坝乡及维西县攀天阁等地为中心。东巴文中除象形表意字外，还有少数形声字和会意字。在原有字形的基础上，通过改变原有字形造新字是东巴文的主要造字方式。

2. 汉字式文字

汉字式文字是指依据汉字，按汉字的读音和结构新造一套文字来记录和表达自己的语言的一种文字。汉字式文字主要有白文、壮文和瑶文。

白文是白族使用的文字，又称为方块白文。方块白文的表述方式主要有4种：一是借用汉字的字形和读音直接表达白语，如"梨"读 li^{55} 表示"也"；二是只借用汉字的字义来读白语的音，如"上"读 tou^{33} 表示"上"；三是依据汉字的造字方法，采用半形表义、半形表音的形声字法表述白语；四是直接照搬汉字的形和义表示白语，如"南"读 nɑ^{21} 表示"南"。

壮文是壮族根据汉字音、形、义特征创造的文字，也称为方块壮字或土俗字。壮字内部可分为汉借字、自造字两种类型。汉借字是指借用汉字记录壮语的语音，如字形"刚"读为 kaːŋ^{44} 表义"讲"，字形"刀"读为 zim^{44} 表义"刀"；自造字则是利用汉字的独体字、偏旁或笔画，采用形声和会意两种办法新创文字记录壮语，如形声的有上声下形、上形下声、左形右声、左声右形、外形内声等五种；会意的如字形"文·"读为 haai^{31} 表义"凋谢"，字形"3"读为 naŋ^{31} 表义"坐"。

瑶文是瑶族民众使用的文字，主要是用汉字瑶读的方式记录瑶语。

3. 依据拉丁字母设计的拼音文字

用拉丁字母来记录语言的民族，一般在历史上没有本民族的文字。这种文字类型主要有哈尼文、苗文、傈僳文、拉祜文、佤文、纳西文、景颇文、载瓦文、独龙文（日旺文）等。

这套文字主要是20世纪50年代，中国科学院少数民族语言调查队及云南省少数民族语文指导工作委员会在进行了大量全面的普查工作后，经过对各民族不同地区方言对比分析，为这些少数民族划分方言、选定基础方言从而创制拼音文字并设计的文字方案。

4. 依据其他文字设计的拼音文字

依据其他文字设计的拼音文字主要有傣文、藏文、"格框式"傈僳拼音文字、滇东北苗文（也叫老苗文）。

云南傣族使用的拼音文字即傣文，共有四种，分别是西双版纳傣文（傣泐文）、德宏傣文（傣纳文）、金平傣文（傣端文）和掸文（傣绷文）。这四种傣文的异同表现为：都是由记载佛教经典的印度巴利文字母衍变而来的，文字形体、字母次序、拼写方法及书写规则都有许多相同之处；但由于方言差异、文字产生时间和传播方式的差异，逐渐形成了不同的文字。

藏文是拼音文字中产生较早的，是由印度梵文字母衍变而来的一种文字。藏文的通用范围较其他文字广，是不同方言区共同使用的文字。藏文构成音节的办法与一般拼音文字有所不同，主要特征是每个音节都有一个"基字"，以基字为核心，在其上下左右附加字母构成各种音节。

"格框式"傈僳拼音文字是传教士根据云南武定县滔谷村傈僳语音创制而成的，主要通行于云南禄劝和武定两县。其中包含 30 个辅音，25 个元音。

滇东北老苗文是英国传教士 S. 波拉德等为滇东北苗族设计的一套拼音文字。这套文字的主要特征是：每个音节由表声母的大字母和表韵母的小字母组成，小字母分别写在大字母的上面、右上角、右侧和右下角，表示声调的高低。

从上述分析中可见：拼音文字中滇东北苗文、傈僳文、拉祜文是国外传教士创设的拼音文字。

(二) 文字产生的时间类别

根据各少数民族文字产生的时间节点，我们可以将各民族原有的或产生时间较早的文字称为老文字，各民族伴随生产生活的发展需要而后创制或产生时间较晚的文字称为新文字。由于新中国成立前，还未成立研究语言文字的机构，因而对语言文字的认识较少；新中国成立后，党和人民政府重视语言文字工作，对语言文字有了新的认识和了解。现在学界通常以 20 世纪 50 年代为界，将 20 世纪 50 年代之前产生的文字称为老文字，之后产生的则为新文字。

1. 老文字

老文字主要有藏文、彝文、东巴文、傣文、滇东北老苗文。其中藏文的历史最为悠久，据史书记载，藏文是早在公元 7 世纪上半叶，由图弥三菩札仿照梵文字母创制的。彝文曾是一种在彝族社会通用的文字，这一时期彝族应该还聚居在同一区域内，即还未迁徙到川、黔、桂等省区。根据历史学家的考证，彝族从滇东北迁徙到各省区的时间为秦汉时期，因此我们可以知道彝文产生的时间在秦汉或秦汉之前。东巴文的产生时间据史书记载，应产生于公元 13 世纪前。傣泐文产生时间约在公元 13 世纪，傣纳文约在 14 世纪由傣绷文衍变而来。滇东北老苗文产生于 1905 年。

2. 新文字

新文字是相对于老文字而言的。不少新文字是在老文字的基础上改进、创新和完善而成的。

20世纪50年代，中国科学院在云南、四川、贵州、广西各省区的配合下，先后为我省创制了哈尼（两种）、傈僳、纳西、佤、景颇（载瓦支系）、白、苗（三种）、布依、壮、彝等11个民族15种文字。此外，还帮助改进了西双版纳傣文、德宏傣文、拉祜文、景颇文四种文字。

二 使用状况

少数民族文字使用状况的调查研究，有助于国家语言文字政策及民族政策的制定，也有助于语言学、民族学等学科理论研究的深化。我国各地区少数民族文字使用的情况有共性也有个性。下面我们将汉字使用情况作为参照并结合实地调查的情况，来重点分析民族文字使用的现状、民族文字使用中存在的问题和问题形成的原因，拟从这三方面来讨论和分析民族文字使用状况。

（一）民族文字的使用现状

我们对云南边境地区少数民族的文字使用情况进行了实地抽样调查和观察，发现：文字使用情况与语言使用情况不同，文字使用情况不容乐观，存在衰变趋势。

在调查过程中，我们能看到并了解到民族文字主要集中在：城市道路标识、政府机构及商铺和旅游景点牌匾、学校双语教材、双语双文报刊、双语双文电视节目、双语双文网站、宗教读物。例如：丽江市古城区的商铺名都是汉字和东巴文双文标示的。德宏州芒市的路牌、商铺都采用了汉字和景颇文双文。德宏州芒市的《团结报》是民语文版，分别有景颇文、载瓦文、傣文和傈僳文等4种版本；德宏州文联有《勇罕》（傣文）、《文崩》（景颇文）两种民语杂志；另外州电视台开办了傣、景颇及载瓦等三大民语节目，但是除景颇节目会配有景颇文字幕外，其他民语节目配的是汉字字幕。关于双语教材，德宏州芒市教育局教科中心孔姓研究员告诉我们：芒市有载瓦和傣文的双语学前教材，这些教材有3个版本，分别是云南教科委、云南民族大学及云南民族出版社出版的。一般小学1—6年级开设双语课，采用的是云南民族出版社出版的这套教材。近年来，州民语委还出版了一套给普通群众用的双语教材。芒市景颇、傈僳、傣等民族有民语文版的经书，部分信仰基督教、佛教的民众通过类似《圣经》的宗教读物接触到民族文字。傣族群众一般会到奘房（寺庙）学习佛教知识，佛教经典都是用傣文书写的。

在村寨里，虽然各民族都能使用民族语交流，但能使用文字的人不多。甚至有些村寨没有人懂文字，没有人知道有本民族的文字。例如：德宏州阿昌族都能够熟练使用阿昌语，但没有本民族自己的文字。芒市三台乡的德昂族也没有自己的文字，使用的是傣文。

我们对懂本民族文字人群的职业和习得途径进行了考察。能够使用或接触过本民族文字的人群主要是双语教师、政府相关部门及语言文字机构工作人员、宗教相关人员、少数兴趣爱好者。他们习得文字的途径主要有3种，一是通过学校双语教育或参加相关部门组织培训习得，二是通过参与宗教活动习得，三是少数群众是通过自学习得。德宏电视台石连播编辑在访谈中提到：现在德宏州电视台民语节目译制中心的青年工作人员多数没有受过专门的民族文字训练，一般是自学的。石编辑自己也是在夜校里学了一周后习得的。

云南边境地区少数民族文字，相比汉字和我国北方民族文字，其活力低，但同一民族文字和南方其他地区少数民族相比，云南少数民族文字活力稍高。

（二）文字使用存在的问题

1. 文字的使用范围具有局限性

语言文字通行的场合范围是民族语言和文字保持高活力的重要指标。能够使用的范围越广，活力度越高，反之则活力度越低。例如：普通话是我国的通用语，是不同民族群众互相交流的桥梁，因而普通话的活力度相比其他少数民族语言的活力度要高。汉字是用来书写汉语的文字，汉字的使用范围非常广，不仅可以用于家庭内部、村寨（社区）、政府机关、学校和公共传媒，还能够在全国范围内通行。这是汉字从产生以来一直发展至今保持高活力的重要原因之一。

相比汉字而言，少数民族文字的使用范围具有局限性。有的少数民族文字只用于宗教场所，有的则只用于学校的初级阶段，甚至几乎没有民族内部完全通行的。例如：藏文、傣文在云南少数民族文字中属于使用范围较广的文字之一。但据我们到迪庆州田野调查了解到，藏文主要通行于民族学校、佛教相关机构及部分民族文化爱好者之间。在德宏、西双版纳田野调查时，相关工作人员向我们介绍，傣文主要通行在奘房、小学初级阶段和一些民族语文培训课堂。

2. 文字的社会功能比较单一

语言文字的社会功能是影响人们选用某种语言文字时所考虑的重要因素。社会功能丰富的语言文字使用人数就多，社会功能不丰富的语言文字使用人数相对较少。全民通用语言文字的社会功能往往比非全民通用语言文字的社会功能丰富。

汉语和汉字是我国的通用语言文字。汉字的社会功能十分丰富，其中包括具有交际、用于升学或求职等功能，因而在我国众多语言文字中汉语和汉字自然是使用人数最多的。少数民族文字的社会功能相对于汉字而言就比较单一。尽管有些地区的少数民族语言文字越来越受到社会各界的重视和关注，但其使用功能非常单一，有的只具有某一阶段的升学功能，有的只具有某些岗位的求职功能，有的只具有某些特定人群之间的交际功能。云南的 22 种少数民族文字中功能最强的属藏文。有些民族文字曾通过各项措施，扩大其使用功能。

西双版纳州实施和开展关于民族语言文字实在性的措施主要有：近年来公务员特别是公检法考试中会有 1—2 名专门的名额招生少数民族应试者，其中特别要求能够熟练使用民族语，却没有提及关于民族文字的要求。另外西双版纳州民宗局要求各政府机关单位及商铺的牌匾需要用双文标识，并且每年都会进行检查，特别是新成立的机构和新开张的商铺。但在我们调研过程中发现：政府机关单位双文牌匾标识实施得很好。商铺牌匾多用新傣文标识，但有些商铺没有，特别是从景洪到打洛再到勐混、勐遮等地。西双版纳州教育局一名姓玉的调研员介绍西双版纳州双语教育的历史时提到，从 1932 年传教士在景洪开设民族文字课开始至今，在 1955—1957 年、1983—1989 年、2005—2010 年等许多个重要的历史时期双语教育开展得很好，其间培养了一些能够使用民族文字的人，并产生了一些不同版本的双语教材和课外读物，但由于现实原因并未长期持续。

3. 文字的传承具有代际差异

语言文字的代际传承情况是评价语言文字活力的重要参考项。现代社会飞速发展，不同代际生活和成长环境的差异，使不同年龄段人群的语言使用情况产生了差异。

在多次田野调查中，发现少数民族地区不同年龄段汉字的使用和传承情况是有差异的。主要体现在：60 岁以上的习得汉字的较少，40—60 岁习得汉字的较 60 岁以上的多，年龄段越小的习得汉字的比例越高，6—18 岁的几乎都能习得汉字。汉字的活力保持得较好。思考其形成的原因主要得益于义务教育的普及。

那么少数民族文字的传承情况如何？与汉字传承现状的差异体现在哪里？带着这些疑问，我们对有自己文字的部分少数民族进行了深入的了解。香格里拉市三坝纳西族乡东坝村日树湾小组曾因"家家有东巴"而闻名于纳西族地区。东巴文是纳西族原有的文字，其主要用于东巴教中，因此东巴都会东巴文。据日树湾小组习尚红大东巴介绍过去村里每家每户都有一个东巴，并且都会东巴文。现在村里 100 多户人家，只有不到 10 位东巴了，会东巴文的人数自然也就大大减少了。他表示对东巴文的传承情况感到担忧。

藏文是少数民族文字中使用人数较多，并且保留得比较好的文字之一。我们到迪庆州香格里拉市火茸小组了解了当地藏文使用情况。村里的一位研究生次林央珍向我们讲道，村里懂藏文的人不多，特别是年轻人只有上过民族中小学或云南民族大学藏语班的才会藏文。如果不加强民族语言文字保护意识，下一代是否还能使用藏文，这个问题从目前来看是不能确定的。

（三）文字使用中问题形成的原因

提高少数民族文字的活力，有必要了解形成少数民族文字使用现状和问题的原因。通过实地调查和个人深度访谈发现，少数民族文字使用现状和问题产生的原因主要有以下 4 点：

1. 多数文字都不具有超方言性

据我们对有本民族文字的少数民族进行使用情况调查和个人访谈，发现无论是老文字还是新文字，使用和传承的情况都不乐观。例如，东巴文主要在纳西语西部方言区使用，东部方言区很少有人习得东巴文。在调查中我们问及为什么东巴文在纳西族聚居区使用人数少？丽江市东巴研究院的一位工作人员说，因为东巴文只在西部方言区使用，东部方言区很少有人懂东巴文，两个方言区的东巴交流也主要靠语言和仪式。又如傣文，不同方言区使用的文字不同，四种傣文分别在不同的傣族聚居区使用。不同地区的傣族很难通过傣文进行书面交流。

同样是文字，为什么有些少数民族文字的使用人数和传承情况要好一些？我们对香格里拉藏族学生进行了访谈，他们认为虽然各地藏语存在方言差异，但藏文是相同的，香格里拉使用的藏文和西藏使用的藏文是一样的。

通过对上述不同类型文字的比较发现，许多少数民族文字不能很好地推广和传承的主要原因之一是，多数文字只能在某个方言区通行，具有方言局限性，不具有超方言性。

2. 民族文字的实用性不高

在语言选用态度调查和文字选用态度调查中，我们发现实用性是人们在众多语言文字中选择其中某种或几种使用的主导因素。在问卷中，能够习得多种文字的人中，问及如果只能选择一种文字习得，多数都首选汉字。再问及希望自己的孩子最先习得哪种文字，选择汉字的比例是最高的。进一步提问为什么选择汉字，大家的回答都比较一致，主要有：因为学好汉字，不仅能够提高学习成绩，能够阅读书籍，而且还能找到好工作。进一步了解愿意选用本民族文字者的原因时，多数出于对本民族文化的热爱、高度的自信心以及传承民族文化的责任心，同时他们也表示习得文字过程中产生的困难和疑虑多缘于民族文字使用场合和用途的局限性。

考察22种文字的实用性时发现：实用性高的文字是藏文，其他民族文字只能在某种功能上体现出来。一些少数民族文字，如东巴文、老彝文等都主要是为宗教服务的，因此掌握这些文字的多是从事本民族宗教工作的人。还有一些文字的用途较前面几种文字广一些，除了能为本民族宗教服务，还在一些民族学校中开设课程能为升学、求职创造更好的条件，这样的文字有藏文、蒙文、维吾尔文等。

通过比较发现，使用范围广，能为人们实际需要创造有利条件的文字是人们选用某种文字的主要因素。因而少数民族文字使用和传承过程中问题形成的原因之一是这些文字的实用性不高，也就是实际用途较少。

3. 对本民族文字的重视度不够

上述提及愿意选用本民族文字的，多出于对本民族文化的热爱、高度的自信心以及传承民族文化的责任心。但毕竟在多种文字中选用本民族文字的，或者是希望自己的下一代选用本民族文字的还是比较少。

在芒市瑞丽边境、景洪市、江城哈尼彝族自治县等地进行文字使用现状调查时了解到，尽管各民族人民都觉得本民族文字是值得保留的，但相比而言普遍觉得习得汉字比习得民族文字重要，学习汉字的积极性比学习民族文字高。特别是适龄儿童的家长都觉得孩子必须学好汉字，只有学好汉字才能接受更好的教育，才会有更好的生活。而习得或不习得民族文字则影响不大，学好民族文字可完全凭孩子的兴趣，或者在学好汉字后还有精力或时间的情况下再考虑学习民族文字。

4. 相关机构及政策的支持力度较小

汉字得以普遍推广和传承，除了汉字本身的特征、人们的态度，还得益于相关机构、政策的支持和支撑。自20世纪50年代以来，国家对现行汉字进行整理和简化，制定公布了《第一批异体字整理表》《汉字简化方案》《简化字总表》《现代汉语常用字表》《现代汉语通用字表》等标准。2000年10月31日颁布的《中华人民共和国国家通用语言文字法》确定规范汉字为国家通用文字。

中华人民共和国成立后，政府先后为壮、布依、彝、苗、哈尼、傈僳、纳西、侗、佤、黎等民族制订了文字方案。另外我国根据"中华人民共和国各民族一律平等"的原则，一贯坚持语言平等政策，积极维护语言的多样化与和谐统一。《中华人民共和国宪法》《中华人民共和国民族区域自治法》《中华人民共和国国家通用语言文字法》《中华人民共和国教育法》《中华人民共和国义务教育法》等法律以及其他法律法规，共同确定了各民族语言文字平等共存，禁止任何形式的语言歧视；各民族都有使用和发展自己的语言文字的自由；国家鼓励各民族互相学习语言文字。国家实行这些重要的语言政策，保证了各民族语言文字的和谐发展。近年来越来越多的国家机关在招聘工作人员时，也指明某些民族地区某种民族语言熟练者优先或者仅限某种民族语言熟练者报名考试等。但很多时候对民族文字的要求较少，相比民族语，民族文字的重视程度较弱。

由于民族文字自身的特点，在现今社会，只有增加相关机构和政策的支撑，其活力的提高和传承才会得到更好的保障。

(和智利)

第三章 云南少数民族使用语言的状况

云南人口在 5000 人以上的民族有汉、彝、哈尼、白、傣、壮、苗、回、傈僳、拉祜、佤、纳西、瑶、藏、景颇、布朗、布依、普米、阿昌、怒、基诺、蒙古、德昂、满、水、独龙 26 个民族，其中少数民族 25 个。汉族使用汉语，但杂居在少数民族聚居地区的汉族，有的掌握当地的少数民族语言。如居住在文山壮族苗族自治州马关县都龙镇田坝心寨的汉族大多掌握壮语，马关县都龙镇水洞厂中寨的汉族人大多懂苗语，居住在怒江傈僳族自治州傈僳族聚居区的汉族大多掌握傈僳语。25 个少数民族，回族和满族已转用汉语，水族使用的是布依语或壮语，其余的 22 个少数民族共使用 46 种语言。云南 22 个少数民族使用语言的概况见表 3-1。

表 3-1　　　　　　云南 25 个少数民族使用语言一览

民族	人口（万人）	占全省人口比例	母语使用	兼用语使用
彝族	503.3	10.9%	彝语、末昂语、堂郎语、普标语、布庚语、俫语	汉语、纳西语、白语、壮语、哈尼语
哈尼族	163.1	3.5%	哈尼语、桑孔语、布兴语	汉语、傣语、彝语、瑶语①
白族	156.3	3.4%	白语	汉语、纳西语、哈尼语、傈僳语
傣族	122.4	2.7%	傣语、布芒语	汉语、哈尼语、壮语
壮族	121.6	2.6%	壮语、布央语、拉基语	汉语、壮语、苗语
苗族	120.4	2.6%	苗语	汉语、壮语

---

① 瞿周梭（女，24 岁），哈尼族哈雅支系，家住红河州红河县洛恩乡切普村。洛恩乡多是哈雅支系。切普村的哈尼族都会说哈尼语，年轻人会说汉语。常丽芬（女，23 岁），哈尼族糯比支系，家住红河县乐育镇窝伙垤村委会龙为村小组。由于窝伙垤村委会大多是彝族，因此该小组的哈尼族群众会说哈尼语、彝语。周边的彝族也会说哈尼语。

续表

民族	人口（万人）	占全省人口比例	母语使用	兼用语使用
回族	69.9	1.5%	汉语	
傈僳族	66.8	1.5%	傈僳语	汉语、白语、纳西语、藏语
拉祜族	47.6	1.0%	拉祜语、毕苏语	汉语、佤语、傣语①
佤族	40.1	0.9%	佤语	汉语、傣语、拉祜语、布朗语、景颇语
纳西族	31.0	0.7%	纳西语	汉语、白语、傈僳语、藏语
瑶族	22.0	0.5%	瑶语、布努语	汉语、苗语
藏族	14.3	0.3%	藏语	汉语、傈僳语、纳西语
景颇族	14.2	0.3%	景颇语、载瓦语、勒期语、浪速语、波拉语	汉语、傣语、载瓦语、景颇语
布朗族	11.7	0.3%	布朗语、克木语、莽语、克蔑语、户语	汉语、傣语
布依族	5.9	0.1%	布依语	汉语
普米族	4.2	0.1%	普米语	汉语、纳西语、白语
阿昌族	3.8	0.1%	阿昌语、仙岛语	汉语、傣语
怒族	3.2	0.1%	怒苏语、阿侬语、柔若语、独龙语	汉语、傈僳语
基诺族	2.3	0.05%	基诺语	汉语、傣语
蒙古族	2.3	0.05%	卡卓语	汉语
德昂族	2.0	0.04%	德昂语	汉语、傣语、景颇语
满族	1.4	0.03%	汉语	
水族	1.1	0.02%	布依语	汉语
独龙族	0.6	0.01%	独龙语	汉语、傈僳语
西双版纳毕苏人（800人）			毕苏语	汉语、傣语

表3-1显示云南的22个少数民族使用语言的三个特点：（1）均为双语群体，除掌握自己的母语以外，普遍兼用汉语，未发现全民不会汉语的民族。（2）多语现象比较普遍，由于云南的少数民族以大杂居小聚居的

---

① 张娜罗（女，26岁），拉祜族拉祜纳支系，澜沧县上允镇下允村人。她说：下允村小组的拉祜族群众，中老年人会讲傣语和佤语，年轻人能听懂傣语和佤语。

方式分布，人数较少的民族需要兼用周边的语言以完成族际交际或支系之间的交际需要，从而形成了普遍兼用汉语，局部兼用区域强势民族语的多语格局。（3）民族与语言的关系复杂，有的民族以多种语言为母语。例如：景颇族的母语有景颇语、载瓦语、浪速语、勒期语、波拉语，这是由于景颇族有景颇支系、载瓦支系、勒期支系、浪速支系，这些支系各以自己的支系语言为母语。又如：瑶族使用瑶语和布努语。瑶语属于瑶语支，布努语属于苗语支。使用瑶语的是自称为"勉""优勉""金门"等支系的瑶族，使用布努语的是自称"布努"的瑶族。再如：怒族的母语有碧江怒苏语（属于彝语支）、兰坪柔若语（属于彝语支）、福贡阿侬语（属于景颇语支）、贡山独龙语（属于景颇语支）四种语言，使用这四种语言者分别是怒族怒苏支系、柔若支系和阿侬支系，阿侬支系使用阿侬语和独龙语两种语言。下面将逐一描写表3-1中的民族使用语言的状况。

第一节　人口百万以上的少数民族使用语言的状况

人口在百万以上的有彝、哈尼、白、傣、壮、苗6个少数民族。这6个少数民族与人口不足百万的少数民族相比，其语言使用具有以下共同点：（1）基本保留母语，局部性的母语濒危或转用出现在交通便利的城镇区、公路沿线或杂居区。（2）由于人口优势，在这些民族的聚居区，他们的母语大多被其他民族兼用，成为局部的或区域的强势语。（3）由于人口多、分布广，在母语濒危或消亡的地区仍然保留本民族的文化特征。

一　彝族使用语言的状况

彝族人口503.3万人，占全省总人口的10.9%，是云南省人口最多、分布最广的少数民族。有聂苏、纳苏、勒苏、车苏、阿哲、罗罗、罗卧、阿细、他留、堂郎、末昂等数十个支系，这些彝族的支系使用的是彝语支的语言。其中聂苏、纳苏、勒苏、车苏、阿哲、罗罗、罗卧、阿细、他留等支系使用的是彝语，末昂支系使用的是末昂语，堂郎支系使用的是堂郎语。除这些支系以外，归为彝族的普标人使用的是汉藏语系壮侗语族仡佬语支的普标语，划归彝族的布庚人使用的是南亚语系孟高棉语族的布庚语,划归彝族的巴琉人使用南亚语系越芒语族的俅语。

(一) 使用彝语支语言的彝族

使用彝语支系的彝族主要分布于澜沧江以西的绝大多数县(自治县)、市,其中,楚雄彝族自治州、红河哈尼族彝族自治州、玉溪市是彝族分布最为集中的三个地区。其语言使用的基本情况是保留母语、普遍兼用云南汉语方言。但由于分布广,居住在不同地区的支系,由于受到了聚居程度、居住地的交通和经济等的制约,其语言使用大致可以分为三种类型:

类型一:以母语为第一语言、兼用汉语及其他少数民族语言。

在楚雄彝族自治州和红河哈尼族彝族自治州,彝族人口占云南省彝族总人口的36.72%,在云南小凉山地区,彝族人口有17万,占当地人口的64.1%①。彝族首先学会自己的母语,之后才学会汉语。彝语稳定保留,彝语是家庭和村寨的语言交际工具。虽然也兼用汉语,但汉语只用于族际交际和教学用语。

彝族的一些小支系仍然以母语作为第一语言,母语的代际传承得以较好地维持。如自称为"堂郎"($tho^{42}lo^{42}za^{33}$)的彝族支系,虽然只有2000多人,但由于聚居在丽江市玉龙县太安乡及与之毗邻的大理市剑川县,堂郎人所居之地较偏僻,且仍以传统农业为主要的经济生活模式,堂郎语是他们主要的日常用语。

自称"他鲁苏"、他称"他留人"的他留人,于1982年,被划为彝族的一个支系。这个支系虽然总人口只有一万多人,但由于其所分布的丽江市永胜县六德乡和华坪县地处偏僻,他留话仍是他们的第一语言,代际传承良好。在六德乡,双河行政村的得佐河、牛皮、娃岔、小上存、榨叶桥、花椒存、二存、大凹子8个自然村居住着1300余位他留人;营山村行政村的玉啄布、罗家村、祝更格、拾萨的、上郎者、支板桥、庄上8个自然村居住着1300余人;玉水村行政村所辖的数伯佐、扬家村、玉黑摸、刷撇4个自然村居住着1000余人;华祝行政村所辖的腊瓦、摸梭楂拉2个自然村居住着300余人;六德行政村的纳咱、大田、车次、他腊叉4个自然村居住着400余人。六德乡5个行政村26个自然寨的他留人,首先习得他留话,大部分人还掌握汉语,是一个全民双语的群体。例如:永胜

---

① 李莉:《云南小凉山彝族语言生态问题研究》,《文化学刊》2016年第12期。

县六德乡水玉村委会共 311 户，1202 人，他留人 784 人，熟练掌握母语的人数达 98%，熟练掌握汉语的人数比例达 90%[1]。他留人不仅保留了自己的母语，还保留了他留人的命名方式、服装和节日等他留人文化。他留人依照他留姓氏家族来过自己的宗支节，每年农历五月十七日从王姓开始到八月十七日海姓结束。他留人不过彝族的火把节，过他留人自己的粑粑节。每年农历六月二十四日，他留人每家每户要把十二个粑粑从大到小垒成塔状，由户主领着去宗支山祭祖。他留人保留自己的丧葬习俗，下葬的当晚，"铎系"将一只会鸣叫的公鸡用水闷死，整只鸡煮熟，分给亲属中当家的男人和死者的儿子、儿媳吃。在他留宗支山，共有 6500 余座他留人的坟墓，墓碑上刻着死者的生卒时间以及祥龙、凤凰、麒麟、文官武将的标志[2]。

居住在大理白族自治州的彝族，除掌握彝语，大多掌握白语。如居住在大理白族自治州剑川县沙溪镇石龙村的彝族大多能使用白语。就读于石龙小学的彝族学生在测试白语 400 词中，能够掌握 391 个[3]。

类型二：以汉语为第一语言、彝语为第二语言。

在玉溪市的一些彝族寨子，20 世纪七八十年代出生的人，出现了先学会汉语后学会彝语的母语习得变迁。由于家长担心后代学不好汉语会影响前途，就有意识地教小孩学习汉语，汉语成为孩子的第一语言。由于处在彝语使用的大环境中，孩子长大以后，又从社会环境中自然而然地习得了母语，母语成了第二语言。改变母语习得顺序并没有影响彝族的母语水平[4]。下面以玉溪市峨山县塔甸镇大寨村为例来说明这一语言使用现象。大寨村是一个彝族聚居村，总人口 1500 人，彝族 1380 人，占总人口的 92%。这个村在 20 世纪七八十年代出现了母语习得顺序改变的现象。20 世纪七八十年代以前出生的人，以彝语为第一语言，以汉语为第二语言。20 世纪七八十年代以后出生的人，以汉语为第一语言，以彝语为第二语言，汉语是父母刻意教授的。因为父母担心子女不会汉语影响前途，在孩

---

[1] 段秋红：《他留语词汇调查研究》，硕士学位论文，云南师范大学，2015 年。

[2] 周德才：《他留话研究》，云南民族出版社 2004 年版，第 1—21 页。

[3] 张万君、季红丽、瞿海萍：《剑川石龙白族儿童语言使用及其能力调查》，《玉溪师范学院学报》2015 年第 9 期。

[4] 玉溪市彝族群众先习得汉语后习得彝语的情况也从云南师范大学教授黄龙光博士（彝族，玉溪市峨山人，彝语很好）的电话采访中得以证实。非常感谢黄教授的真诚帮助。

子学习语言时，首先教孩子学习汉语。为了考察改变母语习得顺序是否弱化母语的使用水平，我们对该村 6 岁以上的 1304 位彝族群众的母语使用水平进行了测试。测试结果是仅有 32 人不能熟练掌握彝语，仅占测试人口的 3%，他们多为 10 岁以下儿童或族际婚姻家庭子女，掌握彝语的人数比例达 97%。彝语仍然是彝族家庭、村寨内部、集市、村委会、政府部门、宗教场所的交际用语。当地地方台有彝语频道，三四十岁以上的彝族妇女能够唱彝族歌曲，当地每年举办彝族文化艺术节，举行山歌比赛、彝族舞蹈表演等。每年还有两期彝族刺绣培训①。可见母语习得顺序、成为"汉语—彝语"双语人并没有影响大寨彝族的双语水平。汉语的使用情况是 60 岁以上的老年人兼用汉语的人数较少，但总体来说，该村是"汉语—彝语"为主流的双语群体，彝语用于族内交际、汉语用于族际交际，两种语言和谐互补。

类型三：母语丢失，转用汉语。

在彝族人口不占优势的地区，出现了母语丢失现象。例如：临沧市彝族有 39 万人，分布在林翔区、凤庆县、云县、双江县、永德县。39 万彝族人中，只有俐米支系和蒙化支系约 4 万人保留了自己的母语。俐米支系说俐米话，蒙化支系说蒙化话。俐米人有两三万人，住在高山上，信仰原始宗教，他们不仅很好地保留了自己的母语，还很好地保留了自己服饰和生活方式。蒙化支系主要分布在耿马县的贺派乡和沧源县的勐角乡、双江县的沙河乡，信仰南传佛教，仍然保留自己的母语。在临沧市，除了俐米支系和蒙化支系，其他的支系都说汉语了，彝族保留自己母语的不到 5 万，余下的 34 万人大多不会说自己的母语了②。

又如：文山州马关县都龙镇辣子寨村委会的辣子上寨、辣子下寨、倮倮坪 3 个村民小组。这三个小组是三个自然寨。这三个自然寨被周边的苗族和壮族寨子包围。辣子寨上小组有 37 户，155 人，其中彝族 152 人，彝族人口占全寨人口的 98%。辣子寨下小组有 39 户，145 人，其中彝族 138 人，彝族人口占全寨人口的 95%。倮倮坪小组有 46 户，170 人，其中彝族 169 人，彝族人口占全寨人口的 99%。这 3 个彝族聚居小组的彝族已经有三代人不说彝语了，全民转用汉语。有意思的现象是彝族的文化并未

---

① 该数据是 2015 年 10 月 22 日，余金枝、杨棋媛田野调查所得。
② 临沧市彝族的语言使用情况是从与临沧市民宗科鲍光祥科长访谈获知的（访谈时间：2017 年 11 月 2 日，地点：临沧市民族局，访谈人：余金枝）。

随着母语的消亡而消失,这 3 个小组的彝族仍然保留彝族的传统服饰,仍然过火把节①。

再如:玉溪市通海县里山乡大黑冲村委会所辖的"秀水沟""小荒田""大黑冲""新小黑冲""上打马坎""下打马坎"6 个彝族村民小组,由于受到地理环境、交通状况、经济模式、文化教育、语言态度等各种因素的综合影响,大都放弃母语而转用了汉语,仅有少数老人还会说自己的母语,而且只是在较小的范围内使用。

此外,位于昆明市东郊的子君村,现有农户 1437 户,农业人口 3430 人,其中彝族 3075 人,汉族 355 人②,彝族人口占总人口的 89.6%。现在只有极少的老人会说彝语,彝语面临消亡的危险,汉语是该村的通用语。

(二) 不使用彝语支语言的彝族

归入彝族但不使用彝语或彝语支语言的有末昂人、堂郎人、普标人、布庚人和巴琉人 5 个群体。虽然归入彝族,但他们使用自己的母语,即末昂语、堂郎语、普标语、拉基语、布庚语和巴琉语。末昂语和堂郎语属于汉藏语系藏缅语族。普标语和拉基语属于汉藏语系壮侗语族。布庚语和巴琉语属于南亚语系。由于人数少,他们必须兼用周边民族的语言以补充母语交际功能的不足。末昂人只有 4000 人,分布在文山壮族苗族自治州富宁县的龙洋、龙迈、木央、木腊、里拱、木思。木央、里拱的末昂人,人口约占末昂人总人口的 20%,他们转用了汉语,丢失了自己的母语。住在木腊、木思的末昂人,这两个村的末昂人约占总人口的 25%。他们虽然还在使用末昂语,但普遍兼用汉语和壮语,汉语和壮语比较熟练。在家里使用末昂语,在集市、学校、政府等公众场合用汉语或壮语。只有居住在龙洋和龙迈的末昂人,人口约占总人数的 55%,较好地保留了末昂语③。

堂郎人约 2 千人,居住在丽江市玉龙县太安乡和与其接壤的剑川县境

---

① 数据来自戴庆厦、余金枝、李春风等"民族语文活态保护与双语和谐乡村建设"课题组于 2014 年 7 月赴文山州马关县都龙镇调查所获得的第一手资料。

② 冷雪梅:《昆明城郊子君村彝族土坝的调查和研究——兼谈古坝的发现及有关问题》,《深圳大学学报》(人文社会科学版) 2011 年第 5 期。

③ 周德才:《濒危语言的现状及保护研究——以云南富宁末昂语为例》,《第二届中国云南濒危语言遗产保护研讨会论文集》,2006 年,第 52—56 页。

内的山区。堂郎人在家庭和村内交际用堂郎语，由于周边分布着纳西族和白族，堂郎人大多能说纳西语和白语。

普标人只有200多人，居住在文山壮族苗族自治州麻栗坡县的龟龙、普峰、普岔、普弄、马同等地。普标人大多转用汉语，只有50人使用普标语（陈其光，1984；张公瑾，2001），濒于消亡。

布庚人（又称"布干人"）有3000多人，居住在文山壮族苗族自治州广南县那洒镇的老挖龙村、新挖龙村、小坪寨、那腊村、篆角乡的九坪村、石碑村，西畴县鸡街乡曼龙村。据他们的传说是从贵州、江西和四川等地迁来的，至今有11代人。由于交通不便，布庚人全民保留母语，学前儿童只会说母语，进入学校后逐渐学会汉语，个别还会苗语或壮语①。

巴琉人自称"巴琉"，他称"俫"。在云南被划归彝族，在广西被划归仡佬族。俫人在云南约1000人，分布文山壮族苗族自治州广南县。俫人已丢失自己的母语，改用彝语②。

二 哈尼族使用语言的状况

哈尼族是云南的特有民族，总人口163.1万人，占云南省人口的3.5%，在云南省少数民族人口中排名第二。哈尼族有"哈尼""雅尼""碧约""卡多""峨努""白宏""哦怒""过克""布崩""撒空""补角""西摩洛""阿木""卡别""腊米""切弟"等十余个支系。支系之间的区别特征是语言和服饰。哈尼族主要聚居在普洱市的墨江哈尼族自治县和江城哈尼族彝族自治县，红河哈尼族彝族自治州的红河县、元阳县、绿春县、金平县以及玉溪市元江县，还分布在西双版纳傣族自治州的勐海县、景洪市、勐腊县以及普洱市的思茅区、镇沅彝族哈尼族拉祜族自治县、澜沧拉祜族自治县和景东彝族自治县。

哈尼族的十多个支系都使用哈尼语。由于哈尼、雅尼、豪尼、碧约、卡多、白宏是哈尼族的大支系，哈尼语的哈雅方言、碧卡方言、豪白方言三个方言以这6个支系的名称来命名。哈雅方言是哈尼支系和雅尼支系所说的哈尼语，碧卡方言是碧约支系和卡多支系所说的哈尼语，豪白方言是豪尼支系和白宏支系所说的哈尼语。

---

① 李锦芳：《布干语概况》，《民族语文》1996年第6期。
② 梁敏：《中国的语言——俫语》，商务印书馆2007年版，第2505页。

哈尼族除了包括哈尼族的支系，还包括桑孔人和部分布兴人。桑孔人自称"桑孔"，他称"布下"，不到2千人，1990年归入哈尼族，主要居住在西双版纳傣族自治州景洪市小街乡的曼湾镇、曼扎罕丙、八卡回显等村寨及勐龙镇的班飘布下寨。桑孔人使用桑孔语。桑孔语是一种独立的语言，属于汉藏语系藏缅语族彝语支。由于人数少，桑孔人需要兼用周边使用人数较多的哈尼语、傣语、汉语来满足族际之间的交流，有的还掌握拉祜语[①]。有的桑孔人还会傣文。布兴人自称"布兴""不辛"，他称"佧比""佧咪"，人口500多人，主要居住在西双版纳傣族自治州勐腊县磨憨镇的南欠村和勐伴镇的卡咪村。部分布兴人归入哈尼族。布兴人掌握布兴语。布兴语属于南亚语系孟高棉语族佤德昂语支。在家庭和村寨内，布兴人使用布兴语，出了村寨，则使用傣语或汉语。

哈尼族语言使用的基本情况是：普遍保留自己的母语，兼用汉语存在代际差异。母语是族内最重要的交际工具，用于家庭、村寨、集市、机关等场所的交流。在人口占优势聚居区，哈尼语被其他民族兼用，成为当地不同民族的族际交际用语。居住在杂居区的哈尼族群众，则兼用周边民族的语言来满足族际交流的需要。下面我们用几个案例来说明哈尼族语言使用的不同类型。

案例1：绿春县哈尼族稳定使用哈尼语，部分兼用汉语[②]。

少数民族语言使用的普遍情况是：在交通不便的山区，少数民族语言得以较好保留，在城区、城郊、公路旁、集市边或交通方便处，则出现衰变、濒危。但居住在靠近绿春县城的4个寨子（大兴镇大寨村委会的大寨和广吗寨、大兴镇牛洪村委会的坡头寨、平河乡的车里寨）的哈尼族，全民掌握哈尼语，部分兼用汉语（详见表3-2）。

表3-2　　　　绿春县哈尼族使用哈尼语和汉语情况统计

哈尼寨子	哈尼族人数（人）	哈尼语熟练 人数（人）	哈尼语熟练 比例（%）	汉语熟练 人数（人）	汉语熟练 比例（%）
大寨	1559	1537	98.59	1286	82.5
光吗寨	1099	1097	99.82	577	52.5
坡头寨	1115	1112	99.73	924	82.9

[①] 李永遂：《桑孔语初探》，《语言研究》1992年第1期。
[②] 张鑫：《论绿春哈尼族和谐双语生活的特点及成因》，《民族翻译》2013年第4期。

续表

哈尼寨子	哈尼族人数（人）	哈尼语熟练		汉语熟练	
		人数（人）	比例（%）	人数（人）	比例（%）
车里寨	477	477	100	217	45.5
合计	4250	4223	99.36	3004	70.7

表3-2显示哈尼族保留母语具有全民性，但汉语的使用存在不平衡性。距离县城较近的大寨和坡头寨能熟练使用汉语的人数比例达到80%以上，而离县城稍远的广吗寨和车里寨，能熟练使用汉语的人数比例则只有百分之四五十。哈尼语和汉语使用水平的差距对他们的语言选择有直接的影响，在族内交际，必然选择全民通用的哈尼语而不会选择部分通用的汉语。在这4个城郊哈尼族寨子，哈尼语比汉语强势。

案例2：玉溪市红塔区梅冲村哈尼族全民使用哈尼语和汉语，普遍兼用彝语[①]。

梅冲村隶属于玉溪市红塔区洛河乡把者岱村委会，距玉溪市红塔区驻地31千米。全村有58户，236人。其中，哈尼族190人，汉族5人，彝族39人。由于梅冲村周边是彝族村和汉族村，梅冲的哈尼族全民兼用汉语，普遍兼用彝语，但彝语水平不及哈尼语和汉语高（详见表3-3）。

表3-3　　　　　　梅冲村哈尼族语言使用情况

年龄段	哈尼族人数（人）	哈尼语熟练		汉语熟练		彝语熟练		彝语略懂	
		人数（人）	百分比（%）	人数（人）	百分比（%）	人数（人）	百分比（%）	人数（人）	百分比（%）
6—15岁	31	30	96.8	31	100	1	3.2	22	71
16—25岁	36	36	100	36	100	1	2.8	32	88.9
26岁以上	106	106	100	101	95.3	49	46.2	55	51.9
合计	173	172	99.4	168	97.1	51	29.4	109	63

表3-3显示，梅冲村的哈尼族掌握母语和汉语，大部分人懂彝语。彝语的兼用虽然不及哈尼语和汉语普遍，但彝语水平为"熟练"和"一

[①] 石常艳、季红丽、杨文学：《玉溪市红塔区梅冲村哈尼族语言生活调查》，《第三节中国云南濒危语言遗产保护国际学术研讨会论文集》，2010年，第156—176页。

般"的人数为160人，占调查总人数的92.49%。这说明：即便是在哈尼族聚居寨，仍需兼用周边人口较多的民族——彝族的语言来满足族际交流的需要，但并未导致梅冲村哈尼族母语的衰变。

案例3：墨江县邑乡西摩洛人全民保留母语，兼用汉语存在年龄和地域的不平衡性①

西摩洛是哈尼族的一个支系。在墨江县雅邑乡，西摩洛人分布在座细、徐卡、南温、雅邑、下洛甫、坝利等6个行政村所辖的47个村民小组。依据对这些村寨4024位6岁以上有语言能力的西摩洛人的语言使用情况调查，发现有7个村民小组掌握西摩洛话的人数比例在97.4%至98.9%，其余的40个村民小组掌握西摩洛语话的比例均为100%。居住在这6个村委会的194位其他支系或其他民族者，有160位能熟练使用西摩洛话，占其总人数的82.5%，有20位略懂西摩洛话，占其总人数的10.3%，足见在雅邑乡西摩洛话的强势。在60岁以上这一年龄段，大多数是母语单语人，如座细村座细小组20位60岁以上的人就有19位是母语单语人，大田头小组60岁以上的老人，有9位是母语单语人。

雅邑乡西摩洛人兼用汉语则存在地域差异和代际差异。交通不便的寨子，60岁以上的老人普遍不会汉语。例如：座细村委会所辖的12个村民小组中，有座细小组、大田头小组、天补小组、旧家小组、轩秀一组、轩秀二组、轩秀三组、轩秀四组、轩秀五组9个小组60岁以上的老人掌握汉语人数比例不及50%。而在交通较为便利的村寨掌握汉语的人数比例则较高。如在雅邑乡政府所在的雅邑村，该村所辖的7个村民小组，60岁以上老人熟练使用汉语的比例均在65%以上。熟练掌握汉语人数比例最高的年龄段是20—50岁这一年龄段，最低是60岁以上的。

三　白族使用语言的状况

云南省白族人数156.3万，占云南省人口的3.4%，人口数量在云南少数民族中位居第三，主要分布在大理白族自治州，在丽江、迪庆、怒江、昆明、保山、玉溪、文山和临沧也有分布。白族自称"白子""白尼""白伙"，意思是"白人"。他称有六十多种，分布在大理和昆明的白

---

① 戴庆厦、蒋颖、崔霞、余金枝、邓凤民、乔翔：《西摩洛语语言使用现状及其演变》，商务印书馆2009年版，第17—134页。

族,他称为"民家",分布在丽江、迪庆、怒江的白族,纳西族称为"那马",傈僳族称为"勒墨",藏族称为"勒波",彝族称为"娄甫""洛本""罗基颇"。

白族保留自己的母语,普遍兼用汉语。白族有用汉字符号表示白语音义的方块白文。方块白文产生于南诏中期,由于种种历史原因没有发展为全民族的通用文字。一千多年来,它一直在白族民间使用,有丰富的文献,但使用范围有限[①]。

白族使用语言的情况大致可以分为两种类型:类型一,"白语—汉语/纳西语/哈尼语";类型二,白语功能衰变,是新出现的情况。

类型一的特点是:白族保留自己的母语,普遍兼用汉语和周边少数民族的语言。白族首先学会白语,虽然也掌握汉语,但在家庭、村寨、集市、宗教活动、学校的课余时间、医院、政府都用白语交际。白语是地域强势语,在日常交际中的白语活力高于汉语,不仅是白族的族内交际用语,也是当地其他民族的兼用语。这一类型不仅分布在白族聚居寨,也分布在白族杂居寨,不仅分布在农村,也分布在城郊。下面我们用几个不同类型的案例来证明这一类型。

类型一之案例1:玉龙县九河白族乡全民保留白语,普遍兼用汉语,部分人兼用纳西语[②]。

九河白族乡隶属云南省丽江市玉龙纳西族自治县。该乡辖10个村(居民委员会),79个村民小组,共7372户,26969人。境内有白、纳西、普米、傈僳、藏、汉等6个世居民族。其中,白族14300人,占总人口的53.02%;纳西族10185人,占人口总数的37.77%;其他民族2484人,占9.21%。九河乡白族分聚居和杂居两种类型。聚居的有龙应、九河等2个村委会,这两个村委会所辖的12个村民小组都是白族。杂居的有关上、甸头、中和、北高、南高等5个村委会。我们从聚居村选取龙应村史家坡小组、南高村易之古小组和九河村高登小组等3个小组,杂居村选取关上村梅瓦小组,共4个点。通过对这4个点共计1101位白族人进行白语水平调查,有1098位能熟练使用白语,占调查人数的99.72%。白

[①] 王锋:《方块白文的历史发展和现状》,《中国民族古文字研究(四)》,1994年,第225—236页。

[②] 戴庆厦、余金枝:《云南玉龙县九河白族乡少数民族的语言生活》,商务印书馆2014年版,第201—225页。

族和纳西族杂居的梅瓦小组。梅瓦小组白族 83 人，占总人口的 36.24%，纳西人数为 136 人，占总人口的 59.39%，其他民族人数为 10 人，占总人口的 4.37%。白族在这个小组人口不占优势，但梅瓦小组的白族全部能熟练使用母语。杂居并没有使梅瓦小组的白族丢失自己的母语。梅瓦小组白族保留母语与白族喜欢聚族而居有关。梅瓦小组分为南社和北社，南社主要为白族聚居，北社主要是纳西族聚居，南社与北社之间民族界限明显，即便是在杂居村，仍然为白语的保留创造了良好的语言空间。白族不仅掌握白语，还普遍兼用汉语。史家坡、高登、易之古、梅瓦 4 个小组共 1101 位白族人，能熟练使用汉语的有 1058 人，占调查人数的 97.56%。九河乡的白族大多掌握纳西语。彼古小组的 79 位白族人，有 61 位能熟练使用纳西语。易之古的 351 位白族人，有 287 人能熟练使用纳西语。这两个小组能熟练使用纳西语的人数有 348 位，占这两个小组白族人数 430 人的 80.93%。

类型一之案例 2：元江县因远镇白族保留母语，兼用哈尼语和汉语。

居住在玉溪市元江县因远镇的白族，有 4759 人，分布在 9 个自然寨 (2004 年)。因远镇哈尼族人数 19453 人，分布在 35 个自然寨（2003 年）。在因远镇，哈尼族人口占优势。该镇的哈尼族称白族为"腊白"。该镇的白族成年人，95% 以上的人能熟练使用哈尼语进行日常交流。他们掌握白语、哈尼语和汉语，用于满足不同族群、不同场合之间的交际需要①。

类型一之案例 3：大理剑川县沙溪镇石龙村的白族全民使用白语和汉语。

大理剑川县沙溪镇石龙村是一个白族聚居地，全村白族都使用白语，白语是第一语言，白语代际传承很好，汉语的系统学习始于上学之后。在家庭、村寨、学校课余时间都使用白语②。

类型一之案例 4：昆明城的大河村和沙郎东村的白族全民使用白语和汉语。

大河村位于昆明市西部，距市区仅有 25 千米路程，隶属昆明市西山

---

① 白碧波、许鲜明：《元江县白族与周边哈尼族的语言关系》，《云南师范大学学报》（哲学社会科学版）2006 年第 5 期。

② 张万君、季红丽、瞿海萍：《剑川石龙白族儿童语言使用及其能力调查》，《玉溪师范学院学报》2015 年第 9 期。

区团结彝族白族乡龙潭居民委员会。该村人数1347人，其中白族人数1166人，占大河村总人口的86.6%。通过对604位白族村民使用白语和汉语的情况调查，发现他们全部掌握白语和汉语，白语是他们最先学会的语言①。

沙郎村东村隶属于昆明市五华区"西翥街道办事处"沙朗村。沙朗东村共有814户，2860人，白族人数2215人，占78%。该村白语使用现状还是稳定的，在性别、年龄上没有很大的差别。除使用白语以外，他们还普遍兼用汉语②。

类型二之案例：白语出现了代际衰变的大理赵庄。

赵庄位于大理市郊天井行政村西面，是洱海南岸面积最大、人口最多的白族村。赵庄与周围几个村庄都是白族聚居的村落，白语是通用语。过去，在洱海南岸的这片坝子里，村与村之间田亩交错，人们相互交流都说白语。近十多年来，由于城镇化进程加快，新兴的城市格局逐渐将这片坝子上的村落阻隔开来，现在除老一辈偶尔会到附近的村子走亲访友外，年轻人之间鲜有交流。十多年前，这里还是市郊的普通农村，村里的青年大多都与附近白族村通婚，与城中汉族通婚的家庭较少，家庭成员之间交流只使用白语。如今，这里成为新兴的城市中心，加上白族的婚姻观念较开放，村中与外族通婚的家庭越来越多，双语家庭也越来越多。在与外族通婚的家庭中，祖父母辈都是白族，说白语，父母中有一方是汉族，而祖父母和父母都与孩子说汉语，但祖父母和父母中的一方仍说白语。随着年龄的增长，有的孩子在长期的白语环境中能够听懂白语或说简单的词句，但不能熟练使用。大多数的孩子，母语能力极低，一般只能听，不能说。甚至在祖父母、父母都说白语的家庭，孩子从小就被教授汉语。由于家庭的其他成员相互交流仍使用白语，所以在这样的家庭中长大的孩子能听懂白语，也会说，却很少主动用白语与人交流。从20世纪90年代后期开始，几乎已经没有一出生就学白语的孩子，许多儿童都已成为只能听懂母语的单语人③。

---

① 姚洲：《昆明市郊大河村白族村民母语留存研究》，《长江大学学报》（社会科学版）2016年第10期。

② 赵义平：《沙朗白语使用现状调查》，《滇西科技师范学院学报》2015年第3期。

③ 赵燕珍：《赵庄白语参考语法》，中国社会科学出版社2010年版，第9页。

四 傣族使用语言的状况

傣族是云南的特有民族，人口 122.4 万人，占云南总人口的 2.7%，居全省少数民族人口的第四位。傣族有多种自称和他称。西双版纳的傣族自称"傣泐"，他称"水傣"。德宏等地自称"傣那"，他称"旱傣"。红河中上游新平、元江等地傣族自称"傣亚"，他称"花腰傣"。

傣族曾有不同的族称。唐代，傣族被称为"金齿蛮""黑齿蛮""银齿蛮""绣脚蛮""绣面蛮""茫蛮""白衣"等。元明被称为"白衣""金齿白衣""百夷""伯夷"。清和民国被称为"摆夷"。唐代到民国被称为"白衣—白夷—百夷—僰夷（伯夷）—摆夷（摆衣）"。"白衣""白夷"是彝族对傣族的称谓，意思是"水中打鱼人"或"河中捕鱼民族"。新中国成立后，将傣族的自称"傣"作为族称①。傣族是跨境民族，在境外有不同的族称。在越南和老挝称为泰族，缅甸称为掸族②，印度称为"阿洪姆"。

傣族主要聚居在 2 个州、7 个县、15 个乡。2 个州是西双版纳傣族自治州和德宏傣族景颇族自治州。7 个县是：孟连傣族拉祜族佤族自治县、耿马傣族佤族自治县、元江哈尼族彝族傣族自治县、新平彝族傣族自治县、金平苗族瑶族傣族自治县、景谷傣族彝族自治县和双江拉祜族佤族布朗族傣族自治县。15 个乡是：保山市的隆阳区芒宽彝族傣族乡、腾冲县荷花镇（原荷花傣族佤族乡）、昌宁县湾甸镇（原湾甸傣族乡），临沧市云县的栗树彝族傣族乡、幸福彝族拉祜族傣族乡、云县糯洒彝族傣族乡，临沧市永德县大雪山彝族拉祜族傣族乡、临沧市临翔区平村彝族傣族乡、临沧市沧源佤族自治县勐角傣族彝族拉祜族乡、普洱市思茅区龙潭彝族傣族乡、玉溪市通海县高大傣族彝族乡，红河哈尼族彝族自治州红河县勐龙傣族乡，丽江市华坪县的新庄傈僳族傣族乡、船房傈僳族傣族乡、石龙坝彝族傣族乡，楚雄彝族自治州大姚县湾碧傈僳族傣族乡，楚雄彝族自治州永仁县的万马傣族乡和永兴傣族乡，楚雄彝族自治州武定县东坡傣族乡。

傣族使用傣语，但傣族的布芒支系则使用布芒语。布芒语属于南亚语

---

① 李伟良：《论唐代以后傣族"白衣""百夷""摆夷"等族称的由来》，《红河学院学报》2016 年第 5 期。

② 屈永仙：《东南亚的傣——泰民族文化圈和自称演变》，《广西民族师范学院学报》2012 年第 6 期。

系孟高棉语族。布芒人有 296 人，自称"布芒"，白傣称为"查丈"，汉族称为"曼仗人"，居住在红河哈尼族彝族自治州金平县勐拉乡的曼仗上寨和曼仗下寨两个村子。金平的布芒人是一百多年前从越南的莱州地区迁来的。布芒人有自己的语言，但没有文字，由于历史上长期与白傣交往，大多数布芒人都能讲一口流利的白傣语。70 岁以上的老年人会说布芒语、白傣语、汉语三种语言，布芒语最熟练，白傣语次之，汉语最差。60 岁以上的布芒人听得懂白傣语，但说话不太熟练。四五十岁的布芒人只能听懂一些白傣语。现在的年轻人一般只会说布芒语和汉语两种语言；小孩子在上学之前，说得最流利的是布芒语，进入学校之后，他们很快学会汉语①。

傣族的语言使用大致可以分为"傣语—汉语"型、"傣语—哈尼语—汉语"型、"傣语—壮语—汉语"型和"汉语"型。"傣语—汉语"型还可分为两种不同的情况。居住在西双版纳傣族自治州和德宏傣族景颇族自治州的傣族，不仅在家庭和村寨使用傣语，在集市、小学低年级教学、课余时间、宗教活动还使用傣语。居住在杂居区的傣族，只在家庭和村寨中使用母语，外出与其他民族交流时，只能用汉语。"傣语—哈尼语—汉语"型主要出现在与哈尼族聚居的傣族的语言生活中。如居住在红河州绿春县与哈尼族杂居的傣族，兼用哈尼语。"傣语—壮语—汉语"型多分布在傣壮杂居但壮族人口占优势的地区。居住在壮族聚居地区的傣族，或使用傣、壮、汉三种语言，或丢失自己的母语转用壮语。例如：文山州马关县都龙镇田坝心村是一个壮傣杂居寨，6 岁以上（含 6 岁）具有语言能力村民有 374 人，其中，壮族 258 人，傣族 83 人。傣族的母语使用处于逐步衰退的状态，有接近一半的傣族人将壮语作为第一语言，傣族母语活力明显低于壮语。

表 3-4　　　　　　　　田坝心傣族语言使用情况②

傣族 （共83人）	傣语			壮语			汉语		
	熟练	一般	不懂	熟练	一般	不懂	熟练	一般	不懂
人数（人）	50	12	21	83	0	0	80	3	0

① 李玥姣：《金平布芒傣族的族群认同研究》，刀洁：《芒人与"布赓"傣人丧葬习俗比较》，《云南社会科学》2002 年第 4 期。

② 戴庆厦、罗骥、余金枝等：《民族语文活态保护与双语和谐乡村建设研究——云南马关县都龙镇个案调查研究》，中国社会科学出版社 2015 年版，第 85—90 页。

傣族 （共83人）	傣语			壮语			汉语		
	熟练	一般	不懂	熟练	一般	不懂	熟练	一般	不懂
百分比（%）	60	15	25	100	0	0	96.3	3.61	0

表3-4显示，田坝心的傣族只有50人能熟练使用自己的母语，仅占该村傣族人口的60%，有21人已经不会说自己的母语了，而全村的傣族都能熟练使用壮语，96.3%的人能熟练使用汉语。可见从语言水平的总体情况看，该村傣族的壮语水平最高，其次是汉语，最弱的是傣语。我们再通过表3-5来观察田坝心傣族母语传承的断裂。

表3-5　　　　田坝心村傣族不同年龄段母语使用情况

年龄段	总人数（人）	熟练		一般		不懂	
		人数（人）	百分比（%）	人数（人）	百分比（%）	人数（人）	百分比（%）
6—19岁	20	0	0	4	20	16	80
20—39岁	28	15	54	8	28	5	18
40—59岁	26	26	100	0	0	0	0
60岁以上	9	9	100	0	0	0	0
合计	83	50	60	12	15	21	25

表3-5清晰地显示了田坝心傣族母语传承的代际断裂。40岁以上的傣族人均能使用自己的母语，6—19岁的20位青少年均不能使用自己的母语。若这20位青少年成年以后还未能从社会环境中学会傣语，那么田坝心的傣语在50年后将消亡。

"汉语"型是指不使用自己的母语而转用汉语的语言使用类型。分布在红河哈尼族彝族自治州泸西县和弥勒县、玉溪市通海县、丽江市华坪县以及楚雄彝族自治州的部分傣族，已不再使用傣语，转用汉语了[①]。

傣族原有四种拼音文字，使用在不同地区。比较通行的是西双版纳傣文和德宏傣文。这两种文字在字母形式和结构上都不相同。1954年根据

---

① 中国社会科学院民族所和国家民委文化司主编：《中国少数民族语言使用情况》，中国藏学出版社1994年版，第847页。

本民族的要求在这两种文字的原有基础上分别进行了改进①。

云南傣族有4种文字：西双版纳傣文（又称为傣仂文）、德宏傣文（又称为傣哪文）、傣绷文和金平傣文（又称为傣端文）。境外则有泰文、老挝文等。经过20世纪50年代的改进，目前，云南仅通行西双版纳傣文和德宏傣文。傣族文字源于古印度文字系统，其形成与其信仰小乘佛教有关。

傣历有"大傣历"与"小傣历"两种。"大傣历"以公元前95年为纪年起始年。"小傣历"以公元638年为纪年起始年。傣族的节日有泼水节、关门节、开门节等，多与宗教活动有关。泼水节在傣历6月下旬或7月初（公历4月中旬），时间为3天，头两天为辞旧，最后一天为迎新。关门节在傣历9月15日（公历7月中旬）。开门节，在傣历12月15日（公历10月中旬）。这两个节日，男女老少都要到佛寺向佛像佛爷敬献美食、鲜花和钱币，在佛爷佛像前念经、滴水，以求佛赐福于人。

新中国成立以前，西双版纳地区信仰小乘佛教非常普遍，很多男子都有出家为僧的经历。20世纪90年代以来，傣族的宗教观念出现了很大的变化，老年人仍然按照宗教传统进行着宗教活动，而青年人的宗教观念则出现了明显的淡化，其重要表现之一为很多家庭已不再送孩子进佛寺当和尚，中青年人普遍认为读书比进寺更加重要。傣族男子有文身的旧俗，文样为虎、龙、蛇等猛兽，或成句佛经，或水波纹、祥云。现仍有部分青年男子文身②。水傣男女的文身通常是在五六岁至十六七岁。其中以五六岁的孩童为最佳文身年龄；文身的具体日期一般选择在五月端阳节这一天进行。文身时，先用墨汁或靛汁在文身部位画上有关图案，然后用针尖沿着图案墨迹一针一针地将色料刺（戳）进皮肉，使色料渗透到皮肉之下，染成黑色或深蓝色，成为永不褪色的图案。文身的图案多半是犁、耙农具和马、狗、鱼、鸟、蜈蚣、雄鸡等③。

五 壮族使用语言的状况

壮族人数121.6万人，占云南省总人口的2.6%，在云南省人口排名

---

① 喻翠容、罗美珍：《傣语简志》，民族出版社1979年版，第1—3页。
② 游诗佳：《由勐润傣语的变迁看傣族文化的流失》，硕士学位论文，云南大学，2010年。
③ 毛佑全：《红河沿岸傣族纹身习俗》，《民族大家庭》2004年第4期。

第五，主要分布在文山壮族苗族自治州。云南的壮族有多个自称。居住在文山州北部的壮族多自称"布依"，南部的自称"布依"，文山市、麻栗坡县和开远县的自称"布岱"。云南壮族的语言使用类型大致可以分为"壮语—汉语"和"壮语—民语—汉语"两种类型。这两种类型说明壮语全民保留母语，普遍兼用汉语，部分人兼同周边民族的语言。2014年，我们赴文山州马关县都龙镇调查了南北、南松、田坝心和董腊鱼4个寨子。除了董腊鱼属于"壮语—苗语—汉语"型之外，其余的三个寨子属于"壮语—汉语"型。南北寨隶属堡梁街村委会，是个壮族聚居寨。该镇有23户，97人，6岁以上具有正常语言能力者91人。这91人全部能熟练使用壮语，但在壮语400词测试中显示，青少年的母语词汇量与中老年相比有所下降。南松小组隶属于辣子寨村委会。该小组是壮族聚居的小组，77户，人口318人，均为壮族。该村6岁以上者287人，有284位能熟练使用壮语，273位能熟练使用汉语。壮语400词测试显示青少年的词汇量比中老年少。田坝心小组是一个壮傣杂居的寨子，隶属于金竹山村委会。该寨6岁以上具有语言能力的壮族村民258人，全部能熟练使用壮语，在壮语400词测试中，青少年的词汇量稍有下降，但不明显。董腊鱼小组隶属茅坪村委会，是壮族与苗族的杂居寨。该村有31户壮族人，6岁以上者有119人。该村的壮族人大部分迁自广西，至今已繁衍到第五代。这119人全部能熟练使用壮语，有93位能熟练使用汉语，104位能熟练使用苗语。该村是"壮语—苗语—汉语"的多语群体。这4个壮族寨子的语言使用状况见表3-6。

表3-6　　　　文山州马关县都龙镇壮族语言使用情况

调查点	人数（人）	壮语熟练 人数（人）	壮语熟练 百分比（%）	汉语熟练 人数（人）	汉语熟练 百分比（%）	苗语熟练 人数（人）	苗语熟练 百分比（%）
南北寨	91	91	100	81	89	0	0
南松	287	284	98.95	273	95.1	0	0
田坝心	258	258	100	248	96.2	0	0
董腊鱼	119	119	100	93	78.15	104	87.39
合计	755	752	99.6	695	92.05	104	15.09

表3-6显示，"壮语—汉语"是都龙镇壮族语言使用的主流类型，

"壮语—苗语—汉语"是非主流类型。

在壮族中包括"拉基人"这一群体。拉基人共有 7 个支系，在中国境内有 4 个支系，1 千多人，在越南有 3 个支系，1 千多户。境内的 4 个支系主要分布在云南省文山壮族苗族自治州的马关县。马关县南捞乡的拉基人叫"口袋拉基"，仁和乡和夹寒箐乡的拉基人叫"汉拉基"，在小坝子乡的拉基人叫"红拉基"，在金厂乡的拉基人叫"花拉基"。在越南有 3 个支系。在越南曼优一带的叫"黑拉基"，约有 550 户。在曼逢一带的叫"长毛拉基"，有 900 户。在曼帮、曼美一带的叫"白拉基"，有 300 户。拉基支系中的"红""黑""白"等特征与他们过去服饰颜色有关。叫"口袋拉基"是因为他们喜欢背着一个口袋。叫"汉拉基"可能是因为他们受汉人的影响。境内的拉基人除了金厂镇的花拉基约有 60% 的拉基人说拉基语以外，其余几个支系的拉基人均转用汉语了。说拉基语的拉基人还兼用壮语和苗语。在越南的拉基人还保留着自己的语言①。

六　苗族使用语言的状况

苗族人口 120.4 万，占全省总人口的 2.6%，在全省少数民族人口中排位第六。中国苗族有数十个支系，在云南的支系主要有大花苗、白苗、绿苗、青苗、汉苗、偏苗、小花苗、黑苗、花苗等支系。大花苗自称"阿毛"，其余支系的自称是"蒙（hmong）+白/绿/青/花/汉/偏……"自称"阿毛"的支系不跨境，自称"蒙"的支系跨境分布，还分布在越南、老挝、泰国、缅甸等东南亚国家及美国、澳大利亚及法属圭亚那。在云南，苗族聚居的自治州有文山壮族苗族自治州，自治县有 3 个（红河州屏边苗族自治县和金平苗族瑶族傣族自治县、昆明市禄劝彝族苗族自治县），自治乡有 24 个，其中苗族自治乡 6 个，彝族苗族乡 13 个，回族彝族苗族乡 1 个，彝族苗族白族乡 1 个，苗族壮族乡 1 个，苗族壮族瑶族乡 1 个，苗族布依族乡 1 个。从苗族聚居的自治州、县、乡等行政单位来看，苗族主要与壮族、彝族杂居，集中在文山壮族苗族自治州、红河哈尼族彝族自治州和昭通市，分散在曲靖市、昆明市、楚雄彝族自治州、保山市、丽江市、临沧市等地州。

云南苗族使用语言大致可以分为"苗语""苗语—汉语/壮语""苗语

---

① 梁敏：《拉基语》，《语言研究》1989 年第 2 期。

衰变"三种类型。"苗语"型是指全民保留苗语，虽然大部分人兼通汉语，但在日常生活中几乎不使用或很少使用汉语。由于苗族寨子大多在山上，交通不便，与外界接触少，特别是雨季，外出极其困难。居住在这些寨子的苗族人虽然除年老的妇女和学前儿童汉语能力较弱以外，其他人大多能熟练使用汉语，但在家里、寨子里、集市上、政府、集会、节庆等场合，只要是同族人，大家都说苗语。因此，只要会说苗语就能在这些寨子长期生存、正常交往。在文山州马关县都龙镇的董腊鱼、岩头寨、上波龙、韭菜坪等苗族寨子，我们都遇见从越南嫁过来的苗族，她们只会说苗语，但丝毫感觉不到交流障碍，语言生活和文化生活十分融洽。2014年，我们调查了文山州马关县都龙镇的岩头寨、上波龙、董腊鱼、韭菜坪4个苗族寨子6岁以上的所有苗族村民使用语言的状况。岩头寨和上波龙是苗族聚居寨，董腊鱼是苗族和壮族杂居的寨子。这4个寨子在分布上的共性是都在山上，交通不便，遇到雨季，就出不了村。我们采用穷尽式调查法，对这4个寨子6岁以上的苗族人使用语言的状况逐一调查，得出了表3-7中的数据。

表3-7　　　马关县都龙镇4个寨子的苗族语言使用情况

调查点	人数（人）	苗语熟练 人数（人）	百分比（%）	汉语熟练 人数（人）	百分比（%）
岩头寨	441	441	100	386	87.53
上波龙	136	136	100	134	99
董腊鱼	76	76	100	72	95.4
韭菜坪	275	275	100	185	67
总计	928	928	100	777	83.73

从表3-7不难看出，这4个寨子的928位苗族人都能熟练使用苗语，但熟练使用汉语的人数比例却只有83.73%。也就是说，这4个寨子全民掌握苗语，大部分人掌握汉语。我们进村调查看到，在家庭和村寨的任何一个语言使用场景，他们都用苗语，除非要跟不会说苗语的人交谈，他们才说汉语。这4个寨子中的韭菜坪南面靠近中越边境的国门街，街天会有很多越南的苗族过来赶集，两国苗族都用苗语交谈。

"苗语—汉语"型主要分布在城郊的苗族寨子或苗族和汉族杂居的寨子。如马关县都龙镇水洞厂中寨，全组共有56户，232人。苗族166人，汉族54人。该村全民熟练使用母语，第一语言都是苗语，熟练使用汉语的人数比例达到100%，比岩头寨、上波龙、董腊鱼、韭菜坪4个寨的汉语水平高。这个寨子苗族虽然日常用语大多是苗语，但由于与汉族杂居且住在城郊，他们使用汉语的频率和意愿都比居住在山上的苗族人高。

"苗语衰变"型主要是在城镇。如都龙镇上的苗族已经出现了语言转用。都龙镇上的苗族迁来已有六代人。最初搬来的人都能熟练使用自己的母语，第三代人的母语能力开始衰退，第四代人的母语能力有了明显衰退，第五代人已经不再使用本民族语言。他们的生活环境中多数是汉族，汉语在都龙镇上是强势语言，他们日常交流几乎不用苗语。

第二节　人口十万以上的少数民族使用语言的状况

人口在10万—99万的少数民族有回族、傈僳族、拉祜族、佤族、纳西族、瑶族、藏族、景颇族和布朗族共9个民族。这9个民族中，人口最多的是回族，69.9万人，占全省总人口的1.5%，人口最少的布朗族，仅有11.7万人，仅占全省人口的0.3%，且布朗族支系众多。这9个民族，除了回族转用汉语，其他的8个民族仍然使用自己的母语。与人口在100万以上的民族相比，这8个民族的语言使用多语现象更为普遍。因为语言是一种工具，其功能的大小与使用人口的多少密切相关，因此人口较少的民族往往需要兼用在当地使用人口较多的语言，以弥补母语交际功能的不足，以促成不同语言的功能互补。下面以人口从多到少对这些民族使用语言的状况进行逐一描写。

一　傈僳族使用语言的状况

傈僳族自称"傈僳"，是跨境民族。在云南，傈僳族人口66.8万人，占全省总人口的1.5%，在全省少数民族人口排位中位列第八。在境外，傈僳族分布在缅甸、老挝、泰国等国。根据服饰颜色，傈僳族分为"花傈僳""白傈僳""黑傈僳"，主要分布在云南怒江、澜沧江和金沙江的三江并流区域。傈僳族聚居度最高的是怒江傈僳族自治州福贡县、泸水县、贡山县和兰坪县4个县，这4个县的傈僳族人口约30万人，约占云南傈僳族人口的一半。其余的散居在丽江市的玉龙县、永胜县、华坪县和宁蒗县，德宏傣族景颇族自治州的盈江县，保山市的腾冲县、龙陵县，大理白族自治州的云龙县、宾川县、祥云县、永平县，迪庆藏族自治州的维西傈僳族自治县和香格里拉市，楚雄彝族自治州的武定县、元谋县、永仁县和大姚县，昆明市的禄劝彝族苗族自治县。

19世纪，傈僳族开始往境外迁移。怒江流域的傈僳族开始向西越过高黎贡山，进入缅甸北部。另一部分傈僳族沿着澜沧江、怒江流域向南，经过镇康、耿马进入沧源、孟连等地，于20世纪初抵达老挝、泰国。进入缅甸的傈僳族，除了大部分人留下后，一部分人继续西行，大概于20世纪40年代初到达印度东北与缅甸接壤的地带；另一部分人向南迁徙，大概于20世纪初进入泰国北部夜丰颂、清迈和清莱等地区。最终形成了中国西南、缅甸、泰国北部和印度东北部的跨境分布格局[1]。

分布在各地的傈僳族语言使用的共性是都普遍保留了自己的母语，母语是族内的默认语言交际工具，个性是兼用汉语的水平不同和所兼用民族语不同。据此，云南傈僳族使用语言大致可以分为"傈僳语"单语型、"傈僳语—纳西语/白语/彝语—汉语"多语型两种类型。

（一）"傈僳语"单语型

这一类型是指全民熟练使用傈僳语，少部分人能熟练使用汉语。这一类型多分布在怒江州的傈僳族聚居寨。由于傈僳族人口占绝对优势，文化程度低，且交通闭塞，很少与外界接触，这些傈僳人缺少习得汉语的途径和使用汉语的环境。在这些寨子，只使用傈僳语就能满足交际的需要。即便有少数人能熟练使用汉语，但由于这些人所占的比例低，难以形成以汉语为交际工具的语言社区。因此，我们将此类地区看为"傈僳语"的单语社区。下面我们来看怒江傈僳族自治州泸水县上江乡大地练、丙贡、新建3个傈僳族聚居村傈僳语的使用情况[2]。

表3-8　　　　　　泸水县上江乡傈僳族使用傈僳语情况

调查点	傈僳族人数（人）	傈僳语熟练	
		人数（人）	百分比（%）
大地练	608	601	98.8
丙贡	661	631	95.5

---

[1] 李教昌：《傈僳语参考与法》，博士学位论文，上海师范大学，2018年。
[2] 王川林：《云南泸水县上江乡傈僳族语言使用情况调查》，硕士学位论文，云南师范大学，2015年。

续表

调查点	傈僳族人数（人）	傈僳语熟练	
		人数（人）	百分比（%）
新建	621	585	94.2
总计	1890	1817	96.1

表3-8显示这三个村的1890位傈僳人有1817位能熟练使用母语，占所调查的傈僳族人口的96.1%。这说明傈僳语的使用具有全民性。我们再来看这三个傈僳族聚居村汉语掌握的情况。

表3-9　　　　泸水县上江乡傈僳族使用汉语情况统计

年龄	人数（人）	熟练		一般		略懂		不会	
		人数（人）	百分比（%）	人数（人）	百分比（%）	人数（人）	百分比（%）	人数（人）	百分比（%）
7—19岁	355	74	20.8	99	27.9	160	45.1	22	6.2
20—39岁	797	145	18.2	238	29.9	305	38.3	108	13.6
40—59岁	463	33	7.1	85	18.4	188	40.6	157	33.9
60岁以上	275	10	3.6	20	7.3	27	9.8	208	75.6
合计	1890	262	13.8	442	23.4	680	36.0	495	26.2

表3-9传递出汉语普及率很低的重要信息：60岁以上的傈僳人只有3.6%的人能熟练使用汉语，40—59岁的，也只有7.1%能熟练使用汉语，虽然40岁以下的能熟练使用汉语的比例有所提升，但比例也只有20%左右。在60岁以上这一年龄段，一点都不懂汉语的达到了75.6%。这样的汉语水平，是难以完成交际需要的，汉语不可能称为傈僳族的族内交际工具。

表3-8和表3-9说明，在这三个傈僳族聚居村40岁以上的傈僳族群众基本是傈僳语单语人。傈僳语是他们唯一的语言交际工具。他们在家庭、村寨、集市等不同交际场合，与家人、亲戚、朋友、乡亲、外人等不同交际对象都只能使用傈僳语。不会傈僳语的人去这些村寨需要带傈僳语的翻译人员。

（二）"傈僳语—纳西语/白语/彝语—汉语"多语型

这一类型主要分布在傈僳族与其他民族杂居的村寨，由于傈僳族人口不占优势，居住在傈僳族聚居寨或杂居寨的傈僳族群众需要兼用周边民族的语言和汉语来完成族际交流的需要。例如：丽江市的傈僳族除了使用母语，还兼用纳西语和汉语；大理州剑川县的傈僳族除了使用母语，还兼用白语和汉语，大理州剑川县沙溪镇石龙小学的傈僳族学生在白语 400 词测试中，会说 374 个白语词汇[1]；宁蒗县的傈僳族除了使用母语，还兼用彝语、纳西语和汉语[2]；迪庆藏族自治州维西县塔城镇的傈僳族有的会说纳西语和藏语[3]。

云南各地的傈僳族使用过 4 种文字：（1）类似于滇东北伯格里老苗文的框格式拼音文字。1913 年，英国传教士王慧仁以傈僳语武定县滔谷村语音为标准音创制了傈僳文，用大写字母表示声母，小字母表示韵母，用韵母在声母的不同位置表示声调。这种文字主要通行在武定、禄劝等县傈僳族信奉基督教的地区，出版过《圣经》等基督教书籍。（2）老傈僳文。这种文字是 1912—1914 年，缅甸克伦族讲道者塞耶巴多根据当时的缅甸傈僳话将罗马字改变形状创造而成的。后来经过英国传教士弗雷塞等人的修改，由缅甸传入中国，主要是用于怒江傈僳族自治州、德宏州、保山地区和耿马县的一部分傈僳族基督教徒中。（3）竹书。竹书是音节文字，是 20 世纪 20 年代维西县傈僳族农民汪忍波创造的。根据维西县傈僳话的音节数目设计的，不同声调算不同的音节，一个音节一个字形，共有一千余字。竹书在维西县几个区的一部分傈僳族中使用。（4）新傈僳文。1957 年由怒江傈僳族自治州政府和云南省少数民族语文指导工作委员会组织设计的拉丁字母拼音文字。现在，老傈僳文和新傈僳文并存使用[4]。

二　拉祜族使用语言的状况

拉祜族是跨境民族。境内，分布在云南。拉祜族先民入滇的时间大约是春秋战国时代[5]。拉祜族有"拉祜纳""拉护熙""拉祜普""苦聪"等

---

[1] 张万君、季红丽、瞿海萍：《剑川石龙白族儿童语言使用及其能力调查》，《玉溪师范学院学报》2015 年第 9 期。

[2] 中国社会科学院民族所、国家民族事务委员会文化宣传司：《中国少数民族语言文字使用情况》，中国藏学出版社 1994 年版，第 787—789 页。

[3] 和琨：《云南维西塔城多语词汇的地理类型特征》，《昆明学院学报》2014 年第 5 期。

[4] 马效义：《社会变迁与新老文字选择——以傈僳族为例》，《湖北民族学院学报》2008 年第 5 期。

[5] 云南省地方志编写委员会：《云南省志·少数民族语言志》，云南人民出版社 1998 年版，第 256 页。

多个自称，人数47.6万人，占全省总人口的1.0%，在全省少数民族人口排位中位列第九，主要聚居在普洱市澜沧拉祜族自治县。该县是云南省唯一一个拉祜族自治县，拉祜族人口占全县总人口的43%，占全省拉祜族人口的一半，占世界拉祜族人口的三分之一①。其余的二十多万人散居在勐海县、双江县、孟连县、耿马县、镇沅县、景谷县、西盟县、临沧市、景洪市、金平县、云县、墨江县、沧源县、新平县、绿春县、江城县、永德县、普洱市、景东县、勐腊县二十个县。拉祜族总体的分布格局是：与汉族、傣族、佤族、布朗族、哈尼族、彝族杂居，在大杂居的格局中拉祜族又聚寨而居。在境外，还分布在越南、老挝、缅甸、泰国。

拉祜族中的苦聪人有5万多人（2000年），1987年，苦聪人全部恢复拉祜族称谓。根据自称分为"黑苦聪""黄苦聪""白苦聪"三个支系。"黑苦聪"自称"锅搓""郭抽""拉祜纳"，他称"黑苦聪"，主要分布在镇沅、墨江、江城、元江、勐腊。"黄拉祜"自称"拉祜"或"拉祜西"，他称"黄苦聪"，主要分布在金平。"白苦聪"自称"拉祜普"，他称"白苦聪"，人数较少，已基本融入黄苦聪。在境外，越南约有5000人，分布在的北部山区，老挝约有3240人②。苦聪人所使用的苦聪话属于拉祜语。

1. 拉祜族使用语言的两种类型："拉祜语"型和"拉祜语—汉语"型

"拉祜语"型主要分布在澜沧江以西的拉祜族聚居区，这些区域的拉祜族全民保留母语，但部分人能熟练使用汉语，部分人能听懂汉语但说不好，还有部分人不会说汉语。他们在家庭、村寨、集市、政府等公共场合，都使用拉祜语。拉祜语是他们的第一语言，在小学低年级阶段，由于学生大多不懂汉语，需要使用拉祜语作为辅助教学语言。如澜沧县拉祜族的语言使用基本属于这一语言类型。澜沧县南岭乡勐炳村龙塘寨、勐朗镇的唐胜新村和勐滨村松山林小组以及竹塘乡茨竹河村委会达的村，三个乡镇的四个拉祜族村寨③，1392名拉祜人均能熟练使用拉祜语，未发现母语转用或衰变的现象。详见表3-10。

---

① 数据来自澜沧拉祜族自治县政府网，2018年11月1日。
② 政协澜沧拉祜族自治县委员会编：《拉祜族史》，云南民族出版社2003年版，第487页。
③ 戴庆厦、乔翔等：《澜沧拉祜族语言使用现状及其演变》，中国社会科学出版社2011年版，第128—132页。

表 3-10　　　　　　澜沧县拉祜族使用拉祜语水平统计

调查点	调查人数（人）	熟练 人数（人）	熟练 百分比（%）	略懂 人数（人）	略懂 百分比（%）	不会 人数（人）	不会 百分比（%）
唐胜拉祜新村	252	251	99.6	1	0.4	0	0
勐滨村松山林小组	452	452	100	0	0	0	0
茨竹河村达的村	209	209	100	0	0	0	0
勐炳村龙塘寨	479	479	100	0	0	0	0
合计	1392	1391	99.9	1	0.1	0	0

与表 3-10 所显示的全民熟练使用拉祜语相比，澜沧县拉祜族使用汉语的水平则有很大差距。表 3-10 中的 4 个寨子，距离县城 3 千米的勐朗镇唐胜新村，不会汉语的人数比例是 0.8%，距离县城 10 千米的勐滨村松山林小组是 13.5%，距离县城 47 千米的竹塘乡茨竹河村达的寨是 37%，离县城 70 千米的南岭乡勐炳村龙塘寨是 50.1%。拉祜族使用汉语的水平与他们距离城区的远近直接相关。详见表 3-11。

表 3-11　　　　　　澜沧县拉祜族使用汉语水平统计

调查点	调查人数（人）	熟练 人数（人）	熟练 百分比（%）	略懂 人数（人）	略懂 百分比（%）	不会 人数（人）	不会 百分比（%）
唐胜新村	252	238	94.4	12	4.8	2	0.8
松山林小组	452	181	40	210	46.5	61	13.5
茨竹河达的村	209	14	6.6	118	56.4	77	37
勐炳村龙塘寨	479	25	5.2	214	44.7	240	50.1
合计	1392	458	32.9	554	39.8	380	27.3

表 3-11 显示，距离县城较远的茨竹河达的村和勐炳村龙塘寨，能熟练使用汉语的人数比例仅有 6.6% 和 5.2%。这么低的人数比例说明汉语难以成为公众的语言交际工具。拉祜族在家庭、村寨、集市、政府、医院、集会等场合都说拉祜语。学前儿童由于缺乏习得汉语的途径，在入学前大多都不会说汉语。例如：唐胜村完小是拉祜族学生占多数的小学。这些学生 5 岁半上学前班时还不会说汉语，老师必须用拉祜语辅助教学，进入小学一年级，仍有一部分学生不懂汉语。低年级仍需用拉祜语作为辅助

教学用语①。

"拉祜语—汉语"型是指既能熟练使用拉祜语,又能熟练使用汉语的语言使用类型。分布在澜沧江以东的拉祜族地区,约有10多万拉祜族群众兼通汉语②。

2. 拉祜族苦聪人使用语言的状况

拉祜族苦聪人的语言使用则存在不同的情况。新平县、元江咪哩乡的苦聪人出现了母语濒危,母语的代际传承已中断,三四十岁以下的苦聪人已转用汉语。东峨镇、羊街乡苦聪话,在苦聪人聚居的村寨仍然完好保留。以羊街乡苦聪人聚居村烧灰箐为例,全村苦聪人172人,除6岁以下儿童,全部能熟练使用母语。通过苦聪话四百词测试显示:无论是青少年还是中年人,对本族固有词语几乎都能脱口而出,掌握程度最高的达到了97%,而熟练程度最小的(11岁)也有69%。通过对家庭语言使用情况和不同对象、不同场合语言使用情况的问卷调查,以及实地观察,我们看到苦聪话在苦聪人的语言社区内,无论是家庭内部的长辈与晚辈之间,或是同辈之间,都在稳定地使用。而在村寨内部,无论是见面打招呼、聊天、生产劳动、节日、集会、婚嫁、丧葬还是买卖、看病,只要是本族人,也都是使用苦聪话进行交流③。

三 佤族使用语言的状况

佤族是跨境民族,在云南有40.1万人,占全省总人口的0.9%,在云南少数民族人口中位列第十。在境内,从地理空间看,主要分布在澜沧江和怒江之间的"阿佤山",阿佤山的佤族约占云南佤族人口的90%,从行政区划看,主要聚居在临沧市沧源佤族自治县和普洱市西盟佤族自治县,以及与这两个县相邻的普洱市的澜沧拉祜族自治县和孟连傣族拉祜族佤族自治县,临沧市的耿马傣族佤族自治县、双江拉祜族佤族布朗族傣族自治县、永德县和镇康县,此外普洱市的宁洱哈尼族彝族自治县、西双版纳傣族自治州勐海县等县也有分布。在境外,主要分布在缅甸东北部的山区,

---

① 戴庆厦、乔翔等:《澜沧拉祜族语言使用现状及其演变》,商务印书馆2010年版,第151—153页。

② 刘劲荣:《云南拉祜族文字使用的历史与现状》,《云南师范大学学报》(哲学社会科学版)2008年第6期。

③ 常俊之:《苦聪话参考语法》,中国社会科学出版社2010年版,第4页。

泰国北部也有少量分布。

佤族有多种自称。沧源、耿马、双江、澜沧等县的佤族自称"巴饶克"。西盟、孟连等县的佤族自称"阿佤""拉佤""阿佤来"。永德、镇康等县的佤族自称"佤"。解放前，当地汉族把自称"巴饶克"的佤族称为"小卡瓦""卡瓦""腊家刀"和"熟卡"。把自称"阿佤""拉佤""阿佤来"的佤族称为"大卡瓦"和"生卡"。把自称"佤"的佤族称为"本人"。解放初期，曾用"佧佤族"作为族名，因为"佧"字含有贬意，1962年，定名为"佤族"①。

居住在佤族聚居区的佤族人，都很好地保留了自己的母语，在家庭、村寨、集市等场所，都使用佤语交际。例如：沧源县的勐黄集市，本地的佤族和缅甸的佤族在做买卖时，他们在集市上说佤语。佤族宗教信仰多元化，信仰基督教、佛教或原始宗教，在宗教活动中使用佤语。又如：澜沧县雪林乡雪林村是佤族聚居村，该村共有14个村民小组，521户，人口1915人，其中佤族人口1859人，占总人口的97%。该村的佤族都掌握自己的母语②。

由于与汉族、傣族、拉祜族、布朗族杂居，佤族除使用佤语以外，大多兼通这些民族的语言。例如：居住在永德县和镇康县的佤族，由于跟汉族人杂居，他们大都掌握汉语。居住在勐海县、双江县和耿马县的佤族，与傣族杂居，兼用了傣语。居住在西双版纳州勐海县的老曼龙、新曼龙两个寨子的佤族，由于周边都是傣族村寨，基本上都掌握傣语。

佤族的语言兼用出现了代际变迁。例如：聚居在耿马县勐简乡大寨村的黄佤支系，20世纪60年代以前，普遍兼用傣语，尤其是男子因和傣族接触较频繁，几乎都会说傣语。改革开放以后，兼用语逐渐转变为汉语。目前80%的黄佤人会说汉语。他们族内交际用佤语，族际交际用汉语③。

四 纳西族使用语言的状况

云南的纳西族有31.0万人，占全省总人口的0.7%，在全省少数民族中人口排位第十一。丽江市是纳西族的主要聚居区，有23万人居住在丽

---

① 周植志、颜其香：《佤语简志》，民族出版社1984年版，第1—2页。
② 李洁：《现代化进程中云南澜沧跨境佤族的语言使用》，《青年文学家·语言研究》2013年第35期。
③ 周家瑜：《"黄佤"——独特的佤族支系》，《今日民族》2007年第9期。

江市的古城区、玉龙纳西族自治县、宁蒗彝族自治县、永胜县、华坪县，占云南省纳西族人数的74.2%。其余的散居在迪庆藏族自治州的德钦县、维西县、香格里拉市，大理白族自治州的剑川县，怒江傈僳族自治州贡山独龙族怒族自治县。

云南的纳西族约有4种自称：丽江市宁蒗县永宁坝的纳西族自称"纳"，丽江市宁蒗县北渠坝和永胜县獐子旦村的纳西族自称"纳恒"，丽江纳西族自治县以及其他各地的纳西族则统称为"纳西"[①]，迪庆州维西傈僳族自治县的纳西族自称"玛丽玛萨"。摩梭人属于纳西族中自称为"纳"的一个支系。"摩梭"是其他民族对生活在泸沽湖畔和永宁坝子的摩梭人的他称。摩梭人居住在云南的，归入纳西族；居住在四川的，归入蒙古族。

纳西族普遍掌握自己的母语并兼用汉语及周边民族的语言。由于丽江市是纳西族聚居区，这里的纳西族在家庭、政府、医院、城区都讲纳西语。除掌握自己的母语以外，纳西族普遍掌握云南汉语方言，但水平有差异，分布在城镇附近的纳西族普遍掌握云南汉语方言，远离城镇的纳西族群众，仍有少部分不会云南汉语方言。除掌握汉语以外，居住在宁蒗县永宁坝的部分纳西族会说藏语，丽江市玉龙县九河乡、七河乡，大理州剑川县的纳西族会讲白语。例如：丽江市玉龙县九河白族乡中古（152人）、彼古（405人）和梅瓦（129人）三个小组共686位纳西族群众，有682位能熟练使用纳西语，占调查总人数的99.42%[②]。九河乡纳西族群众兼用汉语的水平远不及母语高。中古（152人）和梅瓦（129人）两个小组的281位纳西族群众，只有189位（中古小组91位、梅瓦小组98位）能熟练使用汉语，仅占调查总人数的67.26%。[③] 这个数字远远低于母语的使用比例。九河乡的纳西族普遍掌握白语。如彼古小组的405位纳西人就有393位能熟练使用白语，比例达到该村纳西族人数的97%[④]。

---

① 《纳西族简史》编写组：《纳西族简史》，民族出版社2008年版，第2页。
② 戴庆厦、余金枝、闻静等：《云南玉龙县九河白族乡少数民族的语言生活》，商务印书馆2014年版，第206页。
③ 戴庆厦、余金枝、闻静等：《云南玉龙县九河白族乡少数民族的语言生活》，商务印书馆2014年版，第206页。
④ 戴庆厦、余金枝、闻静等：《云南玉龙县九河白族乡少数民族的语言生活》，商务印书馆2014年版，第223页。

云南的"玛丽玛萨"人主要居住在迪庆藏族自治州维西傈僳族自治县，约有1900人，根据口传历史，其祖先是从木里县的"拉塔"（即今四川省盐源县的左所）迁来的①。这一千多人主要居住在塔城镇的塔城村委会、海尼村委会和川达村委会，他们还保留自己的玛丽玛萨话。玛丽玛萨话用于玛丽玛萨人支系内部的交流工具，玛丽玛萨话的传承较好，小孩都说玛丽玛萨话。除会玛丽玛萨话外，从父辈、子辈开始，基本上都掌握云南汉语方言。部分玛丽玛萨人还会傈僳语、藏语和纳西语。玛丽玛萨人在祭祀时多用藏文，很少用玛丽玛萨文②。

摩梭人语言使用的主流情况是：普遍掌握摩梭话，普遍兼用汉语，但不同的村寨、不同群体在母语保留上有差别。母语保留的差别得到了陈丽梅博士的数据支撑。据陈丽梅2018年对云南摩梭人的实地调查，云南摩梭人现有1万9千人，分布在宁蒗县永宁、拉伯、翠玉、红桥、大兴、新营盘、西布河、金棉、宁利等9个乡镇的21个村委会，112个自然村，主要聚居在拉伯和永宁两个乡。这9个乡镇中，摩梭话保留情况整体较好的乡镇有：拉伯乡、永宁乡、翠玉乡、金棉乡达瓦村、红桥乡吉意村。根据陈丽梅对17个自然村的抽样调查，摩梭话活力较强的有8个自然村（拉伯的拉开西里、格庄、金棉达瓦村、永宁瓦拉壁、新营盘拉巴河上村、红桥吉意村、翠玉大村、翠玉路跨村）；摩梭话保持良好的有5个自然村（新营盘东风村、大新镇新桥村、大新镇新民村、永宁拉罗湾村、永宁大落水村）；摩梭语活力衰退的村落有4个自然村（大新镇东红村、红桥白岩子二村、西布河庆河、西布河湾子村）。云南摩梭话代际传承出现了代际差异。从9个乡镇17个村中抽取了229人进行了母语400词测试。60岁以上的摩梭人母语词汇量测试的优秀率达75%；20—59岁的摩梭人优秀率约60%；6—19岁的摩梭人仅为仅14%③。

摩梭人使用语言的差异在云南泸沽湖地区也得以体现。据刘燕、格则清珠（2017）研究，居住在泸沽湖周边景区的村寨，如永宁乡落水村委会的大落水、里格、小落水、尼塞、竹地（摩梭村）等泸沽湖沿岸的5

---

① 许瑞娟：《摩梭母系文化词群研究》，博士学位论文，云南大学，2013年。

② 塔城玛丽玛萨人使用语言的状况由维西县塔城镇的傈僳族和琥（云南师范大学汉藏语研究院在读硕士）提供，谨致谢忱。

③ 这些数据由云南师范大学副教授陈丽梅博士提供。这些数据是她2018年8月第二次赴宁蒗县调查所得的。谨致谢忱。

个自然村的摩梭人,比其他地区的摩梭人村寨更快地完成了"摩梭话—汉语"的双语变迁。自 1992 年泸沽湖被国务院列为对外开放的旅游区以后,摩梭人的语言状况有了很大的变化,摩梭人几乎全部都成了双语者,在生活中都能熟练兼用摩梭语和汉语。族群内用摩梭语交流,族际之间用汉语交流。现在 70 岁以上的老人能听懂汉话,但说汉语不够流利,一般只能进行简单的交流,他们使用的摩梭话中汉语词汇较少。50—70 岁的摩梭人听说汉语都没问题,但一般只能说云南汉语方言,普通话说不好,语言中会夹杂部分汉语词汇。但年青一代出现了在族群内部说话无意识说汉语的情况。摩梭小孩子的普通话更好,因为现在一入学就全部用普通话进行授课①。

五 瑶族使用语言的状况

云南瑶族 22 万人,占全省总人口的 0.5%,在全省少数民族人口中位居第十二。云南瑶族使用汉藏语系苗瑶语族瑶语支和苗语支语言。云南瑶族所使用的语言与其自称有关。自称"金门""秀门"或"门",他称"蓝靛瑶""沙瑶""平头瑶""白头瑶"的支系,使用的是瑶语的金门话。自称"勉"或"尤勉"、他称"大板瑶""红头瑶""角瑶"的支系,使用的是瑶语的优勉话。自称"布亚"、他称"山瑶"的支系使用的是苗语支的布努语。

自称为"金门"的支系是云南瑶族支系中人口最多、分布最广的支系。金门支系约有十五六万人,他们居住在文山壮族苗族自治州的麻栗坡县、马关县、西畴县、邱北县、广南县、富宁县、砚山县,红河哈尼族彝族自治州的河口瑶族自治县、屏边苗族自治县、元阳县,曲靖市的师宗县,普洱市的江城县、墨江哈尼族自治县,西双版纳傣族自治州勐腊县和景洪市。

自称为"勉"或"优勉"的支系,有六七万人,主要聚居在红河哈尼族彝族自治州的金平苗族瑶族傣族自治县、河口县、元阳县,西双版纳傣族自治州勐腊县,文山壮族苗族自治州麻栗坡县、富宁县和广南县。自称"布亚"支系的"布努"瑶只有 6 千多人,分布在文山壮族自治州富

---

① 刘燕、格则清珠:《旅游开发后云南泸沽湖地区摩梭人的语言保持》,《绥化学院学报》2017 年第 6 期。

宁县。景东县的瑶族有 1000 多人，已经不会说瑶语，转用汉语了。金门支系和优勉支系全民保留自己的母语，普遍兼用汉语①。

文山州富宁县的布努支系是他们是清朝雍正年间（1723—1735年）在一次战乱中从广西德保县流入云南富宁县，分散居住在归朝镇的岩板、龙门等山间峡谷地带。现有 5000 人，主要居住在龙绍、龙万和百由一带②。

与苗、壮、汉、哈尼、傣、彝等民族杂居的瑶族群众，一般兼用周边民族的语言。如：金平、河口、麻栗坡的瑶族人会苗语，红河的瑶族人会哈尼语，文山州的瑶族人会壮语，西双版纳州的瑶族人会傣语。瑶族没有自己的文字，采用汉字的读音来记录自己的语言。如师公用汉字记录祭辞③。瑶族群众用汉字记录歌谣、家谱。拉丁瑶文主要用于瑶语的广播和瑶文推广。

云南瑶族每年冬季举行"度戒"仪式，也就是成人礼。在云南瑶族寨子，凡年龄满十三四岁的男孩，要经过一次受戒仪式，举行过仪式的男孩表示已经成人了，不经过"度戒"仪式的人，不能成家。

云南瑶族的跨境支系主要是优勉支系和金门支系。这两个支系分布在越南、老挝、泰国、缅甸、美国等国家。越南瑶族人口大约有 80 万，包括红瑶、窄裤瑶、青畔瑶、钱瑶、白裤瑶、青衣瑶、长袍瑶等 7 个分系，分布在全国 34 个省市④。境外瑶族都能熟练使用自己的母语。在文山壮族苗族自治州马关县都龙镇，有越南的金门瑶过来打工，帮都龙镇的瑶族做建房、收玉米等各种事情。在老挝的琅南塔省，我们看见许多金门瑶，他们都能使用自己的语言。

六　藏族使用语言的状况

藏族在云南有 14.3 万人，占全省总人口的 0.3%，在全省少数民族人口中排位第十三。云南的藏族聚居在迪庆藏族自治州。该州是云南唯一的藏族自治州，藏族人口 12.9 万人，占全省藏族人口的 90.2%。其余的散

---

① 金门、优勉、布努支系的人口分布及语言使用情况由云南省民语委研究员盘金祥（云南红河州金平县的瑶族）提供。特致谢忱。
② 蒙朝吉：《瑶族布努语方言研究》，民族出版社 2001 年版，第 10 页。
③ 毛宗武、蒙朝吉、郑宗泽：《瑶族语言简志》，民族出版社 1982 年版，第 1—11 页。
④ 陈友山：《探索越南瑶族古籍保护之路》，《中国社会科学报》2012 年 6 月 25 日。

居在丽江市的宁蒗县和玉龙县、怒江傈僳族自治州的兰坪县和贡山独龙族怒族自治县。

聚居在迪庆藏族自治州的藏族，都能熟练使用藏语，藏语是他们第一语言。学前儿童和 60 岁以上的老人有部分人不会说汉语，只会说藏语。由于藏族人口占绝对优势，不仅藏族掌握藏语，其他民族也兼用藏语。在国家实行义务教育之前，有很多藏族人不会讲汉语，现在大部分人能熟练使用汉语或听得懂汉语，只有学前儿童、不常外出的妇女和 60 岁以上的部分老人不会汉语。迪庆州的藏族信仰藏传佛教，少部分会藏文的人通过寺庙或拜师学会藏文，也有少数人在迪庆州的藏文中学学习藏文。下面用 2 个藏族村的例子来说明藏族的语言使用情况。

藏族使用语言的案例 1：火茸组①

火茸组隶属迪庆州香格里拉市东旺乡新联村，是一个藏族聚居的村民小组。火茸组目前共有村民 34 户，205 人，除从外地嫁入的一位傈僳族妇女和入赘的一位纳西族男子外，其余都是藏族。村里 6 岁以上具有正常语言能力的 192 位村民（包括两位非藏族村民）都能熟练使用藏语。与藏语能力相比，村民掌握藏文的能力就明显下降。192 位村民中，只有 8 人掌握藏文，只占总人数的 4.17%，其中 60 岁以上的 1 位，20—39 岁的 6 位，6—17 岁的 1 位。村民学习藏文的途径有三种：学校教育、出家入寺和私下拜师。以前，要到迪庆藏族自治州藏文中学才能学习藏文，所以掌握藏文的人少。现在从小学四年级开始开设藏文课，懂藏文的人数比例有望快速增高。出家入寺和私下拜师通常都是学习经文，目的是念经做法事。火茸小组 192 位藏族村民能熟练使用汉语的有 138 位，占总人数的 71.88%，不懂汉语的只有 8 人，只占总人数的 4.17%。不懂汉语的 8 人均为 60 岁以上的老年人，都没有接受过教育，很少外出。

藏族使用语言的案例 2：塔城一组②

塔城一组是一个藏族聚居的小组，隶属于迪庆藏族自治州维西傈僳族自治县塔城镇。全村 220 户，1600 多人，90%是藏族，纳西族、白族、傈

---

① 次林央珍：《论火茸藏族的母语活力和国家通用语的发展//中国少数民族语言保护调查研究》，科学出版社 2016 年版，第 141—150 页。
② 木益娟：《语言兼用对塔城藏族母语活态保护的作用//中国少数民族语言保护调查研究》，科学出版社 2016 年版，第 155—160 页。

傈僳族、汉族是嫁入或迁入的外地人。随机抽查该村的134位藏族人，他们都能够熟练使用藏语，掌握藏文的都是75岁以上的老人和和尚。藏文基本上不用于日常交际，而是用于祭祀和丧葬中的经文念诵。村里约有90%的人能使用汉语，汉语的习得途径主要是学校教育。

七 景颇族使用语言的状况

景颇族是跨境民族，在境内，仅分布在云南，人口14.2万人，占全省人口的0.3%，在云南少数民族人口中排位第十四。景颇族包括景颇、载瓦、勒期、浪峨和波拉五个支系。这些支系对外自称为"景颇"，认为自己是景颇族，但彼此之间则有明确的支系意识，各支系的景颇族群众都能说出自己是属于什么支系。

五个支系中，在我国人口最多的是载瓦支系，约有69000人，占景颇族人口的48.59%。载瓦支系自称"载瓦"，他称"小山"，主要分布在德宏景颇族傣族自治州陇川县的城子、勐约、清平、弄巴、王子树、章凤、景坎等乡镇；盈江县的支那、盏西、新城、莲花山、岗勐等乡镇；潞西市的西山、东山、五岔路、中山、芒海、遮放、三台山等乡镇及城郊镇的桦桃林等地；瑞丽市的户育、勐秀、弄岛等乡镇及畹町经济开发区；梁河县的芒东、勐养等乡镇以及西双版纳州勐海县勐海乡；思茅地区的澜沧县、孟连县等。几块较大的载瓦人聚居区是：德宏傣族景颇族自治州芒市的西山乡、盈江县的盏西镇、陇川县的城子镇。境外载瓦人主要分布于缅甸的克钦邦、掸邦、佤邦以及印度的阿萨姆邦。

载瓦支系使用载瓦语。载瓦支系使用语言的基本情况是：全民双语，学前儿童虽然汉语不好，但经过小学低年级的教育后，都能掌握汉语。如德宏傣族景颇族自治州芒市遮放镇的载瓦人就是全民双语的群体。全镇辖13个村委会121个村民小组，居住着傣、汉、景颇（载瓦支系为主）、德昂、傈僳、阿昌等民族。其中，人口最多的为傣族，共32402人，占61.9%；其次是汉族，共13337人，占25.48%；景颇族人口次之，共4803人，占9.2%。遮放镇的景颇族以载瓦支系为主，主要集中在弄丘、翁角、拱岭、邦达、弄坎和河边寨等6个村委会。在这样一个傣族人口占优势的镇，载瓦人仍然保留自己的母语。如弄丘村委会下辖的老帕连上寨，有39户190人，其中载瓦支系172人，汉族12人，傈僳族6人。该寨的载瓦人均能熟练地使用载瓦语和汉语，载瓦语用于支系内部的交际，汉语用于支系外部的交流①。

载瓦语有与之相适应的载瓦文。载瓦文进入学校教育。盈江县有11所学校推行载瓦语和汉语是双语双文教育，在德宏师范高等专科学校开办了专门培养载瓦语师资的专业②。德宏州推出载瓦语广播频道，用载瓦语播送德宏新闻。德宏民族出版用载瓦文出版书籍。

载瓦人在服饰、建筑等方面已基本失去本民族的传统特点。平常的衣着服饰与汉族无异，只在过"目瑙纵歌"节的时候才会穿民族服饰；建筑方面，村民的住房以土木结构为主，已很少有人居住景颇族传统的干栏式房屋；宗教信仰方面，只有部分年长的载瓦人还信仰原始宗教，年青一代基本没有什么宗教信仰③。

景颇支系自称"景颇"，他称"大山"，约35000人，占景颇族人口的24.65%，主要聚居在德宏傣族景颇族自治州的盈江县、梁河县、陇川县、潞西县及瑞丽市，散居在怒江傈僳族自治州泸水县片马镇的岗房村和古浪村，临沧市耿马傣族佤族自治县，以及普洱市澜沧县、西双版纳州勐海县。境内的景颇支系在缅甸是独立的民族——克钦族，分布在缅甸的克钦邦和掸邦，印度的阿萨姆邦。景颇支系在缅甸被定为克钦族，人口116万，在印度的景颇支系自称为"兴颇"，人口5万多。

景颇支系稳定保留自己的母语，普遍兼用汉语。即便在景颇族人口只有1千多人的耿马县，景颇支系也仍然保留自己的母语。耿马县有26.3万人，景颇族只有1004人，占全县总人口的0.38%。这些景颇族是在1855—1883年从德宏傣族景颇族自治州迁来的，在耿马县已经生活了150年。从政府机关、耿马县贺派乡芒抗村景颇新寨、耿马县耿马镇弄巴村那拢组、耿马县孟定镇景信村贺稳组、耿马县孟定镇邱山村河边寨、耿马县孟定镇芒艾村草坝寨等6个调查点的696名景颇人的景颇语使用情况来看，除居住在邱山村河边寨和城镇地区的景颇族群众，其余的都能熟练使用景颇语。河边寨的景颇族23人中只有11人能够熟练使用母语，出现了母语能力下降现象，原因是这个寨子只有23人是景颇族，景颇语难以成为村寨的交际用语。景颇族支系除了使用景颇语，还普遍兼用汉语和周边

---

① 朱艳华：《遮放载瓦语参考语法》，中国社会科学出版社2013年版，第1—8页。

② 彭新有、张兰仙：《德宏州国家通用语和民族语言使用现状调查》，《现代语文》（学术综合版）2016年第7期。

③ 朱艳华：《遮放载瓦语参考语法》，中国社会科学出版社2013年版，第1—8页。

傣族、拉祜族和佤族的语言①。

　　景颇文的创制有一百多年的历史。1914年，缅甸的景颇文传入德宏地区，在瑞丽县的等嘎景颇族寨创立了景颇文教学和传教学校。20世纪三四十年代，在盈江县和陇川县开办过十多所学校。现在德宏州有9所景颇语和汉语的双语双文学校，但景颇语只起到辅助汉语教学的作用，在学生熟练掌握汉语之后，便很少用景颇语文教学。

　　景颇族信仰原始宗教和基督教。原始宗教信奉万物有灵。"灵"景颇族称为"鬼"。各种鬼有上百种之多。天上的鬼以太阳鬼最大，地上的鬼以地鬼最大。家中的鬼是木代鬼最大。景颇族的巫师叫作"董萨"。基督教信仰有一百多年的历史，1903年，基督教开始传入景颇族地区。1923年缅甸八莫教会派美籍牧师珊陆到陇川景颇族地区。现在，景颇族地区仍有不少的基督教徒，有用景颇文翻译的《圣经》。

　　浪速支系，在境内主要分布在德宏傣族景颇族自治州的潞西、盈江、陇川、瑞丽、梁河等县，在境外，主要分布在缅甸的北部。浪速支系不到一万人，大多会说浪速语，且兼用汉语及周边民族的语言。如：德宏傣族景颇族自治州梁河县勐养镇邦歪村委会辖4个村民小组，352户，1475人，其中景颇族浪速支系951人，汉族485人。该村委会的浪速支系能熟练使用汉语，日常交流仍以浪速语为主，使用频率极高，且无代际差异。多数人具备多语使用能力。通晓景颇语、载瓦语、波拉语、勒期语，个别人会讲傣语。学习本民族语言文字的积极性高，每个村民小组都办一两期载瓦文和景颇文培训班②。

　　勒期支系在境内外均有分布，在境内约有1万人，其中有四五千人居住在德宏傣族景颇族自治州潞西县芒海镇、中山乡、东山乡、三台山乡，其余的散居在德宏傣族景颇族自治州的瑞丽市和陇川县，以及怒江州的部分地区。在境外，分布在缅甸的北部。勒期支系全民使用勒期语。勒期人语言使用的基本特点是多语。他们除掌握勒期语，大多还掌握载瓦语、景颇语等其他支系或其他民族的语言。在勒期人聚居的村寨，勒期人在家庭、村寨和祭祀活动使用勒期语，但唱山歌、民歌时用载瓦语。学前

---

　　① 余成林：《耿马景颇族语言使用的特点及其成因》，《楚雄师范学院学报》2014年第7期。
　　② 郗卫宁：《德宏州景颇族浪速语使用情况调查报告》，《今日民族》2014年第7期。

时期，大多讲勒期语，进入学校之后，逐渐学会汉语①。

波拉只有500多人（2005年），是景颇族人口最少的一个支系。支系跨境分布。在境内，波拉支系分布最多的是德宏傣族景颇族自治州潞西县三台山乡引欠村和五岔路乡勐广村，此外，在潞西县三台山乡弄弄村、项丘、西山乡板栽二组、城郊的桦树林等地，梁河县的邦外；陇川境内的双窝铺、王子树、帕浪弄村等地。在境外，有一百多人，居住在缅甸的九谷和帮卡帕铺。帕铺有一家波拉人，是180多年前从云南迁去的，他们所讲的波拉语跟云南的相同。由于人口少，波拉支系多与景颇族其他支系杂居。波拉人大都姓孔。由于同姓不能结婚，波拉人一般只能同外支系结婚。不同支系结婚的家庭，父母双方各说各的语言，子女和父母交流时，分别用父母的语言，但子女的母语是父亲的语言。波拉支系虽然只有500余人，但波拉语仍然保留。其原因是波拉人有保存自己语言的观念。波拉人认为不说波拉语会受他人讥笑。如一户波拉人家有九个子女，子女曾经只说浪速语，不说波拉语，因而受到父亲的责骂，不久即改为使用波拉语。由于有强烈的支系观念，波拉人之间都用波拉语交流，即使波拉人与非波拉支系构成的家庭，语言使用上一般是各说各的母语，形成"说"和"听"不一致的语言交际。如孔立新老人（2005年时68岁），虽曾长期在部队服役，担任过团参谋，退休前还在潞西县担任县委副书记，但他仍会说一口流利的波拉语。他的妻子是勒期人，主要说勒期语。在家时他们夫妻二人各说各的语言。他的妻子说，起初她听不懂波拉语，后来才慢慢听懂了。由于波拉支系人数少，需要兼用其他支系的语言或其他语言来满足不同支系之间或不同民族之间的交流。如孔志恩是波拉支系，其妻是载瓦支系，不会说波拉语。他与妻子交流时则迁就使用载瓦语。波拉语与浪速语的关系比较密切，许多波拉人都兼用浪速语，有些人还转用浪速语。波拉人除兼用别的支系语言外，普遍都会汉语，老一辈还会傣语、德昂语②。

景颇族语言使用的重要特点是：不同支系使用自己支系的语言，各支系对自己的支系语言都有一种特殊的感情。由于以一个支系为主、多个支系杂居的村寨仍占多数，许多村寨都居住着两个或两个以上的支系。如潞

---

① 戴庆厦、李洁：《勒期语研究》，中央民族大学出版社2007年版，第6页。
② 戴庆厦、蒋颖、孔志恩：《波拉语研究》，民族出版社2007年版，第1—4页。

西县三台山引欠乡就是一个典型的多支系杂居的地区。这个乡的各个村寨都有几个不同的支系,但在不同的支系中,则有一个支系人口最多。如邦瓦寨以载瓦支系为主,引欠寨以浪峨支系为主,广林寨以勒期支系为主,孔家寨以波拉支系为主。也有一些村寨是由人数大致相等的不同支系组成的。由于支系混居,景颇族支系在使用本支系的语言外,许多人都能兼用其他支系的语言①。

不同支系相互通婚,组成了众多的跨支系家庭。不同支系家庭中的成员在相互交际时,都终生各自使用自己的支系语言。虽然相互间都能听懂对方的支系语言,但还是各说各的,形成一种"半兼语"的交际方式。这种多支系的家庭,子女们在家庭生活中都学会了不同支系长辈的语言,能够自然地交换使用。但在语言观念上,他们都认为子女的母语应是父亲支系的语言,即"父语"②。

八 布朗族语言使用的状况

布朗族是跨境民族,在云南有11.7万人,占总人口的0.3%,在全省少数民族人口中排位第十五。布朗族包括布朗人、克木人、本人、克蔑人、莽人、户人、布兴人等多个群体,布朗人是布朗族的主要群体,人数约11万人,其余的群体总共不到1万人。

(一) 布朗人使用语言的状况

布朗人是跨境群体,分布在我国的云南和缅甸。布朗人有不同的自称。西双版纳傣族自治州勐海县的布朗山、西定、八达和打洛以及景洪市的大勐弄等地的布朗人自称"布朗"。临沧市的双江县和镇康县、保山市的布朗人自称"乌",普洱市墨江县、临沧市的双江县、云县和耿马县的布朗人自称"佤""阿佤""阿尔佤"。

布朗人普遍使用布朗语,但不同地区情况不同,根据布朗人使用布朗语的情况,大致可以分为"布朗—汉语"型、"布朗语—傣语/佤语—汉语"型和"傣语—汉语"型3种类型。

1. "布朗语—汉语"型

这一类型是指先学会布朗语后学会汉语、掌握布朗语和汉语两种语言

---

① 参见戴庆厦《论景颇族支系语言》,载《民族研究》1987年第3期。又参见龚佩华、戴庆厦、陈克进《景颇族》,民族出版社1988年版。

② 戴庆厦:《景颇语参考语法》,中国社会科学出版社2012年版,第8—15页。

的语言使用类型，布朗语在日常交际中的功用大于汉语。这一类型是布朗人使用语言的主要类型。例如：勐海县的布朗人（除勐宋乡的布朗人外），全民熟练掌握布朗语，在家庭、村寨、市集、缅寺、节庆、广播，只要交际对象是布朗人，都使用布朗语，并且在语言情感上，更倾向于选用布朗语。除了使用布朗语，还普遍兼用汉语，6—40岁的布朗人普遍熟练使用云南汉语方言，6—30岁的布朗人更倾向于使用普通话，而30—40岁的布朗人更倾向于使用云南汉语方言；40—60岁的布朗人普遍掌握云南汉语方言，但熟练程度低于30—40年龄段，其云南汉语方言的使用水平大多是"一般"或"略懂"；60岁以上的布朗人普遍不能兼用汉语，有些可以听懂一点汉语，但不会说。

又如：西双版纳傣族自治州景洪市大渡岗乡大荒坝村委会昆罕大寨，是一个典型的山区布朗人聚居寨，该寨的布朗人全民掌握布朗语，布朗语传承良好。大寨布朗人在家庭、村寨（含村里的广播）都使用布朗语。村里60多岁的老人会讲布朗语故事。大寨布朗人所说的布朗语与缅甸、越南、老挝的布朗族可以通话。2013年，缅甸第四特区楠板县的县长岩班来大寨认祖，说1200年前他们的祖先在大寨这一带生活。2015年，大寨村民岩色联系县长岩班去缅甸做工程，刚去缅甸时，与缅甸楠板县的布朗人交流有些困难，待上一段时间就可以较好地交流了[①]。

2. "布朗语—傣语/佤语—汉语"型

布朗人与傣、汉、拉祜、佤、哈尼等民族杂居，根据交际需要，布朗人兼用周边强势民族的语言。由于历史上受傣族的统治，受傣族的文化影响较大，所以布朗人大多兼用傣语。西双版纳傣族自治州勐海县的布朗族大多兼用傣语，有的还掌握傣文。普洱市双江拉祜族佤族布朗族傣族自治县沙河乡邦协村委会的邦协村民小组是一个纯布朗人的小组。该小组共有132户543人。他们除了能熟练使用布朗语之外，由于历史上长期与拉祜族、佤族、傣族接触，邦协村民小组的布朗人都会说佤语、傣语，并能操流利的汉语[②]。

又如：普洱市澜沧拉祜族自治县惠民镇芒景村所辖的5个社均为布朗

[①] 陈娥、郭云春：《昆罕大寨布朗族经济发展与母语保护》，《曲靖师范学院学报》2016年第1期。

[②] 黄彩文：《社会变迁中的布朗族文化——双江县一个布朗族村寨的人类学调查》，《楚雄师范学院学报》2010年第10期。

人聚居的自然寨，这 5 个自然寨的布朗人均能熟练使用布朗语。其中的翁基社有 90 户 327 人，布朗人 311 人（2015 年）。寨子里的布朗人都讲布朗语，世代相传，完好保留。翁基社的布朗人深受傣族文化影响，信奉南传上座部佛教，有 55 人会讲傣语，部分人会傣文。但会傣语的都是年龄较大的寨民，中青年寨民基本都不会傣语，也不再学习傣语，目前当地学校教育使用的是汉语，80% 的寨民认为汉语普通话更重要。男子到 9—10 岁，都必须进佛寺接受傣文学习教育。"文化大革命"期间，所有佛寺被毁。20 世纪 80 年代以后，芒景上寨、芒景下寨和翁基社先后恢复了佛寺，但都没有佛爷[①]。

布朗人掌握傣语人数比例下降，也体现在他们的信仰上。布朗人有信仰小乘佛教的传统，布朗人村落有青少年男子必须入寺出家当和尚的习俗，出家期间主要学习傣语、佛经及宗教礼仪。出家者学习一定年限后便可还俗，但一般至少为期三年，如不还俗者，可在寺继续学习，达到一定条件便可从小和尚晋升为大和尚，再从大和尚晋升为佛爷等，终身从事佛教事宜。然而，20 世纪 90 年代以后出生的青年一代，自愿入寺出家当和尚者越来越少，即使入寺出家者也是趁寒暑假或者关门节期间，走走形式[②]。

3. "傣语—汉语"型

这一类型是指布朗人不使用布朗语，转用傣语，将傣语作为自己的第一语言，并兼用汉语。这一类型出现在勐海县勐宋乡。勐宋乡大安村委会的下大安（1—4 组）和曼西龙傣，以及分布在曼吕村委会的曼吕傣（1—4 组）的布朗族，共 9 个村民小组，1816 人（2017 年）全部转用傣语，寨中无人会讲布朗语。勐宋乡布朗人转用傣语大约出现在 100 年前。据大安村主任岩罕专（布朗族，男）所述，大安村现在 70—80 岁的老人的祖父母那一代还会说布朗语，之后就没有人会说了。由于转用也引起了民族身份认同的变化。勐宋乡的布朗人出现了对布朗族和傣族的双重认同，他们曾经自称为"布朗傣"，后政府不允许双重民族成分，他们中很多人选报了"傣族"成分，后来国家出台优惠政策扶助人口较少民族，报"傣

[①] 张鑫：《电视在场：云南少数民族村寨传统文化变迁研究——以云南省布朗族村寨翁基社为例》，硕士学位论文，安徽大学，2018 年。

[②] 杨小：《布朗族村落空间形态研究——以西双版纳布朗族乡为例》，硕士学位论文，昆明理工大学，2015 年。

族"成分的人又改报了"布朗族"。

(二) 克木人语言使用状况

克木人是跨境群体。在中国归入布朗族,分布在云南省西双版纳傣族自治州的景洪市和勐腊县的 19 个村寨,共 738 户 3291 人。其中勐腊县 12 个村寨(有 7 个为边境村寨)498 户 2270 人,占总人数的 69%;景洪市 7 个村寨 240 户 1021 人,占总人数的 31%[①]。在境外,克木人属于独立的民族——"克木族",分布在老挝、越南、缅甸。老挝的克木族人数约 50 万人,在老挝的民族人口中排位第二。克木人在越南被称为"摩依""萨考""舍人",主要分布在越南北部的义安省和河静省的湘阳县、圻山县,莱州省的巡教县、奠边县及黄连山省的文振县,在山罗省、老街省和清化省也有少量分布。克木人在泰国被称为"卡"(Kha),约 6 万 5 千人,居住在泰国北部的清莱府和难府以及乌太他尼府山区。缅甸克木人分布在缅甸、中国、泰国交界的掸邦东北部山区。柬埔寨的克木人约有 2 千人,分布在上厂省的北部山区[②]。

勐腊县的克木人主要在勐腊镇的曼迈、曼岗,勐满镇的曼暖远、曼蚌索,尚勇镇的王四龙、中南西、东洋,勐捧镇的曼种、回结、回伞等。景洪市的克木人居住在景洪市嘎洒镇曼咪村、曼香班村、曼回龙村、曼播一组、曼播二组、曼罗金村、曼昌村等。中国境内的克木人依据历史来源的不同分为克木仍、克木老和克木交三个支系。"克木仍"指世代居住在西双版纳的克木人,"仍"为"勐仍",勐仍是指西双版纳。"克木老"指从勐老(老挝)迁入的克木人。克木仍和克木老两个支系均分布在勐腊县境内。"克木交"指从交趾(越南)迁入的克木人,分布在景洪市。1956 年,克木人居住区被列为"直接过渡区",由原始社会直接跨入社会主义社会。

克木人每个氏族都有自己的图腾崇拜。中国境内的克木人姓氏有 20 余种,如虎氏、豹氏、水鸟氏、白头翁氏、青猺氏、小米雀氏、八哥氏、象尾蕨氏、野猫氏、细白花氏、秧鸡氏、梭乐鸟氏、小獭猫氏、犀鸟氏、松鼠氏、猴氏、马鬃蛇氏、孤鸟氏、野鸡氏、鲤鱼氏、花叶水锦树氏、豆

---

① 张艳菊:《试论民族识别与归属中的认同问题——以云南克木人、莽人、老品人、八甲人民族归属工作为例》,《广西民族研究》2013 年第 4 期。

② 戴庆厦、陈国庆、余金枝等:《勐腊县克木语及其使用现状》,商务印书馆 2012 年版,第 7 页。

腐渣叶氏等。每个姓氏的来源都有一个传说。氏族与图腾崇拜物密切相关。如虎氏的传说是这样的：有一个父亲为儿子卜卦，得知儿子将死于虎口，便将儿子关于屋内，不准其出门，生怕其子被虎吃掉。有一天，村子里有人从山上猎得一只老虎。其父以为儿子已经逢凶化吉，就带着儿子去看虎。他的儿子见到老虎躺在地上，便上前仔细观看，还用脚去踢老虎，边踢边说："你不是要吃我吗？现在你来吃我呀！"不料，死虎复活，爬起来把他的儿子咬死了。从此，他非常敬畏老虎，遂以虎为姓，其子孙后代就叫虎氏族。克木人对本氏图腾物十分敬畏，不能做出任何对图腾物不敬的行为，如捕食、猎杀、采摘或砍伐图腾物。例如，虎氏不能猎虎，别人猎到老虎，虎氏成员要躲在家中，不能前去观看。水鸟氏不能捕食水鸟，也不能到猎获水鸟的家庭串门。克木人的图腾姓氏按照父传子，母传女的双轨制传递。如父亲是虎氏，母亲是水鸟氏，则他们生的男孩都随父亲姓虎，女孩都随母亲姓水鸟。克木人严禁同姓氏成员结婚。克木人普遍信仰鬼神。后来，受傣族影响，景洪市一部分克木人也信仰南传小乘佛教。新中国成立后，克木人逐渐从山区迁至坝区，受到周围傣族的影响，克木人的房屋从雨林中的地棚变成傣式木屋，其饮食、建筑和语言等各个方面均受到傣族文化的熏染，其中服饰受到的影响较大。现今克木人着傣族或汉族服饰。克木人最主要的传统节日是"玛格乐"节，即秋收节（阳历12月末），相当于汉族的春节。秋收节最重要的内容是祭祖[1]。

克木人语言使用的基本特点是：（1）全民稳定使用母语，2011年，我们对勐腊县勐腊镇曼迈村的103名克木人、尚永镇王四龙村的228名克木人进行克木语使用情况，这两个村的331名克木人均能熟练使用克木语。我们调查小组在深入村寨调查过程中看到村寨不同身份、不同年龄的克木人在不同场合使用克木语进行交际，只有在遇到外族人时才会使用汉语等其他中介语进行交流。如果对方能听懂克木语，在交流中首选的交际语也是克木语。如曼迈村小学教师依金的丈夫高丽明是彝族，能听懂克木语，能讲一点克木话，在与寨子里的克木人交往时，因为发音不准，不好意思开口，但对方都对他说克木语，而他则用汉语对答。（2）克木语使用存在代际差异。6—19岁的部分青少年比20岁以上的人掌握的克木语

---

[1] 戴庆厦、陈国庆、余金枝等：《勐腊县克木语及其使用现状》，商务印书馆2012年版，第11—15页。

词汇量少。克木人家庭，克木语保留较好，祖辈、父辈、子辈三代人都用克木语，二三十岁的人跟自己的父母交谈时，必须说克木语，否则会被认为是不尊敬父母。但是跟自己的子女交谈时，则既使用克木语也使用汉语。小孩放学回家跟父母常常会说汉语。（3）在克木人与非克木人组成的家庭中，出现了也有先学会汉语再学克木语的情况，汉语和克木语在家庭语言生活中起到了同样重要的作用。例如：曼迈村克木人玉凤，丈夫是汉族，他们的两个孩子更倾向于用汉语回答母亲的克木语，说克木语的时候比较少。（4）兼用语类型出现了代际差异。老一代克木人兼用傣语，中年人兼用傣语和汉语，青少年兼用汉语。傣语的兼用语地位将逐渐退出历史舞台。语言兼用的详细情况见表3-12。

表3-12　　　　　　　　　克木人语言兼用状况

兼用类型 调查点	克木语+汉语型的 百分比（%）	克木语+汉语+傣语型的 百分比（%）
曼迈	55.34	44.66
王四龙	25.44	64.91

从表3-12可以看出，在曼迈村，"克木语+汉语"型的比例已经超过了"克木语+汉语+傣语"型，但王四龙的情况不同，"克木语+汉语+傣语"型的比例还远多于"克木语+汉语型"的比例。原因与其地理位置和经济发展速度密切相关[①]。

（三）莽人语言使用情况

莽人自称"莽"，他称"岔莽"或"插满"。1990年，莽人划为克木人的一个支系。2009年，归入布朗族。莽人是跨境群体。在中国，分布在红河州金平县金水河镇南科村委会的龙凤村、坪河中寨、坪河下寨、乌丫坪村委会的雷公打牛等4个自然村，共有126户681人。在境外，莽人是独立的民族——莽族，有2千多人，分布在越南莱州省的猛德县和清河县。20世纪50年代以前，中越边境地区的莽人主要活动在今中越23—54号界碑长约230千米的高山密林中，以原始采集、游居游猎游耕为生，有时在中国境地，有时在越南境地。1958年年底到1959年年初，散居在原

---

① 戴庆厦、陈国庆、余金枝等：《勐腊县克木语及其使用现状》，商务印书馆2010年版，第80—89页。

始森林中的 14 个莽人窝棚点合并为 4 个自然村，即南科新寨、坪河中寨、坪河下寨和雷公打牛村，共 107 户，651 人①。

莽人的信仰体系由宇宙观、灵魂崇拜和图腾崇拜三部分构成。宇宙观体现为莽人将世界分为天上、天下地上、地下和水中四个维度。灵魂崇拜体现在：崇拜天上的太阳鬼、月亮鬼和雷公鬼，地上的家鬼和各种动植物鬼，水中的龙鬼和水鬼，地下的死人鬼。中国的莽人分为陈、罗、刀、龙、盘五大姓氏。陈姓以河边的水鸟为图腾。罗姓以形似鹦鹉的鸟为图腾。刀姓以木瓜树为图腾。龙姓以蛇为图腾。莽人的婚礼分为订婚、第一次结婚、第二次结婚和回门四个程序。莽人分为春（3—5月）、夏（6—8月）、秋（9—11月）、冬（12—2月），每个季节都有相应的岁时祭仪。当作物生长阶段遭遇严重的病虫害时，莽人要进行治疗仪式。仪式分为三步：将田中的农作物拔出，放在地上的芭蕉叶上。第二步，将黄狗或白狗的耳朵剁下，将血滴在庄稼上。第三步，一边用扇子赶鬼一边念诵祷词。莽人的葬礼重在将死人或活人隔绝。在家停灵三天后方可下葬，坟坑挖好后还要搭建人形草棚为死者遮风挡雨。把坟坑和棺材内的死者灵魂撵出后方可下葬。夜间 12 点后，请摩公为亡人领路，将其关在天上。这样就切断了死者和生者的联系。之后要为亡人送火，每三天送一次，共送三次。最后一次要将之前留的门封锁起来。使死者和生者完全分离②。

莽人忌绿色。采集到绿色的野菜野果，一律不能带进家门，更不许在家里吃。莽人认为，把绿色带进家门会带来灾难。莽人对黄麂十分崇拜，传说黄麂救过他们祖先的性命③。

莽人有自己的语言——莽语，但没有文字。莽语属于南亚语孟高棉语族。莽人在家庭和村寨仍在使用莽语，但有许多年轻人不会讲本民族语言、不穿本民族服饰、不住传统房屋、不知道本民族历史，衣食住行日益现代化，莽人的语言文化认同正面临严重的湮灭危机④。

---

① 施建光：《中越跨国民族的族群认同和国家认同研究——以苦聪人和莽人为例》，《东南亚地区研究学术讨论会论文集》，厦门大学出版社 2011 年版。

② 扬艺臻：《作为交换的仪式——读〈莽人的社会文化变迁——基于仪式的人类学研究〉》，《红河学院学报》2018 年第 4 期。

③ 盘文兴、刘国栋：《滇越边境的神秘莽人》，《东南亚纵横》2001 年第 2 期。

④ 春媛：《人口较少民族文化认同危机及其路径选择：以云南布朗族为例》，《社会科学论坛》2012 年第 11 期。

（四）户人语言使用现状

户人自称"户"或"钎"，傣族称为"昆格""空格""宽""欢"，人口约 2500 人（2015 年）。主要分布在云南省西双版纳傣族自治州景洪市勐养镇昆格村委会的曼蚌汤、纳回帕、曼巴约、曼巴老、纳版一组、纳版二组以及曼纳庄村委会曼戈龙村共 7 个自然寨。其民族身份 2008 年归入布朗族。户人信仰万物有灵。户人受傣族的影响大，服饰与傣族一致。户人使用的语言叫户语。户语属于南亚语系孟高棉语族。户人在家庭内部、村寨内部交流时用户语。由于户人居住区的集市大都位于傣族居住的坝区，因此，赶集时多用傣语。在与傣族之外的民族交流时，一般使用汉语西南官话。户人信仰原始宗教，在民族内部进行图腾崇拜礼仪、婚丧嫁娶、祭祀祖先等活动时，则用户语[1]。

（五）布朗族"本人"支系的语言使用现状

本人自称"埃乌"或埃儒，汉族称他们为"本人"或"蒲曼"。有 5898 人，其中保山县 5198 人，梁河县 700 人。本人古代定居在保山（汉代永昌郡）一带，近年来迁居到施甸县的由旺。但"本人"自认为有别于任何民族。从其族称、族源、历史、语言、共同地域和某些民族心理素质综合分析，识别为布朗族的支系[2]。

本人语言使用的基本情况是使用布朗语和汉语，但布朗语在有些村寨出现了衰变。例如：保山市施甸县木老元乡哈寨，40 岁以上的布朗人还会布朗语，40 岁以下的很少说布朗语，35 岁到 40 岁的，有的会说一点布朗语，有的不会说。30 岁以下大多只有听的能力，没有说的能力，因为父母从小跟他们说汉语，父母不传承布朗语，虽然也能听得懂简单的布朗语，但父母讲复杂的布朗语他们就不懂了。现在，由爷爷奶奶带大的孩子会说布朗语，由父母亲带大的就不会说了。有的会说一点布朗语，但不好意思说。哈寨的本人布朗语衰变的原因主要有两点：一是周边是汉族寨子，他们需要学习汉语。二是家长和老师对汉语的重视程度远远超过布朗语。由于孩子成绩差，教师要求家长不要教布朗语，要教汉语，家长也认为学习汉语才能够有前途，在孩子开始学习语言时，就有意识地教孩子学习汉语，由此引起了布朗语衰变。哈寨的本人不承认自己是布朗族，他们

---

[1] 落艳芳：《户语语音词汇特征描写研究》，硕士学位论文，上海师范大学，2016 年。
[2] 尤伟琼：《云南民族识别研究》，博士学位论文，云南大学，2012 年。

认为自己是"本人",是阿氏的后裔①。

关于保山市施甸县木老元乡布朗族（本人）的调查（段泗英,2017）也佐证了该地"本人"使用布朗语的不平衡性和兼用汉语的普遍性。木老元乡有布朗族2825人,占少数民族人口的53%,占全乡总人口的46%。哈寨是一个木老元乡的一个村民小组,是一个布朗族（"本人"支系）聚居的行政村,该村共有1228人,其中布朗族802人,占全村人口的65.31%。该村从20世纪80年代开始,部分布朗族的孩子就以汉语为第一语言,布朗语为第二语言,布朗语出现了代际衰变,56岁以上的均能熟练使用布朗语,21—35岁的能熟练使用布朗语的人数比例只有11.11%,21岁以下的没有人会说布朗语了。表3-13是基于哈寨10户父母双方都是布朗族的家庭、共计46人的布朗语测试得出的数据②:

表3-13　　　保山市施甸县哈寨布朗族母语使用情况统计③

年龄段	人数（人）	熟练 人数（人）	熟练 百分比（%）	基本熟练 人数（人）	基本熟练 百分比（%）	不会 人数（人）	不会 百分比（%）
65岁以上	5	5	100	0	0	0	0
56—65岁	4	4	100	0	0	0	0
46—55岁	9	7	77.78	1	11.11	1	11.11
36—45岁	9	5	55.56	1	11.11	3	33.33
21—35岁	9	1	11.11	1	11.11	7	77.78
21岁以下	10	0	0	0	0	10	100

表3-13清晰地显示了"本人"支系内部家庭使用布朗语的衰变情况:从65岁以上的全民熟练使用布朗语,到21岁以下的全民丢失布朗语,哈寨的"本人"支系面临着全民丢失布朗语的可怕变迁。二三十年之后,能熟练使用布朗语的人过世之后,全民丢失布朗语将成为难以逆转的语言事实。

由于"本人"支系未能全民掌握布朗语,布朗语自然不能成为哈寨的通用语言工具,云南汉语方言的兼用正好弥补了布朗语功能的缺失。详

---

① 木老元布朗人的语言使用情况由云南省民语委谢红梅老师提供,谨致谢忱。
② 段泗英、刘赛枚、陈志月:《小作家选刊》2018年第3期。
③ 段泗英、刘赛枚、陈志月:《小作家选刊》2018年第3期。

见表 3-14。

表 3-14　保山市施甸县哈寨布朗族云南汉语方言使用情况统计

年龄段	人数	熟练 人数（人）	熟练 百分比（%）	基本熟练 人数（人）	基本熟练 百分比（%）	不会 人数（人）	不会 百分比（%）
65 岁以上	5	1	20	2	40	2	40
56—65 岁	4	2	50	1	25	1	25
46—55 岁	9	6	66.67	3	33.33	0	0
36—45 岁	9	7	77.78	2	22.22	0	0
21—35 岁	9	8	88.89	1	11.11	0	0
21 岁以下	10	10	100	0	0	0	0

表 3-14 揭示了本人掌握云南方言的水平与年龄的反相关，即年龄越大掌握云南汉语方言的水平越低。这正好与本人掌握布朗语水平与年龄的正相关互补。

第三节　人口十万以下的少数民族使用语言的状况

人口在 10 万以下的少数民族有布依族、普米族、阿昌族、怒族、基诺族、蒙古族、德昂族、满族、水族、独龙族 10 个民族及未确定民族成分的西双版纳毕苏人。这 10 个民族中，满族、水族、蒙古族不使用自己的母语，其余的 8 个民族及民族成分未定的西双版纳毕苏人仍使用自己的母语。满族在云南有 1.4 万人，占全省人口的 0.03%，在全省二十五个少数民族人口排位第二十三，转用汉语。水族在云南有 1.1 万人，占全省人口的 0.02%，在全省二十五个少数民族人口排位第二十四，主要分布在曲靖市富源县古敢水族乡。该乡水族人口 5742 人，占全省水族人口的 35%。云南的水族不使用水语，而使用汉语和布依语。蒙古族不使用蒙古语，而使用卡卓语。卡卓语属于藏缅语族彝语支。

与人口在 10 万以上的民族相比，这些民族或族群，或不使用自己的母语，如满族、蒙古族和水族，或兼用周边民族的语言，多语现象比人数在 10 万以上的少数民族更为普遍。下面依照人数由多到少依序介绍满族、水族以外的 8 个民族或族群使用语言的状况。

一 布依族使用语言的状况

布依族是跨境民族。云南的布依族自称"布依",有 5.9 万人,占云南省总人口的 0.1%,在全省少数民族人口排位第十六,集中居住在曲靖市罗平县长底布依族乡、鲁布革布依族苗族乡,罗平县的布依族人口占云南省布依族人口的 52%。少量分布在曲靖市富源县、文山壮族苗族自治州马关县和红河哈尼族彝族自治州。布依语没有方言差别,分为黔南、黔中和黔南土语,云南省布依族所说的属布依语黔南土语[①]。云南布依族的语言使用大致可以分为两种类型。

(一) 全民保留布依语,普遍兼用汉语

此类型主要出现在云南罗平鲁布革布依族苗族乡。该乡布依族人口 14178 人,占全乡总人口的 75%。全乡共有 9 个村委会,67 个自然寨,其中有 32 个是布依族聚居的自然寨,占村寨总数的 48%。鲁布革乡布依族全民使用布依语,布依语的代际传承良好,多数人能熟练地使用汉语。布依族在家庭、村寨、宗教活动、族内交际、集市、政府等场合都使用布依语。由于布依语的强势地位,不仅布依族使用布依语,部分汉族、彝族、苗族也兼用布依语。在腊者村小学低年级的教学中,以汉语教学为主、布依语辅助教学。在课下,教师之间、学生之间以及教师与学生之间大多使用布依语进行交流。腊者村隶属罗斯村委会,无论是见面打招呼、相遇聊天,还是节日、集会、婚丧嫁娶,使用的都是布依语。离开布依族聚居区或与不会布依语的人交流,布依族使用汉语满足族际之间的交流[②]。

(二) 布依语功能衰变,汉语是主要用语

此类型出现在曲靖市罗平县长底布依族乡。布依语使用出现了四个特征:(1) 使用布依语者老龄化。在长底乡的所有布依族村寨,能够使用布依语交流的人大多在 50 岁以上,50 岁以下能熟练使用布依语的只占极少数。布依语基本上只在老年人中通行。(2) 布依语的使用场所受限。从使用场合看,布依语的使用范围萎缩到极少数布依族家庭。在长底乡的各个布依族村寨的极少数家庭中,老年人经常用布依语跟孩子交流,有的

[①] 云南省地方志编纂委员会:《布依族语言·云南省志——少数民族语言文字志》,云南人民出版社 1998 年版,第 463 页。

[②] 陈娟:《云南罗平鲁布革布依族苗族乡语言使用研究——以汉族、布依族为例》,硕士学位论文,云南师范大学,2015 年。

孩子会说，有的只能听懂。（3）从交际对象看，布依语限于部分老年人的日常交流。50岁以下的中青年人布依语的水平都不高，即使会讲一些，一般也都不愿意讲，中青年以下的语言交际一般很少用到布依语。（4）汉语方言是长底乡布依族日常生活中的主要交际用语。即使在布依语保留较好的村寨，很多家庭内部也只使用汉语方言。由于社区内绝大部分中年人和年轻人不懂布依语，或能听不能说，社区的交流基本上以汉语为主。在集市贸易、医院看病、政府机关办公、学校师生课外交流等场合均使用云南方言，汉语方言是长底乡布依族的日常交流中占主导地位的语言①。

二 普米族使用语言的状况

普米族在云南有 4.2 万人，占全省总人口的 0.1%，在全省少数民族人口中排位第十七，集中分布在怒江傈僳族自治州兰坪白族普米族自治县，该县的普米族人口 18643 人（2010 年），占云南省普米族人口的 37.5%，还分布在丽江市的宁蒗彝族自治县和玉龙县以及迪庆藏族自治州维西傈僳族自治县和香格里拉市。普米族自治的行政单位有怒江傈僳族自治州兰坪白族普米族自治县和丽江市宁蒗彝族自治县翠玉傈僳族普米族乡。居住在不同地区的普米族有不同的自称。居住在兰坪县、丽江市、维西县的普米族自称"普米"，居住在永胜县和宁蒗县新营盘区的普米族自称"戳米"，居住在宁蒗县永宁区的普米族自称"坡米"。

由于人口较少，且长期与纳西族、傈僳族、白族、彝族等民族杂居，普米族的语言文化都受到了周边民族的影响。如宁蒗彝族自治县泸沽湖畔的普米族，受到了摩梭人的影响；翠依乡的普米族，受到了傈僳族的影响；新营盘乡的普米族，受到彝族的影响。由于小聚居大杂居的分布格局，即便居住在同一个县的普米族保留母语的状况也不尽相同。如普米族学者熊贵华把兰坪县普米族保留母语的情况分为语言完整型、半转用型、全转用型。完整型仅分布在河西乡的箐花、大羊、三界、玉狮、联合等 5 个行政村②。纵观云南普米族使用语言的状况，可以将云南普米族的语言使用归纳为两个特征：普米语保留的不平衡性和多语现象的普遍性。

---

① 王睿：《云南罗平县长底乡布依语使用现状分析》，硕士学位论文，中央民族大学，2012 年。

② 木基元：《普米族传统文化保护与发展调研报告》，《学术探索》2002 年第 2 期。

（一）普米语保留的不平衡性

普米族仅4.2万人，却分散在云南省西北部的怒江傈僳族自治州、丽江市和迪庆藏族自治州，虽然以小聚居的方式分布，但由于人口数量、聚居度、交通状况等因素，分布在不同地区的普米族保留母语的状况存在母语保留、母语衰变、母语转用、母语复苏的差异。现分述如下：

1. 普米语保留型

普米语保留型主要分布在聚居区，主要有几个表现：一是掌握普米语的人数比例在90%以上；二是普米语的代际传承没有出现断裂；三是普米语用于家庭、村寨、集市等场合；四是普米语是族内交际的首选工具，普米语保留型主要出现在普米族聚居的村寨。普米语保留型是普米族语言使用的主流类型，普米族聚居村寨属于这一类型。如居住在兰坪县河西乡的箐花、玉狮、三芥、大羊四个行政村和宁蒗县永宁区温泉乡和便衣乡的普米族，都能熟练使用母语，在家庭和村寨中普遍使用母语[①]。又如丽江市玉龙县九河白族乡金普村。该村位于214国道西侧。全村有1210人，其中普米族人口最多，占全村总人口的48.26%，其次是纳西族548人，占全村总人口的45.29%，傈僳、汉等其他民族仅占6.45%。金普村委会下辖的13个村民小组中，有拉普、小马坪、大马坪、大梨树、冷水沟、大麦地、通海乐、老左落等8个小组为普米族聚居的小组。这8个小组的普米族都使用自己的母语。

2. 普米语衰变型

杂居区出现了母语转用、母语濒危、母语衰变现象，部分普米人转用汉语或其他民族语言。如兰坪县的拉井镇和金顶镇以及永胜县境内的普米族，与汉族杂居，除40岁以上的会讲普米语以外，其他的人不会讲普米语了。这些地方的普米族出现了母语濒危。居住在兰坪县通甸乡和维西县维登区的普米族与白族杂居，他们普遍兼用白语。在家里有的还讲普米语，与白族交往时都讲白语。这些地区约有10%的普米族不会说普米语了，这些地区的普米族出现了母语衰变。居住在丽江市鲁甸乡和石鼓乡以及中甸县的普米族，长期与纳西族杂居，除50岁以上的会讲普米语以外，

[①] 中国社会科学院民族所和国家民委文化司主编：《中国少数民族语言使用情况》，中国藏学出版社1994年版，第814页。

其余的都不会讲普米语了。他们在日常生活中使用纳西语①。在宁蒗县新营盘区新营盘乡的普米族,约有 1800 人,由于长期与彝族杂居,50 岁以上的人虽然还会讲普米语,但掺杂着许多彝语的成分。50 岁以下的都不会讲普米语了,无论是在家庭还是村寨都用彝语交际②。

丽江市玉龙县九河白族乡河源村西部、靠近老君山的河源小组。该小组母语衰退表现为:熟练使用母语的人数比例低。河源小组共有 41 户,其中只有 6 户是普米族,其余 35 户都是汉族。该村 60 岁以上和 40—59 岁两个年龄段母语熟练的比例均为 100%,但到 20—39 岁这一年龄段,剧减到 18.2%,再到 6—19 岁这一年龄段缩减为 0%。这三个数据的变化,反映出母语的活力呈"老年—中青年—青少年"的下降趋势,到了青少年这一年龄段,6 人只有 3 人略懂母语,这清楚地说明河源小组普米族母语使用由盛而衰。能够熟练使用普米语的只有 12 人,且多为中老年人,占总人口数的 44.4%。

杂居在怒江傈僳族自治州兰坪县通甸镇普米族,在家庭语言的选用上分为三种情况:约 20% 的普米人选用普米语,约 40% 的普米人选用白语,约 30% 的普米人选用汉语③。这个数据说明通甸镇普米族有部分普米族家庭已经转用白语和汉语。家庭是母语保留的最后阵地,若家庭用语不是母语,则说明母语功能的衰变已经动摇母语保留的根基。

杂居在怒江傈僳族自治州兰坪县石登乡的普米族在家庭内部成员的语言选择上有两种情况:一种是使用傈僳语,占总人数比例 50% 左右;另一种是使用普米语,占总人数比例 20%④。这说明部分普米族家庭已经转用傈僳语,普米语的使用功能出现了衰变。

杂居在怒江傈僳族自治州兰坪县石登乡回龙村的川箐寨、阿古屯村的普米族转用傈僳语,金顶镇、通甸乡的部分普米族转用白语⑤。

---

① 中国社会科学院民族所和国家民委文化司主编:《中国少数民族语言使用情况》,中国藏学出版社 1994 年版,第 814 页。
② 中国社会科学院民族所和国家民委文化司主编:《中国少数民族语言使用情况》,中国藏学出版社 1994 年版,第 815 页。
③ 刘晓洁:《兰坪县普米族多语现象调查研究》,硕士学位论文,云南师范大学,2012 年。
④ 刘晓洁:《兰坪县普米族多语现象调查研究》,硕士学位论文,云南师范大学,2012 年。
⑤ 戴庆厦、陈卫东:《论普米族的语言观念》,《云南民族学院学报》(哲学社会科学版) 1993 年第 4 期。

3. 普米语复苏型

普米语复苏表现为青少年使用人数的增加和普米语使用范围的扩大。如丽江市玉龙县九河白族乡河源村大栗坪社。该社有15户家庭47人，6—19岁的青少年熟练使用普米语的人口比例的骤然回升，反映了河源小组的普米语经历了中年危机后，在青少年阶段开始回温和复苏（详见表3-15）。

表3-15　玉龙县九河乡小栗坪社普米族使用普米语情况

年龄段	人数（人）	熟练 人数（人）	熟练 百分比（%）	略懂 人数（人）	略懂 百分比（%）	不会 人数（人）	不会 百分比（%）
6—19岁	7	5	71.4	0	0	2	28.6
20—39岁	21	7	33.3	8	38.1	6	28.6
40—59岁	16	16	100	0	0	0	0
60岁以上	3	3	100	0	0	0	0
合计	47	31	66.0	8	17.0	8	17.0

表3-15显示：6—19岁的熟练掌握普米语的人数比例远比20—39岁的高，是由于青少年有意识地学习自己的母语。从2006年起，九河乡的普米族每年都享受国家对特少民族的资助项目，高考加分、引水工程、通路工程、扶贫资助等多项优惠照顾政策。国家的关怀唤醒了普米族抢救自己文化的意识，于是出现了普米语水平上升的良好势头。河源村大栗坪小组组长彦江平（男，38岁，白族）告诉我们："从2006年开始，有的普米族人家开始有意识地跟自己的孩子说普米语。"金普村委会在村主任张怀军的带领下，已经开始着手普米族语言文化的保护工作[①]。

（二）多语现象的普遍性

多语指某一地区的某个民族、某个群体或某个人掌握多种语言。云南的普米族具有使用母语、掌握周边民族语言和云南汉语方言的多语能力，被当地群众誉为"最有语言天分的民族"。其实普米族与其他民族相比，在学习语言能力并无特别的优势，只是由于普米族人口少，普米语只能满足家庭和村寨的交际需要，必须学习周边强势民族的语言或当地通用语才

[①] 戴庆厦、余金枝、闻静等：《云南玉龙县九河白族乡少数民族的语言生活》，商务印书馆2014年版，第208—211页。

能满足语言生活的需要。例如：生活在怒江傈僳族自治州兰坪县河西乡的普米族普遍兼用汉语用于族际交流①；通甸镇的普米族与白族杂居，白族人口占优势，白语和汉语是当地的强势语，通甸镇的普米族大多掌握白语和汉语，有的甚至转用白语和汉语，该乡的普米族部分掌握普米语、白语和汉语，部分掌握白语和汉语；石登乡的普米族部分掌握普米语、傈僳语和汉语，部分掌握傈僳语和汉语②；生活在丽江市玉龙县九河白族乡的普米族大多掌握普米语、白语、纳西语、汉语等多种语言。

三 阿昌族使用语言的状况

阿昌族包括自称"阿昌"的族群和自称"仙岛"的族群。阿昌族"阿昌"族群，当地汉族称他们为"阿昌"，当地傣族称他们为"桑"，景颇族称为他们为"勐撒"。阿昌族是跨境民族，在我国分布于云南，共有3.8万人，占全省总人口的0.1%，在全省少数民族中人口排第十八位。仙岛人是1983年归为阿昌族的一个群体。在此之前，仙岛人属于未被识别的族群，他们以"仙岛人"自报民族身份。由于仙岛语与阿昌语比较接近，从语言关系上看，将仙岛人归入阿昌族。仙岛人主要分布在德宏傣族景颇族自治州盈江县姐冒乡芒面村的仙岛寨和芒线村的勐俄寨。仙岛寨居住着38位仙岛人，勐俄寨居住着36位仙岛人。

（一）自称为"阿昌"的阿昌族使用语言的状况

阿昌80%的人口聚居在德宏傣族景颇族自治州的陇川县和梁河县，余下的20%散居德宏傣族景颇族自治州的芒市、保山市的腾冲县和龙陵县以及大理白族自治州的云龙县。阿昌族聚居度最高的地区是：陇川县户撒阿昌族自治乡、梁河县囊宋阿昌族自治乡和九保阿昌族自治乡，在其他地区，阿昌族与傣族、汉族、景颇族、傈僳族、德昂族等民族杂居。由于各地阿昌族所接触的文化不同，他们的宗教信仰也不同。陇川户撒乡的阿昌族居住在傣族文化为主流的文化环境中，信仰小乘佛教，有送儿子当和尚的习俗。梁河县和芒市的阿昌族则不信佛教，而信仰自然崇拜和祖先崇拜，敬拜山神、水神、雷神、树神等自然神灵，敬拜祖先。由于地理环境、人文环境的不同，各地的阿昌族在母语保留、语言兼用上存在三个不

---

① 刘晓洁：《兰坪县普米族多语现象调查研究》，硕士学位论文，云南师范大学，2012年。
② 刘晓洁：《兰坪县普米族多语现象调查研究》，硕士学位论文，云南师范大学，2012年。

平衡性。

1. 阿昌语保留的不平衡性：阿昌语保留或衰变

阿昌语保留型：由于聚居度的不同，阿昌语在不同地区的活力不同。在阿昌族聚居寨，阿昌语得以很好地保留。例如：德宏傣族景颇族自治州陇川县户撒阿昌族乡是阿昌族聚居度最高的地方，全国三分之一的阿昌族群众聚居在这里。德宏傣族景颇族自治州梁河县九保阿昌族乡的 20 个阿昌族聚居的自然村（丙盖村委会的丙盖、丙岗、永和、新城、联合村、那峦、马脖子、永联 9 个自然村，横路村委会的横路、曹家寨、芒掌、沙坡 4 个自然村，勐科村委会的勐科、龙塘、荒田、鸡头坡、羊叉田、麻栗山、运河山 7 个自然村）。梁河县曩宋阿昌族乡阿昌族聚居的 10 个自然村（关璋村委会的新关璋、老关璋、弄丘、牛场地 4 个自然村，马茂村委会的大水平自然村，瑞泉村委会的张家寨、墩欠、户允 3 个自然村，弄别村委会的上弄别、下弄别 2 个自然村）。在以上的 30 个自然村，阿昌族人口均占该自然村人口的 50%以上，这些自然村里的阿昌族很好地保留了自己的母语。芒市东江乡高埂田是阿昌族聚居村，阿昌族有 1286 人，约占全村人口的 66.6%。高埂田村下辖的 10 个村民小组中，除蚂蝗塘、芒岭和夺产山 3 个小组为汉族居民外，其余的高埂田、大岭干、温乖、小新寨、杏万、遮告、常新寨 7 个小组为阿昌族小组，这 7 个小组的阿昌族普遍保留自己的母语[1]。

阿昌语衰变型：在梁河县永和村，20—50 岁的有 17%的人不会阿昌语，6—19 岁年龄段的有 31%的人不会阿昌语。梁河县曩宋乡墩欠寨是一个阿昌族聚居的村寨，共 63 户，278 人，其中阿昌族 239 人，占该寨人口的 86%。由于墩欠寨周围多是汉族寨子，大部分阿昌族放弃母语使用汉语，年龄越小的阿昌族，语言转用情况越严重[2]。

母语转用型：梁河县永和村的阿昌族已全部转用汉语，曩宋乡的阿昌族已大部分转用汉语。即使是交通不便的边远村寨，也发生了大面积的语言转用[3]。

---

[1] 戴庆厦、时建等:《阿昌族语言使用现状及其演变》，商务印书馆 2008 年版，第 116—118 页。

[2] 戴庆厦、时建等:《阿昌族语言使用现状及其演变》，商务印书馆 2008 年版，第 116 页。

[3] 该材料引自戴庆厦、袁焱《梁河阿昌族的语言转用》，原载《云南民族学院学报》（增刊）2001 年 6 月。

2. 阿昌族兼用汉语存在不平衡性

阿昌族约有70%的人基本掌握汉语，但各地阿昌族的汉语水平与聚居度和交通状况有关。在与汉族杂居的阿昌族群众几乎都能熟练掌握汉语；居住在聚居寨的阿昌族群众汉语水平就差一些。居住在离乡政府较近的纯阿昌族村寨里，接受用汉语授课的学前教育便能基本掌握汉语，而在较偏远的阿昌族聚居度高的寨子，到了小学中高年级，才能基本掌握汉语①。

3. 各地兼用傣语文的情况不同

阿昌族聚居的地区，傣族是主体民族，阿昌族受到傣族语言文化的影响。居住在陇川县的阿昌族受傣族的影响最大。陇川县的阿昌族像傣族一样普遍信仰小乘佛教，50岁以上的老人大多会傣语，有的还会傣文②。

（二）仙岛人语言使用现状

仙岛人自称"仙岛"。他们的母语是仙岛语。仙岛语属于汉藏语系藏缅语族缅语支。20世纪80年代以前，仙岛人属于民族成分未确定的群体。20世纪80年代起，仙岛人归入阿昌族，但仙岛人认为自己与阿昌族不同，是一个独立的群体。仙岛人总共有70多人，居住在德宏傣族景颇族自治州盈江县姐冒乡芒面村的仙岛寨和芒线村的勐俄寨③。仙岛人的语言使用经历了"母语保留—母语衰变—母语濒危"的变迁，母语活力的衰减与双语化的进程密切相关。

1. 母语保留、少部分人会傣语、汉语和景颇语

1958年以前，仙岛人居住在老芒缅寨。老芒缅寨在海拔1400米的山上，与外地隔绝，只有少数人因下山打工或赶集，与傣族和汉族接触学会了一点傣语和汉语，还有少数人会说一些景颇语。

2. 母语衰变、转用汉语

1958年，有6户30人从山上的老芒缅寨搬到了芒线村的勐俄寨。因勐俄寨的周围是汉族人的寨子，勐俄寨的仙岛人除少数中老年人还会

---

① 该材料引自戴庆厦、袁焱《梁河阿昌族的语言转用》，原载《云南民族学院学报》（增刊）2001年6月。

② 戴庆厦、时建等：《阿昌族语言使用现状及其演变》，商务印书馆2008年版，第116页。

③ 戴庆厦、丛铁华、蒋颖等：《仙岛语研究》，中央民族大学出版社2005年版，第1—2页。

自己的母语并兼用汉语、傣语外，年轻一代大都已丢失了母语，转用了汉语，成为使用汉语的单语人。勐俄寨只有几个 50 岁以上的人还保留仙岛语①。

1995 年有 10 户人 49 人从山上老芒缅寨搬至芒缅村的仙岛寨。仙岛寨与周围的两个景颇族村寨紧密相连，仙岛人与景颇族交往密切，大部分人很快就学会了景颇语，而且儿童从入小学起就学习汉语，也就兼用了汉语，成为仙岛语、景颇语、汉语的三语人。景颇语的水平比汉语高。仙岛寨的仙岛人已出现转用景颇语的趋势，仙岛语濒危灭亡。仙岛寨仙岛人的母语濒危，主要来自青少年。他们在学校跟景颇族学生学会了景颇语，回到家里与父母说景颇语，父母用仙岛语问，他们则用景颇语答，一开始是仙岛语中夹杂一些景颇语，逐渐地演变为完全使用景颇语②。仙岛寨的仙岛人转用景颇语还与信仰有关。仙岛人原来住在山上信仰原视宗教，搬下山后，受景颇族影响，全民信仰基督教。由于传播基督教的是景颇族牧师，说的是景颇语，仙岛寨的仙岛人自然就学会了景颇语。仙岛寨在家里说仙岛语的只有 6 户，仙岛语说的好的只有 21 人，年龄都在 26 岁以上，会说一点的有 5 人，年龄在 16—25 岁，15 岁以下的仙岛人已经完全不会说仙岛语了，年轻人在一起说景颇语，可以预计仙岛语不久将被景颇语和汉语替代③。

四 怒族使用语言的状况

怒族在我国仅分布在云南，人口 3.2 万人，占全省总人口的 0.1%，在全省少数民族人口中排位第十九。分布在怒江和澜沧江峡谷地区的怒江傈僳族自治州的泸水县、贡山独龙族怒族自治县、福贡县和兰坪县。怒族自治县只有贡山独龙族怒族自治县，怒自治乡只有泸水县匹河怒族自治乡。

怒族由怒苏、阿怒、柔若、阿侬支系四个支系构成。这四个支系使用不同的语言、具有不同文化渊源。怒苏支系使用怒苏语。怒苏语是独立的

---

① 戴庆厦、丛铁华、蒋颖等：《仙岛语研究》，中央民族大学出版社 2005 年版，第 6 页。

② 丛铁华：《濒危语言个案研究——仙岛人的语言状况及成因》，《中国社会语言学》，第 48 页。

③ 戴庆厦、丛铁华、蒋颖等：《仙岛语研究》，中央民族大学出版社 2005 年版，第 5—6 页。

语言，属于汉藏语系藏缅语族彝语支。阿怒支系使用的是独龙语的方言。柔若支系使用柔若语。柔若语是独立的语言，属于汉藏语系藏缅语族彝语支。阿龙支系使用阿龙语，是独立的语言，属于汉藏语系藏缅语族景颇语支。

由北向南，阿龙支系居住在怒江傈僳族自治州贡山独龙族怒族自治县丙中洛乡和捧打乡，人口近 7000 人，过去又叫"贡山怒族"。阿怒支系居住在怒江傈僳族自治州福贡县上帕镇和鹿马登乡，人口 6000 余人，过去又叫"福贡怒族"。怒苏支系居住在今福贡县匹河怒族乡，是人口最多的一个支系，有 8000 多人，因匹河乡过去属原碧江县，因此又称"碧江怒族"。柔若支系居住在怒江傈僳族自治州兰坪白族普米族自治县澜沧江两岸兔峨乡和泸水县鲁掌乡的部分村寨，人口 2000 余人，过去又称"兰坪怒族"或"兔峨怒族"。

怒族信仰万物有灵。怒苏支系的怒族信仰基督教，其他三个支系部分人信仰基督教。他们在教堂使用傈僳语和老傈僳文。怒族没有自己的文字。在学校习得的是汉语和傈僳语。这四个支系保留母语的人，第一语言是母语，第二语言是傈僳语，第三语言是汉语，掌握汉语的人数不及掌握傈僳语的多。他们在家庭和村寨使用自己的母语，在集市和公共场所，则使用傈僳语。在学校的课堂上用汉语，在课余时间，则用傈僳语。

怒苏、柔若、阿怒三个支系，由于有较大的聚居村落，在家庭、村落或村里的小集市，本民族的宗教祭祀活动，还在用母语。怒苏支系的母语传承状况与交通是否便利有关。居住在高山的村寨里的，普遍使用母语，母语传承很好，部分老人还是母语单语人。居住在河谷地带、城郊或公路沿线，年轻人很少使用母语。由于怒苏语的三个方言之间通话有困难，因此不通方言的怒苏人要傈僳语和汉语交流。柔若支系中聚居在兰坪县的澜沧江边的群体，不同年龄段的柔若人都使用自己的母语，母语传承没有出现代际断裂，散居在泸水县的数百名柔若人，则只有部分老人使用母语。"阿怒"支系约 7 千人，使用母语的人口有 6 千人，分布聚居区的，母语传承较好，散居在杂居区，母语传承则出现了问题。阿龙支系由于人数少，母语仅在老人之间或个别祭祀场合使用。阿龙支系的母语传承出现了严重濒危，只有老年人在使用，中年人仅仅会一些日常用语，年轻人大多不用自己的母语了①。

"阿龙"支系母语的濒危始于1960年以后。如阿龙人聚居的怒江傈僳族自治州福贡县木甲村。1960年，约有800多人会讲阿龙语，木甲村的阿龙人在家庭、村寨都使用阿龙语。1983年，估计有500人会讲阿龙语。1995年，能够用阿龙语交际的有410人。2014年，全村1575人，能够使用阿龙语的仅有151人。90岁以上的1人，是阿龙语单语人。80—89岁的讲阿龙语的有11人，占这一年龄段总人数的90%。第一语言是阿龙语，第二语言是傈僳语。70—79岁的讲阿龙语的有21人，占这一年龄段总人数的80%，他们第一语言是阿龙语，第二语言是傈僳语或汉语。60—69岁的约有26人会讲阿龙语，占这一年龄段的70%，虽然母语还会说，但第二语言傈僳语比母语好。部分会汉语的人，基本上已经忘记了母语。50—59岁的有19人会讲母语，占这一年龄段的60%。阿龙语已经很不流利了，第二语言是傈僳语或汉语。40—49岁的有44人会讲母语，占这一年龄段的40%。阿龙语已不大熟练，傈僳语比阿龙语流畅得多，一般也能讲一点汉语。30—39岁的有29人能讲阿龙语，占这一年龄段总人数的30%，但只会讲简单的日常用语，基本上已经专用了傈僳语和汉语。30岁以下的能够讲阿龙语的几乎没有，个别的会一些问候语。此外，在县级机关和州级机关工作的能讲阿龙语的约有22人，基本上是40岁左右，他们的汉语水平比较高。阿龙语已经由20世纪80年代的濒危走向极度濒危②。怒族使用的这四种语言处于濒危或极度濒危状态。怒苏语、柔若语和阿怒语为濒危语言，阿龙语为极度濒危语言③。

怒族四个支系都经历了兼用汉语的变迁。在20世纪80年代以前，怒族人很少掌握汉语，大多数人都是母语单语人，母语是支系内部或操同一方言的怒苏人交际的唯一语言工具。20世纪80年代以后，兼用汉语的人数逐渐增多，特别是21世纪以后，九年义务教育的普及、媒体的推广和信息的传播，兼用汉语的人数急剧增加，母语的功能在萎缩。例如：全国

---

① 孙宏开：《关于怒族语言使用活力的考察——兼谈语言传承和保护机制》，《玉溪师范学院学报》2015年第1期。

② 孙宏开：《阿侬语的二十年变迁：由濒危走向严重濒危》，《语言战略研究》2017年第2卷第4期。

③ 孙宏开：《关于怒族语言使用的活力考察——兼谈语言传承和保护的机制》，《玉溪师范学院学报》2015年第1期。

唯一的怒族乡——福贡县匹河怒族乡。该乡共辖9个村委会、47个自然村、95个村民小组，2969户、10615人，其中怒族人口8463人，占全乡总人口的82%。在20世纪80年代，很多怒族的年轻人不会说汉语。21世纪，福贡县匹河怒族乡老姆登村7岁以上的300名怒族人有132名能够熟练使用汉语，占调查人数的44%。汉语水平一般的有93人，占调查人数的31%。略懂的有46人，占调查人数的15.3%。不会汉语的有13人，占调查人数的4.3%。不会汉语的13人均为40岁以上的中老年人，40岁以下的没有人完全不懂汉语。7—19岁的青少年汉语水平最高，很多学龄前孩子通过广播电视和父母的刻意引导，学会了普通话。由于长期与傈僳族、汉族和白族勒墨人杂居，匹怒乡的怒族除了掌握自己的母语怒苏语，还全民掌握傈僳语。怒苏语用于族内交际，傈僳语用于教堂敬拜。匹河乡的怒族大多信仰基督教，基督教进入匹河怒族乡始于1920年，怒族所用的《圣经》是用老傈僳文写的。在匹河怒族乡的集市、单位等公共场所，使用汉语云南方言占70%，使用傈僳语占27.8%，使用怒苏语占2.2%。由于怒苏语方言差别很大，不同村寨之间难以通话，所以怒族在公共场合选择使用汉语和傈僳语[①]。

五 基诺族使用语言的现状

云南基诺族人口2.3万人，占云南省总人数的0.05%，在全省少数民族人口中排第二十位。基诺族自称"基诺"，汉文献称之为"攸乐"，当地汉语方言称"基诺族"为"攸乐族"，1979年，基诺族被确认为单一的民族。过去民间曾称基诺族为"三撮毛"，来源于基诺族男子以前常见的一种发型。以前傣族土司称基诺人为"卡诺"，意为"奴隶、下人"，现已不用。基诺族有语言，无文字。基诺族是直过民族，新中国成立后，从原始社会直接过渡到社会主义社会的民族。基诺族信仰原始宗教，崇拜祖先，相信"万物有灵"。基诺族最重要的节日是每年2月6日至8日的"特懋克"节。基诺族的大鼓舞已被列入国家非物质文化遗产名录[②]。

基诺族主要分布在西双版纳傣族自治州景洪市的基诺山（古称攸乐

[①] 谭丽亚、陈海宏：《怒江地区怒族使用汉语现状调查语分析——以福贡县匹河怒族乡为例》，《牡丹江大学学报》2017年第26卷第6期。

[②] 蒋光友：《基诺语参考语法》，中国社会科学出版社2010年版，第3页。

山）和补远山地区，以及周边的勐旺乡、勐养乡和橄榄坝乡，少量分布在西双版纳傣族自治州勐腊县勐仑乡及象明乡。其中基诺族人口最多的是景洪市的基诺乡，该乡共有11400人，其中基诺族有11112人，占全乡总人口的97.5%。基诺族除了掌握自己的母语以外，全民兼用汉语。

基诺族语言使用的基本特点是：（1）母语的保留具有普遍性和不平衡性。基诺族在日常生活中普遍使用母语，但基诺语的使用在不同村寨、不同年龄段具有不平衡性，在少数地区、少数人中出现了衰退迹象。（2）兼用汉语具有普遍性。

母语保留的普遍性，如居住在景洪市基诺山乡的基诺族，普遍使用基诺语，在家庭和村寨中，基诺语是最重要的交际工具。部分60岁以上的老人，只会说基诺语。兼用汉语的普遍性体现在绝大部分人都能熟练使用汉语。

基诺族经历了"基诺语—汉语"的变迁。基诺山乡的双语制始于20世纪80年代。在新中国成立之前，基诺族处于原始社会，过着刀耕火种原始农业生活，由于交通不便，与外界的交流很少，只使用基诺语就能够满足交际的语言交际。新中国成立之后，大批汉族干部、教师来到基诺山。1958年年底开始基诺山寨扫盲运动；改革开放以后，基诺族的经济生活和文化生活由封闭逐渐走向开放。20世纪80年代，基诺族已基本上实现了从单语向双语的过渡。基诺族除以基诺语为主要交际工具外，还广泛使用汉语。基诺人用汉语与外族人交谈，做买卖，听汉语广播，欣赏电影、电视，阅读汉文的报纸、杂志[①]。21世纪，随着义务教育的全面推行，基诺族兼用汉语的水平出现了前所未有的提升，基诺族的"基诺语—汉语"双语制得以进一步推进。

六　蒙古族使用语言的状况

云南的蒙古族自称"卡卓"，2.3万人，占全省人口的0.05%，在全省少数民族人口中排位第二十一。主要聚居在玉溪市通海县兴蒙蒙古族乡（该乡由中村、白阁、下村、交椅湾、桃家嘴等5个自然村组成）。

云南蒙古族是北方蒙古族的后裔。云南蒙古族的祖先于1253年参加

[①] 戴庆厦、傅爱兰、刘菊黄：《普及教育、开放经济是双语发展的重要因素——基诺山双语现象调查》，《中国民族》1987年第3期。

忽必烈平云南的大军进兵云南，攻占大理。消灭了大理国之后，蒙古军政府统治的地方都派军队屯守，实行亦军亦农的屯田制度。蒙古军进入云南时，除了蒙古贵族和官吏有条件带家眷，一般的士卒都是单身汉，只能与当地的妇女结婚，入乡随俗①。进入云南的蒙古族，由于长期与当地白族和彝族等民族朝夕相处，以及相互通婚的关系，再加上明代禁止使用"胡语"（即蒙古族和色目人的语言），落籍云南的蒙古族从明代起，他们丧失了自己的北方蒙古语②。云南蒙古族使用的语言称为卡卓语。卡卓语属于藏缅语族彝语支。云南的蒙古族最先使用自己的母语蒙古语，而后转用白语，再转用属于彝语支系的卡卓语③。由于与北方的蒙古族有深厚的血缘认同，云南通海县兴蒙乡的蒙古族不希望他们说的语言被认为是彝语，而希望是蒙古语或与有蒙古语有亲缘关系的语言。兴蒙乡的蒙古族先民离开北方后，一直确认自己的蒙古族族籍。在碑铭、墓碑上都刻着"吾系蒙古"。20世纪70年代以来，部分蒙古族干部希望用蒙古语替代卡卓语，推行蒙古语文。曾派一些年轻人去内蒙古学校学习蒙古语文，同时请北方内蒙古同胞来教授蒙古语文，并开始蒙古语广播，但最终未能达到推广蒙古语的目的。现兴蒙乡部分学校、政府机关、医院尚有用北方蒙古文写成的匾牌，但大多数人都不能识别，仅仅成为民族的象征而已④。

现在，云南蒙古族基本上是一个全民"卡卓语—汉语"的双语群体。居住在聚居区的蒙古族均能熟练使用卡卓语。如通海县兴蒙蒙古族自治乡全民说卡卓语。该乡共辖中村、白阁、下村、交椅湾、桃家嘴五个自然村六个村民小组（下村分为两个村民小组）6岁以上（含6岁）、有正常语言能力（智障、聋哑人除外）的村民4984人，99.9%掌握卡卓语⑤（表3-16）。

---

① 和即仁：《云南蒙古族语言及其系属问题》，《民族语文》1989年第5期。
② 和即仁：《云南蒙古族语言及其系属问题》，《民族语文》1989年第5期。
③ 和即仁：《云南蒙古族语言及其系属问题》，《民族语文》1989年第5期。
④ 木仕华：《卡卓语研究》，民族出版社2003年版，第20页。
⑤ 戴庆厦等：《云南蒙古族喀卓人语言使用现状及其演变》，商务印书馆2008年版，第12页。

表 3-16　　　　　通海县兴蒙乡蒙古族使用卡卓语情况

村民小组	调查对象总人数（人）	熟练 人数（人）	熟练 百分比（%）	略懂 人数（人）	略懂 百分比（%）	不会 人数（人）	不会 百分比（%）
兴蒙一组（中村）	1149	1147	99.8	1	0.1	1	0.1
兴蒙二组（白阁）	1016	1016	100	0	0	0	0
兴蒙三组（下村）	758	757	99.9	1	0.1	0	0
兴蒙四组（下村）	409	408	99.8	0	0	1	0.2
兴蒙五组（交椅湾）	387	387	100	0	0	0	0
兴蒙六组（桃家嘴）	1266	1266	100	0	0	0	0
合计	4984	4980	99.9	2	0.05	2	0.05

在兴蒙乡，卡卓语广泛地用于族内婚姻家庭、田间地头、集市、节庆、婚丧嫁娶等场合的交际中。20世纪80年代之前，小孩在上小学之前基本上不懂汉语或只会说简单的日常用语，低年级授课需要用卡卓语解释。20世纪80年代中期以后出生的，在上小学之前就学会了汉语，现在，兴蒙乡基本实现了全民双语。掌握汉语的人数比例达到了99.9%（表3-17）。

表 3-17　　　　　兴蒙乡6个小组蒙古族汉语熟练情况[1]

村民小组	一组	二组	三组	四组	五组	六组	合计
汉语熟练的人口百分比（%）	99.9	99.3	99.9	100	99.7	100	99.8

兴蒙乡蒙古族普遍掌握汉语与其人口数量有关。虽然在兴蒙乡蒙古族高度聚居，但该乡周围村寨的村民都用汉语作为族际交际语。兴蒙乡的蒙古族群众兼用汉语有悠久的历史。早期，蒙古族以捕鱼捞虾去市场换回大米，就需要用汉语与不同民族之间交往。明代中期以后，湖面下降，蒙古族必须向周边的汉族学习耕作。现今，蒙古族还需要种植烤烟、瓜果作为经济来源之一，在市场经济中需要学会汉语。再者，卡卓人从事建筑业有悠久历史，在清代和民国期间，就有许多工匠远赴外地务工。现在约有

---

[1] 戴庆厦、蒋颖等：《云南蒙古族喀卓人语言使用现状及其演变》，商务印书馆2008年版，第40页。

23%的人从事建筑业。上述这些谋生方式,都需要兼用汉语①。

七 德昂族使用语言的现状

德昂族是云南历史最悠久的民族之一,早在新石器时代,德昂族就生活在滇西和滇南,史学界认为先秦汉晋的濮人、唐(南诏)时期的朴子蛮和宋元明时期的濮人族群是德昂族的祖先。唐宋时期北称为"朴子""茫人",元明时期北称为"金齿""蒲人"。德昂族有多个自称,德宏景颇族傣族自治州的德昂族自称"德昂",临沧市耿马县和镇康县的德昂族自称"尼昂"或"纳昂"。在德昂语里,"德"是对本民族的尊称,"昂"是"山洞""山崖"的意思②。他称"崩龙"。由于"崩龙"一词在个别民族中含有贬义,根据本民族的意愿,1985 年,国家将崩龙族改名为德昂族。

德昂族是跨境民族,也是我国 22 个人口较少的民族之一。在境内,分布在云南,人数 2.0 万人,占全省人口的 0.04%,在全省少数民族人口中排位第二十二。有 1.41 万人居住在德宏傣族景颇族自治州,约占德昂族总人口的 70%,其余的分布在临沧市、保山市和普洱市与缅甸接壤的中国边境。其中聚居度最高的是德宏州芒市的三台山德昂族乡,其次是临沧市镇康县的军赛佤族拉祜族傈僳族德昂族乡。芒市三台山德昂族乡辖 4 个村民委员会,31 个自然村,34 个村民小组,1578 户 6517 人。其中德昂族村寨 19 个,933 户,3851 人,德昂族人口占全乡总人口的 59.1%。占全国德昂族人口的 23%③。在境外,称为"崩龙"族,分布在缅甸和泰国。德昂族在缅甸少则 20 万—30 万人,多则 60 万人④,主要分布在密支那、八莫、南坎、腊戌、果敢、景栋等地。在泰国有 1937 人(1995 年),分布在清迈府的房县和清老县的四个村落⑤。缅甸的德昂族认为他们是从云南迁徙过去的,且云南的德昂族与缅甸的崩龙族大多居住在离边境线不

---

① 戴庆厦、蒋颖等:《云南蒙古族喀卓人语言使用现状及其演变》,商务印书馆 2008 年版,第 44—45 页。
② 德昂族简史修订编写组:《德昂简史》,民族出版社 2008 年版,第 1—2 页。
③ 李晓斌、杨晓兰:《人口较少民族的经济发展及民族关系调适——以德昂族为例》,《贵州民族研究》2010 年第 5 期。
④ 赵永胜:《缅甸语泰国跨国民族研究》,社会科学文献出版社 2015 年版,第 48 页。
⑤ 赵永胜:《缅甸语泰国跨国民族研究》,社会科学文献出版社 2015 年版,第 49 页。

远的地区，都信仰佛教，中国和缅甸的德昂族关系密切。

德昂族语言使用的特点是：普遍保留母语，全民兼用汉语，部分群众兼用载瓦语、浪速语和傣语等周边民族的语言。如德宏州芒市三台山德昂族乡允欠三组，不仅德昂族掌握德昂语，嫁入的和入赘的其他民族都掌握德昂语。全小组的人都懂汉语。由于允欠三组周边是景颇族载瓦支系、浪速支系等支系，他们有近一半的人懂载瓦语和浪速语。由于德昂族受傣族的文化影响较大，该小组有一半的人懂傣语①。

八　独龙族使用语言的状况

独龙族自称"独龙"，人数 0.6 万人，占云南省总人口的 0.01%，在全省少数民族人口中排位第二十五，是云南省人口最少的少数民族。独龙族历史上曾被称为"撬""俅""俅夷""曲夷"等。俅人是因最早居住在俅江流域而得名。俅江是独龙江的上游，发源于今西藏察隅东部，东南流至今天贡山县西部为独龙江。清朝以后，俅人南迁，居住在独龙江流域。新中国成立前夕，独龙族还处于原始社会父系氏族公社解体的阶段，生产力水平十分低下，农业以刀耕火种为主，兼以采集和狩猎，有在女孩脸上纹面的成人礼仪，纹样多为蝴蝶。蝴蝶被认为是独龙族原始部落的图腾，独龙族有灵魂不死化而为蝶的传说。独龙族不信仰祖先，相信万物有灵。认为风雨雷电、山水树石都附有鬼魂，人若犯了它们，会受到惩罚。独龙族有"隆木沙"和"班瓦当"两种巫师。"隆木沙"用茅草占卜，查看病人被什么鬼缠着，查实之后，请"班瓦当"杀生驱鬼。独龙族的部分群众信仰基督教②。独龙族在新中国成立之前，保留着原始公社的残余。以氏族为社会单位。独龙族称呼氏族为"尼柔"，意思是由一个祖先的后代所组成的有血缘关系的集团。整个独龙河流域共有十五个"尼柔"③。

独龙族是跨境民族。境内，主要分布在云南省怒江傈僳族自治州贡山县独龙族怒族自治县的独龙江两岸，约有 10% 的人口分布在贡山独龙族自治县北部的怒江两岸④。从行政区划看，主要分布在怒江傈僳族自治州

---

① 余成林：《德昂族的语言活力及其成因》，《黔南民族师范学院学报》2012 年第 2 期。
② 王丽、施璐：《行走在祖国的边陲》，《保山学院学报》2017 年第 4 期。
③ 刘达成：《独龙族》，《思想战线》1977 年第 5 期。
④ 刘达成：《独龙族》，《思想战线》1977 年第 5 期。

贡山县独龙族怒族自治县和迪庆藏族自治州维西傈僳族自治县齐洛乡。境外，独龙族被称为"日旺族"，主要分布在缅甸的克钦邦。独龙族语言使用的主要特点是：（1）聚居在农村的独龙族群众全民保留自己的母语，杂居在城镇的独龙族群众出现了母语转用。（2）多语现象普遍且具有不平衡性。普遍兼用怒语、傈僳语，部分兼用汉语，但居住在农村的独龙族群众有部分不懂汉语。下面以贡山独龙族自治县独龙族的语言使用来说明这两个特点。

贡山县独龙族有 5330 人（2000 年），主要分布在独龙江流域的独龙江乡和怒江流域的丙中洛乡双拉村小茶腊小组。贡山县独龙族怒族自治县独龙江乡是我国唯一的独龙族聚居地。居住在该乡下辖的迪政当、龙云、献九当、孔当、巴坡、马库 6 个行政村的 4 千多名独龙族群众都能使用独龙语。小茶腊是独龙族聚居的自然寨，独龙族人口 134 人，该寨的独龙族群众全民保留自己的母语。居住在独龙江乡和丙中洛乡双拉村小茶腊小组的独龙族都以独龙语为第一语言，母语传承较好。独龙语是独龙族之间最重要的语言交际。但居住在贡山县城的 1700 多名独龙族人，则只有约 50% 的人会讲独龙语，约有 50% 的转用了汉语[1]。

贡山县独龙江乡的独龙族，普遍兼用傈僳语，部分人兼用汉语，但汉语水平不及傈僳语高，村里有部分老人不懂汉语。贡山县丙中洛乡小茶腊村的独龙族普遍兼用怒语和汉语，还能听懂傈僳语和一点藏语。由于傈僳族为怒江州人口最多的民族，傈僳语通用于政府行政部门、办公区域、学校和集市，为该州通用语。小茶腊村 50 岁以上的独龙人都精通独龙语和傈僳语，40 岁以下的独龙族群众基本能听懂傈僳话[2]。傈僳语主要用于参加基督教活动。独龙族的整体教育水平偏低，2011 年至 2015 年，义务教育得到很好地推行，独龙族接受教育的年限从平均 4.7 年增加到 5 年[3]。

九　仡佬族使用语言的现状

在云南文山壮族苗族自治州居住着仡佬族，人数 1636 人。文山州的

---

[1] 王丽、施璐：《行走在祖国的边陲——独龙族语言生态研究分析》，《保山学院学报》2017 年第 4 期。

[2] 覃丽赢：《小查腊独龙族语言生活的适应性变迁》，《贵州民族研究》2015 年第 11 期。

[3] 王丽、施璐：《行走在祖国的边陲——独龙族语言生态研究分析》，《保山学院学报》2017 年第 4 期。

仡佬族，是明末清初由贵州先迁入文山州的广南县和麻栗坡县等地居住，后有部分迁徙到文山州富宁县、砚山县和马关县。1957年，文山州的仡佬族归为彝族。1984年，又恢复为仡佬族①。

　　现在，云南的仡佬族分布在文山壮族苗族自治州广南县、马关县、富宁县、文山市、麻栗坡县，但除麻栗坡县马波老寨、月亮湾、杨万等村寨的少数仡佬族群众用仡佬语以外，其他地方的仡佬族群众都已丢失自己的母语。麻栗坡的仡佬族大约在20世纪初就已经是以汉语为主的"汉—仡佬"双语群体，20世纪50年代前后，仡佬族的母语出现濒危。文山州麻栗坡的仡佬族与当地彝族杂居，并相互通婚，关系比较密切。麻栗坡县马波老寨的仡佬族有的已开始与当地的彝族趋同，自己独特的习俗已逐渐有所改变，与此同时，当地彝语也成了部分仡佬族放弃母语后转用的语言②。

十　西双版纳毕苏人使用语言的状况

　　毕苏人是指自称为"毕苏"的人。毕苏人是跨境族群。境内有6千多人，主要分布在云南省普洱市澜沧拉祜族自治县的竹塘、拉巴、东朗、富邦，孟连傣族拉祜族佤族自治县的景信、富岩、南雅，以及西双版纳傣族自治州勐海县的勐遮等地③。居住在普洱市澜沧县和孟连县的毕苏人被称为"老缅"，有5千多人，划归拉祜族。居住在西双版纳傣族自治州勐海县的毕苏人，被称为"老品"，约800人，至今族别未定。老缅话和老品话可以通话，但语音和词汇有差异，是两个不同的土语④。在境外，毕苏人分布在泰国以及缅甸与老挝交界的边境地区。毕苏语分为3个方言，境内是澜勐方言，境外是泰国境内的淮帕方言和达考方言⑤。

　　西双版纳的毕苏人（老品人）聚居在勐海县勐遮乡大寨，周围主要是傣族。西双版纳的毕苏人在支系内部交际和聚居村寨之中使用毕苏语，族际交际和村子以外的交际使用傣语或汉语。

（余金枝、梁佳）

---

　　① 文山壮族苗族自治州人民政府网：《文山仡佬族历史及风俗习惯简介》，2007年5月9日。
　　② 周国炎：《近现代散居地区仡佬族的双语现象研究》，《贵州民族研究》2003年第1期。
　　③ 李永燧：《中国的语言·毕苏语》，商务印书馆2007年版，第409页。
　　④ 徐世璇：《论语言的接触性衰变——以毕苏语的跟踪调查分析为例》，《语言科学》2003年第5期。
　　⑤ 徐世漩：《毕苏语的方言划分和方言比较》，《民族语文》1997年第4期。

第四章 云南边境地区语言使用状况

"边境"是以国家边界为视点的地域概念。关于"边境"的概念有地域范围宽窄的分歧。地域范围宽的"边境"指边界两侧一定距离的范围，是一定范围的区域界限[①]。地域范围窄的"边境"指在地理位置上同相邻国家的法定边界，靠近国境线内侧，直接沿边的一定经济社会区域[②]。本文综合上述的"边境"概念，将云南边境地区限定为云南与周边国家交界的边界线一侧的云南所辖的县级单位。云南的边境地区分布着8个边境州（市）25个县（市）的近1万个边境乡村。跨境民族人口占当地总人口的一半，占云南省16个跨境民族人口的10%[③]。

第一节 云南边境地区的地理人文状况

云南边境地区包括25个边境县。与云南的非边境地区相比，边境地区具有不同于非边境地区的地理人文特点。地理特点是与周边国家山水相连，彼此邻里。一寨两国、一井两国、一田两国等在边境地区随处可见。人文特点是边境地区居住着十多个跨境民族或跨境族群，他们同根同源、互婚互市、互帮互助、彼此认同，形成了独特的语言圈、文化圈、经济圈。而边境地区独特的地理人文状况则使边境地区的语言使用状况形成自己的特点。

[①] 李广明：《国际法》，清华大学出版社有限公司2006年版，第96页。
[②] 王占国：《边境地区县域经济发展研究》，黑龙江教育出版社1997年版，第79页。
[③] 段彤：《中缅边境地区跨境民族宗教事务管理》，硕士学位论文，云南师范大学，2017年。

一 云南边境地区的地理人文状况

云南与缅甸、越南、老挝接壤,边境线4060千米,其中滇缅边界1997千米,滇老边界710千米,滇越边界1353千米。有8个边境州市的25个边境县市与缅甸、越南、老挝的六省(邦)32县(市、镇)接壤,边境线约占我国陆地边界线的20%,是中国陆地边界线最长的省份之一。边境地区8个州(市)所辖的25个县(市)见表4-1。

表4-1 云南边境8州25县市

边境州市	边境县	数量	接壤县
怒江傈僳族自治州	贡山、福贡、泸水	3	17县与缅甸接壤
保山市	腾冲、龙陵	2	
德宏傣族景颇族自治州	陇川、盈江、瑞丽、芒市	4	
临沧市	镇康、耿马、沧源	3	
西双版纳傣族自治州	勐海、景洪	2	
普洱市	西盟、澜沧、孟连	3	
普洱市	江城	1	2县与老挝接壤
西双版纳傣族自治州	勐腊	1	
普洱市	江城	1	7县与越南接壤
红河哈尼族彝族自治州	绿春、金平、河口	3	
文山壮族苗族自治州	马关、麻栗坡、富宁	3	

表4-1显示,(1)云南边境有怒江傈僳族自治州、保山市、德宏傣族景颇族自治州、临沧市、西双版纳傣族自治州、普洱市、红河哈尼族彝族自治州、文山壮族苗族自治州等8个州市,其中普洱市与缅甸、越南、老挝三个国家接壤,西双版纳傣族自治州与缅甸和老挝接壤。(2)滇缅边境地区最广,共有6个州市所辖的17个县与缅甸接壤(怒江傈僳族自治州3个县、保山市2个县、德宏傣族景颇族自治州4个县、临沧市3个县、西双版纳傣族自治州2个县、普洱市3个县)。滇越边境次之,有3个州所辖的7个县与越南接壤(普洱市1个县、红河哈尼族彝族自治州3个县、文山州3个县)。滇老边境地区只有西双版纳州的勐腊县和普洱市的江城县2个县。(3)江城县是云南唯一一个分别与越南、老挝两个国家接壤的县。普洱市分别与缅甸、老挝、越南三国接壤。

这 25 个边境县东起文山壮族苗族自治州的富宁县，西至怒江傈僳族自治州的贡山县，由东到西、由南到北呈狭长分布。详见图 4-1。

图 4-1　云南 25 个边境县分布

如图 4-1 所显示的滇缅边境的 17 个县自北往南依次是：贡山、福贡、泸水、腾冲、盈江、龙陵、芒市、陇川、瑞丽、镇康、耿马、沧源、西盟、澜沧、孟连、勐海、景洪。滇老边境的 2 个县自西向东分别是：勐腊县和江城县。滇越边境 7 个县自西向东分别是：江城、绿春、金平、河口、马关、麻栗坡、富宁。

云南边境地区的自然地理大致可分为高山峡谷和高原丘陵两类。滇西边境地区怒江、金沙江、澜沧江从北向南穿流于怒山、高黎贡山、无量山、哀牢山之间，形成了高山峡谷地貌，高差可达 3000 米以上。南部边境地区以高原与低山丘陵的地形为主。边境地区有怒江（流入缅甸称萨尔温江）、大盈江（流入缅甸称伊洛瓦底江）、龙川江—瑞丽江（流入缅甸称伊洛瓦底江），流经滇老的澜沧河（出境后称湄公河，流经老挝、缅甸、越南）、李仙江—藤条江（流入越南称黑水河）、元江（流入越南称红河）等多条跨境江河。

在云南的边境地区分布有国家一类口岸 13 个（截至 2013 年年底，不包括 3 个空运口岸）。其中铁路口岸 1 个（河口）、公路口岸 10 个（瑞丽、畹町、孟定清水河、腾冲猴桥、打洛、磨憨、勐康、河口、天保、金水河）；水运口岸 2 个（景洪水运口岸、思茅水运口岸）。二类公路口岸 7 个（田蓬、章凤、孟连、沧源、南伞、盈江、片马）。全省 19 条公路和水运口岸中（河口口岸只计算 1 次），对越口岸 4 个，对老 2 个，对缅 13 个。中国与缅甸、老挝、越南签署协议的通道和云南省批准的边民通道有 100 多条①。90 多个边民互市通道、100 多个边民互市点。这些铁路口岸、公路口岸的分布状况见图 4-2。

图 4-2 云南边境地区口岸分布

图 4-2 的边境口岸由北至南、由西到东，将滇缅、滇越、滇老的边境地区连接为一个地域整体，促进了边境地区的经济文化交流。

二 云南边境地区的跨境民族

居住在云南边境地区 25 个县的民族基本都是跨境民族或跨境支系。这些边境地区的跨境民族，有跨境人口数量之别，有跨境国度多寡之别，跨境时间长短之别。有的跨境群体在中国只是一个支系，在境外则是独立的民族。有的跨境群体在中国是一个民族，在境外被划分为多个民族。居住在边境线两侧的跨境民族，从地理空间看，多相连成片，形成相对集中的族群单元；从历史源流看，很多跨境民族是从中国迁移过

---

① 阳茂庆：《中国西南边境地区人口空间演变格局研究》，博士学位论文，云南师范大学，2016 年。

去的,他们同根同源。如越南的侬族和岱族与云南文山壮族苗族自治州的壮族同源,越南的倮倮族与云南的彝族同源,越南、缅甸、老挝的苗族大部分是云南迁徙出去的,他们语言相通[①]。下面我们来介绍跨境民族的人口和分布。

(一) 边境地区跨境民族人口

中国西南边境地区33个县(市)总人口为941.99万人,其中云南25个边境县(市)人口为679.48万人,占西南边境地区总人口的72.1%。人口最多的是腾冲县,65.65万,人口最少的是贡山县,只有3.82万人(2013年)。云南边境县的居民多为农业人口,各县非农人口的比例低于云南省的平均比例40.48%。非农人口比例超过30%的只有瑞丽市、景洪市、勐腊县、河口县,最高的河口县仅为38.3%,非农人口比例在10%以下的有10个县(市)。尽管非农人口与城镇人口有一定出入,但基本上能反映各县市的城市化水平。由此可见云南25个边境县市均未达到云南城市化率平均水平。具体数据见表4-2[②]。

表4-2　　　　　　　云南25个边境县市的人口状况

县(市)	总人口(万人)	非农业人口(万人)	百分比(%)	县(市)	总人口(万人)	非农业人口(万人)	百分比(%)
贡山县	3.82	0.58	15.2	澜沧县	49.68	3.64	7.3
福贡县	9.95	0.87	8.7	孟连县	13.83	1.80	13.0
泸水县	18.64	3.53	18.9	江城县	12.48	2.16	17.3
腾冲县	65.65	5.17	7.9	勐海县	33.72	5.43	16.1
龙陵县	28.31	2.29	8.1	景洪市	52.86	20.15	38.1
陇川县	18.62	3.27	17.6	勐腊县	28.62	8.99	31.4
盈江县	31.11	3.66	11.8	绿春县	22.73	1.69	7.4
瑞丽市	19.10	6.97	36.5	金平县	36.63	2.43	6.6
芒市	40.00	8.38	21.0	河口县	10.61	4.06	38.3
镇康县	18.03	1.41	7.8	马关县	37.35	3.26	8.7
耿马县	30.28	4.45	14.7	麻栗坡县	28.25	2.02	7.2

① 张金鹏、保跃平:《云南边疆民族地区跨境婚姻与社会稳定研究》,《云南民族大学学报》(哲学社会科学版) 2013年第1期。

② 阳庆茂:《中国西南边境地区人口空间格局演变研究》,博士学位论文,云南师范大学,2016年。

县（市）	总人口（万人）	非农业人口（万人）	百分比（%）	县（市）	总人口（万人）	非农业人口（万人）	百分比（%）
沧源县	18.45	2.25	12.2	富宁县	41.51	2.53	6.1
西盟县	9.25	1.42	15.4				

在表4-2的这些人口中，有包括傣、壮、布依、苗、瑶、彝、哈尼、景颇、傈僳、拉祜、阿昌、怒、独龙、佤、德昂、布朗、回、汉等18个跨境民族。滇缅跨境有傣、苗、瑶、哈尼、景颇、傈僳、拉祜、阿昌、怒、独龙、佤、德昂、布朗、回、汉等15个民族。滇老跨境有傣、壮、苗、瑶、彝、哈尼、拉祜、布朗、汉等9个民族。滇越跨境有傣、壮、布依、苗、瑶、哈尼、拉祜、布朗、汉等9个民族。详见表4-3。

表4-3　　　　　　　滇缅老越四国跨境民族的族称和人口

民族族群	云南 人口（万人）①	缅甸 人口（万人）②	族称	老挝 人口（万人）③	族称	越南 人口（万人）④	族称
傣	122	450—500	掸	59.1	普泰、泐	104	泰、泐
壮	121.5	—		0.4	央	201.2	岱依、侬、布标、拉基、山斋
布依	5.8	—		—		0.68	布依（0.1）、拉基
苗	120.2	3.5	赫蒙	45.1	赫蒙	55	赫蒙
瑶	21.9	1	瑶	2.2	瑶	49.7	瑶、巴天、山由
彝	504.1	—	—	0.1	倮倮	0.9	倮倮、朴拉
哈尼	162	6	阿卡	6.9	戈、西拉、哈尼	1.3	哈尼、贡、西拉
景颇	14.2	108⑤	克钦	—		—	

① 数据来自2010年人口普查。

② 表4-3缅甸瑶族的人口数据，引自贺圣达、李晨阳《缅甸人口的种类和各民族现有人口》，《广西民族大学学报》（哲学社会科学版）2007年第1期。

③ 滇老跨境民族人口数据除赫蒙族数据引自余金枝的《老挝苗族语言生活的特点及成因》外，其他民族或族群的数据均引自周建新、范宏贵的《中老跨国民族及其族群关系》，《民族研究》2000年第5期。

④ 表4-3中的越南民族人口均引自范宏贵的《中越两国的跨境民族概述》，《民族研究》1999年第6期。

⑤ 表4-3中缅甸的傣、拉祜、独龙、佤、德昂5个民族的人口数据，引自董强《改革开放以来德宏傣族景颇族自治州跨境民族关系研究》，博士学位论文，中央民族大学，2011年。

续表

民族族群	云南 人口（万人）	缅甸 人口（万人）	族称	老挝 人口（万人）	族称	越南 人口（万人）	族称
傈僳	66.8	6①	傈僳	—	—	—	—
拉祜	47.5	8	拉祜	1.4	归、木舍	0.5	拉祜
阿昌	3.8	4②	阿昌	—	—	—	—
怒	3.1	5③	怒	—	—	—	—
独龙	0.6	0.5	独龙	—	—	—	—
佤	40	60	佤	—	—	—	—
德昂	2	25	崩龙	—	—	—	—
布朗	11.4	5	三岛	0.2	三岛	—	—
回	69.8	1—1.5④	潘泰	—	—	—	—
汉	2657.3	15	果敢	0.8⑤	贺	90	华
克木人	0.2	?⑥	克木	51.6	克木、拉勉特	5⑦	克木
莽人	0.06					0.2	莽

　　表4-3显示几个重要信息：（1）从人数的境内外分布看，可分为内多外少型、内少外多型、内外均衡型三类。内多外少型如：布依（滇5.8万—越0.1万）、苗（滇120.2万—缅3.5万、老45.1万、越55万）、彝（滇504.1万—老0.1万、越0.9万）、哈尼（滇162万—缅6万、老6.9万、越1.3万）、傈僳（滇66.8万—缅6万）、拉祜（滇47.5万—缅8万、老4万、越0.5万）、回（滇69.8万—缅甸1万余）、汉（滇

---

① 周建新：《缅甸各民族及中缅跨界民族》，《世界民族》2007年第4期。
② 周建新、范宏贵：《中老跨境民族及其族群关系》；段家开：《跨境民族阿昌族历史初探》，《保山师专学报》2002年第4期。
③ 缅甸的怒族和布朗族数据参见贺圣达、李晨阳《缅甸人口的种类和各民族现有人口》，《广西民族大学学报》（哲学社会科学版）2007年第1期。
④ 杨得志：《中缅跨境民族问题研究》，博士学位论文，华中师范大学，2011年。
⑤ 周建新、范宏贵：《中老跨国民族及其族群关系》，《民族研究》2000年第5期。
⑥ 杨得志：《中缅跨境民族问题研究》，博士学位论文，华中师范大学，2011年。指出缅甸有克木人，但人数不详。
⑦ 越南克木族和莽族的数据引自李锦芳《论中越跨境语言》，《百色学院学报》2013年第4期。

2657.3—缅15万、老0.8万、越90万)等民族。内少外多型如：傣(滇122万—缅450万、老59.1万、越104万)、壮(滇121.5万—老0.4万、越201.2万)、瑶(滇21.9万—缅1万、老2.2万、越49.7万)、景颇(滇14.2万—缅108万)、佤(滇40万—缅60万)、德昂(滇2万—缅25万)、克木人(滇0.2万—老50万、越5万)民族或族群。内外均衡型如：阿昌(滇3.8万—缅4万)、怒(滇3.1万—缅5万)、独龙(滇0.6万—缅0.5万)3个民族。

(1) 从跨境民族的分布来看，存在不均衡性。傣、苗、瑶、哈尼、拉祜、汉等6个民族及克木人分布最广，在缅老越均有分布。其次是布朗族，分布在缅甸和老挝，壮族和彝族分布在老挝和越南。再次是分跨滇越的布依族和分跨滇缅的景颇、傈僳、阿昌、怒、独龙、佤、德昂和布朗等8个民族。云南的18个跨境民族中有的民族分跨两个国家，如景颇族、阿昌族等分跨中缅，有的分跨三四个国家，如苗、瑶族、拉祜、阿卡等民族。他们虽然与其他民族杂居，但仍然是小聚居的居住形态，呈现出大杂居小聚居的分布格局。

(2) 从滇与周边三国跨境民族的分布数量来看，滇缅的跨境民族最多，有13个，滇越和滇老的跨境民族都只有8个。

(3) 从跨境民族的归类上看，存在不对应性。中国的傣族在缅甸被称为掸族，在老挝分为普泰族和泐族两个民族，在越南分为泰族和泐族两个民族。中国的壮族，在老挝被称为央族，在越南被分为岱依族、侬族、布标族、拉基族和山斋族。中国的苗族在缅甸、老挝、越南均被称为赫蒙族。中国的苗族包含数十个支系，迁移至东南亚的仅有自称为"赫蒙"的支系，故而被称为"赫蒙"族。中国的瑶族在越南被分为瑶族、巴天族和山由族。中国的彝族在老挝被称为倮倮族，在越南被分为倮倮族和朴拉族。中国的哈尼族在缅甸被称为阿卡族，在老挝被分为戈族、西拉族和哈尼族。在越南被分为哈尼族、贡族和西拉族。中国的景颇族在缅甸被称为克钦族。中国的拉祜族在老挝被分为归族和木舍族。中国的德昂族在缅甸叫作崩龙族。中国的布朗族在缅甸称为三岛族，在老挝被分为克木族、拉勉特族、三岛族、莽族。中国的克木人和莽人不是独立的民族，归入布朗族，但在缅甸、老挝和越南却是独立的民族。中国的拉基人归为布依族，越南归入拉基族。中国的回族在缅甸是潘泰族。中国的汉族在缅甸被称为果敢族，在老挝被称为贺族，在越南被称为华族。之所以出现民族归类的不同，与不同国家民族划分的标准不同有关。

（二）边境地区跨境民族分布

云南边境地区的跨境民族，分布在边境线两侧。边境线两侧跨境民族分布的大致情况是：操壮侗语族语言的跨境族群和操苗瑶语族语言的跨境族群多居住在云南的东南部和南部；操南亚语系语言的跨境族群多居住在西南部；操藏缅语族语言的族群多居住在西部和西北部。他们大多沿边境线两侧连片分布，与相邻国家的同一民族相邻而居。他们分布见表4-4。

表4-4　　　　　　云南跨境民族在边境线两侧的分布状况

民族	云南边境县（市）	接壤国的分布区
傣	芒市、瑞丽、陇川、盈江、勐腊、景洪市、勐海、马关、麻栗坡、富宁、金平、河口等	缅甸的掸邦及克钦邦、克伦邦等省[1]；老挝的琅南塔、乌都姆塞、丰沙里等北部省份[2]；越南北部
壮	马关、麻栗坡、富宁、金平、河口等	越南高平、谅山、北太、河宣、广宁、黄连山等省
拉基人	马关	越南兴门、黄树皮、北光
布依	马关、河口等	越南封土、莱州、保乐、高谅
苗	马关、麻栗坡、富宁、金平、河口等	缅甸的果敢、掸邦、若开邦等省，老挝的琅南塔、丰沙里、乌多姆赛、琅勃拉邦、华潘、川圹、波里坎赛、万象等省，越南河江、老街、黄连山、莱州、山罗、高谅、义静、北太等省
瑶	马关、麻栗坡、富宁、金平、河口、勐腊等	缅甸"金三角"地区，老挝琅南塔、桑怒、丰沙里、琅勃拉邦，越南河宣、黄连山、高平、谅山、北太、山罗、莱州、清化、广宁
彝	绿春、金平、河口、马关、麻栗坡、富宁等	越南河宣、黄连山；老挝丰沙里
哈尼	绿春、金平、河口、澜沧、勐腊等	越南莱州省孟底县和黄连山省巴沙县，老挝本再、丰沙里、孟夸、南帕河南岸、南难河东、南艾河沙奔以北，缅甸掸邦东部景栋
景颇	陇川、盈江、芒市、瑞丽等	缅甸克钦邦、掸邦
傈僳	泸水、福贡、贡山等	缅甸克钦邦、迈立开江东岸、八莫、东枝、景栋
拉祜	澜沧、孟连等	掸邦东南部；越南莱州省孟底县；老挝会晒地区
阿昌	陇川等	缅甸克钦邦的密支那、八莫等地以及掸邦的南坎、景栋等地

---

　①　范宏贵：《缅甸掸族与中国德宏傣族的渊源关系》，《广西民族研究》1996年第1期。

　②　黄兴球：《中老跨境民族的区分及其跨境特征论》，《广西民族学院学报》（哲学社会科学版）2006年第3期。

续表

民族	云南边境县（市）	接壤国的分布区
怒	泸水、福贡、贡山等	缅甸克钦邦北部
独龙	贡山等	缅甸克钦邦北部
佤	西盟、沧源、孟连、耿马、澜沧等	缅甸北部掸邦
德昂	芒市、瑞丽、盈江、陇川等	缅甸密支那、八莫、果敢、景栋
布朗	勐海、勐腊、景洪等	老挝丰沙里
回	腾冲、龙陵等多个边境县市	缅甸仰光、曼德勒、东枝、景栋、八莫、莫谷、腊戍①
汉	25个边境县	缅甸、越南、老挝全境
克木人	勐腊、景洪	老挝琅南塔、缅甸掸邦东部、越南莱州、山萝、老街
莽人	金平	越南莱州省的芒寺县、巡胡县和奠边省的孟来市

表4-4的跨境民族或族群分布的地域广、涉及的国家多，但有一个突出的分布特点是：在边境线两侧形成了小聚居、大杂居的分布格局。如瑶族主要分布在中越、中老边境一线。1992年，中老两国联合对边界进行勘定时，双方代表发现，西双版纳傣族自治州勐腊县曼腊彝族瑶族乡吗叭村瑶族农民李民忠家的草房，正好不偏不倚坐落在国境线上，成了名副其实的跨国人家。当时曾让李民忠家自愿选择国籍，他选择了中国。他说，他的祖祖辈辈都是中国人，现在虽然生火做饭是在老挝，但吃饭睡觉还是在中国②。

（余金枝、杨露）

第二节　云南边境地区语言使用状况

本节从跨境地区语言分布概况、跨境民族母语使用状况和边境地区语言使用特点三个方面来描写云南边境地区的语言使用状况。

---

① 何平：《移民缅甸的云南回族》，《民族研究》1997年第1期。
② 盘金祥：《跨国而居的瑶族人家》，《对外大众传播》1995年第6期。

一 云南边境地区语言分布概况

云南 25 个边境县分布着 30 多种语言,其中藏语、景颇语、阿侬语、独龙语、彝语、哈尼语、傈僳语、拉祜语、怒苏语、毕苏语、载瓦语、浪速语、勒期语、波拉语、阿昌语、傣语、壮语、拉基语、苗语、瑶语、佤语、布朗语、德昂语、克木语、布兴语、莽语等 26 种少数民族语言是跨境语言。8 个州 25 个边境县语言分布使用大致如表 4-5 所示。

表 4-5　　　　　　　　25 个边境县的少数语言使用概况

边境县		语言使用概况
怒江州	贡山	傈僳语、独龙语、阿怒语、藏语、白语、汉语
	福贡	傈僳语、阿侬语、怒苏语、白语、汉语
	泸水	傈僳语、白语、勒期语①、景颇语、浪速语、怒苏语、柔若语、汉语
保山	腾冲	傣语、傈僳语、阿昌语、白语、汉语
	龙陵	彝语、傈僳语、阿昌语、傣语、汉语
德宏州	陇川	景颇语、傣语、阿昌语、德昂语、傈僳语、浪速语、载瓦语、汉语
	盈江	傣语、景颇语、德昂语、傈僳语、阿昌语、浪速语、勒期语、仙岛语、汉语
	瑞丽	傣语、景颇语、载瓦语、傈僳语、浪速语、勒期语、汉语
	芒市	傣语、载瓦语、傈僳语、德昂语、阿昌语、浪速语、勒期语、波拉语、汉语
临沧	镇康	德昂语、佤语、傈僳语、彝语、傣语、苗语、白语、布朗语、拉祜语、汉语
	耿马	傣语、佤语、拉祜语、傈僳语、彝语、景颇语、德昂语、布朗语、汉语
	沧源	佤语、傣语、拉祜语、彝语、壮语、白语、傈僳语、苗语、汉语
版纳州	勐海	傣语、哈尼语、布朗语、拉祜语、佤语、景颇语、汉语
	景洪	傣语、哈尼语、布朗语、拉祜语、基诺语、瑶语、彝语、户语、桑孔语、汉语
	勐腊	傣语、哈尼语、彝语、瑶语、壮语、汉语
普洱市	西盟	佤语、拉祜语、傣语、汉语
	澜沧	拉祜语、佤语、哈尼语、布朗语、傣语、彝语、汉语
	孟连	傣语、拉祜语、佤语、汉语
	江城	哈尼语、彝语、瑶语、傣语、拉祜语、汉语
红河州	绿春	哈尼语、彝语、优语、傣语、拉祜语、汉语
	金平	苗语、瑶语、傣语、哈尼语、彝语、壮语、拉祜语、布朗语、汉语
	河口	瑶语、苗语、壮语、彝语、傣语、哈尼语、汉语

---

① 泸水县片马镇茶山人所说的茶山语,学界一般认为是勒期语。但茶山人自己不同意这种归类,认为他们所说的茶山语不同于勒期人所说的勒期语。

续表

边境县		语言使用概况
文山州	马关	壮语、苗语、傣语、布依语、瑶语、彝语、拉基语、汉语
	麻栗坡	壮语、苗语、瑶语、彝语、傣语、仡佬语、普标语、汉语
	富宁	壮语、瑶语、苗语、彝语、末昂语、布央语、汉语

从表 4-5 我们可以看出语言分布的几个大致规律：

(1) 所有的边境县都兼用汉语。

(2) 由北往南呈现出语言使用的空间特征大致是：最北边的边境州——怒江傈僳族自治州所辖的四个边境县只使用汉藏语系藏缅语族的藏语支（藏语）、彝语支（傈僳语、怒苏语、白语、勒期语、浪速语、怒苏语、柔若语）和景颇语支（阿侬语、景颇语）三个语支的语言。位于怒江州南边的保山市所辖的腾冲市和龙陵县除了继续使用藏缅语族彝语支的傈僳语、白语，还使用缅语支语言（阿昌语）和汉藏语系壮侗语族的傣语。位于保山南边的德宏傣族景颇族自治州开始出现了藏缅语族缅语支的载瓦语和南亚语系语言（德昂语）。位于德宏之南的临沧市继续使用南亚语系语——佤语、布朗语，并开始出现苗瑶语族语言（苗语）。从德宏再往南，藏缅语族语言减少，南亚语系语言、汉藏语系的壮侗语族和苗瑶语族语增多。

(3) 除了汉语，没有一种民族语言贯穿南北。

二 边境地区民族语言使用状况

跨境地区的民族，除回族转用汉语以外，其他民族基本保留自己的母语，但由于人口数量、聚居程度、交通状况、经济生活模式、受教育程度、宗教信仰等方面的差异，不同民族、不同地区的语言使用状况也存在差异。由于本节考察的重点是母语，因此，我们根据不同地区不同民族的母语使用状况分为"母语保留型""母语濒危型""母语转用型"3 种类型。

(一) 母语保留型

母语保留型是指分布在某地的某一族群 80% 以上的人能熟练使用母语、运用母语进行日常交际的语言使用类型。此类型可划分为"母语"型、"母语—兼用语"型、"兼用语—母语"型等三类，以"母语—兼用语"型为主要类型。

1. "母语"型

"母语"型是指只掌握自己母语的语言使用类型。此类型主要出现在边远山区60岁以上群体或周边国家嫁入的女性。由于义务教育的全面普及，此类型的人数在缩减，预计20年以后，此类型将消失。如居住在滇越边境文山州马关县都龙镇金竹村岩头寨的部分老年妇女只会说苗语，不会说其他语言，即便能听懂一点汉语，但不愿意说。岩头寨在老君山上，从岩头寨去都龙镇府，要先走3千米的泥泞山道或石子路到山下的田坝心，再从田坝心坐公交车去都龙。若是雨季，雨水封路，根本无法下山。山上的居民特别是中老年妇女很少有机会跟外界接触。又如居住在滇缅边境的怒江州泸水县片马镇的老年茶山妇女，就有不少人只会说茶山语（勒期语）。

2. "母语—兼用语"型

指先习得自己的母语，而后又习得其他语言的双语或多语类型。根据兼用语言的类型又可分为"母语—民族语""母语—汉语""母语—民语—汉语"等几种类型。

（1）"母语—民族语"型

此类型是指先习得自己的母语、后习得少数民族语言的语言使用类型。这类型主要分布在两类人群中。一类是语言使用者是少数民族，他们先学会自己的母语，而后又学会其他少数民族语言，成为使用两种或多种少数民族语言的双语群体。这一语言使用类型多分布在杂居区的少数民族老年群体。他们先掌握自己的母语，由于与周边的少数民族交往，他们又掌握周边少数民族的语言。如滇越边境的文山州马关县都龙镇董腊鱼村，该村是一个壮族和苗族杂居的寨子，寨中的部分苗族老人，除掌握苗语外，还掌握壮语；寨中的部分壮族老人，除掌握壮语，还掌握苗语。一类是汉族，他们先习得汉语，后习得少数民族语言。此类语言使用类型主要出现在杂居在少数民族聚居区的汉族寨子，由于人口劣势，汉族人成为某一区域内的少数民族，他们需要兼用周边的少数民族语言来满足交际的需要。如滇越边境麻栗坡县董干镇的部分汉族，除了掌握汉语，还掌握苗语。

（2）"母语—汉语"型

此类型是最为普遍的语言使用类型。少数民族群众在习得自己的母语之后，再习得汉语，成为"母语—汉语"的双语型语言群体。"母语—汉语"型又可分为"母语—云南方言""母语—云南方言—普通话""母语—普通话"三个次类。"母语—云南方言"的双语者在掌握自己的母语之后，兼用云南方言。母语用于家庭、村寨或族内交际，汉语用于集市、政府等公共场合的族际交流。"母语—云南方言—普通话"是指先习得母语，后习得云南方言，之后又习得普通话的语言使用类型。这类语言使用群体，从家庭和村寨的语言社区中习得母语，与村子外的其他民族交往习得云南方言，与外地人交往或外出打工习得普通话。"母语—普通话"型是新出现的双语使用类型。这一双语类型者主要是生活在少数民族聚居区的青少年群体。他们从小学会自己的母语，再家庭和村寨中只说自己的母语，直到学龄前都只用自己的母语交际，虽然也从电视、网络等媒体上接触普通话，但只得到"听"的能力训练，没有得到"说"的训练。上小学之后，学校用普通话作为课堂教学用语，读到小学三年级时，掌握了普通话。由于没有学习云南方言的语言环境，他们成为只掌握母语和普通话的双语群体。如滇缅边境的怒江州泸水县片马镇的茶山儿童就是使用"茶山语—普通话"的双语群体。

（3）"母语—民语—汉语"型

此类型是指掌握自己的母语之后又兼用其他民族语言和汉语（主要是云南汉语方言）的语言使用类型。此类语言使用类型主要出现在多民族杂居区。在云南的杂居区中，有不少人口在10万以下的少数民族或支系，其母语仍然得到较好的保留。如：滇老边境勐腊县的克木人（布朗族）除了掌握自己的母语，还掌握傣语和汉语。滇缅边境镇康县南伞镇的德昂族，虽然人数不多，但他们从小都说自己的母语，绝大多数入学前不能讲汉语。一年级时，会讲一点汉语，上课要老师翻译才能懂，到了二、三年级才掌握汉语。他们在家庭和族内交际中使用自己的母语，在村寨或公众场合使用当地人口占优势的少数民族语言和汉语。镇康县的德昂族掌握德昂语、汉语、傣语、佤语、苗语五种语言。滇缅边境瑞丽市和陇川县的德昂族掌握德昂语、景颇语、汉语和傣语四种语言。陇川县的一些德昂族村寨使用德昂语、傣语、汉语。瑞丽的德昂族使用德昂语、景颇语、汉语型。

表 4-6　　　　德昂族聚居地区人口分布和语言使用情况①

	镇	村	户	人口	语言使用状况
瑞丽市	勐卯镇	贺南毛寨	24	100	德昂语、景颇语、汉语、傣语
	勐秀乡	广卡寨	42	200	德昂语、景颇语、汉语、傣语
		雷门寨	24	110	德昂语、景颇语、汉语、傣语
		南桑寨	43	210	德昂语、景颇语、汉语、傣语
	户育乡	广松寨	43	210	德昂语、景颇语、汉语、傣语
		雷贡寨	24	120	德昂语、景颇语、汉语、傣语
		茫海社德昂社	23	110	德昂语、景颇语、汉语、傣语
陇川县	章凤镇	芒棒（户弄办事处）	—	—	德昂语、傣语、汉语、景颇语
		费岗（户弄办事处）	—	—	德昂语、傣语、汉语、景颇语
		费瞬哈（户弄办事处）	78	386	德昂语、傣语、汉语
		匀盘（章凤办事处）	—	—	德昂语、傣语、汉语
		费广海（弄门办事处）	—	—	德昂语、傣语、汉语、景颇语
	景罕镇	景嗯村	21	66	德昂语、傣语、汉语、景颇语
镇康县	军弄乡	哈里村	49	251	德昂语、汉语、傣语、佤语、苗语

边境少小民族兼用其他民族语言的原因，除本民族人数不占优势以外，还与文化信仰有关。如滇缅边境的镇康县的德昂族信仰小乘佛教，德昂族聚居的寨子大多有佛寺（当地称为"奘房"），而经书是用傣文写的，因此德昂族的成年男子不仅会说傣语，而且还会写傣文。

陇川县户撒乡的汉族、傣族、傈僳族、景颇族的部分人兼用阿昌语②。

（二）母语濒危型

母语濒危的界定没有统一的标准，但母语濒危的现象确实存在。为此，本节将母语濒危界定为使用人数在 5 千以下、使用母语的人数比例较低、母语传承出现了代际断裂、词汇量明显下降、母语使用范围急剧缩小的语言使用现象，这些现象的出现是母语濒危的表现。从濒危的范围看，若某一族群（包括某一支系）的全体成员或某地的全体成员使用母语出现了上述现象，我们界定为母语整体濒危；若仅仅是部分成员或局部地区

---

① 王铁志：《德昂族经济发展与社会变迁》，博士学位论文，中央民族大学，2004 年。
② 戴庆厦等：《中国少数民族语言文字应用研究》，云南民族出版社 2000 年版，第 77 页。

出现了上述现象，我们界定为局部濒危。在云南边境的 25 个县，分布在杂居区的少数民族，有的出现了母语濒危。详见表 4-7。

表 4-7　　　　　　　云南边境县市母语濒危情况一览

母语濒危的地点	濒危语言	使用人数	使用群体或人数
文山州马关县	拉基语	60 人	老人
文山州麻栗坡县	普标语	50 人	老人
德宏洲盈江县	仙岛语	20 人	老人
怒江州福贡县	阿侬语	五六百人	老人
文山州麻栗坡	仡佬语	人数极少	老人
版纳州景洪市	桑孔语	1000 多	
文山州富宁县广南县	布央语	1000 多	
德宏州芒市梁河县陇川县	波拉语	500 多	
富宁县	末昂语	3000 多	
怒江州兰坪县泸水县	柔若语	2500	
丽江市玉龙县太安乡和大理市剑川县	堂郎语	2000 多	

表 4-7 显示，一是这些语言的使用人数都在 5 千以下。人数最多的是末昂语，4000 多位末昂人，居住在木央、里拱几个自然村的 20% 末昂人已经转用汉语。余下的 3 千多人虽然仍在使用末昂语，但其功能已受到壮语的冲击，在不久的将来，有转用壮语的可能[①]。二是人数不明的仡佬语或人数只有数十人的拉基语、普标语、仙岛语已经处于严重濒危状态，这几种语言将随着老人的离世而消亡。

(三) 母语转用型

在云南边境地区的部分人口或某一民族或族群的部分人口转用其他语言不使用自己的母语。如傣族虽然大多保留自己的母语，但居住在德宏傣族景颇族自治州芒市遮放镇的傣族寨子有一些家庭，年轻人都说傣语，填报的民族成分是傣族，但他们家里的老人却会说德昂语，填报的民族成分是德昂族[②]。"崩龙族是潞西、瑞丽、陇川、盈江、梁河、莲山等地历史较早且分布较广的民族，后因受景颇族排挤，大部分迁往缅甸，一部分变

---

① 周德才：《濒危语言的现状及保护——以云南富宁末昂语为例》，《第二届中国云南濒危语言遗产保护研讨会论文集》，2006 年。

② 王铁志：《德昂族经济发展与社会变迁》，博士学位论文，中央民族大学，2004 年。

为傣族""陇川城与章凤街之间的户弄寨,原来全是崩龙族,现在一部分已经变为傣族"①,这些人转用了傣语。彝族是云南省人口最多的少数民族,生活在彝族聚居区的彝族人都保留了自己的母语,但生活在杂居区的部分彝族人出现了母语转用。如居住在文山壮族苗族自治州马关县都龙镇辣子寨的彝族人转用了汉语。

第三节　边境地区语言使用特点

居住在云南边境地区的16个少数民族,跨境而居,与邻国的跨境民族同宗同源、民族习俗、民族信仰、语言相通。跨境民族大多居住在国境线两侧,阡陌交通,鸡犬相闻,通婚互市。有的跨境民族在境外的人口比在境内多。如傣族人口在云南省的人口为123.21万人,主要分布西双版纳、德宏、普洱、红河、临沧等地区的边境沿线。云南的傣族与缅甸的掸族是亲缘民族。掸族约420万人,占缅甸总人口的8.5%是缅甸第二大少数民族。缅甸的掸族与云南的傣族语言文字相同、文化相同、风俗相同。滇缅的傣掸民族关系是边境地区和跨境民族特有的语言关系,这种语言关系使得边境地区跨境民族的语言使用具有与非边境地区不同的特点。

一　少数民族语言具有跨境性特征

分布在云南边境25个县的少数民族,使用傈僳语、阿怒语、阿侬语、怒苏语、独龙语、藏语、拉祜语、景颇语、载瓦语、茶山语、浪速语、彝语、布依语、壮语、傣语、拉基语、苗语、瑶语(优勉方言和金门方言)、布朗语、德昂语、佤语、克木语、莽语等30余种语言,其中28种是跨境语言。这些跨境语言不仅被云南的边境地区的民族使用,也被相邻国家的同一民族使用。藏缅语族彝语支的傈僳语,不仅被怒江傈僳族自治州的贡山县、福贡县、泸水县,保山市的腾冲县、龙陵县,德宏州的盈江县、瑞丽市和陇川县的傈僳族使用,还被缅甸北部密支那城北的阿腊、俄兵、迈施、巴腊言、康马、古母、施最、马开等寨子的傈僳族使用。缅甸

---

① 云南省编辑委员会:《德昂族社会历史调查》,云南民族出版社1987年版,第198—201页。

密支那大坝子上，以伊洛瓦底江为界的东岸居住着十二个大村寨，约有1500多户，西岸居住着27个村寨，约3700户。两岸共居住着39个傈僳族寨子，5200多户，5万余人。密支那坝子以西三十公里的南丁坝下游的新兴城市孟拱及其附近，也有很多傈僳族人居住。往西高原如甘马因以及矿山区隆肯、帕敢等小坝子也居住有很多傈僳族[1]。这些傈僳族都使用傈僳语。

阿怒语、阿侬语、怒苏是怒族人的母语。使用阿怒语的怒族人自称"阿怒"，主要居住在贡山独龙族怒族自治县的丙中洛、捧当、茨开、普拉底等四个乡镇中，人口为6297人（2007年）。阿侬语主要的自称为"阿侬"的怒族人使用。他们主要福贡县的上帕镇、鹿马登、架底等乡镇，人口约5900人（2007年）[2]。使用怒苏语的主要是自称为"怒苏"的怒族人，主要聚居于今福贡县匹河、子里甲乡等地，原属碧江县，称"碧江怒族"，人口约13900人（2007年）[2]。这些语言在相邻的缅甸北部的伊洛瓦底江上游地区也使用。

独龙语是独龙族的母语，在中缅边境的怒江州贡山县使用。独龙语也在缅甸北部使用，叫作"日旺语"。藏语在怒江州贡山县的藏族中使用，也被居住在缅甸北部克钦邦葡萄县藏族村落的藏族使用。拉祜语被澜沧江东岸和西岸的拉祜族使用。在缅甸，拉祜族属于傈僳族的一支，有"拉祜纳"和"拉祜西"两个支系，他们居住在从大沽到景栋东部一带的村庄里[3]。在老挝，拉祜族有白拉祜、黄拉祜和拉祜松三个支系，分布在琅南塔。在越南，拉祜族划分是傈僳族的一支。拉祜语也用于这些国家的拉祜族村寨。景颇语是景颇族景颇支系的母语，被居住德宏傣族景颇族自治州芒市、瑞丽市、盈江县以及临沧市耿马县等地的景颇族使用。在缅甸，景颇族叫克钦族，景颇语被称为克钦语。克钦语被分布在缅甸克钦邦和掸邦的克钦族使用。茶山语（也叫勒期语）被居住在泸水县片马镇的岗房、古浪、片马三个行政村的茶山人使用。与片马镇一河之隔的缅甸密支那，有茶山人大多分布在中缅边界线上，这些缅甸茶山人使用茶山语。浪速语

---

[1] 鸣乃（缅甸）：《缅甸的民族及其分布》，蔡祝生节译自《缅甸联邦的民族及其分布》，《东南亚研究资料》1965年第5期。

[2] 何林：《"怒人"是谁？——文化视野中的怒族源流》，《昆明学院学报》2012年第4期。

[3] 鸣乃（缅甸）：《缅甸的民族及其分布》，蔡祝生节译自《缅甸联邦的民族及其分布》，《东南亚研究资料》1965年第5期。

在怒江州泸水县的 3500 浪速人使用，也被分布在缅甸北部浪速人使用。

布依语被居住在马关县的布依族使用，也被居住在越南北部山区的布依族使用。壮语被分布在边境线的马关、麻栗坡、富宁等县的壮族使用，也被居住在越南北部的侬人和岱族使用。我国境内的拉基人有 1643 人，主要分布在边境马关县的金厂镇、夹寒箐镇、仁和镇、南捞乡、小坝子镇、马白镇、坡脚乡和都龙镇。在越南约有 8000 人，主要分布在越南河江省居嘎、曼优、曼蓬、曼邦等地①。两国的拉基人都使用拉基语。

苗语被分布在中越边境的富宁县、麻栗坡县、马关县、河口县和金平县，中老边境的勐腊县，中缅边境的镇康县等地的苗族使用。苗族在越南约 62.5 万人，在该国少数民族中人口数量排位第七，分布在河江、宣光、高平、老街、莱州、北太等省。老挝 45 万人，在非主体民族中人口数量位居第二，分布在琅南塔、乌多姆塞、琅勃拉邦、川圹、华潘、万象等北部和中部的省份。缅甸约 3 万余人，分布在果敢、东枝、景栋、八莫等地（贺圣达，1993）。这些国家的苗族都使用苗语。境外苗族所讲的苗语与边境县苗族所讲的苗语能够通话。中越边境的麻栗坡县、马关县、河口县和金平县、勐腊县和江城县等地的瑶族人讲瑶语的勉话和金门话两个方言，这两个方言老挝、越南、缅甸等境外的瑶族使用。

佤语是滇缅边境沧源县、孟连县、澜沧县、双江县和耿马县等地佤族人的母语，也是缅甸佤邦和掸邦佤族人的母语。布朗语用于中缅边境西双版纳州勐海县、景洪县、澜沧县、双江县、镇康县等地的布朗族村寨，也用于缅甸北掸邦第七特区的布朗自治区。德昂族居住在滇缅边境的潞西县、镇康县、瑞丽市、耿马县、澜沧县和盈江县等地，他们使用德昂语。德昂族在缅甸分布有 50 万人（一说 70 万人），居住在掸邦和克钦邦地区。他们于 1972 年在缅甸文和傣文的基础上创建了德昂族文字，从小学到初中开设德昂语文课，规定德昂族在小学必须学习德昂文，还开办了德昂语广播电台。缅甸在每年的 8 月 30 日都要举行一次以纪念创立德昂文字为内容的文化节。缅甸德昂族文字的使用，对中国德昂族产生一定影响，在云南的陇川县和昆明的民族园建立的德昂族标志性建筑"龙阳塔"上，都刻有缅甸创立的德昂族文字字母②。克木语主要分布在滇老边境的

---

① 林少棉：《拉基语的系属问题》，《语言研究》1991 年第 4 期。
② 王铁志：《德昂族经济发展与社会变迁》，博士学位论文，中央民族大学，2004 年。

勐腊县，还分布在老挝、越南、缅甸。

二 汉语具有通用性特征

在云南与缅甸、越南、老挝接壤的边境地区，汉语已经成为跨越国界的通用语言。中缅边境两侧的边境寨子，大部分年轻人会说普通话。由于战乱，滇缅边境地区的缅甸边民大量涌入云南的边境地区。这些缅甸的边民大多会讲汉语。我们在临沧市镇康县南伞镇调查时，参加了一个迎娶缅甸果敢县新娘的婚礼。来自果敢的新娘能说一口流利的普通话。在缅甸，许多华人子女除就读缅文学校外，还在华文学校学习汉语，甚至当地的傣族、景颇族、傈僳族、阿昌族等都会把孩子送到华文学校学习汉语①。缅甸的"果敢特区"，通用人民币与汉语（云南方言和普通话），甚至使用云南的电话区号和手机号码④。

居住在滇越边境线越南一侧的少数民族，由于经常去邻近的云南寨子务工，他们会说云南方言和普通话。例如：越南河江省同文县的少数民族经常来云南麻栗坡董干镇做建筑工、收玉米、种地、赶集，有的甚至去广东打工，他们大多会说云南方言和普通话。

滇老边境线老挝一侧的瑶族、苗族、克木人等跨境的边境族群，由于与勐腊县、江城县的同一族群交往密切，他们大多掌握汉语。

三 语言生活具有多语性特征

在云南边境25个县，多语现象非常普遍。边境地区的少数民族除掌握自己的母语外，大多还掌握云南方言和当地的强势民族语言，各种语言在自己的语言生活中各司其职，互相补充。

位于中缅边境的泸水县片马镇的茶山人掌握茶山语、景颇语、汉语等多种语言。怒江傈僳族自治州的怒族人由于与傈僳族长期相处，普遍会说傈僳语。怒江州的丙中洛是多语现象普遍，一个寨子、一个家庭同时使用。

中越边境马关县的拉基人，除使用拉基语，还兼用壮语、傣语、汉语、彝语、苗语。布朗族布朗语、克木语、莽语、卡米语、傣语、老挝

---

① 吴世韶：《中国与东南亚国家间次区域经济合作研究》，博士学位论文，华中师范大学，2011年。

语、哈尼语,独龙族会讲独龙语、傈僳语。

德昂族与景颇、汉、傈僳、佤族等杂居,有少数村寨坐落于傣族村寨之间,是滇西居民点极为分散的一个人口少的小民族。因此德昂族许多人通晓汉语、傣语、景颇语,使用汉文和傣文[①]。

(余金枝)

[①] 谷家荣、蒲跃:《迎合西南地缘特征的山地文化生成逻辑——以滇缅边境地区的德昂族为例》,《学术探索》2014年第9期。

第五章　滇缅边境地区语言使用状况

　　云南与缅甸接壤，国境线长约 1997 千米。中缅边境线从中印缅交界点起，依次经过尖高山、南定河、南卡江，蜿蜿蜒蜒至中缅老三国交界处止，分为北段、中段和南段。北段指中印缅三国交界点至尖高山段。中段为尖高山至南定河，其中南碗河与瑞丽江汇流处的猛卯三角地区为"永租"地。南段渭南定河至南卡江为南段（又称"一九四一年线"）。北段地处青藏高原、云贵高原结合的横断山区，属于高山峡谷，自然环境恶劣。中段和南段大部分位于怒江（萨尔温江）、澜沧江（湄公河）的低纬、低海拔丘陵河谷湿热地带，无高山阻隔，有大片区域是中缅两国直接接壤。

　　滇缅边界云南一侧从北向南地州级行政区划依次是怒江傈僳族自治州、保山市、德宏傣族景颇族自治州、临沧市、普洱市和西双版纳傣族自治州共 6 个。依据上述中缅边境线北段、中段和南段的地段划分，怒江傈僳族自治州贡山独龙族自治县、福贡县、泸水县 3 个县为边境线北段边境地区。保山市腾冲县，德宏傣族景颇族自治州盈江县、陇川县、瑞丽市和芒市，临沧市镇康县、耿马傣族佤族自治县和沧源佤族自治县 8 个县为边境线中段边境地区（沧源佤族自治县位于南定河东南侧，本研究仍划入此区）。普洱市西盟佤族自治县、孟连傣族拉祜族佤族自治县和澜沧拉祜族自治县，西双版纳傣族自治州勐海县、景洪市和勐腊县 6 个县，靠近边境线南段、东段的边境地区本研究总称为南段边境地区。由此，中缅边境的北段、中段和南段分布着 6 个地州市 17 个县、市。上述行政区的民族众多。世居民族主要是独龙族（缅甸识别为日旺族）、傈僳族（缅甸识别为克钦族支系）、傣族（缅甸识别为掸族）、景颇族（缅甸识别为克钦族之一）、佤族、拉祜族和彝族、德昂族、布朗族、苗族、瑶族等。依据居住环境，这些民族一般分为山区民族和坝区民族。山区民族如独龙族、傈傈僳族、景颇族、佤族、拉祜族和彝族等主要居住在山区，进行山地农业、狩猎、游耕等经济生产方式。坝区民族主要是傣族、布朗族等，种植水稻。这两类民族在经济、政治、文化上互相补充，共同开发当地的资源。汉族是后来迁入的民族，但在当地占有重要地位。

滇缅边境线缅甸一侧的一级行政区是克钦邦和掸邦。这两个邦是缅甸最强的自治邦和最大的自治邦，其下辖的主要城市有克钦邦首府密支那、八莫市，掸邦北部城市拉戍，掸邦第一行政区（果敢）、掸邦第二行政区（佤邦及其首府邦康）和掸邦第三行政区（景栋），共两个自治邦约六个重要城市。世居民族主要有日旺族、克钦族、掸族、佤族、拉祜族和彝族、德昂族、布朗族等。由于特殊的历史原因，这些地区名誉上属缅甸联邦，但实为少数民族地方武装所控制，各少数民族组织了自己的武装部队，与缅甸政府军对峙，两者处于敌对状况，缅甸联邦势力无论是军事、政治还是教育方面都比缅甸少数民族地方武装薄弱。

滇缅边境上的各民族山水相连，文化相同，风俗相近，信仰相似，语言相通，很多民族历史上本是同一个民族。因此，调查研究滇缅边境云南境内的语言使用情况，对认识滇缅跨境民族的语言生活及语言文化安全都具有重要的价值。下面以北段、中段、南段为序进行分析。

第一节 滇缅边境北段语言使用状况

本节主要介绍滇缅边境北段的社会人文状况以及滇缅北段三个边境县的语言使用状况。

一 滇缅边境北段社会人文概况

滇缅边境北段包括怒江傈僳族自治州的贡山独龙族自治县、福贡县、泸水县3个县，这三县西临缅甸，国境线长449.467千米。怒江州辖4个县，除兰坪白族普米族自治县以外，其余的3个县均是边境县。怒江傈僳族自治州是中国唯一的傈僳族自治州，是国家级贫困州，80%的人口分布在海拔1400米以上的山地，长期处于以种粮为主的原始农业状态；也是中国民族成分最多和人口较少民族最多的自治州，独龙族和怒族是怒江州的独有民族。

怒江傈僳族自治州因傈僳族人口占多数、怒江流经怒江州所辖四县中的三县（贡山、福贡、泸水）、流程为 316 千米而得名。怒江州成立于 1954 年。全州人口 534337 人，汉族人口为 65995 人，占总人口的 12.35%；少数民族人口为 468342 人，占总人口的 87.65%。全州人口最多的民族是傈僳族，人口 257620 人，占全州人口的 48.21%；其次是白族，人口 139164 人，占全州总人口的 26.04%；彝族人口为 11758 人，占全州总人口的 2.20%[1]。独龙族 5700 多人，占全州总人口的 1.11%，占云南省独龙族总人口的 92.73%。怒族 27000 人，占全州总人口的 5.5%，占全省怒族总人口的 96%。傈僳族、独龙族和怒族都是世居怒江的跨境民族，与居住在滇缅边境北段的缅甸境内的傈僳族、独龙族和怒族同宗同族[2]。

傈僳族、独龙族和怒族都是"直过"民族，在 20 世纪 50 年代以前，还处在原始公有制的社会形态，20 世纪 50 年代以后，党和政府帮助他们直接跨入社会主义。由于山川纵横，怒江州交通闭塞，进怒江峡谷的路是云南省最难走的路，在怒江边有一些宽度仅有 5 寸的路。20 世纪 90 年代开始，交通部把怒江州列为挂钩扶贫对象，今天怒江州的交通状况发生了翻天覆地的变化，1999 年，贡山县独龙江乡通了公路，改变了独龙族主要聚居区历史上没有公路的状况。以前从独龙江到外面都得走人马驿道，走路到县城要走 6 天。由于怒江大峡谷本身的地理条件，怒江州的公路仍然是云南省最艰险的道路。怒江州也是云南省最贫困的地区，所辖的 4 个县都是国家级贫困县。全州 29 个乡镇，有 19 个被列为云南省扶贫攻坚乡镇。在怒江大峡谷中，有 76.6% 的土地是 25° 以上的陡坡。从事农业、畜牧业、商业都十分困难[3]。

新中国成立之前，怒江州没有一所中学，只有几所规模很小的小学，在校生不足两千人，文盲率高达 99%。1955 年，全州建立第一所中学——碧江中学。改革开放之后，怒江州的教育得到了很大的发展，到 2017 年年底，全州共有 473 所学校，其中：幼儿园 218 所，小学 220 所（含教学点 137 个，其中一师一校点 14 个），初级中学 19 所，九年一贯制学校 2 所，高中 8 所，中等职业技术学校 1 所，职业高中 2 所，特殊教育

---

[1] 数据来自怒江州统计局网站的"2010 年怒江州第六次全国人口普查主要数据公报"。
[2] 怒江州民委：《怒江州民族工作回顾》，《今日民族》2008 年第 8 期。
[3] 杨春阳：《怒江大峡谷中的人民》，《今日民族》2002 年第 2 期。

学校1所，教师进修学校2所。各级各类学校在校学生96556人。高中阶段毛入学率达57%。怒江州重视教师的语言培训。2017年推荐15名教师参加省"直过民族"推广普通话骨干教师教材教法培训，对"直过民族"地区300名少数民族双语教师、417名村级完小及校点的少数民族双语教师进行了普通话培训。把语言培训与实用技能、生活技巧、劳务输出等结合，提高语言应用能力，2017年对"直过民族"不通汉语人群5000人进行了普通话培训，有1781人参加普通话水平测评①。

基督教于1913年传入怒江峡谷。缅甸基督教会传教士巴托（Ba Thaw）、内地会传教士富能仁（James Outram Fraser）等先后进入怒江地区传教，并以拉丁文变体创制傈僳族文字，用于翻译《圣经》。其后，内地传教士杨思慧夫妇（Allyn and Elizabeth Cooke）、杨志英夫妇（John and Isobel Kuhn）、滇藏基督教会传教士莫尔斯（J. Russell Morse）等也相继进入怒江传教②。

二 贡山独龙族怒族自治县语言使用状况

（一）社会人文概况

贡山县是滇缅边境最北的县，西与缅甸相邻，北与西藏接壤，国境线172千米。贡山县成立于1956年。新中国成立之前，贡山没有公路、没有桥梁、没有学校。如今，全县公路里程有707.77千米，行政村通路率100%，大小桥梁101座，人背马驮的状况得以彻底改变。2016年，贡山通用机场、独龙江乡机降点开始施工③。

贡山县有独龙族、怒族、彝族、白族、傣族、壮族、苗族、回族、傈僳族、拉祜族、佤族、纳西族、瑶族、藏族、景颇族、布朗族、布依族、阿昌族、哈尼族、锡伯族、普米族、蒙古族、基诺族、德昂族、水族、满族等20多个民族分布，总人口为3.79万人，少数民族人口为3.43万人，占总人口的90.39%。其中独龙族0.54万人，占全县总人口的14.25%，占全国独龙族人口的77.9%（独龙族在全国的总人口6930人，2010年）；

---

① 《怒江州教育局2017年工作总结》，怒江州教育局网站。

② 卢成仁：《怒江傈僳族基督教信仰下传统文化变迁—以云南省福贡县娃底村为例》，《民族研究》2017年第3期。

③ 谢宇、张素云拉姆：《辉煌六十载、一步跨千年——云南贡山独龙族怒族自治县成立六十年侧记》，《中国民族》2016年第11期。

怒族 0.70 万人，占总人口的 18.47%；傈僳族 1.89 万人，占全县总人口的 55.1%；藏族 0.17 万人，占全县人口的 4.9%；白族 0.09 万人，占全县人口的 2.6%。人口较多的民族是独龙族、怒族和傈僳族，这三个民族都是跨境民族。独龙族主要聚居在贡山县的独龙族乡和丙中洛双拉村的小茶腊寨。

贡山县最突出的特点是：多民族杂居，天主教、基督教、藏传佛教、原始宗教多种宗教和谐并存，多语现象普遍，民族文化丰富。早期独龙族和怒族信仰万物有灵，在傈僳族的影响下，独龙族和怒族都信仰傈僳族的鬼灵。大约在 18 世纪中期，藏传佛教传入贡山北部。19 世纪末，天主教传入丙中洛，20 世纪初，基督教传入丙中洛[1]。基督教信徒约 6000 人，天主教信徒约 4000 人。藏传佛教约 1500 人。基督教在全县的每一个乡都有教堂，教徒主要以傈僳族为主，此外还有独龙族、怒族、白族和汉族等民族[2]。

全县辖 4 乡 1 镇，26 个村委会（办事处），总面积为 4506 平方千米，其中茨开镇 12460 人、丙中洛镇 6062 人、捧打乡 5807 人、普拉底乡 6248 人、独龙江乡 4169 人（2010 年）[3]。所辖的 5 个乡镇中，有茨开镇、捧打乡、普拉底乡、独龙江乡有 4 个乡镇与缅甸毗邻。茨开镇西南与缅甸联邦为邻，捧打乡西与缅甸毗邻，普拉底乡西倚高黎贡山与缅甸毗邻，独龙江乡西面和南面与缅甸的克钦邦毗邻。

（二）贡山县的语言使用状况

该县语言使用的大致情况是：

1. 较好地保留母语，普遍兼用傈僳语和汉语，傈僳语水平比汉语好。

（1）独龙族语言使用状况

独龙族聚居在独龙江乡，是我国唯一的独龙族自治乡，也是中国独龙族最主要的聚居地区。全乡有乡村人口 4172 人（2017 年），独龙族村民数 4037 人，占总人口的 99% 以上。独龙江乡东面三海拔 5000 多米高的高黎贡山，西面是 4000 多米高担当力卡山。2014 年独龙江隧道通车以前，

---

[1] 舒丽丽、刘娴贤：《查腊：和谐共居的胜境——怒族社会中的多元宗教文化研究》，《怀化学院学报》2006 年第 4 期。

[2] 谷成杰：《云南省贡山独龙族怒族自治县中小学教育现状的分析与对策研究》，硕士学位论文，中央民族大学，2008 年。

[3] 贡山独龙族怒族自治县：《云南民族网》，2014 年。

每年的 12 月至来年的 4、5 月为大雪封山期，来往交通隔断，独江乡与外界的联系完全断绝，独龙族完全处于与世隔绝状态。该乡西与缅甸接壤，边境线 7.9 千米。与独龙江乡相邻的缅甸克钦邦，也有独龙族分布，在缅甸叫作日旺族。

独龙族很好地保留了自己的语言和文化。直到 20 世纪 90 年代末，独龙江乡约 3000 人为独龙语单语人，双语人仅为 1150 人[①]。目前独龙族村民具有较好的独龙语听说能力，97.8%的独龙族村民完全能听懂或基本能听懂独龙语，96.6%的独龙族村民能熟练使用或者基本能用独龙语与人交谈。受访的 1027 名独龙族村民中，有 145 人回答会独龙文字，占 14.2%；有 292 人回答会一点独龙文字，占 28.4%。只有少数信仰基督教的人在进行宗教活动时会使用独龙文字，还有一些年轻人表示微信聊天时偶尔会使用几句独龙文字，其他场合很少会使用独龙文[②]。

（2）怒族语言使用状况

该县的怒族自称"阿怒"，使用的语言属于独龙语的一个方言。阿怒人在家庭、村寨和支系内使用自己的母语，大多数人兼用傈僳语、汉语，少数人会白语。

（3）傈僳族语言使用状况

傈僳族是该县人口最多的民族。该县的傈僳族全民保留自己的母语，普遍兼用汉语，但汉语的水平远远不及傈僳语，部分人还掌握老傈僳文。

2. 多种语言、多种文化和谐并存

在贡山县的少数民族，除掌握自己的母语外，普遍兼用傈僳语和汉语，少数人兼用白语，多种语言和谐并存。信仰原始宗教、天主教、基督教、藏传佛教，多种宗教信仰并存共处。下面以丙中洛镇为例来说明多种语言和宗教的和谐并存和相互交融。

丙中洛镇位于贡山县的最北端，与西藏察隅县瓦龙乡相邻，是滇藏茶马古道的途经地，是怒江北段重要的集市贸易区。现在仍有商贩或从西藏察瓦龙乡来丙中洛批发货物，或从贡山其他地方和福贡来丙中洛经商。有不少湖南人在丙中洛卖日用品、食品、服装。

丙中洛下辖丙中洛、甲生、秋那桶、双拉 4 个村委会，总人口有

[①] 李爱新：《独龙族语言文字现状、发展趋势及其对策》，和丽峰：《云南民族语言文字现状调查研究》，云南民族出版社 2001 年版，第 56 页。

[②] 黄兴亚：《独龙江乡独龙族村民母语能力调查》，《语言战略研究》2018 年第 5 期。

6183人。丙中洛曾是茶马古道的重要驿站。丙中洛居住着怒族、傈僳族、藏族、独龙族、纳西族、汉族等7个民族。丙中洛最突出的特点是多元文化的交融。

多语和谐是丙中洛语言生活最为突出的特征。20世纪五六十年代，丙中洛的多语格局是怒语、藏语，也有部分人懂傈僳话。用藏语、怒语念喇嘛，怒族打猎要用藏语、怒语祈祷。由于十多岁才上小学，大多数人不懂汉语。现在由于义务教育的普及，电视和手机使用非常普遍，外出务工者增多，近年来丙中洛旅游业开始起步，丙中洛的村民逐渐认识到汉语的重要性，他们积极地学习汉语。现在丙中洛的村民基本会藏语、怒语、傈僳语和汉语。日常交际的语言选用主要受到交际对象和交际场合的制约。由于族际通婚较为普遍和多民族杂居，丙中洛的村民从家庭习得一两种语言，上学后又学会其他民族同学的语言。多种语码转换在交际中非常普遍[1]。藏文、傈僳文在传教中起到重要的作用[2]。

多种宗教的和谐并存。早期丙中洛的民族信仰原始宗教，怒族群众除做原始宗教祭祀外，要向傈僳族头人和奴隶主纳贡。藏传佛教未传入丙中洛地区之后，丙中洛的群众开始信仰藏传佛教，接受普化寺的统治，向佛教寺庙缴纳贡赋。后在清政府的帮助下，天主教传入丙中洛，之后基督教传入丙中洛。现在丙中洛形成了原始宗教、藏传佛教、天主教、基督教多种宗教和谐并存的格局。不同宗教信仰者相处和谐、交往密切。不同宗教信仰者可以通婚，婚后互相尊重对方的宗教信仰。

三 福贡县语言使用状况[3]

（一）福贡县社会人文概况

福贡县位于云南省的西北部，西与缅甸克钦邦第一特区接壤，东连兰坪白族普米族自治县和维西傈僳族自治县，南接泸水市，北挨贡山独龙族怒族自治县，边境线142.218千米，全县所辖的乡镇皆与缅甸克钦邦接壤。福贡县南北长112千米，东西宽23千米，总面积2756.44平方千米，

---

[1] 赵秀梅：《贡山县丙中洛乡重丁村日常生活中的族际交往分析》，硕士学位论文，云南大学，2012年。

[2] 张跃、舒丽丽：《文虎自觉与文化认同——怒江峡谷丙中洛地区民族宗教文化关系的变迁》，《西南边疆民族研究》2007年第5期。

[3] 有关福贡县乡镇的数据引自由福贡宣传部主办的"福贡文明网"中的"乡镇概况"。

怒江和省道由北到贯穿全境。人口12万人（2012年），傈僳族占总人口的98.3%。该县下辖1个镇、6个乡。由北到南、沿着怒江和228省道的依次分布着马吉乡、石月亮乡、鹿马登乡、上帕镇、架科底乡、子里甲乡、匹河怒族乡。其中的上帕镇是县镇府驻地。

福贡县是国家扶贫重点县，由于封闭的地理环境和资源匮乏，福贡县人均受教育年限仅为6.42年，各类专业技术人才仅占总人口的1.5%，尤其是40%以上各族群众不会说普通话，到了基层乡村，能说普通话的干部很少①。

福贡县57526人信仰基督教，占总人口的69%（资料来源：福贡县宗教事务局2006年填报《福贡县基督教情况统计表》）②。福贡各村教会每年联合过圣诞节、复活节、感恩节③。福贡县有13695位从缅甸回流的无国籍者。贡山县的缅甸回流者主要集中在福贡县上帕镇、架科底乡、鹿马登乡④。

（二）福贡县边境乡镇概况

福贡县所辖的7个县镇全部与缅甸接壤。其基本情况如下：

1. 马吉乡

西与缅甸克钦邦第一特区毗邻，国境线长达29.5千米。全乡辖7个村民委员会79个村民小组，2685户8775人，其中农业人口2304户8394人。乡内居住着傈僳族、怒族、白族、汉族等7个民族，其中傈僳族占总人口的95%以上。

2. 石月亮乡

石月亮乡原名为"利沙底"乡。"利沙底"是傈僳语和怒语的合璧词，"利沙"是怒语，是怒族头人的名字，"底"是傈僳语，意思是"小平地"，"利沙底"意为怒族头人利沙居住的小平地⑤。后改名为石月亮乡

---

① 朱维群：《把推广普通话纳入扶贫攻坚战》，《贵州民族报》2017年9月15日第A02版。
② 高志英：《基督教与民族社会文化变迁》；李志农：《全球化背景下的云南文化多样性》，云南人民出版社2010年版，第315页。
③ 阿普局：《蓬勃兴旺的福贡教会》，《天风》1995年第10期。
④ 曹维盟：《中缅边界少数民族无国籍人口问题研究——以建国初期云南省福贡县外流边民群体为中心》，《八桂侨刊》2013年第3期。
⑤ https://baike.baidu.com/item/%E7%9F%B3%E6%9C%88%E4%BA%AE%E4%B9%A1/6707301

是因为乡内有"石月亮"这一石头景观。"月亮山"是一处奇特的岩溶地貌，"石月亮"整个山体中空，从远处眺望，恰似一轮悬于天地间的明月。

石月亮乡西与缅甸克钦邦第一特区相邻，亚坪公路通往缅甸。全乡辖9个村民委员会，118个自然村，87个村民小组。全乡3434户，12458人（2014年），其中傈僳族9644人，占总人口77.41%，怒族2721人，占总人口21.8%。石月亮乡的傈僳族和怒族信仰原始宗教和基督教。全乡教堂共有60个，教牧人员276人，参与宗教活动的有4359余人，占总人口的37.5%[①]。

3. 鹿马登乡

该乡西与缅甸克钦邦第一特区相邻，边境线长达24千米。该乡所辖的9个村委会有5个与缅甸接壤。全乡有14190人（2014年），其中傈僳族占总人口的73.83%，余下的为怒族、白族勒墨支系、汉族、纳西族、独龙族等民族。鹿马登乡贫困人口占总人口的99.19%，深度贫困人口占总人口的38.48%。鹿马登乡有基督教堂55所，成年信教群众7135人、占全乡总成年人口的66%[②]。

4. 上帕镇

上帕镇西临缅甸克钦邦第一特区。该乡共有20967人，少数民族人口20927人，占全镇人口的99.8%。居住有傈僳族、怒族、白族、汉族、独龙族、纳西族、回族、普米族、藏族12种民族，其中傈僳族占总人口的87.5%。辖12个村委会118个村民小组，所有村民小组均分布在山区。居住在上帕镇木古甲村的怒族自称"阿侬"，是怒族的四个支系之一。

上帕镇的傈僳族大多信仰基督教。1940年前后，基督教传入上帕镇娃底村。该村傈僳族的重要节日"阔时节"从传统年节演变为融入基督教内容的地方性节日[③]。

[①] 数据来源：福贡文明网，中共福贡县委宣传部主办。

[②] 邓四干、叶绍勇：《作光作盐服务社会——记云南省怒江州福贡县鹿马登乡赤恒底村王咀教堂执事黑友们》，《第三届全国创建和谐寺观教堂先进个人系列报道之十六》，《中国宗教》2018年第6期。

[③] 卢成仁：《怒江傈僳族基督教信仰下传统文化变迁——以云南省福贡县娃底村为例》，《民族研究》2017年第3期。

5. 架科底乡

架科底乡西与缅甸克钦邦第一特区接壤，国土面积 274.3 平方千米，边境线长 8.25 千米。全乡辖 6 个村民委员会、48 个自然村、86 个村民小组，共 14130 人。该乡有傈僳族、怒族、汉族等 8 个民族。该乡有 48 所教堂，基督教信教 9428 人。全乡有中小学校 3 所（中学 1 所，小学 2 所），教学点 8 个。

6. 子里甲乡

子里甲乡西与缅甸克钦邦第一特区接壤，边境线长 12.5 千米，全乡地处滇西北横断山脉纵谷区，以高黎贡山和碧罗雪山为主体，形成了山高、坡陡、谷深的高山峡谷地貌。该乡辖 5 个村民委员会、36 个自然村、61 个村民小组。全乡有傈僳族、怒族、白族、汉族、纳西族等 7 个民族，总人口 10382 人（2014 年），其中傈僳族人口占总人口的 86.3%。

7. 匹河怒族乡

匹河怒族乡位于怒江峡谷的中段，西以高丽贡山主山脊为界，与缅甸克钦邦第一特区接壤，国境线长 16 千米。自然环境和交通条件差，整个区域属 "V" 字形峡谷地貌，村寨多分布于碧罗雪山、高黎贡山海拔的 1500—2000 米地带。"匹"是汉语"拼"的音变转化字，匹河系前河与达洛河汇流而成，故名"拼河"，后音变书写成"匹河"。1988 年设福贡县匹河怒族乡。全乡辖 9 个行政村、47 个自然村、95 个村民小组，总人口 10615 人，其中怒族 8463 人，占总人口的 82%，是全国唯一的怒族乡，此外还有傈僳族、白族等民族①。全乡绝对贫困人口共有 4906 人。除老姆登和知子罗村以外，其他村都是土路，经常是晴通雨阻。

（三）福贡县语言使用状况

福贡县人口最多的民族是傈僳族，其次是怒族。福贡县的怒族有"怒苏"和"阿侬"两个支系，这两个支系使用两种不同的语言。"怒苏"支系聚居在匹河乡，说的是怒苏语。怒苏语属于汉藏语系藏缅语族彝语支。使用人口 8 千多人。"阿侬"支系聚居在上帕镇木古甲村，其母语是阿侬语。阿侬语属于汉藏语系藏缅语族景颇语支。该县语言使用的基本状况是：

1. 傈僳族全民保留自己的母语，大部分人兼用汉语。

---

① 匹河怒族乡信息门户，http://www.agri.com.cn/town/533323200000.htm。

2. 怒族的怒苏支系母语保留较好，普遍兼用傈僳语和汉语。

福贡县怒苏支系的语言使用经历了由"母语—傈僳语"向"母语—傈僳语—汉语"的变迁。20世纪80年代学者们对怒江地区的语言使用情况进行过调查，发现当时很多怒族青年只会说怒苏语和傈僳语，还不会说汉话，现在匹河乡的怒族掌握汉语的情况有很大改变，普遍使用怒苏语、傈僳语、汉语3种语言。在家庭内部、村民相互交谈以及相互打电话使用怒苏语。在教堂语怒族使用傈僳语。怒族大多数信仰基督教，"基督教是在民国初期开始传入碧江（今匹河乡一带）。最早是杨思慧于1920年进入泸水、碧江一带探察。后滇西基督教区监督杨志英于1922年进入碧江里吾底进行传教。"《圣经》是用老傈僳文写的，所以怒族的信徒大多认识老傈僳文。在匹河乡的集市、单位和学校等公共场合，怒族多使用当地汉语方言，也使用傈僳语。因为集市有怒族的不同支系、傈僳、汉、白等不同民族，再加上怒苏语方言差别很大，很多不同的怒族村寨相互之间不能用怒苏语来进行交流，所以怒族在上述场合主要使用当地汉语或傈僳语来进行交流[①]。

3. 怒族阿侬支系出现了母语濒危

阿侬支系虽然人口有8千人，但熟练使用阿侬语的人口只有4百人。阿龙人聚居的木古甲村，原来是在半山上，走到江边需要一个小时。十多年来，木古甲村的阿龙人陆续从山上搬到怒江边上的村子来。由于这些村子是傈僳族、汉族、白族和怒族的杂居村，语言使用环境发生了变化。阿侬语只能由于家庭交际，在村寨要用傈僳语和汉语[②]。

四 泸水市语言使用状况

泸水市是怒江傈僳族自治州州府所在地，国土面积3203.04平方千米。地势北高南低，呈"V"字地形，东西最大横距58千米，南北最大纵距95千米。东西两大山脉纵横交错，高峰林立，最高海拔达4161.6米，最低海拔为738米。"山高谷深，平地少"是泸水全境地貌的最大特点。泸水市西与缅甸克钦邦第一特区接壤，国境线长136.24千米，占全

[①] 谭丽亚、陈海宏：《怒江地区怒族使用汉语现状调查与分析——以福贡县匹河怒族乡为例》，《牡丹江大学学报》2016年第6期。

[②] 孙宏开：《关于怒族语言使用活力的考察——兼谈语言传承和保护机制》，《玉溪师范学院学报》2015年第1期。

省边境线的 3.36%，占滇缅边境线 1997 千米的 6.822%。

泸水市人口 189216 人（2017 年），其中傈僳族、白族、怒族、景颇族等 21 个民族人口占总人口的 87%，是"边疆、民族、贫困、山区、宗教、直过"最集中的典型代表[①]。全市所辖的 6 镇 3 乡中，自北往南有洛本卓白族乡、古登乡、称杆乡、大兴地镇、片马镇、鲁掌镇、六库镇共 7 个乡镇与缅甸克钦邦接壤。

（一）边境乡镇概况

1. 洛本卓白族乡

该乡西邻缅甸，辖 89 个村民小组。全乡总人口 11163 人，主体民族为白族，占总人口的 66.6%，傈僳族占 32.97%，其他民族占 0.36%。

2. 古登乡

该乡西依高黎贡山同缅甸克钦邦相邻，总面积 328 平方千米，辖 11 个村委会、136 个自然村、147 个小组。人口 14471 人，居住着十多个民族，其中傈僳族占总人口的 95.3%；全乡无一条乡村公路，运力主要靠人力和畜力，江面有 6 根铁索和 4 座江桥作为交通工具。是个典型的"边疆、民族、山区、贫困"特困乡。

人口文化素质偏低，青壮年文盲有近 2000 人。全乡共有 4 所完小，53 所村小，适龄儿童入学率 89%。信息闭塞，交通困难。全乡信仰基督教的村民 3000 多人。该村到乡道路为小路；进村道路为土路；距离最近的车站（码头）15 千米，距离集贸市场 15 千米[②]。

3. 称杆乡

称杆乡西与缅甸接壤，国土面积有 480.32 平方千米，边境线长 64 千米，人口 17149 人。全乡辖 11 个村民委员会，138 个自然村，207 个村民小组，傈僳族为主体民族。

4. 大兴地镇

大兴地镇位于泸水县中部的怒江两岸，西与缅甸克钦邦接壤，总面积 406.28 平方千米，其中山区、半山区占总面积 90%，坝区占总面积 10%。"一江、两山、三气候"是该镇的特征。一江是怒江，两山是指高黎贡山和碧罗雪山，三气候是指其"十里不同天"的立体气候特征。228 省道瓦

[①] 引自《摆时之乡中国泸水》，http：//ynlu.org.cn。

[②] 引自百度百科：https：//baike.baidu.com/item/%E5%8F%A4%E7%99%BB%E4%B9%A1/3493479? fr=aladdin。

碧公路沿怒江贯穿全境,镇政府驻地灯笼坝距州府六库23千米。

大兴地镇下辖7个村委会、75个自然村、136个村民小组。全乡有4737户,16452人(2008年)。有傈僳族、白族、彝族等8个民族,傈僳族人口占全乡总人口的98%,其他民族仅占2%。大部分群众居住在海拔1000米到2300米的半山或高山地带,村落分散。

5. 片马镇

片马镇位于中缅界河恩梅开江支流小江以东,南北长24千米,东西宽8千米,北部、西部和南部与缅甸克钦邦接壤,国境线64.4千米,镇政府所在地距缅甸克钦邦首府密支那244千米。片马是中缅边境北段的重要通道,片马口岸是怒江州唯一一个国家二类开放口岸。片马有片岗公路(22号界桩—缅甸巴瓦库)、片密公路(16号界桩—缅甸大田坝)、片楚公路(12号界桩—缅甸楚玉河)和片腊公路(片岗公路古浪村——缅甸腊吾科)四条出境公路。2009年片马镇的村小合并,小学生统一就读于片马镇国门完小。片马在20世纪90年代由于木材贸易而一度繁荣,当时的流动人口超过三万人。

片马,1943年被日本占领。1948年被缅甸占领。1961年回归中国。片马是19世纪英国殖民侵略的主战场,1911年,英军入侵片马,爆发了震惊中外的"片马事件"。片马的景颇族、傈僳族、彝族、怒族、独龙族、汉族、白族组成了400多人的抗英队伍,在傈僳族头人勒墨夺扒的带领下伏击敌人,傈僳族神箭手褚来四率领怒江土司民团"弩弓队"400多人与勒墨夺扒的民族抗英队伍会合,于1943年取得抗英斗争的胜利。为了纪念片马各民族抗英先烈,1989年,建成了"片马人民抗英胜利纪念馆"和"片马人民抗英胜利纪念碑"。纪念馆仿茶山人民居建造。片马还建有陈列驼峰坠机残骸的"怒江驼峰航线纪念馆",用以纪念在驼峰航线上英勇牺牲的中美飞行员。

6. 鲁掌镇

鲁掌镇西与缅甸毗邻,国境线长19.8千米,是原泸水县的政治、经济、文化中心。瓦贡公路和跃片公路两条国道干线经过该镇。该镇辖6个村委会、60个自然村、98个村民小组,总人口12137人(2017年)。有傈僳族、彝族、白族、汉族、景颇族、普米族、怒族等7个民族。

鲁掌镇登埂村的澡塘会也叫春浴和歌会,是傈僳族的节日,已有150多年的历史。1980年,泸水县人民政府举办首届春节澡塘赛歌会,并规定每年农历正月初二至初六举办澡塘赛歌会。澡塘赛歌会期间，村民们带上盛装和美酒佳肴前往温泉浴池，进行沐浴、赛歌[①]。

7. 六库镇

六库镇是泸水市的县府和怒江州的州政府所在地，西与缅甸克钦邦接壤。六库镇辖12个村民委员会和3个社区居民委员会，总人口45671人，有傈僳族、怒族、普米族、独龙族、白族、藏族、汉族、彝族、纳西族、傣族、回族、景颇族12个民族，少数民族占总人口的92%。傈僳族占总人口的50.93%，白族占28.39%，汉族占7.95%，其他民族占12.7%。

六库镇的傈僳族喜欢"摆时"。"摆时"是傈僳语的音译，是傈僳族民歌曲调名。男女青年在山野对唱，内容多反映爱情和生产劳动，歌词格式为七字一句，四句一段。对歌时数人至几十人和歌。

（二）泸水县语言使用状况

1. 全县语言使用的总体状况

泸水市境内居住着傈僳族、白族、景颇族、彝族、怒族、傣族等12个主要民族。少数民族人口15.8344万人，占总人口的88.58%。傈僳族人口10.9833万人，占总人口的61.44%（2014年）。

该县语言使用的基本状况是：（1）县内使用傈僳语、白语、浪速语、勒期语（茶山话）、景颇语、怒苏语、柔若语、傣语等少数民族语言。（2）大多数人兼用汉语云南方言。（3）傈僳语是泸水县的强势语，被县内的多个少数民族兼用，成为族际交流的重要语言工具。由于其他民族掌握傈僳语的水平很高，常被误认为是傈僳族。如片马镇的景颇族个个都会讲傈僳语，他们不在意自己是景颇族，愿意把自己的民族报为傈僳族。[②]（4）多语现象非常普遍。泸水县人口较少的少数民族普遍掌握多种语言。如片马的茶山人，有的掌握茶山话、浪速语、景颇语、傈僳语、白语、汉语、缅甸7种语言，跟什么人讲话就用什么语言。有的甚至掌握汉文、景颇文、老傈僳文、缅甸文等多种文字。

2. 边境乡镇片马镇语言使用状况：多语和谐

片马镇辖4个村和1个社区，政府驻片马村，总人口1769人（2008

[①] 胡群芬：《浅谈泸水县傈僳族习俗"澡塘赛歌会"的传承及社会价值》，《中国民间文化艺术之乡建设与发展初探》，2010年，第780—781页。

[②] 戴庆厦、余金枝、余成林等：《片马茶山人及其语言》，商务印书馆2010年版，第148页。

年），有景颇族（茶山人、浪速人）、傈僳族、汉族、白族（勒墨人）、彝族、怒族、纳西族等8个民族。其中傈僳族的人口最多，有684人；其次是茶山人，有587人；白族385人，汉族93人，壮族15人，怒族5人。

片马镇语言使用具有以下三个特点：母语保留的全民性、多语兼用的普遍性、跨境交流的和谐性。各民族既掌握自己的母语又兼用其他民族的语言，根据不同的交际对象和交际场合进行语码转换。傈僳族除了熟练掌握傈僳语之外，大多略懂茶山语，懂汉语。片马的茶山人是景颇族的一个支系，来片马有上千年的历史。片马的茶山人自称"峨昌"，他称"茶山"，与景颇族的勒期支系比较接近，过去把茶山归入勒期支系，但片马的茶山人认为自己的语言、文化、服饰等都与勒期支系不同，应该是独立的一个支系。片马镇的13个行政村中，茶山人较多的寨子只有下片马、坡西口和古浪二组3个自然寨。茶山人都保留自己的母语，他们认为茶山语是自己民族的一个重要特征，是族群认同的重要标志，必须保持使用自己的语言。由于这3个寨茶山人与傈僳族杂居，很多茶山人说傈僳语就跟说母语一样流利。白族支系的勒墨人都会说勒墨话，还会说汉语。片马的部分群众除掌握茶山语、傈僳语、汉语三种语言以外，有的还掌握白语、缅语、景颇语和波拉语等多种语言。如片马村卫生员董绍军会茶山语、傈僳语、汉语、墨勒话4种语言。宗雷懂汉语、茶山语和傈僳语、缅语和景语颇5种语言，下片马村党支部书记褚玉强掌握茶山语、汉语、傈僳语、白语、景颇语、波拉语6种语言。下片马的茶山女孩胡玉兰懂茶山语、景颇语、汉语、缅语、傈僳语、墨勒话等6种语言。在片马镇会说四五种语言并不稀罕①。

片马镇的多语和谐与民族杂居、民族和谐和跨境交流有关。在人口只有一千多人的片马镇，居住着8个民族，基本上没有大的民族聚居区。这种杂居格局形成了你中有我、我中有你的交融性语言文化格局，再加上历史上片马的各个民族曾团结起来齐心抗英，结下了深厚的民族情感，因此片马的各民族不仅认同自己的母语，也认同其他民族的语言，他们以掌握多种语言为荣。片马民族的跨境分布也为扩大了民族语言的保护功用。

片马镇所辖的13个自然寨与缅甸的大田坝所辖的12个自然寨相连。

---

① 戴庆厦、余金枝等：《片马茶山人和谐的多语生活——语言和谐调查研究的理论方法个案剖析》，《云南师范大学学报》（哲学社会科学版）2009年第6期。

如下片马对面是缅甸克钦邦茶山人聚居的王开河寨和傈僳族聚居的麻利平寨，片马镇古浪村对面是缅甸克钦邦茶山人聚居的达嘟寨和傈僳族聚居的腊吾科寨。边境线两边的茶山人和傈僳人语言文化相同、互婚互助、节日互庆、贸易自由，通婚自由。茶山人的新米节、傈僳族的阔时节，边境村寨的茶山人、傈僳族都共同庆祝。婚丧嫁娶、庆新房边境线两边的民族都共同参与，这些共同的活动扩大了民族语言的交际功能，促进跨境语言的和谐和保护。

(余金枝、侬常生)

第二节　滇缅边境中段语言使用状况

滇缅边境中段的国境线长942.666千米，所包括的行政区从北到南依次是：保山市的腾冲市和龙陵县，德宏傣族景颇族自治州的盈江县、陇川县、瑞丽市和芒市，临沧市的镇康县、耿马傣族佤族自治县和沧源佤族自治县（沧源佤族自治县位于南定河东南侧，因此仍划入此区），包括3个地级州（市）的8个县。这8个县紧邻缅甸的掸邦和克钦邦。

在滇缅边境的中段云南一侧，主要分布着景颇族、佤族、阿昌族、傣族、德昂族，还有少量的苗族和瑶族，缅甸一侧也同样分布着这些民族。这些分跨滇缅边境线分布的民族相连成片，同根同源，彼此认同，从而形成了跨越国界的民族分布区。下面分述滇缅中段语言的使用特点和3个地级州（市）8个边境县的语言使用状况。

一　滇缅边境中段语言使用状况

滇缅边境中段分布的跨境民族大多为内少外多型，也就是说云南人口少，缅甸人口多。如景颇族在云南有10余万人，在缅甸约100万人；佤族在云南有40万人，缅甸55万人；德昂族在云南约2万多人，在缅甸有60万人。在政治军事地位上，居住在缅甸一侧的跨境民族有的有自己独立的政权和军队。例如：缅甸的克钦族有克钦独立军和克钦独立组织，佤族有自己的佤邦联合军，德昂族有德昂民族解放军。在掸邦境内有果敢同盟军、佤联军、小勐拉军、德昂军、北掸邦军、南掸邦军6个民族武装。这些在缅甸处于强势的跨境民族，他们的语言文化往往保留较好。独特的地理位置、社会历史环境和跨境民族关系，使滇缅中段语言使用状况具有以下几个特点。

(一) 母语保留的普遍性

在滇缅中段居住着傣族、傈僳族、布朗族、德昂族、佤语、阿昌族、苗族、拉祜族、彝族、白族、景颇族、布朗族、傣族、拉祜族等十余个少数民族。这些少数民族都保留自己的母语。人口数量在当地占优势的民族，其母语不仅是族内交际用语，还是当地其他民族的兼用语。如傣语、傈僳语、佤语等使用人数较多的语言，不仅被傣族、傈僳族和佤族使用，还被与之杂居的其他民族兼用。

(二) 汉语使用的强势性

汉语（主要是云南方言，也包括普通话）不仅被居住在滇缅中段云南一侧的中国各民族使用，也被来滇缅中段的缅甸人使用，还被生活在边境线缅甸一侧的缅甸人使用。汉语的强势性体现为跨民族和跨国界两个特征。跨民族体现在汉语不仅被滇缅边境中段云南一侧的各民族兼用，还体现在缅甸北部边境地区的华人、掸族、克钦族等多个民族，大多掌握汉语，他们所受的学校教育以汉语为第一语言。跨国界体现在毗邻滇缅边境线中段缅甸一侧的密支那、腊戌等滇籍华人聚居的重要城市，仍然以汉语作为他们的母语，在缅北的一些华人村寨和城镇，有很多人不会说缅甸语，却会说汉语。在缅甸北部边境地区的果敢区和佤邦特区均有华文学习，华文学校被当地群众认同。

(三) 多语现象的层级性

在滇缅边境中段居住的民族，掌握母语、一种或多种当地强势的民族语、汉语，构成了多语场。不同地区、不同民族的多语场具有层级性的特征。一般而言，处于顶尖层级的是云南方言，处于第二层级的语言是傣语，再次是傈僳语、佤语、景颇语，最底层的层级是使用人数少的少数民族语言。处于顶尖层级的云南方言被不同的民族兼用，成为超越族群、超越地域的强势用语。处于第二层级的语言，在某一区域具有跨族群性，被不同的族群兼用，成为区域强势语。处于第三层级也就是最低层级的语言，使用范围受限，仅仅被本族群用于家庭或村寨。但不同的地区情况会有所不同。

(四) 跨境语言关系的和谐性

在滇缅中段居住着傣族、傈僳族、布朗族、德昂族、阿昌族、苗族、拉祜族、彝族、白族、景颇族、布朗族、傣族、拉祜族等十余个少数民族，这些少数民族绝大多数是跨境民族，在缅甸一侧也有分布。如中国的傣族，在缅甸是掸族。掸族是缅甸除了缅族以外的第二大民族，是缅甸少数民族中势力最大的民族。分布在边境线的两侧跨境同根同源，语言相通，互相认同。由于长期存在婚姻关系、贸易关系、农耕互助关系、节日互庆关系、爱好相同等关系，跨境民族之间交往密切。跨境的同一族群之间，用母语交流，语言关系十分和谐。

二 保山市边境县语言使用状况

本节介绍保山市及其2个边境县市的语言使用状况。

（一）保山市语言文化概况

保山市位于云南省的西南部，正北和正南与缅甸交界，边境线长167.88千米。辖腾冲市、昌宁县、龙陵县、施甸县和隆阳区，其中腾冲市的明光乡、滇滩镇、猴桥镇和龙陵县的木城乡共2县（市）的共4个乡镇与缅甸交界。国家级口岸1个：猴桥口岸，边境通道4条：龙陵老厂、腾冲自治、腾冲滇滩、腾冲胆扎，边境乡镇出入境便道20多条[①]。

全市有汉族、傣族、傈僳族、布朗族、德昂族、阿昌族、苗族、彝族等12个世居少数世居少数民族，总人口260万，其中少数民族人口24万，少数民族人口占全市人口的9.2%。有华侨、华人50多万，是云南著名的侨乡[②]。保山市的傣族、傈僳族、布朗族、德昂族、阿昌族、苗族、彝族7个少数民族，保留自己的母语，但居住在不同地区的少数民族语言保留的情况不同。如布朗族主要分布在昌宁县和施甸县。昌宁县有布朗族1868人，主要在卡斯社区（1107人）和新谷村（386人）。施甸县布朗族主要分布于摆榔乡（2385人）和木老元乡（2619人），木老元乡是施甸县布朗族人口最多的乡。分布在木老元乡的布朗族出现了母语衰变的现象，年轻人基本上不说布朗语。

跨境婚姻在保山市2个边境县木城乡、猴桥镇、滇滩镇、明光乡4个边境乡镇较为普遍。这4个乡镇跨境婚姻有480人（2010年）。跨境婚姻涉及的民族包括汉、傈僳、彝、傣、景颇、回、缅、白等8个民族，呈现

[①] 杨文英：《中缅边境跨国婚姻现状分析——以云南省保山市为例》，《保山学院学报》2011年第3期。

[②] 引自保山市人民政府网。

出以边境沿线与缅甸接壤的边境沿线村寨的地域特征和族内通婚的文化特征。因为居住在保山市边境乡镇的边民与缅甸的边民，语言、文化、习俗、信仰相同，便于形成"和平跨居"的婚姻模式①。

保山市的阿昌族共有4447人（2011年），是清乾隆元年起，从梁河等地陆续迁徙而来的，至今已有260年的历史。他们自称"小阿昌"，阿昌语为本民族语言，无本民族文字。主要聚居在保山市腾冲县新华乡和龙陵县龙山镇。腾冲县新华乡，阿昌族共有790多户，3200多人，分布在梅子坪村、大坡村、中山村、新山村。龙陵县龙山镇，阿昌族共有217户，820多人，分布在芒麦村的蛮旦一、二组、下寨、大田坡、打黑5个自然村。龙陵县龙山镇蛮旦寨"蛮旦阿昌族传统文化保护区"于2009年8月正式列入云南省非物质文化遗产保护名录。在缅甸，阿昌族称迈达族，人口4万多人，主要分布在克钦邦的密支那及掸邦的南欧、景栋等地②。

（二）2个边境县语言使用的两个特点

腾冲市有汉、傣、傈僳、回、白、佤、阿昌7个世居民族，人口65万人，其中少数民族50367人，少数民族人口占全市人口的7.7%③。龙陵县总人口30万，居住着汉、傈僳、彝、傣、阿昌等23个民族，有少数民族人口1.9万人，占总人口的6.3%（2017年）④。这些数据显示腾冲市和龙陵县都是以汉族为主体民族的边境县（市），二者在语言使用上存在以下共性：

1. 汉语的使用具有强势性和不平衡性

由于这两个边境县的汉族人口均在90%以上，且境内的回族也使用汉语，因此汉语必然成为这两个边境县普遍使用的语言，成为跨区域、跨族群的语言交际工具。腾冲市和顺镇的汉族，以前的民族成分是白族，他们的建筑和文化都有白族的特点，但他们不会说白语，民族成分也改成了汉族。

但不同地区的汉语使用状况具有不平衡性。居住在距离城镇较远、交通不便的村寨的少数民族，特别是居住在边境乡镇少数民族村寨的少数民

---

① 王丽：《保山阿昌族语言使用现状及其发展研究》，《保山学院学报》2013年第6期。
② 王丽：《保山阿昌族语言使用现状及其发展研究》，《保山学院学报》2013年第6期。
③ 段恒超：《新形势下边境民族工作的实践与思考》，《今日民族》2010年第9期。
④ 龙陵县政府网站，http://www.longling.gov.cn。

族，老人和学前儿童不会说汉语。例如：居住在腾冲市猴桥镇、滇滩镇、明光镇、荷花镇、五合乡5个边境乡镇的傣族和傈僳族，距离集镇较远距离缅甸较近，学龄前儿童听不懂汉语①。

2. 少数民族的母语保留存在地域差异

这两个边境县的傈僳族、傣族和阿昌族保留自己的母语，但不同地区的情况不同。如阿昌族居住在龙陵县和腾冲市。在龙陵县，阿昌族聚在龙山镇芒麦村，这个村子的阿昌族族内交际主要使用阿昌语。在腾冲市，阿昌族主要居住在新华乡梅子坪社区苍蒲河、中心社区大坡、新山社区黄叶林、以坝角、外坝角及蒲川乡曼朵社区老牛厩村民小组，荷花镇也有少量分布，由于与其他民族共同生活，腾冲市的部分阿昌族群众不会说阿昌语了②。

（三）腾冲市边境乡镇概况

腾冲是由保山市代管的县级市，西与盈江县、缅甸联邦共和国毗连，国境线148.075千米。市区距缅甸密支那200千米，距印度雷多602千米，是中国通向南亚、东南亚的重要门户。腾冲市所辖的18个乡（镇）中有猴桥镇、滇滩镇、明光乡3个乡镇分别与缅甸克钦邦第一特区甘拜地县和板瓦连接。

腾冲市有汉、傣、傈僳、回、白、佤、阿昌7个世居民族，人口65万人，其中少数民族50367人，少数民族人口占全市人口的7.7%。少数民族分布在15个乡镇的94个村（社区），居住面积占全县总面积40%以上。由于历史原因，少数民族群众普遍居住在高寒、边远、偏僻、冷凉地区，"边疆、民族、山区、贫困"地区③。

全市傣族9400多人，傈僳族1万多人④，分布于猴桥镇、滇滩镇、明光镇、荷花镇、五合乡五个边境乡镇。由于距集镇较远距缅甸较近，交通不便、经济滞后、人口稀少等原因，这五个乡镇的傈僳族和傣族保留傈僳语和傣语用于族内交际，学龄前儿童只会说母语。为此，腾冲县在猴桥

---

① 孙丽卿：《腾冲县双语教育及双语教师培训现状与对策研究》，《中华教育理论与实践科研论文成果选编》（第九卷），2015年。

② 魏建华：《人口较少民族扶贫政策实施背景及模式研究——以云南省保山市为例》，《保山学院学报》2017年第2期。

③ 段恒超：《新形势下边境民族工作的实践与思考》，《今日民族》2010年第9期。

④ 王瑞娜：《腾冲傈僳族舞蹈的发展与创新》，《民族艺术研究》2000年第5期。

镇、滇滩镇、明光镇、荷花镇、五合乡五个乡镇共有 19 个小学（教学点）开展"双语"教学。在教学过程中首先使用普通话教学，再根据课堂情况，使用傈僳语言对重点进行重复，巩固效果[①]。

傈僳族多散居在边境一线，生活条件恶劣，受教育程度普遍偏低。傈僳族儿童在以汉语为教学用语的教育体系中适应性较差，在与汉族学生的交往中处于弱势的状态，超过半数的适龄傈僳族学生在高中或初中低年级退出学校教育。腾冲傈僳族借助血缘亲属、通婚关系和朋友圈构建人际网络，其人际网络覆盖中缅边界两侧[②]。

传统物质文化有刘家寨的皮影戏和荥阳村的荥阳纸伞。刘家寨的皮影戏已有 600 多年历史，荥阳纸伞已有 300 多年的历史。非物质文化有荷花镇的佤族清戏，有 600 多年的历史。佤族清戏被誉为"戏剧活化石"，2008 年被列为国家级第二批非物质文化遗产。荷花镇的傣族仍保留自己的语言文化，有文身的习俗。视文身为护身符。芒棒镇人口最多的少数民族是回族。该镇的回族普遍信仰伊斯兰教，全镇有 10 座清真寺。五合乡人口最多的少数民族是傣族，有 2773 人，其中 2606 人聚居在联盟村。联盟村的傣族很好地保留了自己的语言文化。

腾冲市的 18 个乡镇中有 3 个镇与缅甸接壤。

1. 明光镇：明光镇原名"银光"，相传地下矿藏夜现银光而得名。北面与缅甸毗邻，国境线长 54.38 千米，有 6 号、7 号、8 号、9 号四块界碑及 5 条简易通道通往缅甸，从 7 号界碑出境 30 多千米抵达缅北重镇板瓦。全镇总人口 39754 人（2010 年），其中少数民族有 3562 人，少数民族中傈僳族人口最多。辖 9 个村民委员会、110 个自然村、170 个村民小组。该镇傈僳族仍保留自己的语言文化。

2. 滇滩镇：北与缅甸克钦邦板瓦毗邻，国境线长 24.7 千米，有 3 条出境通道通往缅甸。该镇的滇滩口岸距缅甸克钦邦第一经济特区板瓦 12 千米，距缅北大城市密支那 176 千米。全镇辖 9 个村委会 115 个村民小组，居住着汉、回、傈僳等多种民族，滇滩镇共有 26029 人，其中少数民族人口 3091 人，占全镇总人口的 12%（2006 年），属多民族聚居的边境

[①] 孙丽卿：《腾冲县双语教育及双语教师培训现状与对策研究》，《中华教育理论与实践科研论文成果选编》（第九卷），2013 年，第 183—184 页。

[②] 熊迅、刘琛：《中缅边境傈僳族的健康传播实践》，《南京医科大学学报》（社会科学版）2012 年第 2 期。

乡镇。

3. 猴桥镇：原名古永傈僳族乡，辖 9 个行政村。总人口 28844 人，其中 4978 人，占总人口的 17.253%（2013 年）。该镇地广人稀，人口密度仅为 26.55 人/平方千米。该镇西北与缅甸接壤，国境线长 72.8 千米，有南 1 号、2 号、3 号、4 号 4 块界碑，北 1 号、2 号两块界碑。距缅甸甘拜地镇 31.5 千米，距缅甸克钦邦首府密支那 155 千米，距印度雷多 549 千米，有 7 条通往缅甸的边境通道，是著名的史迪威公路通往印度支那半岛的要冲和最后一站。

（四）龙陵县语言文化概况

1. 龙陵县语言文化概况

龙陵县辖 5 乡 5 镇，人口 30 万，有汉族、傈僳族、彝族、傣族、阿昌族等 23 种民族，少数民族 1.9 万人，占总人口的 6.3%（2017 年）。有 12 万华侨在 20 多个国家和地区，是云南省著名的侨乡，是滇西抗战的主战场。该县南与缅甸掸邦第一特区的果敢县幕太乡隔怒江相望，国境线长 19.71 千米。龙陵是从内地至滇西南边疆及缅甸、印度等国的必经之路，被称为"滇西旱码头"。

龙陵与缅甸隔江相望，有边境线但无口岸，缅甸人一般从腾冲、瑞丽的口岸或者便道、小道进入龙陵。跨境婚姻在龙陵县比较普遍，该县有缅籍涉婚人员 3924 人，占保山市缅籍涉婚人员总数的 52.24%，通婚人员遍及全县所有乡镇。以前的跨境婚姻主要是中缅边境线两侧的傈僳族、傣族、阿昌族、景颇族、德昂族等少数民族族内通婚，现在族际通婚，范围也由边境村向非边境村扩散①。

龙陵的彝族自称"香堂"，使用彝语和汉语，分布在全县的 10 个乡镇。龙陵县的香堂人迁自施甸、永德、镇康等地。龙陵县的傈僳族是世居民族，信仰基督教。民国初年，基督教开始进入龙陵县的傈僳族寨子。傈僳族普遍掌握母语和汉语，少数人懂新傈僳文②。

2. 龙陵县边境乡语言文化概况

木城彝族傈僳族乡是龙陵县唯一的边境乡、唯一的民族乡，与缅甸掸邦第一特区果敢县幕太乡隔江相望，国境线 19.71 千米。有省级边境通道

---

① 刘月梅：《龙陵县中缅跨婚姻问题研究》，硕士学位论文，云南财经大学，2017 年。
② 马晓龙、徐东、龙飞鹏、杨庆玲：《龙陵县木城彝族傈僳族乡基础教育历史与现状调查及对策研究》，《保山师专学报》2006 年第 3 期。

2条，边境村12个。居住着汉、彝、傈僳、傣、回、满、景颇等7个民族，总人口8885人。木城乡的彝族和傈僳族保留自己的母语，第一语言是自己的母语。由于家庭和村寨用母语交际，彝族和傈僳族儿童在学前教育和低年级教育阶段学习有困难，难以适应以汉语为教学语言的教学过程。到了小学高年级，汉语能力增强，基本能适应汉语教学。

三　德宏傣族景颇族自治州边境县语言使用状况

本节介绍德宏州语言文化状况及其4个边境县的语言使用状况。

（一）德宏州语言文化状况

德宏州是中缅边界线的重要地区之一，位于边界线中段。其北、西、南三面与缅甸接壤，经缅北地区可通往南亚国家孟加拉国、印度，是古代南方丝绸之路出海口的前哨阵地。德宏所辖的5个县（市），除梁河县以外，其余的盈江县、陇川县、瑞丽市和芒市4个县市均与缅甸接壤，国境线长达503.8千米，其中陆地边界212.2千米，江河边界291.6千米。

1. 民族语言文字使用状况

全州121万人（2010年），其中汉族62.91万人，占总人口的51.93%，少数民族人口58.23万人，占总人口的48.07%。少数民族中，傣族34.98万人，占总人口的28.88%，占少数民族人口的60.07%；景颇族人口为13.43万人，占总人口的11.09%，占少数民族人口的23.06%；傈僳族3.15万人，占总人口的2.60%，占少数民族人口的5.40%；阿昌族3.04万人，占总人口的2.51%，占少数民族人口的5.22%；德昂族人口为1.44万人，占总人口的1.19%，占少数民族人口的2.47%[1]。这些民族均在缅甸有分布。傣族在缅甸称为掸族，人口550万人。景颇族在缅甸称为克钦族，人口150万人。傈僳族在缅甸有15万人，阿昌族在缅甸称为迈达族，人口4万多人，主要分布在克钦邦的密支那及掸邦的南欧、景栋等地[2]，德昂族在缅甸称为崩龙族，人口20万人[3]。德宏州的这些跨境民族都保留使用自己的语言文化。

德宏州的傣族、景颇族、德昂族、傈僳族、阿昌族语言保持很好。德昂族跟着傣族用傣文，使用的经书也是傣文写的。德昂族不会汉语的很

---

[1]　数据来源于百度百科。
[2]　王丽：《保山阿昌族语言使用现状及其发展研究》，《保山学院学报》2013年第6期。
[3]　赵永胜：《缅甸与泰国跨国民族研究》，社会科学文献出版社2015年版，第43—48页。

多，民族聚居地特别是山区，德昂、傈僳和景颇山区不会汉语的50岁左右的人很多，因为他们外出少。梁河有两个阿昌族乡，每个寨子都有母语使用，没有文字。梁河阿昌比户撒阿昌更会汉语，梁河阿昌杂居。这些民族的后裔在城里都不会民族语，主要是能听，但不会说。

2. 民族语言的传播

与民族语言传播有关的单位和机构有德宏州广播电视台、德宏少数民族语言文化译制传播中心、团结报和民族出版社。《团结报》用汉、傣、景颇、傈僳、载瓦五种文字发行。傣、景颇文报周二刊，傣文报期发行数2290份，景颇文版期发行数1000份，傈僳、载瓦文报周一刊，期发行数接近1000份。德宏民族出版社成立于1981年7月，是全国唯一的以出版傣文、景颇文、载瓦文、傈僳文四种少数民族文字图书及音像制品为主的地州级综合出版社。孔雀之乡网位是地方性综合新闻门户网，创办于2007年。网站开通了缅文、德宏傣文、景颇文、载瓦文、傈僳文频道。

德宏少数民族语言文化译制传播中心是少数民族语言传播的重要媒体。该中心成立于1997年，从事傣语、景颇语、载瓦语电视的译制播出。每天用傣、景颇、载瓦三种语言播出电视节目。播出的内容分四大类：第一类是译制播出中央台《新闻联播》《云南新闻联播》《德宏新闻》等新闻类节目；第二类是译制播出《科普文化园》《今日说法》《动物世界》等一些优秀社教类节目；第三类是译制播出优秀国产影视剧；第四类是播出自采自编的《五彩德宏》《孔雀之乡》等自办节目。晚上6：30到凌晨都是民族语言节目，傣语天天播放，景颇族语是周一、周三、周五、周日播放，载瓦语是周二、周四、周六播放。开始只是翻译稿子，一般都只是语言，字幕少，特别是傣文，景颇语用的字幕多一些。民语节目的观众主要是上了年纪的少数民族群众。

节目译制存在汉语借词和语言规范问题，特别是新词术语的翻译问题。现在汉语借词较多，年轻人不太愿意学习用民族语言表达，嫌麻烦。所以节目播出后，有的汉族群众说："你们播什么，汉语那么多，我们都听得懂。"景颇语节目比傣语节目借词少一些。译制中心里年轻的工作人员基本没有受过傣文训练，都是自学。中心成立20多年来，译制上千集电视。

德宏州民族出版社创建于1981年，出版载瓦文、傣文、缅甸文、景颇文、汉文5种文字的图书。出版的书籍以民族传统、历史文化、中央文件（如政府工作报告）为主。出版的图书流向傣族学会、国门书社和农家书院等单位。

3. 民汉双语教学

德宏州中小学实行"傣语—汉语""载瓦语—汉语""德昂语—汉语"双语教学。"傣语—汉语"和"载瓦语—汉语"有专门的任课老师，一到六年级是用傣语和载瓦语翻译的标准教材。每周 2 节课，专门教载瓦语和傣语。三年级、四年级、五年级的民族语言课专门介绍民族文化。

德昂族学前儿童大多只会说母语，汉语水平比景颇族载瓦支系和傣族孩子差，因此德昂族学生需要借助德昂语启蒙。与"傣语—汉语""载瓦语—汉语"不同的是，"德昂语—汉语"双语没有"德昂语—汉语"的双语教材，采用汉语教材，授课教师用德昂语解释，德昂语只是做辅助手段。在德昂族聚居的三台山乡的小学，专门配备了懂德昂语的教师。

4. 宗教

德宏有佛教、道教、基督教、伊斯兰教、天主教。傣族和德昂族和部分阿昌族信仰佛教。景颇族信仰基督教和天主教。回族信仰伊斯兰教。菩提学校是德宏州唯一一个培养中缅和尚的佛教学校，2004 年创办于姐相。刚开始不过一二十人，只是教傣文。2008 年迁至瑞丽的江边广场，2011 年至今搬到傣王宫即总佛寺一带。现有 80 多个小和尚，分为 3 个班，主要以缅甸籍为主，政府提供生活费。2015 年菩提学校与国家正规教育接轨，非佛教科目由市民族中学老师来教，小学由姐勒小学教，佛教协会教授佛教知识，共有 12 个佛教老师。菩提学校小学和初中，共有 9 年学制。初中毕业后，流向高中和省佛学院。菩提学校现由瑞丽佛协、总佛寺负责。缅甸的宗教保留较好。德宏州的景颇族少部分信仰基督教，缅甸景颇族绝大部分信基督教。

5. 跨境交流

德宏州边境线的跨境民族是不同国家的同一民族。在新中国成立之前，大多数人没有国家概念，彼此间不会说"我们中国，你们缅甸"之类区分国别的话，民族认同远远大于国家认同。德宏州是边界跨国民族交往频繁的地区。德宏州大概有八九万缅甸籍务工人员，涉及的行业有服务业、砍甘蔗、搬运工、特色饮食（如甩粑粑）。缅甸人不喜欢被叫作老缅。傣族和景颇族的布料基本上是从缅甸买。景颇族的目脑纵歌节，会有官方的代表和边境的缅甸村民会来参加。边境线两侧的居民节庆、丧事和喜事时有来往，彼此用母语交流。两侧边民的语言只是新词术语有差异，但不影响母语交流。傣文交流方面，中国使用的是老傣文，缅甸是用圆体傣文，像缅甸文。佛教交流都是官方和民间交往。民间交流较多，主要是请和尚住进奘房。

广播电视人员和缅甸方互相交流。刚建立民语台时，缅甸的傣族和景颇族过来帮助解决景颇文和傣文的问题，现在用的傣文手写体就是他们做的。以前同一个素材的节目在两国都播放。民语节目做成光碟，可以去缅甸卖。缅甸也用微信，用 weichat。民语文艺节目可以通过微信传播。

德宏民族出版社出版了老傣文、新傣文对照课本，民间故事、民间禁忌等书籍。这些书籍缅甸傣族非常喜欢。每年都举行"边交会"，一年在缅甸，一年在瑞丽。缅甸是在 105 码（地名）这个边境小镇举办，共办了 13 次。德宏民族出版社去了 5、6 次，在 105 码摆地摊卖民语书籍。不少书如缅甸语 900 句、傣语 900 句、景颇语 900 句等书籍很欢迎。缅甸的出版社有一位曼德勒人叫作 sunprint，已经跟德宏民族出版社商议合作翻译两国名著，包括英缅时期的史书，但由于涉及版权尚未开始。新知书社在曼德勒已开分社。《金凤凰》是缅甸出版的汉文报纸，读者主要是缅甸华人群体。

边界地区共有陇川县拉银、盈江卡场、瑞丽的银井和姐告 4 个国门书社。这 4 个国门书社由德宏民族出版社管理。国门书社售书和光碟。如银井国门书社有圆体傣文光盘。从 2009 年开始，姐告国门书社还举办免费的汉语和缅甸语双语培训，教授文字和日常用语。每天晚上开课，每次 2 个小时。共有 4 位培训教师，每个培训班五六十位学生。学员都是想去缅甸的中国人和想来中国的缅甸人。有位缅甸人因为参加了培训班学会汉语，找到当保安的工作，他的汉语得到了公司的表扬。

国门学校是德宏边境地区的一个特点。如瑞丽的银井小学、姐告小学，陇川的拉影小学、芒市的芒海中学等国门学校，招收缅甸的学生。2005 年以来，由于缅甸学生与中国学生学生一样像享受"两免一补"（免学费、免书费、补生活费）的优惠政策，来德宏国门学校读书的缅甸学生非常多。缅甸学生来国门学校上学，早饭、午饭免费。芒市芒海中学是九年制学校，有幼儿园以及 25 个小学和初中教学班。近年来，芒海镇九年制边境学校以其师资力量和办学条件优势吸引了众多来自缅甸的"小留学生"前来就读，每年在学校就读的缅籍学生在 300 人左右，并呈逐年增加的趋势。

6. 缅甸的民族语言文化保留较好

缅甸傣族会傣文，学校和寺庙教傣文。缅甸的德昂族信仰佛教。缅甸联邦政府的学校不多，傣族德昂族的奘房多。他们的孩子必须到奘房学习，当小和尚。德宏的奘房也有小和尚，但到了适龄阶段就上学了，缺少学习傣文的途径。在缅甸克钦邦的学校，有缅文版、景颇文版的课本，数学等课程都用景颇语文讲，师生都学习缅语文、景颇语文字以及英文。在德宏州，住在城里的景颇族大部分不会讲景颇语了，只有少数家庭，父母要求孩子回到家里要讲景颇语。在德宏州的农村，以前很多村子里的人听不懂汉语，但是现在基本都懂，只是说得不好而已。民族服装缅甸保留得较好，在缅甸各个族大多穿自己的民族服装；在德宏州，只在农村和过节时穿。缝制民族服装，他们用手工，我们用机器。

(二) 4个边境县的语言使用状况

1. 盈江县

盈江县的西面、西北、西南面与缅甸接壤，国境线长214.6千米。盈江县辖7乡8镇、1个农场，103个村（居）委会、1153个村民小组。其中有那邦镇、弄璋镇、卡场镇、昔马镇、太平镇、支那乡、苏典乡、勐弄乡、铜壁关乡共9个乡镇与缅甸接壤。

该县总人口306705人，汉族135109人，占总人口的44.05%；少数民族人口167449人，占总人口54.6%。少数民族人口中：傣族100432人，占总人口的32.75%；景颇族44977人，占总人口的14.66%；傈僳族20285人，占总人口的6.61%；阿昌族1327人，占总人口的0.43%；德昂族428人，占总人口的0.14%（2011年）。下面先概述上述民族的基本情况，再总结其语言文化使用的特点。

(1) 各民族概况

傣族主要居住在盈江坝、盏西坝、支那坝。聚居在支那坝、盏西坝的傣族称为"傣西"，聚居在盈江坝大盈江以东的傣族为"傣腊"，聚居在大盈江以西的傣族为"傣盏"。傣族村寨一般都建在平坝上，绝大多数群众信奉南传上座部佛教，同时还保留着原始宗教的残余。

景颇族有景颇、载瓦、勒期（茶山）、浪峨（浪速）4个支系。景颇支主要聚居于铜壁关乡和卡场镇，载瓦支主要聚居于盏西镇、芒章乡和新城乡，茶山、浪速支系各乡镇均有少量分布。景颇族村寨均散居在山上近水处。群众信仰原始宗教和基督教。景颇支男子多用花格包头，载瓦、喇期支着黑长包头。出门随身挎"筒帕"，携带长刀。妇女一般着黑色对襟式左襟短上衣，下着花色艳丽的围裙，裹毛织护腿，喜佩各式银饰。传统节日有目瑙纵歌节和新米节。民间舞蹈有跳新房、丧葬舞、目瑙纵歌舞、景颇刀舞。《勒包斋瓦》是由"斋瓦"吟唱的创世史诗。《目瑙斋瓦》是"目瑙纵歌"盛典上吟唱的景颇族史诗，是根据盈江县卡场镇大"斋瓦"沙万福（1900—1979年）口授整理成书，有景颇文和汉文译本两种版本，汉文译本共8800行。

傈僳族主要聚居于盈江县北部山区的苏典傈僳族乡，其他乡镇有少量分布。傈僳族多信仰原始宗教，自19世纪以来，部分群众改信基督教和天主教。传统节日有阔时节、火把节、新米节。民间舞蹈有脚跟舞、三弦舞、芦笙舞。民间文学有叙事长诗、神话、故事、寓言、谚语、谜语等。叙事长诗有《过年调》《盖房调》《娶亲调》《生产调》《盖坟调》。创世记长诗有《尼达玛》。此外还有神话、故事和寓言11篇。

阿昌族居住在旧城镇丙介村和弄璋镇芒线村先岛、勐俄等村寨。原居新城乡槟榔江沿岸的阿昌族，已与傣族融合，使用汉语、傣语和汉文。阿昌族未形成自己的聚居区。居住边境地区的阿昌族，如弄璋芒线村先岛寨，直至新中国成立前夕，社会组织仍保留着明显的农村公社特征。从事刀耕火种的旱地农业，以种植旱谷、苞谷为主，手工劳动仅限于编制撒垫、竹箩、塔扇等。普遍有嚼槟榔的习惯。信鬼神，崇拜祖先。传统节日为"阿露窝罗节"。

盈江县德昂族属花德昂支系，主要居住于新城乡松山寨和旧城镇小新寨，槟榔江东岸的户回、下卡、土仓等村寨亦有少数居住。因长期与傣族、景颇族和汉族相处，许多人通傣语、景颇语和汉语，通用傣文和汉文。信仰佛教。是"直接过渡"民族。德昂族种茶历史悠久，在铜壁关发现的古茶林，应是德昂族的历史遗迹。新中国成立前男子有文身习俗。由于宗教信仰与傣族相同，故许多风俗都与傣族相同。传统节日是泼水节，宗教节日有关门节、开门节等①。

(2) 盈江县语言使用的特点

①母语保留可以分为三种类型：母语保留型、母语转用型和母语濒危

---

① 《人口数据和各民族概况》，引自盈江县政府网，www.dhyj.gov.cn。

型。母语保留型：傣族、景颇族、傈僳族都保留自己的母语，母语是家庭、村寨的语言交际工具。傣族的部分群众掌握傣文，景颇族景颇支系的部分群众掌握景颇文、载瓦支系的部分群众掌握载瓦文。母语转用型：德昂族不使用自己的母语，转用傣语和傣文，他们信仰小乘佛教。德昂族的创世史诗，是汉文和傣文写成的。原居新城乡槟榔江沿岸的阿昌族，已与傣族融合，转用傣语，兼用使用汉语。母语濒危型：居住在盈江县姐冒乡的阿昌族仙岛人，母语严重濒危，只有二三十位老人能熟练使用仙岛语。

②多语和谐并存。盈江县的少数民族大多掌握母语、汉语和周边民族或不同支系的语言，有的还掌握缅甸语。如卡场镇盆都小组景颇支系的群众和载瓦支系的大部分群众兼用傈僳语，盆都小组傈僳族、景颇支系和载瓦支系的少部分群众兼用缅甸语。

③兼用汉语存在地域差异和年龄差异。距离城镇近或靠近汉族寨子的少数民族掌握汉语的人数比例高，如卡场镇草坝村迈东组熟练使用汉语的人数比例是82.9%。地处偏僻或靠近边境线的寨子掌握汉语的人数比例偏低。如卡场镇吾帕村丁林的景颇支系的群众寨熟练使用汉语的人数是74.7%，卡场镇盆都小组景颇支系的群众和熟练使用汉语的人数比例是60.5%。年龄差异体现在汉语使用水平由高到低的排序依次是：20—39岁>6—19岁>40—59岁>60岁以上[①]。

（3）边境乡镇概况[②]

①那邦镇：西南与缅甸联邦接壤，国境线长20.5千米，境内有29号、30号、31号界桩。距盈江县城和缅甸第三大城市密支那、缅北重镇八莫均为90多千米。出境9千米便可与横跨缅甸全境的史迪威公路接壤。该镇总人口341户1533人，农业人口1486人，占总人口的98%。

②弄璋镇：南与缅甸东部接壤，国境线长12千米。弄璋镇辖15个村委会，175个自然村，190个村民小组。全镇人口44380人，流动人口约7000人。常住人口中傣族23968人，景颇族2484人，是一个以傣族为主的少数民族乡镇。

③卡场镇：西、南与缅甸山水相依，国境线长41.66千米，有通往缅甸的大小通道18条，距缅北密支那仅86千米，距县城平原52千米。卡

[①] 黄平、李春风：《论景颇族和谐语言生活的特点和成因》，《民族翻译》2012年第1期。

[②] 数据来源：http://www.tcmap.com.cn/yunnan/yingjiangxian_tongbiguanxiang.html。

场是景颇族、傈僳族等少数民族聚居的山区镇。卡场是盈江县出口缅甸工业、机电产品等货物的重要通道，是通往缅北最大城市密支那最捷径的通道之一。

④昔马镇：是边境线上的一个高寒山区镇，西北面与勐弄乡及缅甸毗邻，国境线长18.3千米。镇政府距县城55千米，距州府206千米。全镇辖3个村委会，23个自然村，37个村民小组。2004年末全镇总人口9317人，其中8306人，以汉、傈僳、景颇三种民族为主体。旅居日本、美国、泰国及中国港、澳、台地区的华侨有14000多人，1990年被德宏州人民政府命为"华侨之乡"。

⑤太平镇：西南与缅甸毗邻，北与平原镇毗邻。是"古西南丝绸之路"的重要出口通道，盈八公路通往缅甸北方重镇八莫的洪崩河口岸，是盈江县至缅甸八莫、密支那的交通要道。

⑥支那乡：西北与缅甸联邦接壤，乡内有5号、6号、7号界碑，有三条边境通道，国境线全长18.1千米。该乡距县城94千米，是盈江县离县城最远的一个乡。全乡共有5个村委会，60个村民小组，居住着傣族、景颇族、傈僳族和汉族，共2496户，12885人，少数民族占总人口的93%。

⑦苏典乡：是德宏州唯一一个傈僳族民族乡。该乡西北与缅甸联邦山水相连，境内有7号至14号共8个界桩，国境线长43.3千米。有4个村与缅甸毗邻，有若干条通道通往缅甸。由苏典途经中缅8号界桩、龙塘、辉新、蚌瓦、西嘎坝、昔董坝可直接到达密支那。

⑧勐弄乡：西与缅甸山水相连接，国境线长1.3千米，辖区3个村委会，22个自然村，52个村民小组，居住着汉、景、傈3个民族共9088人。

⑨铜壁关乡：西与缅甸山水相连，国境线长25.2千米，是通往缅甸密支那的重要通道。铜壁关自古就是边塞战备要地，明代末年为抵御外敌入侵和稳定边疆，修筑边关重卡——"天朝铜壁关"。全乡辖4个村委会，29个村民小组。2004年全乡有农业人口5676人，其中景颇族3744人，占总人口数的66%；汉族1872人，占33%；其他少数民族60人，占总人口数的1%。

2. 陇川县

陇川，傣语称之为"勐宛"，意思是太阳照耀的地方。陇川县西部与缅甸毗邻，国境线长 50.899 千米，距缅北重镇八莫市 92 千米，距离昆明市 925 千米。陇川自古就是中缅贸易的重要集散地之一，该县的国家二类口岸——章凤口岸已开通拉影、拉勐两个主要通道，分别与缅甸政府国家级口岸雷基市（洋人街）和克钦邦第二特区东部专区（迈扎央经济开发区）相对应。省政府在瑞丽试验区规划中明确了昆明至瑞丽经章凤口岸到缅甸作为中缅陆水联运大通道的首选走向，陇川作为连接东南亚和南亚大陆的枢纽及我国西南地区通向印度洋陆上距离最近的前沿商埠的地位愈加凸显[1]。

（1）边境乡镇状况

陇川县所辖的 5 乡 4 镇和 1 个农场，有章凤镇、陇把镇、户撒阿昌族乡 3 个乡镇与缅甸接壤。

①章凤镇："章凤"系傣语，意为"大象吼叫的地方"，南邻瑞丽市、缅甸，西北与陇把、缅甸接壤，国境线长 16.3 千米。章八跨国公路可直达缅甸北部水陆重镇八莫。人口 2.6 万，其中傣族 12892 人，景颇族 1495 人，德昂族 930 人，阿昌族 84 人。章凤镇每个傣族寨子都建有奘房，供有佛像，有的还有和尚。奘房是本地较具民族特色的建筑。

②陇把镇：西与缅甸接壤，国境线 31.8 千米。全镇 9969 人，少数民族人口 3878 人，其中景颇族 3165 人，傈僳族 668 人。该镇景颇族最隆重的节日是"目瑙纵歌节"，傈僳族最隆重的节日是"阔时节"[2]。南宛河是陇把镇与缅甸的国界，该国界于 1961 年划定。陇把镇有 4 个集市，其中拉线街、龙安街、吕良街与中缅国界紧密相连，集市中有大量的缅甸买家和卖家[3]。

③户撒阿昌族乡：西面与缅甸交界，国境线长 4.35 千米。全乡的总体面貌是两山一坝的狭长小盆地，南北宽 9.5 千米，东西长 30.8 千米，全乡总面积为 251.5 平方千米。辖 11 个行政村，乡政府驻户撒村，距县城章凤 53 千米。人口 2.26 万人，阿昌族 11802 人，占总人口的 53%，是全国唯一一个阿昌族聚居乡，阿昌族三分之一人口分布在这里。阿昌族擅

---

[1] 陇川县政府网，www.dhlc.bov.cn。

[2] 信息来源：https://baike.baidu.com/item/%E9%99%87%E6%8A%8A%E9%95%87/5093818。

[3] 王晓艳：《边境集市与村落共同体的构建——基于中缅边境陇把镇的调查》，《民族论坛》2012 年第 4 期。

长制刀，户撒刀远近闻名。主要节日是阿昌族的"阿露窝罗"节，口头文学的代表作品是阿昌族的《遮帕麻与遮米麻》[①]。

（2）各民族概况

陇川县总人口18.9万人，其中汉族8.7万人，占总人口的46%；少数民族人口10.2万人，占总人口的54%。少数民族中，人口最多的是景颇族4.63万人，占总人口的24.5%；第二是傣族3.15万人，占总人口的16.7%；第三是阿昌族1.4万人，占总人口的7.4%；第四是傈僳族0.55万人，占总人口的3%；第五是德昂族0.15万人，占总人口的0.8%；其他少数民族0.32万人，占总人口的1.6%。全国三分之一的景颇族和二分之一的阿昌族居住在陇川县。近年来，以景颇族文化为主的"中国目瑙纵歌之乡"文化品牌影响力不断提升，傣族文化、阿昌族文化得到大力弘扬，是"中国民间文化艺术之乡"[②]。

陇川县多元宗教并存，佛教所南传上座佛教、汉传佛教、基督教、天主教、伊斯兰教都有自己的聚会场所。傣族人、德昂族人和阿昌族18岁以下的青少年信仰南传上座部佛教，大多数汉族人及其他民族信仰汉传佛教，景颇族和傈僳族的大部分群众以及少部分汉族人信仰基督教，景颇族的少部分群众信仰天主教，回族信仰伊斯兰教[③]。

（3）语言使用状况

陇川县景颇族有4.63万人、占全县总人口的24.5%，傣族3.15万人、占总人口的16.7%，阿昌族1.4万人、占总人口的7.4%，傈僳族0.55万人、占总人口的3%，德昂族0.15万人、占总人口的0.8%。该县是全省景颇族人口最多的县。

陇川县语言使用的基本状况是：①景颇族的景颇支系和载瓦支系、傣族、阿昌族、傈僳族、德昂族均保留自己的母语，母语是族内或支系内部交流的语言工具。②各民族的语言兼用情况不同。景颇族的景颇支系和载瓦支系除使用景颇语和载瓦语外，兼用汉语。傣族除使用傣语外，兼用汉语。阿昌族除使用阿昌语外，兼用汉语，老人还兼用傣语。傈僳族除使用傈僳语外，兼用汉语。德昂族除使用德昂语，还兼用傣语和汉语，老人还

[①] 信息来源：https：//baike.baidu.com/item。
[②] 陇川县人民政府网，www.dhlc.gov.cn。
[③] 王伟：《云南省陇川县跨界民族发展现状与对策研究》，硕士学位论文，中央民族大学，2008年。

会傣文。

3. 芒市

芒市，原名潞西县，2010年更名为芒市。傣语称为"勐焕"，古称"滇越乘象国"地，南面与缅甸接壤，国境线68.23千米，市政府所在地勐焕。芒市不仅是德宏州政府所在地，也是中国通向东南亚南亚的重要门户和区域中心，是古代著名"南方丝绸之路"的重要驿站，素有"滇西边陲第一镇"之称。

芒市总人口41.0426万人，其中傣族、景颇族、德昂族、阿昌族、傈僳族5个世居民族人口占总人口的49%。傣族和德昂族信仰南传上座部佛教，境内有树包塔、风平佛塔、遮放广母佛塔等众多佛塔。在傣族和德昂族村寨有很多奘房。芒市辖11个乡镇和1个街道办事处，其中有遮放镇、勐戛镇、芒海镇、中山乡和遮放农场与缅甸交界①。下面概述边境镇的基本情况和芒市语言使用状况。

（1）边境镇基本情况

①遮放镇：位于芒市的西南部，南与芒海镇及缅甸接壤，国境线8.1千米，距离市政府所在地39千米，既是芒市的中心集镇之一，又是320国道出境线上的一个重要交通枢纽。遮放镇生产的遮放贡米远近闻名。辖13个村委会120个村民小组，总人口43919人，人口较多的民族为傣族、汉族、景颇族、德昂族、傈僳族等5个民族。傣族人口最多，有32402人，占总人口的61.9%；其次是汉族，13337人，占总人口的25.48%；再次是景颇族，共有4803人，占总人口的9.2%。遮放镇的景颇族主要是载瓦支系，聚居在弄丘、翁角、拱岭、邦达、弄坎和河边寨6个村委会。遮放镇的载瓦人在服饰已失去自己的特点，与汉族无异。

②勐戛镇：位于芒市南部，南与缅甸捧线接壤，国境线长4.5千米，全镇国土总面积356平方千米，距芒市镇32千米。辖9个村委会，镇内居民以汉族为主。总人口32185人，汉族人口29676人，占全镇总人口的92%；德昂族1830人，景颇族212人，傈僳族421人，傣族31人，阿昌族15人世居。

③芒海镇：位于芒市南部边沿，距市府芒市镇84千米，南与缅甸勐古接壤，国境线长26.6千米，国土面积105平方千米。辖3个村委会21

---

① 数据来源：http://dhms.gov.cn。

个村民小组。全镇人口 5527 人，其中汉族 2325 人，占全镇人口的 42%；景颇族 2069 人（主要是载瓦支系），占全镇人口的 37.4%；傣族 603 人，占全镇人口的 10.9%；523 人，占全镇人口的 9.6%；其他民族 7 人，占全镇人口的 0.1%。

芒海镇与缅甸勐古仅一河之隔。一条河把一个坝子分成了两个国家。芒海镇是芒市唯一的口岸通道，是芒市通往东南亚南亚的重要通道，是集民族特色和边境特色于一体的边陲小镇。双方边民自由互市，往来频繁。为了加强边境通道的管理，国家于 1978 年在芒海设立边防检查站，把芒海通道纳入国家二类口岸进行管理。

④中山乡：地处芒市东南部，西与勐嘎镇相邻，南与缅甸交界，国境线长 32.5 千米，距市政府所在地芒市 71 千米。全乡辖 5 个村委会 59 个村民小组 49 个自然村。总人口 12734 人（2014 年），其中汉族 9136 人，占总人口的 72%；少数民族 3598 人，占总人口的 28%。少数民族中，景颇族 1423 人，占总人口的 11%，傈僳族 1005 人，占总人口的 8%，德昂族 756 人，占总人口的 5.9%，其他少数民族 414 人，占总人口的 3.2%。

⑤遮放农场：遮放农场位于芒海镇境内，东部靠东山山系与缅甸接壤。农场辖 4 个办事处、27 个生产队、3 个移民单位及茶厂、胶厂两个直属单位①。

（2）语言使用状况

芒市语言使用的基本状况是：①母语保留情况较好，但聚居寨的保留情况好于杂居寨。傣族使用傣语。景颇族有载瓦、景颇、勒期和浪峨 4 个支系，载瓦支系人数较多，各支系使用自己的支系语言。德昂族使用德昂语。阿昌族使用阿昌语。傈僳族使用傈僳语。部分景颇族载瓦支系的群众掌握载瓦文。族内或支系内交际、在聚居寨一般用母语交际。如：五岔路乡的弯丹村拱母组和白岩组、遮旦组，三台山乡的允欠拱岭组、允欠三组、邦外拱岭组，是景颇族聚居的村民小组，这些小组的景颇族群众熟练和使用母语的人数比例在 99% 以上。而在景颇族与其他民族杂居的五岔路乡弯丹村勐广汉寨，景颇族群众熟练使用母语的人数比例只有 69.3%②。

---

① 杨红：《滇西边境县研究书系——芒市》，云南大学出版社 2015 年版，第 12 页。
② 黄平、李春风：《论景颇族和谐语言生活的特点和成因》，《民族翻译》2012 年第 1 期。

②普遍兼用汉语,但存在地区差异和年龄差异。德昂族兼用傣语和汉语,大部分人掌握傣文。如居住在五岔路乡的白岩组和遮旦组,三台山乡的允欠拱岭组和邦外拱岭组的景颇族群众,熟练使用汉语的人数比例在90%以上,而居住在偏僻、交通不便的五岔路乡拱母组的景颇族群众,熟练使用汉语的人数比例只有60.5%①。汉语用于族际和不同支系之间的交际。

4. 瑞丽市

瑞丽市地处云南省西部,西北、西南、东南三面与缅甸接壤,有20多个村寨子你中有我,我中有你,国境线长169.8千米,距缅甸北部重镇八莫70千米、曼德勒445千米、内比都(新首都)670千米,是中国距离南印度洋最近的陆路口岸城市;是滇缅公路、史迪威公路、中缅输油管道三大通道的出入口,是建设面向南亚东南亚辐射中心的重要节点。拥有全国唯一实行"境内关外"海关特殊监管模式的姐告边境贸易区、两个国家级边境经济合作区和两个国家级一类口岸,其中瑞丽口岸与缅甸国家级口岸木姐对开,是我国最大对缅陆路口岸,部分出口商品经缅甸转销至孟加拉、印度等国,成为中缅最大的跨境物流集散基地、人员出入境通道、边境商务信息中心。瑞丽进出口贸易总额占云南省对缅贸易的60%以上,占全国对缅贸易的30%左右。瑞丽市是傣文化的发祥地,是"滇越乘象国""勐卯古国"和"麓川王国"三国古都所在地,是第二次世界大战时期南侨机工运输物资的主动脉和中国远征军两度出国抗战的重要战略通道,被誉为"中国边关抗战文化名城"②。

瑞丽市总人口约21万人,其中少数民族人口7.68万人。在少数民族中,傣族5.52万人、景颇族1.34万人、德昂族17899人、傈僳族840人、阿昌族441人。全市辖3乡3镇2区(瑞丽市姐告边境贸易区、畹町经济开发区2区)2个农场。所辖的勐卯镇、畹町镇、弄岛镇、姐相乡、勐秀乡、户育乡6个乡镇均与缅甸接壤。下面分别概述6个乡镇的基本情况和瑞丽市语言使用状况。

(1)边境乡镇概况

①勐卯镇:是傣语的译音词,是"雾城"之意。南与缅甸木姐市隔

---

① 黄平、李春风:《论景颇族和谐语言生活的特点和成因》,《民族翻译》2012年第1期。
② 瑞丽市人民政府门户网站,ruili city pepople's government portal。

江相望，与缅甸的大掌、贺乱等村寨接壤，国境线长 25.1 千米，是瑞丽通往缅甸的交通要道。总人口 101636 人，其中，城镇人口 71119 人，占 70%；乡村人口 30517 人，占 30%。主要有汉、傣、景颇、德昂、傈僳等民族，是一个多民族聚居乡镇。姐勒大金塔傣语名字叫"广姆贺卯"。与缅甸仰光大金塔、印度尼西亚破落浮屠塔齐名。

②畹町镇：是瑞丽市辖镇，是以汉族和傣族为主体民族的边境镇。东北与芒市接壤，南与缅甸九谷市相邻，西北与瑞丽市姐勒隔江相望，东部有广董通道，中部有畹町口岸，西部有芒满通道，东、西通道和中部口岸公路均与亚太交通对接。总人口 11028 人，其中汉族 5583 人，傣族 3899 人，景颇族 700 人，德昂族 389 人，其他民族 457 人，傣族主要集中在混板、芒棒村委会，汉族主要分布在新合村委会和回龙、立新村民小组，景颇族主要分布在弄弄、广董村民小组、德昂族主要以回环村民小组为主，是一个典型的多民族聚居的边境镇。

③弄岛镇：是傣语的音译，意思是"长青苔的水塘"。西南、东南与缅甸南坎县、八莫县芒允镇隔江相望，国境线长 42.8 千米。是国际通道瑞八公路的必经之地。人口 1.0 万，其中傣族占 88%，辖弄岛、等夏、雷允、等秀 4 个行政村。

④姐相乡："姐相"是傣语的译音词，意为"宝石街"，是以傣族为主体民族的边境乡。姐相乡位于国家级口岸瑞丽市南部，瑞丽坝子中部，南面与缅甸毗邻，国境线长 22.73 千米，共有 19 棵界桩其中正桩 9 棵，附桩 10 棵。与缅甸阡陌交错、村寨相连、鸡犬相闻。辖 4 个村委会总人口 15970 人，其中傣族 14419 人，占总人口的 90.29%，汉族 1478 人，占总人口的 9.26%，景颇、德昂、白、回、布依族等其他少数民族 73 人。

⑤勐秀乡："勐秀"是傣语的音译词，意思是"生长野姜之地"，是一个以汉族、景颇族为位主体民族的边境乡。西隔南畹河与缅甸相望，国境线长 12.3 千米，有 1 个界碑。全乡总人口 10679 人，其中汉族 5412 人，占 50.69%；景颇族 4535 人，占 42.47%；德昂族 533 人，占 4.99%；傈僳族 186 人，占 1.74%，阿昌族 6 人，占 0.06%，傣族 6 人，占 0.06%。

⑥户育乡：西与缅甸隔南宛河为界与缅甸木巴坝相望，国境线长 19.8 千米。是一个以景颇族为主体民族的多种民族边境乡。辖 4 个村委会，总人口 7071 人，其中景颇族 4542 人，占总人口的 65%；汉族 1880

人，占总人口的27%；傈僳族、德昂族、阿昌族等其他民族557人，占总人口的8%。

(2) 瑞丽市语言使用状况

①傣族语言使用状况。傣族人口61544人，占全市总人口的33.2%，占全市少数民族人口的72.1%。瑞丽傣族多数为土著，部分由异地迁入，是瑞丽主要的世居民族之一。分布在瑞丽江沿岸的姐相和弄岛、勐卯三乡镇。瑞丽傣族可分傣勒、傣卯和傣德三个支系。傣勒也称为"汉傣"，习俗与芒市等地的汉族相近，主要聚居地在勐卯镇。傣卯，即世居本地的后裔，仍保存着傣族的古朴习俗，喜居干栏式带晒台的竹楼。傣德也称"水傣"，是指从缅境内迁入瑞丽的傣族，习俗与傣卯接近。傣卯和傣德主要居住在瑞丽江沿岸的姐相乡、弄岛镇和勐卯镇。傣卯和傣德有名无姓，凭血缘关系攀亲，特别以母系血缘为重①。信仰南传上座部佛教②。

瑞丽傣族使用傣语，部分傣族群众掌握傣文，少部分群众会缅文。有些50岁以上的傣族人还不会汉语。傣族的每个村子都有一个奘房，相当于学校，既举办宗教活动，也从进行傣文教学。瑞丽有专门的佛教学校叫菩提学校，瑞丽傣族有用傣文写成的《贝叶经》《嘿勐沽勐》和《娥并与桑洛》等经典。除使用傣语和傣文以外，瑞丽傣族普遍兼用汉语和汉文。

②景颇族在瑞丽市有1.49万人，约占全市总人口的6.38%，有载瓦、景颇、勒期和浪峨4个支系，其中载瓦和景颇支系人口较多。景颇支系主要居住在等嘎、雷弄、户兰；龙峨支主要居于勐秀、南京里；勒期居于勐力、南京里；载佤支系分布于户育、班岭、弄贤、等扎、勐典、户瓦等地。这些支系都普遍使用自己的支系语言。除使用母语，景颇族还普遍兼用汉语。但在靠近边境线的景颇族寨子或交通不便兼用汉语的人数比例相对较低。如毗邻边境线的弄岛镇等嘎陆伍央淘宝村，全寨娶了三四十位缅甸景颇族媳妇，而这些缅甸媳妇不会汉语，这个村207位景颇族人只有128位能熟练使用汉语，仅占调查人数的61.8%③。

③德昂族1946人，主要分布在户育乡的芒海、广宋、雷公，勐秀乡的广卡、雷门、南桑，勐卯镇的贺南毛等村寨。德昂族村寨多夹在傣族、景颇族、汉族的村落之间。德昂族信仰佛教，村村有佛寺，每个寺庙都有

---

① 瑞丽市人民政府门户网站，ruili city pepople's government portal。
② 瑞丽市人民政府门户网站，ruili city pepople's government portal。
③ 黄平、李春风：《论景颇族和谐语言生活的特点和成因》，《民族翻译》2012年第1期。

一个贺卢。德昂族受傣族的影响较大,除使用德昂语,还使用傣语,部分人会傣文。大多数人兼用汉语。

④跨境交流。由于没有山川相隔,在瑞丽有"一寨两国""一井两国""一桥两国"、国门学校等体现中缅两国密切关系的地理景观和社会人文景象。

"一寨两国"是指银井寨,位于中缅边境71号界碑旁,距离瑞丽市区约10余千米,在国境线两边都是傣族聚居的寨子。边境乡中方一侧是瑞丽银井寨,缅方一侧的芒秀寨。寨中的国境线是以竹棚、村道、水沟、土埂为界的。因此,中国的瓜藤爬到缅甸的竹篱笆上去结瓜。寨中的银井小学有很多缅甸"小留学生",他们来自对面的芒秀村,每天自由往返于两国之间。

"一井两国"位于瑞丽弄岛乡姐冒寨和缅甸滚海寨之间。中国姐冒寨和缅甸滚海寨的妇女常常一起在井边洗菜、洗衣、聊天。"一桥两国"在瑞丽的畹町镇,一座小桥连着两个国家。

在瑞丽,有大量的外籍人口。这些外籍人口以缅甸籍为主,缅甸人主要做山上农活、饭店服务、建筑工人。除缅甸人,还有很多印巴人,他们信仰伊斯兰教,他们既不是纯粹的缅甸族也不是纯粹的印度巴基斯坦人。还有一种少数民族,叫罗兴亚人,缅甸政府不承认他们的身份,但他们以缅族的身份进来。

中缅的景颇族信仰基督教和天主教,瑞丽有21个基督教堂、4个天主教堂。2011年珠宝生意好的时候,很多缅甸的景颇族信徒、牧师来到瑞丽进教堂、做礼拜,牧师主要是我们中国的景颇族人。德宏州的相关部门对缅甸来的信徒和牧师进行相关的政策法规培训。中国瑞丽和缅甸的傣族、德昂族都信仰南传上座部佛教,缅甸的和尚来瑞丽做奘房,住在傣族和德昂族村寨的奘房里,主持各种宗教活动。约三分之二的和尚是缅甸的,三分之一是国内的,而这些国内的和尚也是从缅甸学习回国的。

两国共庆民族节日。景颇族的目瑙纵歌节、新米节,阿昌族的阿罗阿露节,傣族德昂族的泼水节,缅甸的景颇族、阿昌族、傣族来瑞丽一起庆祝。

四 临沧市边境县语言使用状况

临沧市西南与缅甸交界,西接保山市,北连大理州,东邻普洱市。国境线长 290.79 千米，市下辖的 8 县（区）中有镇康县、耿马傣族佤族自治县和沧源佤族自治县 3 个县与缅甸交界，有 3 个国家口岸和 17 条通道，是昆明通往缅甸仰光的陆上捷径。

(一) 镇康县语言使用现状

1. 地理人文

镇康县西与友好邻邦缅甸第一特区果敢县接壤，南接耿马县，东邻永德县，北与保山地区龙陵县隔江相望，国境线长 96.358 千米。有国家级二类口岸 1 个、边民互市点 6 个。镇康县新县城所在地南伞镇是该县唯一的国家二类陆路通道口岸，是集边境、山地、热区于一体的少数民族聚居的边境口岸重镇，距缅甸掸邦第一特区果敢县县城 9 千米，距缅甸重要城市腊戌 87 千米。镇康县政府在南伞镇。"南伞"是傣语的音译，意思就是"送公主的地方"。界碑把小小麻栗坝分成两个国家，一半是中国南伞，一半是缅甸老街。南伞口岸是中缅交往的重要通道和滇西南进入东南亚的陆上捷径和重要口岸之一。

镇康县下辖镇康县辖 3 个镇（凤尾镇、南伞镇、勐捧镇）、4 个乡（忙丙乡、木场乡、军赛佤族拉祜族傈僳族德昂族乡、勐堆乡），74 个村（居）民委员会，548 个自然村，其中有勐捧镇、南伞镇和勐堆乡 3 个乡镇与缅甸接壤。勐捧镇与缅甸果敢县红岩乡接壤，国境线 21 千米。南伞镇与缅甸第一特区果敢交界，国境线长达 47.583 千米。镇勐堆乡与缅甸掸邦第一特区果敢县的磨傣乡和县塘乡接壤，国境线 39.8 千米。

全县人口 178169 人（2015 年），其中汉族人口为 122105 人，占总人口的 68.5%，少数民族人口为 56064 人，占总人口的 31.5%。以汉族为主，杂居或聚居着佤族、傣族、德昂族、傈僳族、布朗族、苗族、拉祜族等 23 个少数民族。世居民族有汉族、彝族、佤族、德昂族、傈僳族、苗族、布朗族、傣族、拉祜族 9 个民族。这些民族均为跨境民族。

该县的傣族、佤族、德昂族、布朗族人主要信奉南传佛教，用傣语念经，过泼水节。镇康县有 20 个佛寺，除勐捧镇外，其他乡镇都有，寺庙里的佛爷大多来自缅甸，现在中国愿意做佛爷的人比较少，因为受约束管教较严格，生活水平低，不允许婚恋。据 2016 年统计数据，信仰佛教的共有 1.3 万人。傈僳族、彝族、汉族、苗族主要信仰基督教，用汉文和傈僳文念经。

这些民族都过春节，春节的时候有打陀螺比赛。村民的主要生活来源是种甘蔗，年收入五六万元，外出务工的不多。德昂族泼水节（4月13—14日）、关门节（7月—10月，雨季，每月集会三次）、开门节（10月以后，旱季）。也会过一些汉族的重要节日，如春节。平时年轻人大多穿着流行服饰，只有老年人还会穿传统服饰。但是去佛寺活动时，大家还是会穿上传统服装。镇康地区，女性的传统服饰保留较多，而男性保留得较少。

2. 与缅甸的交往情况

由于边民是同一民族，语言互通，通婚一直存在。20世纪六七十年代嫁多娶少，但是现在娶多嫁少，与缅甸通婚的共有2546人（2016年2月），来华的缅甸人只能办结婚证，不能办理身份证。如：南伞镇白岩村是汉族、苗族和德昂族的杂居村，下辖白岩1、2、3组，林家寨、唐铁寨、桃子寨、皮匠寨、牛场寨、硝厂沟9个自然村，4000多人。该村有三分之一的人与缅甸的德昂族通婚，现代出现了德昂族与汉族通婚的现象。

来华务工的缅甸人较多，主要是种甘蔗、做泥瓦工，最多的时候有六万多缅甸人在镇康打工，平均工资30元一天。

缅甸目前主要是私有制教学，未实行义务教育。镇康县与缅甸开展听课、管理经验交流等方面活动。如2016年8月10—15日侨办通过教师进修学校免费为果敢培训小学教师50名；2015年曾派出支教教师2名，开展为期一年的教学工作；2016年又派出两名50岁以下、有5年以上教龄的两名中文教师到缅方工作。

3. 语言使用现状

(1) 少数民族语言使用现状

彝族有26801人，是镇康县少数民族人口最多的少数民族，聚居在勐捧镇的酸格林村委会、蒿子坝村委会、包包寨村委会；勐堆乡的茶叶林村委会；凤尾镇的大坝村委会。会讲彝语的只有一两个村子中60岁以上老人，如勐捧镇酸格林苦菜岭小组会彝语的都是60岁以上的老人。

佤族有10248人，是镇康县人口排第二的少数民族，聚居在忙丙乡的帮海村委会、回掌村委会，木场乡的勐撒村委会，军赛乡的中厂村委会、南榨村委会；散居于勐堆乡勐堆村、勐场坝，南伞镇大坝村、轩岗村、哈里啊怕寨、俄岱，军赛乡忙吉利、岔路村的大山村，勐捧镇的中沟、大寨。他们通常会说汉语和佤语，有的佤族人也会说白语或哈尼语。

傣族人口为3919人，人口镇康县少数民族中排位第三，聚居在南伞镇的南伞村委会、户育村委会；勐堆乡的帮东村委会。散居于凤尾镇傣族寨，勐堆乡的勐堆村。傣族分为水傣和旱傣，水傣主要居住在坝区，缠白毛巾，说话较软弱，而旱傣穿蓝上衣、黑裙子，说话粗硬。傣族同胞通常也掌握汉傣双语。

傈僳族人口为3382人，聚居在勐堆乡的蚌孔村委会、竹瓦村委会。散居于木场乡的散路坝村老抗寨，勐撒村老周寨。他们都能掌握傈僳语和汉语。

德昂族人口为2848人，聚居在南伞镇的白岩村委会白岩小组、哈里村委会硝厂沟，散居于军赛乡南榨村的酒房坡小组，岔路村的红岩村小组。其中南伞镇为全国第二大德昂族聚居地。德昂人均掌握德昂语，有些还不会汉语，尤其是老人和学龄前儿童。因此，在白岩村白岩小组的完小，学前班和一年级使用德昂语和汉语双语教学，用德昂语翻译，目的是为汉语教学服务。

苗族人口为1972人，聚居在南伞镇的田坝村委会田坎组皮匠寨，散居在勐捧镇丫口村的下三村小组、忙丙村的电塘村，忙丙乡帮海村的白房寨。苗族人会说苗语和汉语。过去自己纺布，自给自足，几乎不与外族通婚，近亲结婚情况较多，个子普遍比较矮小。

布朗族人口为1673人，聚居在木场乡的打拢村委会、忙丙乡新水村委会，散居在凤尾镇轩莱村。只有老年人会说布朗语，年轻人不会说了。

拉祜族人口为1230人，散居在军赛乡的彩靠村委会、军赛村委会、大坝村委会。拉祜族人均能掌握拉祜语和汉语。

（2）学校语言教育及普通话推广

镇康县的双语教师共5个，德昂族2人，佤族、傈僳族、傣族各一个。在教学中，并无少数民族语教材，双语教师主要在学前班及一年级帮助只会少数民族语的学生，将教材中的内容翻译为民族语，并帮助学生学习汉语，让学生慢慢过渡到能完全使用汉语学习的阶段。因此，双语教育实际上是为汉语教学服务。

由于国家规定"幼儿教师及语文教师要求二级甲等及以上，其他学科教师要求二级乙等及以上，教育工勤人员及公务员要求三级甲等及以上"，镇康县会说普通话的人比较多，课堂教学必须用普通话，课余时间的交流多用方言或民族语；普通话推广主要采取普通话培训班、普通话测试的形式。在教师进修学校进行培训，主要参训的人员有教师、公职人员和社会待业青年，每年参训人员不低于150人，培训时间一般在10天左右。2016年8月初，已有771人参加培训。县级机关各单位、企事业单位教职工（50岁以下）现已有80%以上持普通话等级证，一级乙等有5人。

同时在每年的推普周都开展一系列活动，如今年第十九届推普周将举行启动仪式，在相关单位挂宣传标语，掀起大家共同讲普通话的热潮，学校组织普通话演讲比赛并进行板报宣传。云南省出台了《关于进一步加强中小学规范汉字书写教学的实施意见》，并于2015年7月2日至9日进行督查。县里举行过两次规范汉字书写竞赛。

（3）招收缅甸学生的情况

镇康县有一个华文教育基地，设在镇康县一中，主要招收缅甸初中毕业的高中生，插入中国学生的班级上课。由于语言方面没问题，所以学习能跟得上。就读的学生中，有的有中国和缅甸的双重国籍，有的只有缅甸国籍。这些学生毕业后可免高考进入华侨大学学习。

在勐捧镇、南伞镇和勐堆乡3个乡镇学校都有缅甸国籍的学生。勐捧镇酸格林完小、岔沟完小、包包寨完小、勐捧中学等，勐堆乡竹瓦完小、蚌孔完小、邦东完小、勐堆中学等，南伞镇民族小学、红岩完小、白岩完小、大营盘完小、县一中、南伞边境完小，这些学校都有缅甸学生。缅甸学生的家长认为中国的教学质量较好，而且在镇康读书还能享受九年义务教育，因此，他们都愿意把孩子送到镇康上学。

（二）耿马傣族佤族自治县语言使用现状

耿马县西部和南部与缅甸山水相连，东部和东南部毗邻澜沧拉祜族自治县，北接耿马傣族佤族自治县，东北靠双江拉祜族佤族布朗族傣族自治县，国境线长47.35千米。经清水河口岸出境15千米至缅北重镇户板，24千米至缅甸滚弄，149千米至腊戌。出境431千米至缅甸第二大城市曼德勒，748千米至缅甸首都内比都，983千米至缅甸皎漂港，1138千米至缅甸仰光。耿马县是昆明直达印度洋、缅甸海岸皎漂港和仰光最便捷的陆上通道。

"耿马"傣语称为"勐相耿坎"，意为追随一匹白色骏马寻觅到的黄金宝石之地。耿马县是以傣族、佤族为主体民族，还包括拉祜族、傈僳族、德昂族、景颇族、布朗族、回族、彝族、汉族等10个民族的自治县，成立于1955年。全县辖9个乡（镇）、1个华侨管理区、82个村民委员会和3个社区，其中孟定镇为副县级镇，国家一类开放口岸，驻有孟定、勐撒2个国营农场。孟定镇是耿马县唯一一个边境乡镇。

1. 耿马县语言使用现状

全县总人口29.1万人，少数民族人口为15.01万人，少数民族人口占总人口的55.3%。其中傣族60676人、佤族49304人、拉祜族25611人、彝族11865人、布朗族5143人、傈僳族3175人、白族2242人、德昂族1322人、景颇族1018人、回族1084人、其他民族1886人①。傣族和佤族是耿马县人口数量较多的两个少数民族。傣族分布在全县的所有乡镇。佤族主要分布在四排山乡、耿马镇、勐永镇、勐撒镇、孟定镇、贺派乡、勐简乡等乡镇，拉祜族主要分布在耿马镇、勐永镇、芒洪乡、贺派乡、勐简乡。布朗主要分布在勐永镇河芒洪乡。景颇族主要分布在耿马镇和孟定镇。德昂族主要分布在孟定镇。

耿马县宗教信仰的特征是佛教、基督教和伊斯兰教多教并存，有信教群众49645人，占全县人口总数18.4%，其中佛教45090人，基督教4150人，伊斯兰教405人②。

耿马县的少数民族都保留自己的习俗。傣族的泼水节是耿马县的法定节日，清明节后的第十天开始，历时3天。关门节是农历6月15日到9月15日，是南传上座部佛教的一个重要节日。开门节是农历的9月15日开始，为期90天，主要赕佛听经、静思忏悔、赶摆。佤族的主要节日是青苗节，时间是每年阳历五月中旬。青苗节期间举行祭祀水神、火神、山神、雷神、谷神仪式，主祭师和祭祀时间的挑选都有着严格的规定，祭祀按照时间顺序依次进行，由固定的佤族家族分别主持不同的祭祀活动，这些主祭家族与村民之间有着明确的分工且不得擅自变更。1990年以前，青苗节的祭祀活动只是在四排山乡等地的佤族村寨内举行，参加人员以佤族群众为主。1991—2007年，由四排山乡政府组织青苗节活动。2007年，青苗节被耿马县规定为法定节日。2008年以后，四排山等地的佤族村寨仍然在每年阳历5月中旬举行传统的青苗节祭祀活动，但大型的庆典和祭祀活动则由耿马县委、县政府有关部门统筹组织开展。显著的变化是祭祀

---

① 引自耿马傣族佤族自治县人们政府网，http：//www.yngm.gov.cn。
② 引自耿马傣族佤族自治县人们政府网，http：//www.yngm.gov.cn。

活动的神圣性逐渐弱化，世俗性特点不断增强；娱神的功能逐渐弱化，娱人的特点不断增强。青苗节不再是单纯的佤族村寨祭祀，而是逐渐流变为集祭祀和娱乐于一体的现代节日①。景颇族过目瑙纵歌节。目瑙纵歌节对耿马县景颇族的文化复苏起到一定的作用。1993年耿马县举办了首届景颇族目瑙纵歌节后，耿马景颇族的民族服饰有了逐步恢复和新的发展，如一段时间妇女很少织裙、绣花，现在不仅一些老年妇女开始织裙、绣花，而且年轻妇女也开始学织裙、绣花，使景颇族优秀的织裙技术得以继承和发扬②。

耿马县语言使用的基本特点是：除回族外，耿马县的少数民族都基本保留自己的母语。但母语保留具有不平衡性，居住在聚居区的母语保留较好，杂居区的则出现衰变，城区的出现了母语转用。多语现象比较普遍，少数民族普遍兼用汉语，人数较少的民族还兼用当地强势语的傣语、佤语或周边民族的语言。少数民族之间互相兼用彼此母语的现象也比较普遍。由于人口优势，傣语和佤语是耿马县的区域强势语。傣语和佤语不仅被傣族和佤族使用，也被拉祜族、景颇族等人口较少的民族兼用。下面我们用人口只有一千多人的景颇族的语言使用来看耿马县少数民族的语言使用现状。

耿马县的景颇族迁自德宏傣族景颇族自治州，历史有近百年，2009年，我们逐村走访、入户调查了5个村寨景颇人使用母语的情况，统计对象共计696人。调查结果显示：（1）耿马景颇族普遍保留景颇语，但聚居寨、杂居寨和城镇保留景颇语的水平具有不平衡性。如景颇族聚居的景颇新寨和贺稳组，景颇语是族内重要的语言交际工具，景颇语的传承没有出现明显的代际差异。但在杂居村——邱山村，景颇语的使用水平出现了明显的衰退下滑现象。居住在城镇景颇族的景颇语水平下降较为明显。（2）全民兼用汉语。（3）部分景颇人兼用傣语、佤语、拉祜语等少数民族语言。如草坝寨的景颇人多兼用拉祜语和傈僳语；弄巴村委会那弄组是一个由佤族、景颇族、汉族组成的村民小组，该小组的景颇族兼用佤语。（4）景颇族的5个支系有4个（景颇支系、载瓦支系、浪速支系和勒期

---

① 黄彩文：《从村寨祭祀仪式到民族法定节日：云南耿马佤族青苗节的变迁与重构》，《西南民族大学学报》（人文社会科学版）2015年第5期。

② 戴庆厦、蒋颖、余金枝等：《耿马县景颇族语言使用现状及其演变》，商务印书馆2010年版，第26页。

支系）分布在耿马县。不同支系的传统风俗、服饰、语言都已基本趋同。载瓦支系、浪速支系和勒期支系的支系语言只在少数中老年人中使用，这些支系都转用了景颇支系的语言——景颇语。例如：景颇新寨共有景颇族217人，其中景颇支系143人、载瓦支系34人、浪速支系40人。这217名不同支系的景颇人全部熟练使用景颇语，载瓦语、浪速语已无人会用。又如：贺稳组有景颇族191人。景颇族中景颇支系人口最多，有93人，占该组景颇总人口的40.61%；浪速支系人口次之，有60人，占26.20%；载瓦支系有33人，占14.41%；勒期支系人口最少，仅有5人，占2.18%。浪速、载瓦、勒期3个支系共计98人，基本都能熟练使用景颇语[1]。

2. 孟定镇语言使用现状

孟定镇地理人文情况

孟定镇是耿马县唯一边境镇，西与缅甸滚弄交界，东与耿马傣族佤族自治贺派乡、耿马镇相连，南与沧源县芒卡镇接壤，北与镇康县木场乡为邻，国境线长47.35千米，是云南省唯一的副县级镇。孟定清水河口岸2004年经国务院批准升格为国家一类开放口岸，对外贸易额最高达5.92亿元。孟定镇距中缅清水河界桥29千米，与缅甸的清水河市和南邓特区隔河相望，下辖的7个村庄与缅甸交界，两国国界线犬牙交错，没有天然屏障。从孟定镇清水河口岸到缅北重要商品集散地腊戍161千米，到缅甸首府仰光1162千米，是云南省通往缅甸的重要门户和陆上捷径。孙中山先生在《建国方略》中誉之为"滇缅铁路最佳入境口"。

孟定镇与缅甸山水相连，2015年缅甸政府军和果敢同盟军交战，不仅炮弹落到孟定镇的边境村庄，还有大量缅甸边民越过国境线来避难。大水桑树组村民不到300人，却住着900多缅甸难民。山头寨与缅甸仅一山之隔，山头寨村474户人家中，有170户人家有缅甸媳妇，整个山头寨村住着3000多难民。缅北战争期间，孟定镇集中安置的难民营有7个，共安置难民6千多人，加上投亲靠友的上万名难民，估计在孟定镇境内的难民近2万人[2]。

---

[1] 戴庆厦、蒋颖、余金枝等：《耿马县景颇族语言使用现状及其演变》，商务印书馆2010年版，第50—93页。

[2] 引自中国新闻网（china.com），《战火阴影下的中缅边陲孟定镇》，新境报记者萧辉报道。

孟定镇的居民信仰南传上座部佛教、基督教、伊斯兰教三大宗教，有大小宗教场所93所，信教群众占总人口的60%。孟定镇盛产甘蔗、香蕉、橡胶等热带经济作物。孟定镇芒团手工白棉造纸术被国家列为非物质文化遗产。孟定镇的傣族男女有文身的习俗，文身的图案有佛塔、菩萨、战神、麒麟、老虎、孔雀、匕首、花和方、圆等多种图形。

孟定镇辖七个村委会85个村民小组，人口91939人。少数民族人口52187人，占总人口的56.76%，汉族39752人，占总人口的43.24%。傣族28070人，占总人口的30.53%；佤族11020人，占总人口11.99%；彝族4319人，占总人口的4.7%；拉祜族3734人，占总人口的4.06%；傈僳族2303人，占总人口的2.5%；德昂族1089人，占总人口的1.18%；景颇族519人，占总人口的0.56%；其他民族1133人，占总人口的1.23%。这些少数民族都普遍保留自己的母语和兼用汉语。人数在一万人以下的彝族、拉祜族、傈僳族、德昂族和景颇族，除了使用母语和汉语外，50岁以上的还会傣语、佤语等其他语言，形成"母语—汉语—其他民族语"的多语使用类型。母语用于族内交际，民族语或汉语用于族际交流，各种语言功能互补，形成多语和谐的语言社区。

（三）沧源佤族自治县语言使用现状[①]

沧源县是一个以佤族为主体、傣族、拉祜族、彝族等多民族聚居或杂居、宗教问题较复杂的边境自治县。人口172666人（2015年），少数民族人口161937人，占总人口的93.8%。沧源县与缅甸掸邦的第二特区佤邦接壤，边境线长达147.083千米。

沧源县所辖的10个乡镇有6个分布在边境线上。下面分别介绍边境乡镇的基本情况和沧源县语言使用情况。

1. 六个边境乡镇概况

（1）班老乡

班老乡边境线长41.65千米，西面和南面与缅甸佤邦接壤，南滚河国家级自然保护区与缅甸北部掸邦山地相连，是沧源县边境线最长的一个乡。全乡总人口7560人（2006年），佤族人口占98.81%，傣族人口占1.19%。该乡教育比较落后，人均受教育年限3.7年（2006年）。该乡全民信仰小乘佛教。上班老佛寺建于1921年。班老乡佤族的习俗深受傣族

[①] 沧源县的材料是彭茹博士和满欣博士2016年7月赴沧源调查所得。谨致谢忱。

的影响，过傣族的泼水节、贡像节、开门节、关门节，每月逢初八、十五、二十三、三十休息一天。有做赕的习俗。一般要择三天吉日。第一天请寨主、头人、亲朋好友来家做客，第二天准备祭品。第三天到佛寺祭贡。该乡的班洪抗英遗址碑记录了该乡和班洪乡佤族将英国侵略者赶出班洪的英雄历史。

（2）勐董镇

勐董镇南与缅甸接壤，边境线长41.484千米，占全县边境县的28%。共有161—173号共13个界碑，有17个界桩。距离缅甸佤邦首府210千米，属于国家二级口岸。该镇地形分山区、半山区、郊区和坝区四类，镇辖3个社区、7个村委会、69个自然村、59个居民小组、80个村民小组。该镇人口28148人（2007年），少数民族人口占85%，以佤族为主体。

该镇的广允缅寺俗称"学堂佛寺"，建于1828年，距今已有170年的历史，是云南南川上座部佛教的三大古建筑之一，1988年被国务院列为全国重点文物单位。

（3）单甲乡

单甲乡的"单甲"是佤语的音译，南与缅甸的昆马区的达干落乡和大忙海乡接壤，边境线长17.663千米，设有174号、175号、176号3个主界桩和174个附桩。该乡辖6个行政村、36个自然村、69个村民小组。6个行政村中有2个是边境行政村。总人口10883人，佤族人口占总人口的98%。该乡与缅甸的佤族交往密切。该乡的嘎多大寨有500年的历史，佤族的语言文化保留很好。

（4）班洪乡

该乡南与缅甸接壤，边境线长6.48千米。全乡辖6个村委会56个自然村、61个村民小组，总人口10081人（2008年）。该乡是典型的山区乡镇，"九分山有余，一分坝不足"是该乡地形的主要特征。该乡佤族8564人，占总人口的91%，傣族人口占4%，汉族人口占4%，其他民族占1%。乡民的习俗深受傣族文化的影响，全乡80%以上的群众信仰小乘佛教，与傣族一样过泼水节、开门节、关门节。全乡有1所初级中学、13所学校。

（5）勐角傣族彝族拉祜族乡

勐角是傣语地名，意思是"人类最先开创家园的地方"。该乡西临缅甸。13450人，有傣族、彝族、拉祜族、佤族等12个少数民族，其中佤族 7883 人、傣族 3224 人、彝族 1093 人、拉祜族 915 人、汉族 486 人。辖 9 个行政村、51 个自然村、60 个村民小组。

该乡的翁丁佤族村共有 98 户 400 多人，保留着佤族的民居特点、服饰特点、饮食特点以及音乐舞蹈特点等。拉祜族主要分布在勐甘村。该乡的傣族、彝族、拉祜族都保留自己的母语。

(6) 糯良乡

该乡西南与缅甸的大芒海接壤，边境线长 3.5 千米，有 173 号和 174 号两块界碑。全乡辖 8 个村委会、29 个自然村、65 个村民小组、20 个机关单位。该乡人口 12973 人。佤族人口占 96.8%。

2. 沧源县语言使用情况

沧源县佤族 147096 人，占总人口的 85.2%，主要分布在全县 10 个乡镇的 89 个村委会。傣族 8048 人，占总人口的 4.7%，主要分布在勐角、勐董、勐省、班洪、勐来、班老等 6 个乡镇 10 个村委会的 29 个自然村。拉祜族 3730 人，占总人口的 2.2%，主要分布在岩帅、勐角、勐董、单甲等 4 个乡镇 10 个村委会的 25 个自然村。彝族 1951 人，占总人口的 1.1%，主要分布在勐角乡 3 个村委会 5 个自然村。

(1) 语言使用现状

沧源县是我国佤族人口最多的一个县，10 个乡镇都有，目前人口有 10 多万人。在缅甸，佤族主要分布在佤邦，目前有六七十万人。沧源的佤族普遍掌握自己的母语、傣语和汉语方言。他们普遍认为母语是很重要的语言，对母语有自豪感，在公众场合愿意使用母语，与傣族交流也用傣语。大多数人对语言功用评价时都认为普通话最重要。沧源佤族大多希望掌握佤语、汉语方言和普通话等多种语言，他们认为这些语言都有不同的用处。

母语用于族内交流。除掌握母语外，一半以上的教徒已掌握了佤文，教友之间平时会用佤文发信息。从 2003 年开始，勐董镇下永和六组村民的牧师鲍光强每年都举办两期佤文识字培训。培训对象主要是面向教会的教徒，来培训的学员，食宿费由教会提供，民政局也提供一些大米。沧源佤族有老佤文和新佤文两套文字。老佤文是 20 世纪二三十年代，由英国传教士永文生创制的，用阿拉伯字母表示。从 20 世纪 90 年代起，老佤文在不断地进行规范和修订工作。新佤文，是我国政府在 20 世纪 50 年代创制的。传教用老佤文，学校和政府机关使用新佤文。

如勐董镇永和社区分上、下两个区，共有 11 个村民小组。永和四组共 34 户，154 人。永和社区是边境村寨，上永和离缅甸更近，就隔着一条公路。永和村对着的缅甸是缅甸的佤邦，村民与周围村寨的其他民族通婚现象很普遍。像永四组有从缅甸嫁过来的 2 位彝族人。在村寨都是使用佤语，平时上班时，同事之间说汉语方言。除 60 岁以上的老年人外，一般都会说汉语方言。有些上了年纪的佤族老人会傣语，但年轻人都不会了。以前，傣族、佤族长时间聚居在一起，大家在一起劳作，就彼此学会了对方的语言。现在佤族、傣族都是分寨而居，所以都不会对方的语言了。

永和村第四小组都信仰基督教，牧师是用佤语传教，教徒也用佤语念圣经、唱圣歌。村民只会《圣经》中的一些佤文。永和村有传统文化的传承人和传习所。传统文化的传习所，教授佤族传统舞蹈甩发舞、佤族织布。村里有李春芳的母亲和鲍俄农两位传习人。她们每年带一些徒弟。传习队员去香港、北京、海南表演。比较隆重的节日有圣诞节、春节、摸你黑、新米节等。每个节日都很热闹，村民，无论男女老少，都会穿上民族服装参加。特色食物有鸡肉烂饭。

沧源的傣族普遍掌握傣语和汉语方言。傣语用于族内交际，汉语方言用于族际交流。

（2）双语教学现状

新中国成立初期，沧源城乡的小孩不会说汉语。政府就从云县、凤庆等地引进一些汉族教师，要求每位教师签订 15 年的服务合同。初中教师甚至从外省引进。引进这些教师后，在学校进行双语教学。现在的结果是城乡小孩都会说汉语了，但民族语不会说了。

沧源县民族小学从 3 年级开始开设佤语课，学校有 1 个专职佤语教师。另外，勐董小学也开设佤语课，但学校没有专职的佤语教师。学生入学后学汉语拼音，如果同时再开设佤语课，学生会将两种字母混淆起来。

每个班每周只有一节课。教材是县里组织教师自己编写的，主要教学生佤语的一些日常用语、歌曲等。佤语课程不用考试。

学前班和低年级的双语教学算不上真正意义上的双语教学。因为学校没有开设专门的母语课，课堂教学语言主要是普通话，教师只是偶尔用母语进行解释，母语只是以辅助教学的角色存在。

沧源县的双语教学主要的问题一是上面分配的教师编制有限，这导致专职的佤语教师严重短缺；二是缺乏相配套的学生选拔机制，这就抑制了学生学习母语的动力；三是经费不够；四是缺乏科学、规范的教材；五是懂佤文的佤语教师不多。

（3）媒体语言使用情况

沧源电视台佤语节目组有两个工作人员，两人轮流播送新闻。播送新闻时是直接对着汉文用佤语念出来。佤语节目有：跟我学佤语、佤语新闻（不超过15分钟）、佤语歌曲欣赏（每次一两首）等。佤语新闻是重播头一天的汉语新闻，也就是说星期一、星期三、星期五是汉语新闻，星期二、星期四、星期六就用佤语重播头一天的新闻。佤语新闻从2002年开始播送，中间曾一度中断过，2010年又重新开始播送。

沧源农村电影管理站于2002年成立，目前，该站有3个工作人员。目前，佤语电影的播放已覆盖沧源的每个乡镇。沧源共有90个村委会，每个村委会每年要放映佤语电影12场。电影的内容由国家规定，主要有故事片、宣传片（环境卫生整治、防治艾滋病等）、科教片等。在乡村，佤语电影较受老人和小孩的欢迎，每场的观众，少时有一百人以上，多时则达五六百人。

（4）中缅边境的交流

沧源与缅甸在经济、文化、婚姻等多方面都有密切的交往。

从缅甸那边过来沧源上学的比较多，从幼儿园到高中都有，每年有1000名左右的学生。

只要缅甸的学生愿意过来，沧源这边的学校都会接受。20世纪七八十年代，每个学生要交300元到500元不等的借读费。现在，他们与中国学生一样，享受九年制义务教育。高中生则每年要交800元的学费。他们也住校，有些学生的家长还在沧源买了房子定居下来。

缅甸的学生初中毕业颁发毕业证，高中毕业则不能颁发。缅甸的学生高中毕业时只能考入华侨学校，不能考中国的其他大学。尽管高中毕业不能拿到毕业证，但还是有不少缅甸学生会选择来沧源上学，因为缅甸的学校以私立性质的居多，因此，家里经济困难的就会选择来沧源上学。曾经一度造成缅甸学生比中国学生还多的局面。

除缅甸学生来沧源上学外，高层的交流互访活动也时常会有。此外，我们这边会派出一些教师去缅甸，对缅甸的汉语教师进行培训。

两国边民贸易自由，缅甸的边民会把自家种的菜拿到沧源来卖，然后再从沧源买生活用品回去。县城有一条专门买卖缅甸商品的街道，那有很多缅甸人。缅甸的边民生病了，也会来沧源看病。沧源县也会派一些专门人员过去指导他们的农业种植。

两国的边民相互迁徙。父母辈，由于战争，很多人从沧源迁去了缅甸。改革开放以后，沧源的经济条件改善后，他们中的一些人又陆陆续续地从缅甸迁回来了。节庆或婚丧嫁娶，两国边民会互相往来，平时也有电话联系。缅甸边民使用沧源的电话，电话号码都是沧源的。沧源边民的手机，在缅甸可以照样使用。街子天时，缅甸的边民会来沧源赶集。

沧源人只需拿户口本办出行证就可以去缅甸，学生持学生证可以通行。沧源县城有通往缅甸的班车，一天一趟，一个小时就可以到达。

（余金枝、杨露、侬常生）

第三节　滇缅边境南段语言使用状况

滇缅边境线南段是指毗邻边境线南段、东段的边境的州县地区，包括普洱市西盟佤族自治县、孟连傣族拉祜族佤族自治县和澜沧拉祜族自治县，西双版纳傣族自治州勐海县、景洪市和勐腊县6个县。这6个县的世居民族主要是傣族（缅甸识别为掸族）、佤族、哈尼族、拉祜族和彝族、景颇族（缅甸识别为克钦族之一）、布朗族等。这些民族分为山区民族和坝区民族两类民族，山区民族主要是佤族、拉祜族和彝族，他们主要居住在山区，进行山地农业、狩猎经济生产方式，坝区民族主要是傣族、布朗族等，种植水稻。

南段的各个少数民族都有自己的语言。与民族分布相同，各少数民族语言根据空间分布也可以分为山区民族语言（佤语、哈尼语、彝语、拉祜语）和坝区民族语言（傣语）。各少数民族本族人之间交际交流使用母语。以前傣语在当地起到通用语的作用，山区民族到坝区进行商贸活动或多或少地学到坝区民族的语言。如今汉语方言是各个民族通用的语言，而汉语普通话成为越来越多的民众交往、学习的首选语言。在多民族杂居的村寨，各少数民族除了说自己的母语和汉语方言，还使用其他民族语言。下面从语言使用类型、少数民族使用语言的状况及边境个案三个视角来展示南段的语言使用现状。

一 语言使用类型

本节的语言使用类型是指滇缅南段少数民族使用母语、兼用语或母语转用等语言使用类型。

（一）"母语—汉语"型

又称为双语型，是指该群体除了使用自己的母语，还兼用汉语，是具有使用母语和汉语方言两种语言能力的社交群体。这一双语模式在边境南段地区呈现为"傣语—汉语""佤语—汉语""哈尼语—汉语""彝语—汉语""拉祜语—汉语"等五种类型。这五种类型在傣、佤、哈尼、彝、拉祜等分布的乡镇均有分布，是分布最广泛的语言类型。这表明边境南段地区少数民族基本保留了自己的母语，但为了族际交际的需要，都兼用了分布通行最广、功能最强的语言——云南汉语方言。

边境南段地区虽都为双语型为主，但在母语的使用场合、兼用汉语的人数、年龄性别上存在差异。其原因主要是地理分布。具体表现为：第一，山区民族母语使用限于村寨和族内的人际交往和传统宗教活动，兼用汉语总人口不高，但兼用汉语人口在总人口的比例比坝区民族高，其结果是由于这些地区佤、拉祜、哈尼等民族受教育人口如大学生、教师比例高于傣族。坝区民族傣族由于有传统的民族文字，又是该自治地区的主体民族，语言使用涉及行政、双语、社会使用、佛教等多个领域。第二，同一个民族，无论是坝区民族还是山地民族，居住离城镇较远的农村，母语使用的地理范围虽然限于狭小的村寨内部但使用频率较高，兼用汉语的人数比例低于居住在城镇或城镇周边的村寨。居住在城镇或城镇周边的，由于族际交往的需要，母语使用频率相对较低，有时候甚至本民族之间都用汉语交际，汉语使用频率比居住离城镇较远的农村要高。如西双版纳勐海县打洛镇城子街村的傣族人之间交流有时候都直接用汉语而不用傣语，不少时候是汉语和傣语交叉使用，体现了双语型的特征。居住在聚居寨的少数民族，兼用汉语的人数比例要低于杂居寨。第三，50岁以上老人特别是妇女，相对于年轻人特别是青少年，母语使用能力较好，汉语熟练程度相对较低。

（二）"母语—傣语—汉语"型

又称三语型，是指该地区傣族以外的少数民族除掌握母语以外还兼用傣语、汉语两种语言，这些语言在他们的语言生活中承担不同的交际功能。多语型的形成受到族群杂居、人口数量、家庭环境等因素的制约，特别是出现在佤族、哈尼族、彝族、拉祜族与傣族杂居的寨子。由于边境线南段地区历史上的强势语言是傣语，现在由傣语转为汉语，所以这一类型现在出现了一些新的变化，这就是三语排序由"母语—傣语—汉语"变为"母语—汉语—傣语"了。例如：普洱市孟连傣族拉祜族佤族自治县娜允镇景坎村委会佤族村，有些佤族老人原来居住在与傣族杂居的村子，掌握了傣语，能用傣语进行交流。而现代有些年轻人除了母语，主要就是掌握汉语，傣语熟悉程度比老年人差，傣语日常交流已经有些困难。

（三）"汉语"型

此类型包含着性质完全不同的两个次类：第一类是汉族使用汉语，第二类是少数民族丢失了自己的母语而转用汉语。由于汉语的强势地位和云南汉语方言各地的通解度较高，完全能够通话，因此无论是世居的汉族还是外来汉族人员，都使用汉语。第二类主要是居住在城区的少数民族第二代开始转用汉语，后面的几代变成了汉语单语型。属于母语丢失型和母语不用型的少数民族虽然不占多数，但居住在县城的少数年轻人不会说或不太会说自己的母语已经变成耳熟能详的现象了。甚至有的农村家庭，由于父母一方是汉族，家庭语言是双语，但由于学校、社会主体语言汉语势力强大，孩子进入幼儿园、小学就开始学汉语，孩子掌握的少数民族语言也不是很理想，也有变成汉语单语型的趋势。

二　滇缅边境南段跨境民族使用语言状况

（一）傣族使用语言的状况

傣族分为傣纳、傣仂、傣雅等支系。傣族多居住在坝区，从事农业生产，有自己的民族语言。边境南段的傣族主要是傣仂支系，傣仂有自己传统的文字，称为傣仂文，信仰南传佛教，村中有佛寺和佛塔。住甘栏房，传统材料是竹楼茅草式，第二代是瓦木结构，现在第三代都是砖石结构，但式样仍为上居下空的结构。

历史上边境南段的主要语言是傣语，第二次世界大战时期曾流传"说好壮傣话，走遍东南亚"的说法。日本利用傣泰语在滇南和东南亚的中介语地位把泰国拉入战车，引起了我国政府和学界的高度重视。边境地区的少数民族例如布朗族深受傣族影响，用傣文说傣语，共同信仰傣族佛教。1949年以来由于傣族自治地方的建立，双语教育的开展，傣仂语进入一个新的发展时期。汉语逐渐取代傣语成为该地区的族际语，但是山区少数民族还有不少老年人熟悉傣语，傣语傣文不仅在本民族稳定使用，而且在其他民族中还有一定的影响。

边境南段只有孟连傣族从勐卯迁来，属于傣纳支系。西双版纳勐遮坝子傣族主要是来自德宏一带的傣纳支系，不住干栏。孟连傣族虽属于傣纳支系，语言上与德宏傣语较为接近，但其文字系统与西双版纳外形上较为相似，称为傣崩文，主要用于宗教层面。文字使用限于宗教领域，行政、双语、社会使用很不发达。

（二）哈尼族使用语言的状况

边境南段地区哈尼族主要居住在山区，旱地锄耕农业占有主导地位，水田极少；居住的村寨主要建在高山上深谷间。哈尼族信仰万物有灵。有一年有12个节日之说。他们主要聚居在西双版纳州勐海县格朗和哈尼族乡、西定哈尼族布朗族乡。哈尼族聚居于格朗和乡，属于爱尼支系，还有居住在阿克寨的阿克支系。哈尼族泰语称"阿卡"，也称"依锅"，其中"锅"字据笔者调查研究很可能对应于拉祜族"苦聪"之"苦"字，新唐书写作"锅错"，据《拉祜语简志》乃拉祜纳、拉祜西共同的古称。新平傣族称彝族为"锅"，国内傣族不少称彝族、彝族某些支系或其有关民族为"锅"。傈僳也是"锅"。这些族群都属于现在操彝语支语言的族群，"锅"和"纳""诺""尼"等词一样估计是这支语言某些人群的自称。蛮书有怒部落、傈僳两姓蛮，都在寻传地区，位于今天的怒江，但东边南边的乌蛮少有部落名。"锅"是其一。据《西双版纳哈尼族简史》（杨忠明，2004）傣族把当时的哈尼族先民当作彝族，哈戈的他称族名开始出现在傣族社会生活中，经过漫长的历史演绎，哈尼族哈雅方言雅尼次方言群内部也认可了哈戈的他称，直到现在。

中缅边境南段地区的哈尼语1981年以格朗和哈尼族乡苏胡寨的语言为标准音制定了一套哈雅方言雅尼次方言的文字在西双版纳州试行。哈尼语使用、发展稳定，由于与国外的阿卡语同属一种语言，当地语言认同和地位较高，语言态度较为积极。

（三）拉祜族使用语言的状况

拉祜族也是中缅边境南段的主要民族之一。拉祜族自称"拉祜"，又称"倮黑"，傣语泰语称之为"目舍"。据《拉祜语简志》，拉祜语分拉祜纳和拉祜西两方言，以澜沧县勐朗地区的拉祜纳方言为普通话，拉祜西支系也多会说这个方言。主要从事山地农业，耕无定所，四处游耕。拉祜族偏爱黑色衣服，拉祜纳住甘栏，跟傣族、布朗族的房子近似，拉祜西住平房。拉祜族信仰万物有灵，在国外也有信基督教和天主教的。

中缅边境南段拉祜族母语使用稳定，村寨、家庭语言是拉祜语，与其他民族交流的语言主要是汉语，兼用汉语的总人数不多。

（四）布朗族使用语言的现状

布朗族，布朗族从事旱地农业，属于半山区民族。和傣族一样住甘栏，服饰也和傣族差不多，信仰南传佛教使用老傣文，泼水节布朗族叫桑康节，是最大的节日，传统上布朗族与傣族一样不过春节。

布朗族在中缅边境南段地区主要分布在西双版纳勐海县布朗山、西定和打洛，使用布朗语布朗方言。他们信仰南传佛教，使用老傣文。

布朗族是跨境民族，滇缅边境线两侧的布朗语能够沟通。在家庭，布朗族使用布朗语，布朗语使用较为稳定。由于布朗族受到傣族深刻影响，不少人兼用傣语，成为"布朗语—傣语—汉语"三语人。布朗族是南段少数民族中兼通傣语人最多、使用傣语频率最高的民族，但在受傣族语言文化深度影响的同时还是保持了自己的语言文化特征，同时也掌握汉语方言。

三 普洱市边境县语言使用状况

普洱市原名思茅市，2007年改为现名。辖9个少数民族自治县和1个区，市政府驻地在思茅区，居住着汉族、哈尼族、彝族、拉祜族、佤族、傣族等14个世居民族，2012年全市人口258万人，少数民族人口占61%。与缅甸、越南、老挝接壤，有2个国家一类口岸、1个国家二类口岸、17条通道，是云南建设面向南亚东南亚辐射中心的前沿。由北向南，与缅甸接壤的县依次是西盟佤族自治县、澜沧拉祜族自治县和孟连傣族拉祜族佤族自治县3个县。

（一）西盟佤族自治县语言使用状况

西盟佤族自治县是全国两个佤族自治县之一，西、西北部与缅甸第二特区（佤邦）的勐冒县岩城区、营盘区、龙潭区、昆马区毗邻，国境线长达89.33千米。县城距昆明864千米，距普洱市区293千米，境内东西横距40千米，南北纵距60千米，总面积1353.57平方千米。

该县辖7个乡镇，居住着汉族、佤族、拉祜族、傣族、彝族、哈尼族等 24 个民族，汉族人口 7401 人，占总人口的 8.10%；佤族人口 62898 人，占总人口的 68.87%；拉祜族 15394 人，占总人口的 16.85%；傣族人口 2997 人，占总人口的 3.28%；其他少数民族人口 2645 人，占总人口的 2.90%[①]。西盟县是典型的直过民族县。新中国成立之前，佤族和拉祜族原始社会末期、奴隶社会初期阶段，1958 年以前还盛行猎人头祭谷神的陋习。西盟县的佤族文学丰富，有创世史诗《思岗里》、英雄长诗《蟒蛇回来了》等，佤族舞蹈有《摔发舞》。下面分别对边境乡镇、跨境交流及西盟县的语言使用状况进行概述。

1. 边境乡镇概况

西盟县所辖的 7 个乡镇有 4 镇 2 乡 15 个村与缅甸瓦邦接壤，县内有 178 号、179 号、180 号、181 号、182 号、183 号共 6 个界桩。按人头计算，每人要看管 1 米的国界线。这 6 个边境乡镇是：

（1）勐卡镇：位于县城的西北部，距离县城 42 千米，西以格浪窝弄河为界与缅甸佤邦相望，国境线 7.9 千米，境内有中缅分界的 181 号界桩。该镇辖 7 个村委会 45 个村民小组。

（2）新厂镇：位于县城的西北部，距离县城 78 千米，西部和北部与缅甸毗邻，国境线 33.2 千米，是县内国境线最长的乡镇。镇内有中缅分界的 178 号、179 号、180 号界桩。该镇辖 5 个村委会 35 个村民小组。

（3）中课镇：位于县城的西北部，距离县城 28 千米，北与缅甸接壤，国境线 4.8 千米。辖 5 个村委会 51 个村民小组。

（4）岳宋乡：距离县城 54 千米，西部和北部隔南锡河、南弄河与缅甸相望，国境线 26.3 千米。乡内有中缅分界的 182 号、183 号界桩。该镇辖 3 个村委会 39 个村民小组。乡内的岳宋村永老寨是佤族文化民俗村，是云南省第一批非遗保护村。

（5）力所拉祜乡：位于县城西部，西部隔南锡河与缅甸相望，国境线 10 千米。辖 5 个村委会 52 个村民小组。

（6）翁嘎科镇：位于县城南部，距离县城 64 千米，西南以南卡江为界与缅甸相望，国境线 16 千米。辖 5 个村委会 58 个村民小组。

2. 跨境交流

西盟县有缅籍学生 465 人（2013 年），学前班 17 人，小学 409 人，

---

① 苏然：《滇西边境县研究书系——西盟县》，云南大学出版社 2015 年版，第 7—25 页。

初中 26 人，高中 4 人，除新厂镇中小学以外，其他乡镇均有分布（2012年）。2016 年在缅甸勐冒县举办了华文教师培训班。跨境婚姻历史悠久，2012 年涉外婚姻 793 对。

2012 年，完成货运量 8661 吨，出入境人员 16255 次，出入境交通工具 7311 辆。贸易区只要是第二特区（佤邦）。出口商品建材、机电、百货等，进口商品矿产品和农副产品[①]。2012 年共有缅甸入西盟定居人员 1332 人。中缅友好医院、中缅光芒友好学校、人畜饮水工程于 2010 年在缅甸勐冒县营盘区移交给缅方，缅甸佤邦与西盟政府于 2010 年签署替代发展合作文件[②]。

3. 语言使用状况

全县辖 7 个乡镇、36 个村民委员会、3 个社区居民委员会、260 个自然村、367 个村民小组。县内主要使用佤语、拉祜语、傣语三种少数民族语言。本民族交往时使用本民族语言，与其他民族交往时使用佤语或汉语。在西盟县城、政府机关、农贸市场、商店、信用社、集市等场合，汉语和佤语都使用。

佤族族内婚姻家庭成员只使用佤语，族际婚姻家庭成员则用佤语和汉语。由于在上学之前，佤族寨子里的儿童大多只会说佤语，因此在幼儿园、小学三年级以前的课堂教学，需要用佤语辅助教学。四年级以后，才能够只用汉语授课。50 岁以上的佤族人，有部分只会佤语不会汉语。

（二）澜沧拉祜族自治县语言使用状况

澜沧拉祜族自治县位于云南省西南部，因东临澜沧江而得名，全境东西跨距 110 千米，南北 130 千米，为云南省县级面积第二大县。国境线长 80.563 千米。

该县辖 20 个乡（镇）、161 个村委会（社区）。所辖的 20 个乡镇中，有 8 个民族乡（4 个哈尼族乡、3 个佤族乡、1 个彝族乡）。总人口 50.09 万人，少数民族占全县总人口的 79%，其中拉祜族人口占全县总人口的 43%、占全国拉祜族人口的二分之一、全世界拉祜族人口的三分之一，是全国唯一拉祜族自治县。该县是贫困山区，由原始社会末期、封建领主制向地主制转化期直接过渡到社会主义社会的拉祜族、佤族、布朗族 3 个

[①] 苏然：《滇西边境县研究书系——西盟县》，云南大学出版社 2015 年版，第 181 页。

[②] 苏然：《滇西边境县研究书系——西盟县》，云南大学出版社 2015 年版，第 198 页。

"直过民族",人口达22.88万人。

澜沧县有2个边境乡、8个边境村与缅甸接壤。县内的拉祜族、佤族、哈尼族、彝族、傣族、布朗族等人口较多的少数民族都是跨境民族。下面分别概述两个边境乡和澜沧县语言使用状况。

1. 两个边境乡概况

(1) 糯福乡：位于澜沧县南部，距离县城97千米，南与缅甸接壤，国境线长56.843千米，是澜沧县国境线最长的乡，也是澜沧通往东南亚各国的重要通道。从阿里村可直达缅甸第二、第四特区。全乡辖9个村民委员会、92个村民小组，有国土面积879.67平方千米，占全县总面积的十分之一，是澜沧县国土面积第三大乡。糯福的拉祜族有拉祜纳和拉祜西两个支系，拉祜西的文化保留很好。该乡的糯福教堂是澜沧地区最出名的基督教堂。糯福教堂位于糯福乡政府西北小山上，于民国11年（1922）由美国浸信会牧师威廉·马库斯·永（William Marcus Young）（中文名为永伟里）来传教时建造。该教堂的传教活动于1949年终止，1980年后恢复。1987年糯福教堂被公布为云南省第三批文物保护单位。该乡居住着拉祜、哈尼、佤、傣等多种少数民族，人口16614人，其中拉祜族有12258人，占总人口的73.8%，哈尼族2032人，汉族1062人，其他民族1262人（2008年）。

(2) 雪林佤族乡：位于澜沧县的西北部，西部与缅甸勐冒县昆马区接壤，国境线长23.72千米。面积227平方千米，人口1.4万，佤族人口占总人口的96%。辖7个行政村53个自然寨，127个村民小组。雪林乡是典型的山区农业乡，社会发展较慢，群众的文化素质偏低。该乡的佤族全民掌握佤语，第一语言为佤语，佤语是该乡通用的语言交际工具。由于长期居住在雪林，很少外出，少数具有小学学历的老人会澜沧汉语，部分老人能听懂汉语但是不太会说。

2. 澜沧县语言使用状况

(1) 全民使用拉祜语：澜沧县是拉祜族高度聚居的地区，中国拉祜族人口约46%聚居在此。澜沧县与缅甸接壤，缅甸的拉祜族约20万人，缅甸拉祜族与中国澜沧南部糯福乡和西部雪林乡的拉祜族山水相连、血脉相通、语言相同、习俗相近，因此澜沧拉祜语具有跨境交际的功能。高度聚居、人口优势、跨境分布、农耕经济等诸多因素，为澜沧拉祜族保留母语创造了良好的语言生态环境。如分布在城区、坝区、半山区、山区选了勐朗镇的唐胜拉祜新村、勐滨村松山林、竹塘乡茨竹河村达的四组、南岭乡的勐炳龙塘寨4个寨子的拉祜族都很好地保留了自己的母语，拉祜语是族内交际的语言工具①。由于在家庭和村寨都有拉祜语交际，很多拉祜族儿童不会说汉语，他们进入学前教育或低年级教育时，存在语言障碍，需要教师借助拉祜语解释才能逐渐接受以汉语为教学语言的知识信息。

（2）兼用汉语的水平偏低。由于地处偏远、交通闭塞、文化程度较低，澜沧县拉祜族尚有大部分群众不懂汉语或是略懂汉语，难以用汉语进行交际。如从距离县城3千米的勐朗镇唐胜新村、距离县城10千米的勐滨村松山林小组、距县城47千米竹塘乡茨竹河村达的寨、距离县城70千米的南岭乡勐炳村龙塘寨4个寨，随机抽取了6岁以上具有语言能力的1392位拉祜族人，只有458人能熟练使用汉语，仅占调查人数的32.9%，余下的67.1%的934位略懂和不会使用汉语②。

（三）孟连县语言使用的状况

孟连傣族拉祜族佤族自治县隶属普洱市下辖的边境县，东接澜沧拉祜族自治县，北临西盟佤族自治县，西部和南部与缅甸相连，其中西部以南卡河为界，南部以大黑山为界，国境线长133.3千米，与缅甸掸邦第二特区即俗称佤邦（一般佤邦指北佤邦）相接。勐阿口岸是省级开放口岸。孟连地貌以山地为主，南部北部为高山，东部西部偏低。河流分澜沧江水系和怒江水系，发源于澜沧拉巴乡的南垒河居于东部，流经县城；南马河源于勐马镇、富岩乡和娜允镇交界山区，经勐马流向西南，与北来的中缅界河南卡河汇合。

孟连县总面积1893.42平方千米，县政府驻地娜允镇。辖2乡4镇，其中芒信镇、勐马镇，公信乡、富岩乡4个乡（镇）与缅甸掸邦第二特区（佤邦）邦康市接壤。勐阿口岸属于勐马镇辖区，位于勐马河与南卡江汇合处，距离县城58千米，与缅甸掸邦第二特区即佤邦首府邦康市隔江相望，1991年被省政府列为国家二级口岸。孟连县截至2012年有学校41所，包括普通高中1所。民族文化主要有孟连宣抚司衙署、孟连金塔。孟连县以龙血树著名，龙血树是一种体型较小的灌木，与云南白药齐名。

---

① 戴庆厦、乔翔等：《澜沧拉祜族语言使用现状及其演变》，商务印书馆2011年版，第128页。

② 戴庆厦、乔翔等：《澜沧拉祜族语言使用现状及其演变》，商务印书馆2011年版，第151页。

因其树皮一旦被割破就会流出殷红的汁水而得名。为了展示孟连县的边境特点、民族语言使用特点，下面依次描写边境乡镇状况、孟连县语言使用概况、傣族及其语言使用状况以及边境村寨语言使用个案进行概述。

1. 边境乡镇状况

(1) 芒信镇：位于孟连县东南部，南面与缅甸佤邦接壤，国境线长 27.85 千米。全镇辖 6 个村 100 个村民小组 14961 人，其中汉族 1217 人，占全镇人口的 8.1%，少数民族 13744 人，占全镇人口的 91.9%。少数民族中，佤族 4018 人，占全镇人口的 26.9%；哈尼族 4087 人，占全镇人口的 27.3%；拉祜族 3196 人，占全镇人口的 21.4%；傣族 2207 人，占全镇总人口的 14.8%；其他 236 人，占全镇总人口的 1.6%。

(2) 勐马镇："勐马"是傣语的音译词，"勐"是"地方"之意，"马"是"来到"之意。位于孟连县南部，南面与缅甸佤邦仅一江之隔，辖区面积 443.1 平方千米，国境线长 38.5 千米，是普洱市经济最繁荣的边境乡镇，同时也是对外交往的重要门户。镇内主要居住着傣族、拉祜族、佤族等 15 个民族，有 8 个村 117 个村民小组，实有人口 21372 人，少数民族人口占全镇总人口的 85.87%[①]。

(3) 公信乡：位于孟连县的西南部，面积 276 平方千米，西与缅甸隔江相望，国境线长 24.79 千米。全乡管辖 6 个村民委员会 91 个村民小组及晓海茶厂、金桥厂、橡胶公司 3 个公司。总人口 14048 人，佤族 6913 人；拉祜族 4682 人；傣族 1318 人；其中汉族 965 人；其他民族 1135 人。是以佤族、拉祜族、傣族为主体民族的多民族杂居乡。

(4) 富岩乡：位于孟连县西北部，面积 239.26 平方千米，西与缅甸接壤，国境线长 13.9 千米，有莫口、莫秧两个边境通道。全乡辖五村两厂、100 个村民小组，总人口 12871 人，其中佤族占 72%，拉祜族占 23.7%（2007），是一个以佤族、拉祜族为主体民族聚居的山区边境贫困乡。富岩乡还保留手工织布工艺和水酒制作工艺。

2. 孟连县语言使用概况

孟连全县户籍人口 127870（2012 年）人。有 21 个少数民族，占总人口的 86%。傣族、拉祜族和佤族是三个主体民族。这三个民族都使用自

[①] 郭瑞、马长泉：《边境管理模式创新研究——以云南省勐马镇"班户联防"治安模式为例》，《公安教育》2016 年第 7 期。

己的母语。在傣族、拉祜族、佤族聚居的村寨，母语是最重要的交际用语，50岁以上的群众有部分人是母语单独人。

在集市上、商店、医院，多用汉语和傣语，有时也使用拉祜语和佤语。在政府机关使用傣语，只在本族人交流时采用本民族语言。在宗教活动中，傣族用傣语、拉祜族用拉祜语，佤族用佤语。

3. 孟连县的傣族及其语言使用状况

该县的傣族属于傣纳支系，语言上跟德宏傣语接近而不跟西双版纳傣语接近，但文字上却使用的是西双版纳老傣文。这种老傣文与德宏新老傣文差别都很大，与瑞丽圆体傣文也不一样。全县共98个村子，孟连坝、勐马坝是最大的两个坝子，也是傣族聚居区。信仰南传佛教。

孟连县的傣族在历史上是统治者。从德宏迁来的傣族刀氏土司（孟连宣抚司）历史悠久。大金塔守塔人波岩保说是从"勐卯、湄公河（音译）"迁来，湄公河他描述为金沙江（意译，蛮书中的"丽水"淘金是指伊洛瓦底江），每天起来都把沙子拿来晒拿来淘就得到金子，可能河底有金子。特别是勐马的傣族就是从勐卯迁来的。傣族土司在迁移途中经过马散，与马散佤族联姻后壮大。1406年设孟连长官司，1709年康熙封为孟连宣抚司，沿袭了28代。1762年，明末随永历皇帝流亡缅甸的明朝遗民桂家宫里雁被缅甸王追战，就命令其妻喃章投降孟连宣抚司，喃章见土司贪财好色对自己动手动脚就杀了土司家人烧了衙署，然后率领傣族到勐养。宫里雁被捉拿到昆明后，木邦、孟艮投降缅甸。缅甸经过木邦、孟艮入侵孟连、孟定和双江，成为清缅战争导火索，后来乾隆两次镇压。历史上孟连土司统治西到萨尔温江，东到澜沧，北到西盟，南到勐海。这个边境线于1941年被英国统治的缅甸推进到南卡江，成为现今中缅边境线。但是这种系统性的民族实力今天已经没有政治上的支撑，所以语言、文化宗教上也变成孱弱的痕迹。如旧土司周围的傣族古镇广播用傣汉双语，在夜色中的南垒河边响起。总佛寺只有上年纪的老头老太太晚上过来拜佛念经。大金塔守塔人住处有些书籍，有泰文也有傣文，但懂的人不多，波岩保在勐马当过一年和尚，但不会傣文。到大金塔拜佛的主要是汉族，节日时来拜佛。老傣文仅有一家店名和民宗局傣学研究会的牌子上有。傣文传承是在总佛寺，学校和学前都没有傣文教育。

1958年前后建立合作社，孟连地区各民族害怕就趁夜里纷纷逃往缅甸，土地荒芜。但去了不久又回来。现在是缅甸人来这里务工，通婚也很普遍，几乎每个村都有中缅通婚家庭。孟连的佛寺近三分之二的和尚都是缅甸来的，但是都要经过注册。

孟连佤族主要分布在北部靠近西盟县的富岩乡，使用阿瓦方言，是阿佤山的组成部分之一。拉祜族主要分布于东部靠近澜沧的景信乡、芒信镇。佤族、拉祜族属于山区民族，经济条件差，历史上受傣族土司统治，因此比较重视文化教育。

孟连双语教育只是在学前阶段，用傣语、拉祜语和佤语辅助教学。以前在公信乡询问，得知佤族村有佤语和汉语的双语班。

4. 边境村寨语言使用个案

个案一（哈尼族）：与缅甸佤邦接壤的芒信镇海东村永塔小组

芒信镇位于孟连县境东南部，南面与缅甸佤邦接壤，北同娜允镇、景信乡相连，东部与澜沧县糯福乡相接，西靠勐马镇，总面积354平方千米，国境线长27.85千米。地势东西高，中间低。气候属亚热带季风气候，干湿两季分明，热量充足，雨量充沛。镇政府驻地距县城22千米。全镇辖6个村100个村民小组，14961人，3774户，以佤族、哈尼族、拉祜族、傣族4种少数民族为主体民族。汉族1217人，占全镇总人口的8.1%，少数民族13744人，占全镇总人口的91.9%，其中：佤族4018人，占全镇总人口的26.9%；哈尼族4087人，占全镇总人口的27.3%；拉祜族3196人，占全镇总人口的21.4%；傣族2207人，占全镇总人口的14.8%；其他236人，占全镇总人口的1.6%。2006年末，农民人均纯收入985元。主要经济作物有甘蔗、茶叶、咖啡和橡胶。中年妇女在日常生活中仍穿简朴的民族服装。他们最有特点的习俗是：节日多，几乎一个月一个节。如秋千节、中秋节、蚂蚱节（绑蚂蚱不让它害庄稼）。

海东村委会是一个傣族、哈尼族、拉祜族杂居的行政村，但各民族一般以自然村为单位聚集而居。永塔小组是纯哈尼族爱尼支系村寨。该小组距离县城10千米，距离中缅边境20多千米。

永塔爱尼村小组公共场合、开会、婚丧嫁娶、节庆都用哈尼语，在学校、村委会、医院、集贸市场、政府部门、大众传媒方面、网络、路标都是汉语。族内交际无论是长辈晚辈、同辈、客人还是老师全部使用哈尼语，非本族、陌生人选择汉语云南方言或普通话。该村村民认为哈尼语、普通话、方言都重要，也都喜欢说，但对母语更有感情，若本族人不讲或回乡不讲哈尼语，他们不能接受。他们都最想让孩子掌握普通话。10—50

岁多为"哈尼语—汉语"双语人。通过对两位哈尼人（李读，男，1970年生；张小龙，男，1985年生）的基本词汇测试，我们看到该村哈尼族母语使用较好，只在个别词汇如电话号码习惯用汉语方言说。在我们的采访过程中，哈尼族之间主要用哈尼语，有时为了让外人听懂也讲汉语方言，哈尼族与其他民族（如我们）用汉语。

该村的爱尼人认同缅甸的爱尼族，他们虽然口音不一样，但风俗一样。村里有缅甸嫁来的媳妇。村里的爱尼族人认为，爱尼人的主体在缅甸，个别人知道祖先来自缅甸的哦特利。

个案二（佤族）：娜允镇景坎村委会

娜允镇是孟连县政府所在地。"娜允"系傣语谐音，意为"城子、内城"。东与县内景信乡相连，西与县内富岩乡、公信乡毗邻，南与县内勐马、芒信两镇接壤，北邻澜沧县拉巴乡，总面积367.49平方千米。娜允镇地处太平洋和印度洋的分水岭，属于亚热带气候，适合种植粮食、甘蔗、茶叶、咖啡等农作物。全镇共有耕地面积67109亩，娜允镇属于贫困镇，农民收入主要以种植粮食、甘蔗、玉米、咖啡为主，2006年农民纯收入1080元，比上年的1034元增加46元，增长4.4%；粮食总产量1326万公斤，农民人均有粮510公斤。全镇森林覆盖率56.2%。

景坎村委会佤族村位于县城郊区，是一个纯佤族村。2005年8月成立，是各个镇的佤族搬过来合成一个村，共53户，目的是规划成为一个旅游点。佤族是山区民族，这些村民刚开始并不愿意迁移，一方面是离开原有的生产生活方式，由山地耕作、狩猎变成定居生活不适应，另一方面是迁入地每户享有的土地太少，每户才5分地，没有其他经济来源，村民不放心。后来经过政府的争取来自不同地方的佤族合为一村，各地佤语交流没有问题，但由于各村原有组织模式的存在，还需要经过一段时间的磨合。现在主要靠家庭养殖，村民主要在孟连县做短工，也有去远处打工的。跟其他地方的佤族一样，由于从原始社会脱离而来，节日文化与宗教祭祀还没有完全分离。佤族节日很少，主要是新米节，时间相当于汉族的中秋节，现在也过春节，但不过七月半。

该村主要是使用佤语。从儿童到60岁的佤族人多为"佤语—汉语"的双语人。对三位佤族人（岩业，男，1953年生；岩安，男，1963年；岩龙，男，1975年生）的基本词汇测试成绩显示，佤语保留完好。这三位被测试者不知道佤族有自己的文字，但知道缅甸佤邦有拉丁式佤文，村里没有人掌握这种佤文。村里的寨老岩业能讲述少量司岗里、木鼓房和猎头的故事，但 65 岁的老人并没有见过真正的猎头，解放前有猎头。他们商量说，司岗里是山洞，祖宗从这个山洞出来；木鼓房是一个村子有一个，砍头的时候就在木鼓房做活动，一年敲一回木鼓，要念经才能搞活动。现在不许砍头了，是犯法的，所以真正的木鼓活动也没有了。

该村佤族族内交际无论是长辈晚辈同辈还是本族客人、本族老师都用佤语，非本族、陌生人则用汉语。该村村民认为普通话、方言、母语都重要，最喜欢说普通话，他们担心母语消失，并希望掌握本民族文字。若本族人不讲或回乡不讲佤语会被责备。该村有一名缅甸嫁过来的佤族妇女。

个案三（拉祜族）：景信乡糯各村委会 45 组

景信乡地处娜允镇东北边，距孟连县政府所在地 18 千米，到孟连县道路为柏油路，交通方便，踞县城 18 千米。东邻澜沧东回乡、勐朗镇、拉巴乡等拉祜族聚居区，南、西邻娜允镇，北邻澜沧东回、拉巴乡。辖回俄村、景冒村、糯各村、朗勒等 5 个行政村，51 个自然村。现有 3102 户，人口 12598 人，总面积 130384.5 亩，适合种植甘蔗、茶叶、稻谷、咖啡等农作物。2010 年农民人均纯收入 1354 元。该乡属于贫困乡，农民收入主要以种植业为主。

糯各村委会辖 16 个村小组，农户 610 户，人口 2371 人，常年外出务工 204 人，省内 145 人，省外 59 人。主要种植甘蔗、茶叶，2014 年农民纯收入 5354 元，以种植业为主要收入。有村卫生所，小学生到糯各小学，中学生到县民族中学就读。糯各村 45 组属于山区，村址由山区迁到水泥路边，但仍然不平。全村 37 户，均通电通水有电视，房子都是拉祜式平房，侧面墙顶处有一个葫芦图案（普洱等地都有），149 人全部属于农业人口，以甘蔗为主要收入来源，常年外出务工 10 人，小学到糯各完小，中学到县民族中学，目前小学生 10 人，中学生较多。

该村为拉祜村，公共场合村寨都用拉祜语，此外村民上学课上也讲佤语或普通话，但在村委会、医院、集贸市场、政府部门等场合，首先选用的都不是母语。在糯各小学，上课讲普通话，课后讲拉祜语。该村村民的交际对象无论是长辈、晚辈、同辈还是本族客人、本族老师都使用拉祜语，非本族客人用方言，陌生人则选择普通话。

该村村民都认为普通话重要，最想让孩子会普通话，最希望本地广播电台电视用普通话播放，希望会说普通话和母语，最喜欢说母语，不担心母语消失，说母语不害羞，并希望掌握本民族文字，如李娜兰（女，文盲，34岁）"拉祜族有自己的文字，但我不会，如果有人教，我们也想学。"若本族人不讲或回乡不讲拉祜语表示可惜、不能接受。

该村村民认识在缅甸坎沙有拉祜族。该村有缅甸嫁入的拉祜族。缅甸的拉祜族来该寨的比较多，做生意、打工都有。该村的拉祜族有自己的服饰，市场有人专门出售拉祜族服装。

5. 小结

孟连傣族公共场合村寨里聊天、婚丧嫁娶节日和宗教活动首选母语交流，学校都是汉语，没有双语教学，接打电话使用傣语。其他语言使用场合都以汉语为主或全部用汉语。该村村民的交际对象无论是长辈、晚辈、同辈还是本族客人、本族老师都使用拉祜语，非本族客人用方言，陌生人则选择普通话。有的家庭父母是族际通婚语言不同则用双语（如熊晓香，女，初中，15岁，父汉母傣，用汉傣双语）。

大家认为母语重要，对若本族人不讲或回乡不讲傣语表示可惜、不能接受。值得注意的是年青一代的语言态度有变化，如上文提到的熊晓香在其他民族面前说傣语会害羞。这种情况在打洛没有碰到。

这些边境县的村民都认识到在缅甸有自己的同胞。由于民族认同的存在，这些边境村的跨国通婚一直存在，每个村都有缅甸嫁入或入赘的现象。缅甸过来务工的较多，两边的傣族和尚也有往来。

在中缅边境，有一个可以说中文的缅甸地区，它与西双版纳接壤。而在这个边境地区，中国和缅甸的一些生活习惯和穿着，在很多方面，都会有一些重合的地方，而且有的时候会分不清，哪些是中国傣族的姑娘，哪些是缅甸的姑娘。

四　西双版纳傣族自治州边境县语言使用状况

西双版纳州位于滇缅边界线的南段，西南与缅甸接壤，东南与老挝相连，国境线长966.3千米。西双版纳州所辖的三个县（市）都与缅甸接壤，勐海县和景洪市与缅甸接壤，勐腊县与缅甸和老挝接壤。西双版纳州距离泰国不远，战略位置重要。本节先概述西双版纳州语言使用状况，再以从北到南为序分述勐海县和景洪市2个边境县的语言使用状况（勐腊县的语言使用状况见"滇老边境地区语言使用状况"）。

（一）西双州少数民族语言使用概述

西双版纳傣族自治州人口100.02万，少数民族人口77.87万，共有傣族、哈尼族、布朗族、拉祜族、基诺族等 13 个世居民族，其中傣族最多，33.3 万人，占总人口的 33.3%。哈尼族 20.72 万，占总人口的 20.7%。基诺族是中国最后一个被国务院批准的民族，有 2.51 万人。西双版纳的民族多是跨中老、中缅的民族。西双版纳州采取以下实在性措施推动民族语文发展。

1. 行政领域。西双版纳傣族自治州是我国两个傣族自治州之一，自治州的行政机关使用傣汉双语。公务员，特别是公检法少数民族考取比较难，近几年特别拨 1、2 个名额给少数民族。西双版纳州境内匾牌和商店名多有新傣文。

2. 城乡社会语言。西双版纳州的 13 个少数民族都说自己的母语，在自己的村寨都讲自己的母语，但是只有傣族有文字。开会、科技活动讲解都用民族语和汉语两种语言。"城镇的傣族儿童青少年母语使用能力下降，村寨儿童青少年由母语单语人向双语人过渡"，"傣文习得令人担忧"（赵凤珠，2010）。西双版纳州管理人员证实这一事实的存在。原因是在学校老师跟学生讲普通话，回家父母也跟他们讲普通话，在这种语言环境下，小孩慢慢地不说傣语了。虽然也有学校推行双语教育，但 20 世纪 80 年代以后的双语教育是借助少数民族语言提高汉语水平，少数民族语言起辅助性作用，是拐杖。小孩学习普通话的愿望也很强烈，他们意识到只掌握母语，会给生活、工作带来不便。

3. 双语教育。州教育局民汉室是 2008 年挂的牌，是内设机构，以前是正式的行政机构。原先拟定 3—5 人，现仅由岩扁老师一人负责，岩老师还是返聘的。版纳州双语教育始于 1932 年传教士在车里（"景洪"）设的各科和傣文科，1952 年一、二年级设傣语以推进国语教学，编写教材，城区附近 4 个乡镇进行双语教学。1955—1957 年发展较快，共 8 个班，4700 多名学生，占少数民族学生的 59%。但 1958 年基本取消傣文，1960 年恢复，1964 年和 1965 年又进入高潮，1966 年以后取消、停止。1978 年恢复，1979 年州教育局召开"关于民族教育中的一些问题"的会议，指出取消傣汉双语教育是错误的。20 世纪 80 年代双语教育以汉为主，到 1983 年达到高潮，1984 年全面部署，双语教师待遇上浮一级。当时学习傣文的热情很高。我们在调查时了解到，打洛的一名中老年妇女和她的从缅甸傣族的上门老公，当时他们背着米渡河去打洛学傣文。1986 年至 1989 年小学升初中加考傣文科，占总分的 20%。20 世纪 90 年代取消小升初加试傣文，学习傣文的学生由 8000 多降到 1992 年的 4000 多人，1993 年、1994 年还有双语但力度减弱。1994 年采用学前两年学习傣文的实验班模式推行双语，这是教育局做的课题，得到州里的科研奖，但班级比 20 世纪 80 年代少，这种方式一直推行到 2004 年。世界少数民族语文研究院（简称 SIL）在 2005 年至 2010 年在景洪市的 5 个乡镇推行双语试验，SIL 参与增加编写乡土教材。不仅是将标准课本进行翻译来教双语，以后教材也正式出版，因此 2008—2015 年这个科室已经编了十几种教材，含课外读物的话已经有 30 多本，教材问题得以解决。

现在，西双版纳有中学、小学和幼儿园，总共 91 所，268 个班，开展傣文和哈尼文的双语双文教育。参加双语双文教育的学生有 9815 名、教师有 219 名。2004 年对双语双文教学进行检查后发现，学生受益大，学生回到家带动家长学傣文，一、二、三年级双语双文班的学生成绩比非双语双文班的学生成绩好。但现在仅在低年级开设，每周一节课，双语的老师没有编制，都是兼职老师。双语教师没有培养源头，西双版纳职业技术学院双语师资班已经停招十多年，云南民大西傣班至今（2015 年）已经毕业 157 人，但培养多样化，毕业生也不想到村里教学，特岗老师难招到，到乡镇中学几乎不用双语教学。现在的双语老师都在 40 岁以上。初中升高中和高考也没加分，2011 年至 2014 年公检法招民族法官，只考民族语言不考民族文字，会傣文作用不大。评职称懂民族文字也没加分。

4. 少数民族语言媒体。1978 年西双版纳州电台开设傣语广播，1981 年增设哈尼语广播。1990 年电视台成立傣语和哈尼语新闻节目。现广播电视台有民族语在编员工 33 名。但我们在打洛、曼掌等四个村小组调查得知群众都不听广播。西双版纳傣文网除大学生知道以外，普通老百姓特别是上年纪的人都没听说过这个网。傣文报纸群众也不看。在西双版纳州图书馆发现傣文书籍不少，如《贝叶经全集》和佛教书籍、文学作品。勐海县调研员说贝叶书籍收集是收集了，但收集过来放着不研究不学习，传承不好。打洛镇中缅第一寨勐景来景区有个贝叶书院，景洪还有民族研究所，但都没有传承好。正如笔者亲眼所见，图书馆管理人员介绍说来图书馆的主要是外地来的像笔者这样的调查者，本地人一般不怎么来图书馆的。

（二）边境县语言使用状况

下面对西双版纳州的勐海县、景洪市、勐腊县 3 个边境县的语言使用情况逐一描写。

1. 勐海县语言使用状况

（1）勐海县社会人文状况

勐海县位于云南省西南部，西双版纳傣族自治州西部，澜沧江西岸，东接景洪市，东北与普洱市思茅区相邻，西北靠澜沧县，西部和南部与缅甸掸邦东部第四特区接壤，国境线长 146.556 千米，有一个国家级一类口岸——打洛口岸，是我国通往缅甸、泰国甚至整个东南亚最近的内陆通道，全县总面积 5511 平方千米，其中山区面积占 93.45%，坝区面积占 6.55%，县内有西双版纳州最大的平坝——勐遮坝子①。

勐海，系傣语地名，其中"勐"指平坝或区域，"海"指厉害或勇敢之人，特指傣族首领岩海，所以"勐海"意为"勇敢之人居住、管辖的平坝或区域"②。据《勐海县地名志》（2014 年）记载："传说勐海古名勐咳（hāi），意为失犬的平坝，因景洪阿腊维王到此狩猎时，猎犬丢失在坝中得名。后来，居住在平坝的傣、哈尼两族部落发生争斗，傣族首领岩海（hái）征服了哈尼族首领岛白，把该地变成了自己的领地，便把勐咳（hāi）改为勐海（hái）。"

全县下辖 6 镇 5 乡，85 个村民委员会，1 个农场管委会。县境内居住着 25 个民族，其中有 8 个世居少数民族③，分别是：傣、哈尼、布朗、拉祜、彝、回、佤、景颇。截至 2017 年年底，全县总人口 34.56 万人，少数民族人口 29.35 万人，占全县户籍人口的 88.4%，其中 4 大主体民族的人口及比例分别是：傣族 12.77 万人，占 38%；哈尼族 6.91 万人，占 21%；拉祜族 4.54 万人，占 13.7%；布朗族 3.89 万人，占 12%，是全国布朗族人口最多的县④。勐海县除回族外，其他如傣族、哈尼族、拉祜族、布朗族、彝族、佤族、景颇族、壮族、苗族等民族都是跨境民族⑤。双方交流使用的跨境语种主要有：汉语、傣语、哈尼语、布朗语、拉祜语等⑥。

---

① 勐海县民族宗教事务局《勐海基本县情》。
② 云南省勐海县人民政府编《勐海县地名志》，《内部资料》，2014 年。
③ 世居少数民族：指在某一区域内居住超过 100 年的少数民族。
④ 勐海县民族宗教事务局 2018 年统计数据。
⑤ 勐海县民族宗教事务局《勐海县跨境民族发展情况》。
⑥ 勐海县民族宗教事务局《勐海县跨境民族调研汇报材料》。

勐海县作为一个多民族多语言边境县，境内民族关系十分融洽，各民族之间和睦相处，县境内各民族相互邀请参加彼此的民族节日，相互学习几句对方民族的日常用语，族际通婚频繁等。基于和谐的民族关系，勐海县各民族语言之间也呈现出和谐共生的基本状态，双语、多语现象比较普遍，汉语、少数民族语各司其职，体现出语言生态的多样性特点。

（2）勐海县语言使用类型

勐海县各少数民族（除回族、彝族外）均能使用自己的民族语，这些民族语是族内交际的主要工具，是维系族群认同和民族情感的纽带。同时，由于不同民族间的交际需要，各少数民族还要兼用一两种语言。主要是兼用汉语，包括国家通用语普通话和地方通用语云南方言。其次是傣语，由于历史上勐海县曾是傣族封建领主统治地区，所以傣语一直是区域强势语言，很多其他少数民族都能兼用傣语。由于勐海县民族众多，支系庞杂，语言资源极为丰富，所以在语言使用类型上呈现出多样化的特点。

① "母语—汉语"型

这是勐海县最为常见、最为典型的双语类型。这一类型在勐海县呈现出"傣语—汉语""哈尼语—汉语""布朗语—汉语""拉祜语—汉语""佤语—汉语""景颇语—汉语"6种具体表现形式。这说明在这6种少数民族分布的乡镇基本保留了自己的母语，但为了交际的需要，还要掌握汉语（包括普通话和云南方言）。虽然都为双语型，但不同民族的母语和兼用语的使用情况却存在差异，大致可以分为三种类型：第一种是全民双语型。这一类型的特点是一个语言社区内所有人（或绝大多数人），不分年龄、性别、职业、地位，都可以熟练地使用母语和兼用语，二者并重，只有分工的不同，没有任何一种是优势语言，于是形成了功能上的优势互补。勐海县属于这一类型的主要是傣族和哈尼族。

傣族作为勐海县曾经的统治民族、如今的第一大主体民族，主要分布在交通方便、经济富庶、人口集中的河谷平坝地区，全县傣族使用西双版纳州通用的傣语（简称"西傣"[1]，又称"傣泐方言"[2]），语言内部比较统一，通解度可以达到90%[3]，与州内其他县市以及境外的傣泰民族均可

---

[1] 喻翠容、罗美珍：《傣语简志》，民族出版社1980年版，第8页。

[2] 云南省勐海县地方志编纂委员会编纂：《勐海县志》，云南人民出版社1997年版，第110页。

[3] 访谈勐海县民宗局局长岩光所知。

顺畅通话,同时,傣语以傣泐文和南传佛教为依托,辅以悠久的历史和丰富的文化,成为勐海县的区域强势语言。傣语和傣文的强势地位还体现在:(1)傣语新闻的播报(在勐海县播报时间为每周末下午6点和晚上10点);(2)西双版纳州电视台影视剧的傣语配音;(3)路名、店铺名的傣文翻译;(4)傣文报刊书籍的出版,等等。傣族不仅能熟练地使用自己的母语傣语,同时也能很好地使用通用程度更高、通用范围更广的汉语(普通话和云南方言)。从语言的使用场合来看,在学校、政府部门、医院、大众传媒等公共领域,汉语是占主导地位的交际用语;在市集、杂居村寨和族际婚姻家庭中,汉语和傣语交替使用,傣族都可以自由地实现语码转换;在傣族聚居寨和族内婚姻家庭中,傣语是最自然的交际用语。

第二种是母语占优型。这一类型的特点是一个语言社区内所有人可以熟练使用母语,但兼用语的使用却出现了代际差异、性别差异、地位差异和受教育程度的差异。勐海县属于这一类型的主要是布朗族和拉祜族。布朗族和拉祜族是勐海县的2个"直过民族"①,他们都分布在勐海县交通不便的山区、半山区地带,一直处于比较闭塞的环境中,所以他们的语言使用情况也具有相似性。

勐海县的布朗族(除勐宋乡的布朗族外),全民熟练掌握母语布朗语,无论是在家庭村寨中,还是在市集、节日庆典活动中,或者在缅寺的日常对话、村寨里的广播通知中,只要有本族人在的场合,布朗语都是首选的交际用语。在对母语的情感态度上,只要对方可以使用布朗语,布朗族就会更喜欢用布朗语与对方交流。但值得注意的一点是,各乡镇布朗语内部差异很大,据勐海县民宗局局长岩光介绍,打洛镇和相邻的布朗山布朗族乡的布朗语通解度在70%—80%,但这2个乡镇的布朗族与西定哈尼族布朗族乡以及勐往乡的布朗族却完全无法通话,彼此通解度很低,即使是同一乡镇的布朗族,有时隔了山头就通不了话。在我们实地走访了西定哈尼族布朗族乡的几个布朗族村寨之后,发现情况确实如民宗局局长所言。比如章朗村副主任岩拉(男,布朗族,38岁)告诉我,章朗村对相邻不远的曼佤、曼皮等布朗村寨的布朗语大概能听懂70%,但对方却不太能听懂章朗村的布朗语。在采访了曼佤寨2个20岁出头的布朗族年轻

---

① 直过民族:指新中国成立后,未经民主改革,直接由原始社会跨越几种社会形态过渡到社会主义社会的民族。

人后，我们得知曼佤寨的老人可以听懂章朗村的布朗语，彼此可以通话，但他们年青一代却完全听不懂，也无法与之通话。又如，布朗山勐昂村村主任玉拉坎（女，曼诺寨布朗族）说，勐昂村与章家村的布朗族可以通话，但与曼果、曼峨的布朗族通解度只有70%—80%。因此，不同地区的布朗族即使是族内交际，也需要借助汉语。

　　在兼用语的使用上，勐海县布朗族（除勐宋乡的布朗族外）呈现出代际差异、性别差异、地位差异、地理差异和受教育程度的差异。在走访了布朗山布朗族乡的新曼峨、老曼峨、曼昂小组，西定哈尼族布朗族乡章朗村的3个寨子，打洛镇曼芽寨、曼夕寨、曼火景寨，以及勐往乡的曼浓寨（又称"曼糯寨"）后，我们发现：①从兼用语的代际使用上看，6—40岁的布朗族普遍可以熟练兼用汉语，其中6—30岁的布朗族更倾向于使用普通话，而30—40岁的布朗族更倾向于使用云南方言；40—60岁的布朗族普遍可以兼用云南方言，但熟练程度低于30—40岁年龄段，处于"一般"或"略懂"的水平；60岁以上的老人普遍不能兼用汉语，有些可以听懂一点汉语，但不会说；6岁以下学龄前的布朗族儿童，如果在村寨中长大，一般会成为母语单语人，但随着电视、手机的普及，越来越多的寨中儿童也可以兼用一点汉语，如果在城镇长大，则会迅速变成汉语单语人，母语水平直线下降甚至消失，如果不再出现母语强化，这种语言影响往往会持续一生。②从兼用语的性别使用看，40岁以上的布朗族男性汉语水平普遍高于女性，因为传统的布朗族社会实行"男主外，女主内"的家庭模式，即主要由男性来接待外来宾客，与外界进行交流沟通，而女性主要处理家庭内部事务，与外界沟通较少，但40岁以下的布朗族，随着女性外出务工的比例增高和受教育程度的提高，汉语水平与同龄的男性无异，甚至说得更好。③从社会地位来看，一般布朗族的政府公职人员的汉语水平要高于普通布朗族群众，因为他们接触的非本族人要更多，汉语使用频率更高，不仅如此，连带他们的家人汉语水平都普遍高于其他布朗族，如章朗村村支书岩胆南（男，布朗族，42岁）的妻子及妻弟，平时在村中的制茶工厂收购茶农的茶叶并向外销售，所以他们的汉语非常好；又如该村的副主任岩拉（男，布朗族，38岁）家，由于经常接待前来旅游观光、采访拍摄的人，所以他的家人汉语水平都比较高，尤其是他70岁的母亲听懂会说一点汉语。④从地理分布来看，分布在坝区交通比较便利的布朗族汉语水平普遍高于山区、半山区交通闭塞的布朗族，分布在勐海县北部内陆乡镇的布朗族，如勐往乡的曼浓寨，汉语水平也高于勐海县西部和南部地区的布朗族，如曼浓寨有很多 70—80 岁的老人，也能用云南方言进行交流，这在西部的西定乡和南部的打洛镇、布朗山乡都是没有的现象。⑤从受教育程度来看，接受过更高水平教育的布朗族汉语使用水平明显好过受教育程度低的布朗族，因为汉语是学校的通用语言。

拉祜族的情况与布朗族类似，但没有布朗族的情况复杂，首先本县的拉祜族 2 个支系——拉祜纳（当地俗称"光头拉祜"）和拉祜西（当地俗称"黄拉祜"）虽然有方言差异，但基本可以通话，不需要借助汉语，一部分经济上相对落后的拉祜族思想上也比较保守，加之地理上的阻隔，与外界交流得不多，这部分拉祜族的母语好过汉语，比如勐宋乡设立的民汉双语教学班主要就是针对本乡拉祜族儿童的，目的是教他们学习汉语。

虽然母语占优型的双语模式目前还存在于一些布朗族和拉祜族村寨，但随着乡村公路建设、精准扶贫政策，尤其是电视、手机、网络的普及，这一模式将会逐渐转变为全民双语型和汉语占优型。

第三种是汉语占优型。这一类型的特点是一个语言社区的大部分人汉语使用的频率更高、场合更多、水平更高，相反母语的使用频率更低、场合更少、水平更低。

勐海县属于这一类型的主要集中在多民族杂居村寨中人口较少的民族，以及民族成分复杂、交通又便利的各少数民族中。前者如分布在勐遮镇的 3 个佤族寨子、勐满镇和西定乡各 1 个佤族寨子，每个寨子都只有约 200—300 人，在这几个乡镇中人口极少，又如勐海县唯一的景颇寨分布在勐海镇勐翁村①，只有 70 户，292 人，在这 2 个民族中，汉语就成了较强势的交际工具。后者在勐海县各乡镇政府所在地及周边地区都有分布，勐海县各乡镇都分布着 4 种以上的民族，有的如勐海镇、勐阿镇等甚至分布着十几种民族，各民族在交往过程中只能使用汉语作为共同的交际用语，这些地区的少数民族使用汉语的水平明显高于其他地区的少数民族。这一类型继续发展的结果很有可能是母语濒危或母语丧失，从而发生语言转用。

② "母语—傣语—汉语"型

这是勐海县最典型的多语类型，主要分布在非傣族的其他少数民族村

---

① 西双版纳州创建全国民族团结进步示范州领导小组办公室编：《居住在雨林里的民族——西双版纳世居民族风采录》，政府文宣品。

寨中，这些少数民族除自己的母语外，还能使用傣语和汉语 2 种兼用语，这些语言在他们的生产生活中承担着不同的交际功能，存在于不同的交际场景中，受到经济生活、族群杂居程度、人口数量、交际频率等因素的制约。

据《勐海县志》记载，宋淳熙七年（1180年），傣族首领帕雅真入主勐泐建立"景陇金殿国"，在勐海县设立了九勐①领地，自元代起，境内实行土司制度，傣族封建领主将县内的哈尼族、布朗族、拉祜族、佤族等少数民族都纳入了自己的统治范围，与之建立了封建隶属关系，傣族还将自己的统治机构搬到这些民族地区，加强自己的政治影响②。由此可见，在傣族封建领主开始统治到1956年土地改革之前，各民族在经济生产生活和政治生活上都与傣族形成了密切的联系，这些少数民族为了自身生存发展沟通交流的需要必须兼用傣语，所以这一类型在这些少数民族60岁以上的老人中广泛分布，这些民族中40—60岁的中年人能够兼用傣语的人数明显下降，40岁以下的青壮年、青少年能兼用傣语的人凤毛麟角。

这一类型在不同民族中的具体表现也各有不同。如在深受傣族宗教文化影响的布朗族中，能够兼用傣语的人数较多，这是因为布朗族已经全民信仰南传上座部佛教，布朗族男性一生中一般都要去缅寺做1次和尚，从15天到几年不等，最后也有留在缅寺做佛爷，终身不还俗的，在缅寺中听经、念经、讲经都要用傣语，还要学习傣文经书，所以布朗族村寨中不仅老人都能兼用傣语，很多中青年也能兼用傣语。所以，布朗族兼用傣语主要受到了宗教信仰的影响。而哈尼族能够兼用傣语主要是因为自身语言能力很强，勐海县民宗局局长岩光告诉我们，本县的哈尼族③很聪明，一般挨着傣族村寨就会兼用傣语，挨着布朗族村寨就会兼用布朗语，有些哈尼族除了母语和汉语，还能兼用1—3种其他少数民族语，比如傣语、布朗语、拉祜语等。佤族和景颇族能够兼用傣语主要是因为聚居人口的数量太少，勐海县的佤族由于长期与汉族、傣族、拉祜族、彝族等民族交往，

---

① 傣族封建领主以"勐"为封地单位，分封其后裔食邑（《勐海县地名志》，2014年）。

② 云南省勐海县地方志编纂委员会编纂：《勐海县志》，云南人民出版社1997年版，第60、109—146页。

③ 本县的哈尼族是自称"阿卡"、他称"爱尼"的支系，使用哈尼语哈雅方言雅尼次方言（杨忠明，2004：第35—40页）。

大多数都能兼用汉语、傣语或拉祜语①,之前彝族还使用彝语的时候,他们有些也能兼用彝语;景颇族除了能兼用汉语之外,大部分都能兼用傣语,而他们的母语景颇语只限于他们寨中的族内交际。

③ "傣语—汉语"型

这一类型是指非傣族的少数民族母语丢失,将傣语作为自己的第一语言,同时又能兼用汉语的情况。在勐海县属于这种类型的只有勐宋乡的布朗族和勐海镇的回族。

勐宋乡布朗族转用傣语的时间较早,早在新中国成立之前就已经完成了转用。如勐宋乡分布在大安村委会的下大安(1—4组)和曼西龙傣,以及分布在曼吕村委会的曼吕傣(1—4组)的布朗族,共9个村民小组,1816人(2017年)全部转用傣语,寨中无人会讲布朗语。据曼吕村主任岩温广(布朗族,男,44岁)所述,从他往前推2代人曼吕傣4个小组中还有人会说布朗语;据大安村主任岩罕专(布朗族,男)所述,大安村现在70—80岁的布朗族老人的祖父母那一代还会说布朗语,之后就没有人会说了。由此可见,勐宋乡的布朗族在距今100年左右的时候就完成了语言的转用。当地布朗族不仅在语言上发生了转用,在民族身份认同上也发生了变化,这从他们聚居的寨名(曼西龙傣和曼吕傣)就能看出。从民族认同上来讲,他们对布朗族和傣族都认同,曾经有一段时间他们自称为"布朗傣",后来政府不允许双重民族成分,他们中很多人都选报了"傣族"成分,后来国家出台优惠政策扶助人口较少民族,这部分选报"傣族"成分的人又改报了"布朗族"成分。我们在勐宋乡政府还了解到,10多年前,有一部分布朗族从本地的曼吕傣和下大安迁去景洪嘎洒曼典村委会,在当地被认定为克木人,但他们也已经转用了傣语,既不会布朗语,也不会克木语。可见,民族身份识别、身份认同和语言使用之间存在着错位关系。由于近几年国家大力倡导保护少数民族文化,所以当地布朗族也开始更认同自己的布朗族身份,很想与布朗山等其他地区的布朗族进行交流,找回自己的文化,至今已有5年的交流,但语言却永远无法找回了。在此之前,当地布朗族并不与县内其他乡镇的布朗族交往,也不知道境外有布朗族,可见,当他们400年前从滇西北或布朗山、勐混镇迁

---

① 西双版纳州创建全国民族团结进步示范州领导小组办公室编:《居住在雨林里的民族——西双版纳世居民族风采录》(政府文宣品)。

到勐宋乡后，就不再与其他地区的布朗族交往，于是就逐渐融入了当地的傣族傣语社区，最终母语丢失，转用了傣语。

关于勐宋乡布朗族转用傣语的原因有两种说法：一说是当地布朗族主动转用，由于当地傣族人口众多，经济文化上比较先进，而且傣族自治州成立时对傣族的政策更好，所以布朗族为了自己的生存发展选择主动融入主体民族，向大土司上贡，用3个"半开"（旧时货币，即银元）买自己是傣族，久而久之就全部使用傣语而不使用布朗语了①；另一说是当地布朗族被迫转用，当地傣族封建领主为了扩大自己的影响力，不允许其他民族使用自己的民族语，对参加赶集交易但不使用傣语的布朗族进行暴力威吓，布朗族为了能像傣族一样被平等对待而最终转用了傣语。

勐海镇的回族分布在曼峦回、曼赛回两寨，被称为"回傣"的回族也都已经全部转用傣语。据《勐海县志》记载："回傣主要由滇西迁入。同治十一年（1872年）大理回族商人马武龙等人运盐至曼降，见平坝宽广肥沃，即请傣族头人帕雅捧岱至勐海城子向土司献盐三驮，要求在勐海建寨定居。经土司同意马氏在今曼峦回址建寨。居住在曼赛回的回傣，自言祖居大理，因战乱而离乡行商，在今址落籍。"回傣的语言转用主要是因为定居勐海镇后与傣族大量通婚，他们在生产生活方式、饮食服饰上几乎与傣族无异。

④ "汉语"型

这一类型包括"汉语母语型"和"转用汉语型"两个性质完全不同的次类。汉语母语型：勐海县的汉族有汉族和"山头汉族"之分，"山头汉族"迁居勐海县的时间较早，他们居于山区村寨，较多地融入了当地少数民族的成分②，比如勐海县民宗局局长岩光告诉我们，"山头汉族"在各乡镇都有，他们中有些报拉祜族成分，有些报彝族成分，有些报汉族成分，虽然报了少数民族成分，但他们的母语仍是汉语，而且也并不兼用拉祜语、彝语等少数民族语言。勐海县的汉族只有在正式场合才会使用普通话，一般以使用云南方言为主。

转用汉语型：这一类型是指少数民族不再使用自己的民族语，而把汉语作为自己的第一语言，而且很多时候是唯一使用的交际用语，也就是说

---

① 访谈西双版纳傣族自治州布朗族研究所负责人岩勐和勐宋乡副乡长助理所知。
② 云南省勐海县地方志编纂委员会编纂：《勐海县志》，云南人民出版社1997年版，第147页。

这部分少数民族变成了汉语单语人。这一类型遍布勐海县各个乡镇，各个民族，其中被称为"回回"的回族和彝族属于全民转用汉语型。在其他少数民族中，这种类型多发于各乡镇政府所在地及其周边地区，如勐海县城的拉祜族基本上不会讲拉祜语，只有少数老人会说①；还常见于 40 岁以下的年轻人中，也就是 20 世纪 80 年代之后成长起来的少数民族；也见于一些多民族杂居寨，如勐往乡坝散一组，居住着拉祜族（即"山头汉族"）、傣族、汉族、彝族、哈尼族等，所有人都使用汉语（云南方言）进行交流，即使寨内 80 多岁的傣族老人也完全不会讲民族语。

（3）勐海县语言使用的总体特点及成因

根据以上对勐海县语言使用类型的描写分析以及我们在当地的实地观察，发现勐海县的语言使用具有以下几个特点：

一是少数民族语言总体保留。总体上，勐海县的少数民族语言保留较好。该县除回族、彝族和小部分布朗族、拉祜族出现了语言转用外，并没有出现大范围、成片区的母语濒危和转用现象。母语仍然是族内交际的默认语言，即使在乡镇、市集、节日庆典等公共场合也不例外，只要遇到本族人，母语就成了最自然最亲切的交际用语。家庭和村寨仍然是母语使用的坚实阵地。宗教祭祀活动一般也用母语进行②。

母语的完好保留受到主观因素和客观因素的双重影响。主观因素：强烈的民族认同感、积极的母语使用态度和与境外同族之间频繁的交往是母语得以保留并保持活力的主观因素。客观因素：地理阻隔、交通不便、宽容的语言政策、受教育程度普遍不高客观上也有利于母语的保留。值得注意的是，由于勐海县是普洱茶的原产地，县内许多少数民族以茶业为生，既不用出门打工，也不需要太高的学历去找工作，所以村寨中的青壮年劳动力都在，从未长期离开过母语环境，因此客观上促进了母语活力的保持。

二是母语的代际衰变已经开始显现。虽然母语活力依然很强，但代际衰变也开始在越来越多的少数民族村寨中显现。其具体表现为：在代际传承中汉语借词增多，民族语词汇量越来越少；民族语使用的风格样式越来越少，能用民族语讲述神话传说、民间故事，演唱民族歌曲的人越来越

---

① 访谈勐海县民宗局局长岩光所知。
② 布朗族的佛教节日由佛爷主持，只有佛爷用傣语念经，普通群众仍然使用布朗语交流。

少；民族语承载的知识文化信息越来越少，很多民族语的动植物名称，传统建筑、手工艺品的名称、制作过程，祭祀用语等渐渐失传，在民族语中积淀的民族智慧不再传承。

母语的代际衰变也有其内部因素和外部因素的双重制约。内部因素：民族传统文化很难产生经济效益；年青一代对民族传统语言文化知识智慧不感兴趣，有时是叛逆心理所致；在思想观念上认为传统民族文化的内容是封建迷信，应该抛弃；除了傣语有傣文，其他少数民族语言没有文字记录，新创的少数民族文字在勐海县并没推广，因此缺乏良好的记录、保存、传承机制。外部因素：交通运输的发展打破了地理上的阻隔，促进了封闭状态的少数民族地区与外界的交流；网络通信覆盖全县，电视手机的普及打破了时空的界限，使得更多的少数民族群众通过电视手机更多地接触到外面的世界，而汉语在这些媒介中占据绝对优势，许多少数民族直接从前信息化时代跨越纸媒时代，直接进入电子信息化时代，更多的精力并未放在传统语言文化上，而是放在光怪陆离的网络世界；国家对少数民族语言记录保护工作的资助远远不足，对汉语影视节目的民族语配音翻译非常稀少。

三是汉语使用水平普遍较高。汉语使用水平在乡镇少数民族地区虽然有差异，但普遍兼用程度很高。其成因：一是汉语作为国家通用语的地位牢固确立，汉语是课堂授课和课后交流的主要用语，有时少数民族学生放学回家，也惯性跟自己的长辈说汉语。二是民汉双语教学促进了少数民族学生学习汉语。如勐往乡有"汉—傣"双语教学，勐宋乡有主要针对直过民族——拉祜族、布朗族（已转用傣语）的直过民族教学班。现有幼儿园教学点10个，其中拉祜7个，哈尼2个，傣1个，以拉祜族为主。有县里出的双语资料，也有少数民族教师（如拉祜族教师），教学对象为少数民族幼儿，他们在学前只会讲民族语。开设双语班的目的是促进少数民族幼儿学习汉语，为了解决少数民族幼儿不懂汉语以至于上小学后跟不上的问题。在小学也设有汉—拉祜、汉—傣（为主）以及汉—哈尼双语教学。所有双语教学内容均不教授少数民族文字[①]。三是汉语是政府宣传政策的主要用语。

（4）勐海县语言使用的发展趋势

通过对勐海县各少数民族语言使用类型、特点及成因分析，我们发现

---

① 访谈勐宋乡政府教育助理王映龙所知。

该边境县的语言使用有四大发展趋势：

①各少数民族语与汉语长期共存。乐观预期这种状态将会持续60年3代人，目前年轻人在与村寨中老人交流时必须使用民族语，因为老人普遍不会汉语，这种强制的交际需要随着村寨中母语单语人越来越少而逐渐消除，3代人之后，少数民族语言有可能面临濒危和消亡，尤其是没有文字的少数民族语。目前，各少数民族语仍是家庭村寨内部和族内交际的主要用语，而汉语则是族际交际的主要用语，二者形成功能互补的关系，相辅相成。汉语功能越来越强大是势不可当的趋势，所有少数民族都无法逃脱汉语的影响，在60年期限之内，民族语和汉语之间可能会处在此消彼长的动态过程之中。

②汉语普通话将逐渐取代傣语或云南方言的中介语地位。从少数民族青少年的语言选用上可以看出，他们更倾向于使用汉语普通话，非傣族的少数民族青少年已经没有人再兼用傣语，汉语普通话的通用程度和通用范围都比云南方言更高更大。

③没有文字的少数民族语将会面临汉语越来越大的冲击。这已经成为无法逆转的现实，尤其在电视和手机等现代科技普及偏僻的少数民族村寨之后，将会进一步加速民族语的衰退与濒危。面对这种局面，从语言学的角度能做的是先大量地录音、录像，采集、记录、保存无文字的少数民族语，用记录语言学（language documentation）的理论和方法先将民族语的影音影像保留下来，之后再用国际音标进行转写，之后再进行标注分析。从信息传播的角度看，手机等新媒体平台虽然对少数民族语言带来极大的冲击，但它也能成为民族语言新的传播平台，比如：开创民族语的微信公众号教授民族语；建立少数民族村寨的微信群，通过微信语音用民族语进行聊天、对歌等语言活动；通过更多的短视频平台录制视频，传播丰富多彩的民族文化，吸引更多的年轻人加入民族语言文化的保护队伍中来，尤其要优先培养少数民族语言社区中的年青一代，传授他们科学有效的语言保护和传承方法，因为在田野调查过程中，我们发现许多少数民族年轻人空有保护的意识和热情，却没有切合实际的方法。从民族经济的角度来看，可以合理开发民族语言文化的经济价值。另外，还可以通过举办民族语演讲比赛、民歌比赛等倡导民族语的保护。

④频繁地跨境交流将继续有利于跨境少数民族语的保留与活力。勐海县与缅甸山水相连，许多跨境民族在国界两边同根同源，边境地区繁荣的

经贸活动、大量的跨境同族婚姻以及边境旅游业的发展，都有利于边境地区跨境少数民族语的保留与活力①。

（5）边境镇——打洛镇少数民族村寨语言使用状况

①打洛口岸少数民族村寨语言使用概况

打洛是勐海县的一个镇，与缅甸勐拉县隔河相望，由于地形平坦，交通便利，设有打洛口岸，是勐海县三个边境乡镇中最主要的镇。打洛镇位于勐海县西南部，东和东南接布朗山乡，北连勐遮镇，东北接勐混镇，西北与西定乡毗邻，西南和西部与缅甸接壤，国境线长36.5千米。中缅界碑从215号到229号共15个。镇政府驻地在打洛村。打洛村距缅甸掸邦第四特区勐拉县城3千米，距掸邦东部名城景栋80千米，距泰国北部清迈500千米，是我国通往东南亚国家最近的内陆口岸和最便捷的通道。著名的打洛口岸位于打洛村，1991年8月10日经云南省人民政府批准为二类口岸，2007年经国务院批准为国境公路客货运输一类口岸，2013年恢复边境旅游异地办证工作。

打洛镇地貌为群山环抱的低丘陵地带，中间是宽阔的坝子，境内山坝相连，其中打洛、勐板两个村位于镇中部。主要河流有南览河。打洛镇地处热带，四季都可以种植农作物以及香蕉等经济作物。打洛镇辖打洛、曼夕、曼山、曼轰和勐板5个村委会56个村小组（自然村），其中傣族村寨17个，哈尼族23个，布朗族16个，35个村小组地处山区，18个处于坝区，3个属于半山区。2014年，农民人均纯收入10028元，打洛镇56个自然村全部通公路。打洛口岸进出口货运量11.4万吨，出入人员78.9万人次，全年接待国内外游客50多万人次，收入1亿多元，带动了镇区服务业的发展。驻有黎明公司橡胶公司第五办事处、武警打洛边防站、打洛海关、西双版纳检验检疫局打洛办事处、武警打洛边防派出所以及打洛公安派出所等单位。

全镇人口22606人（2014年），主要民族是傣族、布朗族和哈尼族，其中傣族占40.4%，布朗族占23.7%，哈尼族占23.1%。打洛镇有打洛中心小学、边境小学、打洛中学以及曼彦小学。2014年，小学入学率99%，中学入学率95%；中考和小考成绩位居全县乡镇第一。设有幸福打

---

① 勐海县语言使用状况，从开始至此，由韩蔚（女，上海师范大学博士生）撰写。从（2）边境镇的个案开始至结束都由依常生博士撰写。

洛教育协会基金。根据教育局提供的材料，打洛根据与缅甸接壤的特殊条件，积极接受部分缅甸籍学生，2014 年接收 164 人，2015 年接收 171 人，缅甸学生与中国学生混合编班，共同学习，与中国学生同样享受两免一补、营养改善计划、住校生生活补助等待遇。全镇 5 个村委会都设有农家书屋，免费向村民开放。口岸设有 30 平方米的国门书屋，向游客免费提供中国和东南亚各国政治、经济、文化书籍，保证其公益性质。2014 年共成立 5 个治安联防队，56 个自然村组建 56 个护村队。由于地处边界，全镇 4356 户所有农村都享受边境补贴。

打洛村委会属于坝区，国土面积 33.95 平方千米，辖 13 个村小组，人口 6036 人，1316 户①。2015 年农民人均纯收入 10772.00 元，以种植业、林业为主要收入，主要出口国外。主要种植水稻、蔬菜，经济林以香蕉、橡胶为主。截至 2015 年，全村 1314 户通自来水通电，有电视机农户 1316 户（有线电视 1302 户），电话农户数 1302 户，全村 1238 户住进砖木结构房屋。村里有卫生所，医疗主要依靠 1 千米远的镇卫生院。

②边境线的傣族寨——打洛村曼掌村小组语言使用状况

曼掌村小组为傣族村，临近独树成林风景区，颇有名气，村后为中缅界碑。共 84 户，均通水通电有电视，人口 375 人（调查时一说 85 户，397 人）。该村土地面积小，种植水稻、橡胶。学生到打洛边境小学、打洛中学就读，小学生 21 人，中学生 16 人，小学生假期补课在本村活动室。

经笔者抽样调查②，公共场合村寨都用傣语，上学学习的是普通话，大多接触过双语教学，因此有的至今还会傣文。在医院、集贸市场、政府部门一般使用傣语、汉语，打电话、寨子广播使用傣语。虽然有人知道有部分人知道有傣文报纸、傣语电视节目、傣文网。版纳路标都是傣汉双文，村民们都很熟悉。族内部交际使用傣语，族际交际选择云南汉语方言、普通话或傣语。家庭语言一般与父母的民族身份有关，据了解该村至少有 5、6 户是族际通婚，以汉傣为主，其他民族没有，如玉坎拉（女，初中，33 岁），父汉母傣，夫汉，所以夫妻之间、与婆家交际用汉语，对娘家用傣语。值得注意的是该村至少有 4 户与缅甸傣族通婚，多数是娶缅

---

① 本调查所涉及的村委会、自然村概况除了特殊说明外主要参考"云南数字乡村"。
② 入村问卷调查都是随机抽样性质。

甸傣族妇女，这种家庭和村里纯傣族家庭一样完全使用傣语。但不管是何种家庭，小孩特别是小孩对父母除了说傣语更喜欢说普通话。如玉坎恩（女，40岁，初中一年级文化），20世纪80年代双语盛行时候学会傣文，老傣文也会一点，其老公是缅甸傣族，大长女读大学，次女（10岁）跟她和她丈夫、她父母既用傣语也用普通话。

该村村民大多认为母语重要，最喜欢说母语，对母语有信心有自豪感。但除少数老年人对本族人不讲母语表示反对外，大部分人对这种现象表示理解。该村的傣族希望有傣语和普通话两种语言的广播电视，但几乎所有人都最想让孩子掌握普通话，自己也希望懂汉语。

该村村民基本上都认识到：打洛有布朗族、哈尼族、拉祜族等少数民族，这些民族在缅甸也有，有的村民还知道缅甸有20多万的汉族。该村的傣族与缅甸的傣族通婚，在商业、务工上也有合作。以前与缅甸的和尚交流较多。该村的傣族都认为缅甸傣族和自己属于同一个民族，文字风俗也一样，虽然口音有些差异但不影响通话。傣语是该村傣族与缅甸傣族日常交流、经贸交流的语言交际工具和情感纽带。

③布朗族村寨——打洛镇打洛村曼掌村小组语言使用状况

曼永小组是一个自然寨，半山区，114户，485人。112户通水通电有电视电话，农民的收入来源以种植香蕉为主，少有人外出务工，调查过程中很多青年男女在村里。小学到位于曼彦的育才小学就读，中学到打洛中学。该小组有小学生32人，中学生14人。曼永村址地形不平，没有宽阔的村民活动场所。有一佛塔，金碧辉煌，但周边面积狭小。

该村是打洛村委会唯一一个布朗族村，村民以布朗族为主，村寨用语是布朗语，接打电话使用布朗语，村委会、医院、集贸市场、政府部门一般都用汉语，村民上学学习的是普通话，课后用云南汉语方言和布朗语。该村的村民没有接触过双语教学。该村布朗族族内交际都用布朗语，虽然缅甸布朗族的口音跟本地的布朗语语音有些差异，但能听懂。如岩坎散（布朗族，男，小学文化，32岁），老婆是缅甸布朗族（持有缅甸身份证），他们的语言互相也能听懂。除了族际婚姻家庭中母亲不是布朗族的小孩不懂布朗语以外，布朗语在族内婚姻家庭或母亲是布朗族的家庭未出现传承问题。也有少数家庭，为了训练小孩讲普通话，父母特意对小孩讲普通话。族际交际则选用云南汉语方言或普通话。

该村村民大多认为普通话和母语都重要，但最喜欢说母语，对母语有信心，有自豪感。"本族人不讲或回乡不讲布朗语"，除极个表示理解或无所谓以外，大部分人都表示不理解。他们希望有布朗语和普通话的广播电视，希望有自己的民族文字，但几乎所有人都最想让孩子掌握普通话，自己也希望懂汉语。

该村村民都认为缅甸布朗族和自己是同一民族，因为风俗一样，虽然口音有些差异但能通话。中缅布朗族都没有自己的文字，都使用傣文，布朗语是两国布朗族日常交流、经贸交流的主要工具和情感纽带。在族际交流中用汉语。该村布朗族都为自己是中国人而自豪。

该村布朗族信仰南传佛教，泼水节叫桑康节，还过开门节、关门节，但不过春节，关门节到开门节期间传统禁忌较多，如12点前回家，夫妻不能同房，不能盖屋结婚。必须到开门节后才步入正轨。这说明虽然布朗族受傣族影响很深，正如泰国的孟族一样。民居与傣族没有差别，还有一两户住在全木式干栏房而不像邻居那样住砖石结构的干栏。

④傣族村寨——打洛镇打洛村曼彦村小组语言使用状况

曼彦村小组隶属打洛镇打洛村委会，103户，人口496人，常年在外务工34人，省外务工4人。主要产业是香蕉、橡胶，主要销往本县本省。计划发展茶叶。小学生就读本村育才小学，中学到打洛中学，小学生38人，中学生21人。有一佛寺，但本村没有和尚，是缅甸傣族和尚，来不久就走，走了又来，笔者调查时正赶上有一户做宗教活动，敲锣打鼓热闹非凡。

该村为傣族村，公共场合都用傣语，村民上学学习的是普通话，大多接触过双语教学，有的还会傣文。语言选用主要受到民族身份或语言能力的制约，在村委会、医院、集贸市场、政府部门、接打电话，若是对方是本族人或懂傣语，则用傣语，否则用汉语。版纳路标都是傣汉双文。该村至少有3户与缅甸傣族通婚，都是娶缅甸傣族妇女，这种家庭和村里纯傣族家庭一样完全使用傣语。但不管是何种家庭，小孩对父母除了说傣语更喜欢说普通话。在调查过程中我们发现儿童跟我们陌生人都讲普通话。

该村村民特别是中年男性认为普通话最重要，但对母语有语言情感和有自豪感。若本族人不讲或回乡不讲傣语的表示反对。如岩三扁（男，傣族，36岁）说："我见多了，有的去泰国回来就讲泰语不讲本地的傣语，我不能接受，会骂他们。"他们希望有傣语和普通话的广播电视，但最想让孩子掌握普通话，也希望自己懂汉语。这其中有两人可以对比举例：岩应扁（男，傣族，32岁），在缅甸南板十多年，老婆为缅甸傣族。去过泰国、缅甸、海南，曾当村干部，老婆是自己去缅甸游泳打渔认识娶来的。岩应扁懂傣文，但不希望再继续学傣文了，而是希望学习缅甸语、泰语和老挝语，由于没有见过国内的傣文傣语在大众传媒、网络通信上使用，认为缅甸傣语傣文作用更大，他的家里主要用傣语。岩应扁除了懂老傣文还自学新傣文，还曾经想学缅甸傣文但后来没学，自己也看大众媒体、网络上的傣文，希望了解本村历史。他认为老一辈老说以前懂得历史却不讲授本村历史，老人懂傣文却不传给下一代是很遗憾的。岩应扁当村干部时曾将文件一个一个地翻译写成傣文给老百姓讲解，却更希望孩子主要懂普通话，同时会点傣文，这个学习本民族文字历史文化十分积极的干部在家里却主要对小孩说普通话，小孩也主要说普通话。现在两个小孩一个12岁，一个7岁，他与小孩之间都用普通话，不用傣语。

该村傣族与缅甸傣族有较深的交流，如通婚、商业、打工，村里的和尚是缅甸来的。在公务活动中主要以汉语为主。

⑤傣族村——打洛镇打洛村城子村小组语言使用状况

城子村小组隶属打洛镇打洛村委会，209户，939人，常年在外务工3人。由于是坝区，主要产业是香蕉，销往本县。学生到打洛镇中心小学、打洛中学就读，小学生58人，中学生58人。

城子村公共场合村寨开会、宗教活动、村委会、接打电话、寨子广播使用傣语，在医院、集贸市场、政府部门、大众传媒方面等都用汉语而不用傣语傣文。版纳路标都是汉傣双文。交际用语受交际对象民族身份的制约。例如：玉儿应（傣族，女，初中文化，24岁），父亲是汉族，母亲是傣族，丈夫是缅甸小勐拉上门的傣族，会一点云南方言。她家的家庭用语历来就是"傣—汉"双语。又如：玉坎丙（傣族，女，大专文化，村委会办事员，36岁），丈夫是汉族。她对丈夫和对婆家说汉语，对娘家说傣语。

该村村民最喜欢说母语，对母语有自豪感，对母语保留有信心，对其他语言有包容心。若本族人不讲或回乡不讲傣语表示可以理解、无所谓，没有表示明显的反对。该村村民傣族与缅甸傣族有较深的交流，如通婚、商业、打工。

城子村与曼掌小组、曼彦小组相比，村民傣语使用较弱，语言态度更多元，对缅甸傣族认识较为模糊。城子村傣族人口更多，但更靠近打洛街，是打洛街的一部分，因此出现与距离村委会、打洛街有一定距离的曼掌、曼彦不同的情况。

2. 景洪市语言使用状况

景洪市是以傣族为主体的多民族边疆地区，是西双版纳傣族自治州首府及全州的政治、经济、文化中心。景洪市位于云南省南部，西双版纳傣族自治州中部，总面积6959平方千米，南与缅甸接壤，国境线长112.39千米。紧邻老挝、泰国，战略位置重要。澜沧江由北向南穿越而过，小磨公路从东到南、昆洛公路从东到西越境而出。境内有景洪港（国家级口岸）、西双版纳机场、省级西双版纳旅游度假区（省级）、景洪工业园区和"240"边境贸易区。市郊城西南的国际航空港西双版纳机场每天有20个以上的航班返于国内航线，并开通了景洪到泰国曼谷的国际航线，昆曼国际大通道穿境而过。

该市辖5镇、5乡、1个街道办事处、5个农场管理委员会。景洪市有傣族、哈尼族、拉祜族、布朗族、彝族、基诺族、瑶族、壮族、回族、苗族、景颇族、佤族、汉族等13个世居民族。总人口425420人，城镇人口206996人，占总人口48.6%；少数民族人口300407人，占总人口70.6%。其中：傣族143750人，占总人口34%，为主体民族；哈尼族人口76836人，占总人口18%；基诺族人口23562人，占总人口5.5%，为人口较少民族[①]。下面介绍傣族、哈尼族、基诺族3个人口较多的少数民族的语言使用状况。

（1）景洪市傣族的语言使用状况

景洪市傣族的语言使用状况大致可以分为两种类型：一是汉语与母语水平相当的双语类型，二是母语比汉语水平高的双语类型。汉语与母语水平相当的双语类型分布在曼景兰、曼听、曼龙匡、曼么、曼蚌囡、曼阁、曼斗等傣族村寨。这些傣族村寨的傣泐从6岁儿童到55岁以上的老人，都能熟练使用母语和汉语，可以在日常生活中自由地转换使用傣语和汉语进行交际。母语比汉语水平高的双语类型主要分布在景洪市远郊的傣族村寨：曼弄枫、曼贺蚌、曼贺纳、曼贡、曼景罕、曼景法、曼掌宰、曼沙、

---

① 西双版纳人民政府网，https://www.xsbn.gov.cn。

曼丢、曼列等，虽然也能熟练使用母语和汉语，但在日常交际中，他们更习惯于选用傣语作为语言交际工具。这些村寨的傣族汉语水平之所以比母语低，主要原因是他们所处的地理位置相对远离景洪市区，经济方式单一，与外界交往相对较少。这些村寨的傣泐人习得汉语的主要途径是学校教育、外出打工、汉语媒体和互联网。与兼用汉语水平较高的村寨相比，习得汉语的途径相对较少[1]。

但是傣族的语言使用存在城镇和农村的地域差异。居住在嘎洒镇城镇的傣族青少年母语能力呈下降趋势。40 名被调查者中，傣语熟练仅为 47.5%，不会傣语的为 40%；不会傣文人的有 95%。居住在嘎洒镇村寨的傣族青少年却能稳定保留母语[2]。

（2）基诺族语言状况

基诺族主要分布在景洪市基诺山基诺乡。该乡基诺族约有 11400 人，占总人口的 53.2%。此外，在景洪市的勐旺乡补远村、勐养镇、大渡岗镇、勐腊县的勐仑镇和象明乡等地也有分布，约有 5000 人，占总人口的 23.9%。基诺族人口主要分布在农村，城镇人口的比例很小。

基诺族语言使用的状况大致可分为两种类型：第一种类型是基诺语是基诺族日常生活中最重要的交际工具，这一类型主要分布在基诺山基诺乡。该乡 60 岁以上的部分老人有的是基诺语单语人，只会说基诺语，不具有汉语交际能力。族内婚姻家庭以基诺语为主。族际婚姻家庭一般是使用"基诺语—汉语"双语。大多数基诺族的小孩第一语言都是基诺语，上小学之前汉语水平大都十分有限，如果直接使用普通话教学会有困难。为了教学的需要，有经验的老师采用基诺语辅助汉语来组织课堂教学。基诺族和非基诺族学生之间说汉语当地方言，基诺族学生之间一般都说基诺语。

第二种类型是基诺语水平下降。与基诺语使用频繁的中心区不同，乡政府所在地以及洛科新寨、洛科大寨、曼武、银场上寨、银场下寨、么羊等村寨，熟练使用基诺语的人口少。么羊、洛科大寨和洛科新寨熟练使用基诺语的比例分别是 30.1%、8.7%、5.9%，而使用汉语的比例高达 69.9%、91.3%、94.1%。"熟练"基诺语人口和比例大大低于中心区。

---

[1] 岩温罕：《西双版纳傣泐语参考语法》，博士学位论文，上海师范大学，2018 年。
[2] 赵凤珠、赵海艳：《傣族聚居区城镇、村寨语言文字使用情况调查——以云南省西双版纳景洪市嘎洒镇傣族儿童、青少年为个案》，《民族教育研究》2010 年第 3 期。

在机关出生的第二代、第三代基诺族,从小与非基诺族小孩在一起,主要使用汉语,大多数孩子都只能听得懂基诺语,但不会说[1]。

(俫常生、余金枝、韩蔚)

---

[1] 戴庆厦、罗自群、田静等:《基诺族语言使用现状及其演变》,商务印书馆 2007 年版,第 2—42 页。

第六章　滇越边境地区语言使用状况

滇越段的边境线长 1353 千米，东起文山州富宁县田蓬镇附近中越边境广西段，西至中老越边界交汇点江城县。滇越边境线的云南一侧由东到西分布着云南文山壮族苗族自治州、红河哈尼族彝族自治州和普洱市 3 个州市。这 3 个州市共辖 31 个县市（其中 12 个少数民族自治县），其中 7 个县与越南接壤。这 7 个县由东到西依序是文山州的富宁县、麻栗坡县、马关县，红河州的河口瑶族自治县、金平苗族瑶族傣族自治县、绿春县，普洱市的江城县。滇越边境线的越南一侧由东到西分布着越南的河江省、老街省、莱州省和奠边省。

7 个滇越边境县共辖 72 个乡镇，其中 22 个乡镇与越南接壤。这 22 个乡镇与越南的河江省、老街省、莱州省和奠边省或相邻而居，或山水相连，或隔河相望。这些乡镇详见表 6-1。

表 6-1　　　　云南 22 个与越南接壤的乡镇

接壤县	接壤乡镇
富宁县	田蓬镇
麻栗坡县	麻栗镇、猛硐瑶族乡、天保镇、下金厂乡、八布乡、杨万乡、董干镇
马关县	小坝子镇、都龙镇、金厂镇
河口瑶族自治县	南溪镇、瑶山乡、桥头苗族壮族乡
金平苗族瑶族傣族自治县	金水河镇、勐拉乡、勐桥乡、马鞍底乡、者米拉祜族乡
绿春县	平河乡、半坡乡
江城哈尼族彝族自治县	曲水乡

表 6-1 显示，与越南接壤的乡镇最多的是麻栗坡县，有 7 个乡镇接壤，最少的是富宁县和江城县，只有 1 个乡镇接壤。滇越云南一侧的 7 个

县 22 个乡镇分布着哈尼、苗、瑶、壮、傣、彝、拉祜、布依、仡佬、布朗、蒙古、白、汉等 13 个边境民族,这些民族除蒙古族和白族外,其余 11 个都是跨境民族。这 11 个跨境民族在越南有的被识别两个民族,有的被识别三个或更多的民族,有的则族称不同,但他们的分布范围较广不仅分布在边境线地区,有的甚至还深入越南腹地乃至越南全境。

表 6-2　　　　　　　　滇越边境县跨境民族的分布状况

序号	中国民族	越南民族①	云南分布（县）	越南分布（省）②
1	哈尼	哈尼、贡、西拉	河口、金平、绿春、江城	莱州、老街
2	苗	赫蒙	富宁、麻栗坡、马关、河口、金平	老街、河江、莱州、奠边、山罗、安沛、义安、宣光、清化、太原、和平、谅山
3	彝	倮倮、普拉、布标	富宁、麻栗坡、马关、河口、金平、绿春、江城	河江、高平、莱州、北洴、安沛、莱州、山罗、宣光
4	拉祜	拉祜	金平、绿春、江城	莱州省勐碟县
5	瑶	瑶、山由、巴天	富宁、麻栗坡、马关、河口、金平、绿春	广宁、谅山、高平、河江、老街、宣光、安沛、山罗、和平、莱州、北洴、太原、永福、北江、河内、林同
6	傣	泰、泐	麻栗坡、马关、河口、金平、江城	莱州、和平、老街、义安、清化、安沛、奠边
7	壮	岱、侬、山斋、拉基	富宁、麻栗坡、马关、河口、金平、江城	广宁、谅山、高平、河江、老街、北洴、宣广、太原
8	布依	布衣、热依	马关、河口	老街、河江、宣光、安沛
9	仡佬	仡佬	麻栗坡	河江省黄树皮、同文、安明、渭川等县
10	布朗③	克木、莽	金平	莱州省勐碟、封土、笙湖和奠边省的勐磊
11	汉族	华、艾	7 个边境县	越南全境

表 6-2 中的 11 个滇越跨境民族,不仅在文化、语言、民族历史、生

---

① 范宏贵、刘志强:《中越跨境民族研究》,社会科学文献出版社 2015 年版,第 1—3 页。
② 范宏贵、刘志强:《中越跨境民族研究》,社会科学文献出版社 2015 年版,第 21—170 页。
③ 我国分布在滇越边境线上的布朗族主要指居住于红河州金平县金水河镇的莽人。2009 年 4 月将莽人族属划归为布朗族。

活方式、民族心理等多个方面具有共性，还生活在相邻的地理空间内，在长期的历史发展进程中，保持着通婚互市、探亲访友、互帮互助的亲密关系，从而形成了与非边境地区不同的语言关系和语言使用特点。下面我们以州和市为单位，依序对7个边境县的语言使用情况进行描写。

第一节　文山州三个边境县语言使用状况

云南省文山壮族苗族自治州成立于1958年，州府驻文山县城关镇，州府距省会昆明356千米。地处云南省东南部，南与越南河江省、老街省2省接界，国境线长438千米。在中越1300多千米的陆地边界上，文山州与越南的边境线占中越边境线总长的33.7%。中越边境文山段西起一段22号界碑下梁子河，东止三段24号界碑云南、广西、越南3地交界处，全长438千米；其中陆地380千米，河界58千米[①]。所辖的8个县市有富宁、麻栗坡、马关3个县所辖的15个乡镇249个村寨1个国营农场与越南河江省的箐门县、黄树皮县、渭川县、安明县、官坝县、同文县、苗旺县，老街省的勐康县、北河县等9个县接壤。在文山州与越南边境线两侧居住着壮族（越南分为岱、侬、山斋、拉基4个民族）、苗族（越南称为赫蒙族）、彝族（越南分为倮倮族、普拉族、布标族3个民族）、瑶族（越南分为瑶族、山由族、巴天族3个民族）、傣族（越南分为泰族、泐族两个民族）、汉族（越南分为华族、艾族）[②]等跨境民族。

全州辖丘北县、广南县、砚山县、西畴县、富宁县、文山市、马关县、麻栗坡县8个县市、114个乡（其中民族乡16个）。居住着汉、壮、苗、彝、瑶、回、傣、布依、蒙古、白、仡佬等十多个民族。全州总人口360.7万人，少数民族人口208.9万人，占总人口的57.9%。人口数在10万人以上的有3个民族，分别为壮族、苗族、彝族。其中，壮族占文山总人口的29.2%，苗族占13%，彝族占9.4%（2015年）。文化程度整体偏

[①] 邓文云：《浅论中越跨境民族关系》，《"东南亚民族关系"学术研讨会论文汇编》，2003年。

[②] 张鹤光、熊元荣、王华等：《中越边界（文山段）跨境民族调查报告》，《文山师范高等专科学校学报》2002年第2期。

低。全州常住人口中，具有大专及以上文化程度的有 113658 人，仅占总人口比重的 3.23%；具有高中（含中专）文化程度的有 202780 人，占总人口比重的 5.76%；具有初中文化程度的有 874952 人，占总人口比重的 24.87%；具有小学文化程度的有 1755564 人，占总人口比重的 49.90%[①]。

由于 3 个边境县语言使用情况与文山州语言使用情况的基本特点相同，因此，我们先概述文山州的语言使用状况，再分述 3 个边境县的语言使用状况。

一　文山州语言文字使用的总体特点

文山州居住着汉族、壮族、苗族、彝族、瑶族、回族、傣族、布依族、蒙古族、白族、仡佬族等 11 个民族，主要有汉语、壮语、苗语、彝语、瑶语、布努语、傣语、拉基语、仡佬语、布央语、普标语、布庚语、倈语等十余种语言。使用少数民族文字的有苗文、壮文和瑶文 3 种文字。总体看来，文山州的语言使用情况主要有以下 3 个特点：

（一）汉语兼用的普遍性和不平衡性

汉语不仅被汉族使用，也被其他民族使用，作为不同民族、不同支系之间的语言交际工具。在城镇、集市、商店、医院、学校、政府等公共场合使用汉语的频率远比少数民族语言高。汉语的使用具有跨族群跨地域的特征。

但不同地域和不同年龄兼用汉语具有不平衡性。地域不平衡性体现在居住在边境地区的少数民族村寨、偏远山区的少数民族村寨的少数民族群众兼用汉语的水平较低，居住在城镇、交通要道、集市、口岸、与汉族杂居的寨子，汉语的水平较高。年龄不平衡性体现在年龄在五六十岁以上、没有接受过学校教育、很少外出的老人或不懂汉语，或能听不能说。在边境村寨，嫁入中国的越南媳妇大部分不懂汉语。

（二）不同语言活力分布具有不平衡性

分布在文山州的十几种语言，其活力依据其在文山州使用人口的相对数量大致可以分为活力度高、中、低和濒危 4 种类型。活力度高的语言主要有壮语、苗语，活力度中等的主要有瑶语、彝语和傣语，活力度低的是布努语，濒危的有拉基语、仡佬语、布央语、普标语、布庚语、

---

① 《文山州十三五人口发展规划》，文山壮族苗族自治州人民政府网。

佈语。

　　活力度高的壮语、苗语，不仅被壮族、苗族和瑶族用于家庭、村寨、集市等族群内部交际的多种场合，还有相应的文字，出版了壮语、苗语与汉语对应的双语双文教材，文山电视台设有壮语和苗语的民语栏目、民语广播。文山苗族网设有苗文教学栏目。

　　活力度中等的有瑶语（优勉话和金门话）、彝语、傣语、布努语。这些语言中，布努语的使用人数最少，只有2000多人。这些语言没有进入官方媒体。这些语言中，布努语的使用人数最多，只有2000多人；瑶语（包括优勉话和金门话）比彝语和傣语保留得好一些，彝语、傣语在有的地区出现濒危或衰变，如居住在马关县都龙镇辣子寨的彝族只有60岁以上的老人会一些彝语词汇，60岁以下的都不会了，居住在马关县都龙镇田坝心村的傣族有部分人不会傣语，转用了壮语。

　　濒危的语言，使用人数少且多是老年人，存在代际传承断裂的危机。拉基语使用人数约60人，布央语使用人数约1500人，普标语使用人数约300人，布庚语使用人数约2700人，佈语使用人数1000余人，布努语使用人数2000多人[①]。

　　（三）"母语—民语—汉语"的多语现象普遍

　　文山州的民族以大杂居小聚居的方式分布，或寨内多民族杂居，或寨子周边是其他民族，从而形成多民族交错分布的大格局。各民族互相兼用对方语言的现象非常普遍，"母语—民语—汉语"成为文山少数民族村寨常见的多语格局。

　　壮族约105万人（2015年）是文山人口最多的民族，有侬、布雅依、岱和布土等4个支系。侬支系使用壮语南部方言砚广土语，布雅依支系使用壮语北部方言丘北土语，岱支系和布土支系使用南部方言文麻土语。每个支系都保留自己的母语，母语是族内交际的重要语言工具。但由于使用南北方言的支系之间难以通话，需要用汉语交流。壮族与苗族和瑶族杂居的现象比较普遍，壮族大多会讲苗语。如居住在马关县都龙镇懂腊鱼寨的壮族会讲苗语[②]。与瑶族杂居的壮族会讲瑶语优勉话，与瑶族杂居的会讲优勉话或金门话。瑶族的成年礼还邀请壮族同胞参

---

① 中国社会科学院语言研究所等编：《中国语言地图集（第2版）：少数民族语言卷》，商务印书馆2012年版，第234—237页。

② 该情况由赵斌提供，奢都是她的家乡。谨致谢忱。

加。例如：居住在文山市柳井乡奢都村周边的壮族、彝族和汉族，不少人会说苗语。

苗族有 46.89 万人（2015 年），属于苗族的"蒙支系"，所使用的支系语言属于苗语川黔滇方言川黔滇次方言第一土语。文山的蒙支系，又分为蒙逗（他称"白苗"）、蒙抓（他称"绿苗"）、蒙斯（他称"青苗"）、蒙莎（他称"汉苗"）、蒙北（"小花苗"）、蒙刷（他称"偏苗"）、蒙楞、蒙梢等十来个支系。这些支系大多聚寨而居。这些支系都有自己的支系语言，根据通解度的大小，这些支系语言大致可分为 3 个语言群体：白苗话、偏苗话、其他苗话。偏苗话与其他支系的话差别最大，难以通话。白苗话次之，经过适应后能与其他支系通话，但交际双方能清楚地知道那些语音、那些用词属于白苗支系。除偏苗和白苗外，其他支系语言差异度很小，交流完全没有障碍。

文山的苗族普遍使用自己的支系语言，大部分群众兼用汉语，部分兼用周边民族的语言，从而形成"苗语—汉语"或"苗语—民语—汉语"的双语或多语群体。由于苗族绝大多数居住在偏远的山区，大部分村寨在山上，他们的日常用语是苗语，第一语言是苗语，之后再习得相邻民族的语言和汉语。例如：文山市古木镇黑山村是绿苗聚居的自然村，该村距离文山市 15 千米。该村约有 300 户、1000 人，该村苗族的第一语言是绿苗苗语，第二语言是汉语。汉语大多是上小学后慢慢学会的，初中之后才能熟练使用①。

西畴县西洒镇瓦厂村是一个白苗和汉族混居寨，有七八十年的历史，有 18 户、85 人，白苗是该村村民的第一语言，汉语是第二语言。村里与邻村的母语水平代际差异不大，老年人、中年和青年人的母语词汇量差距不大。代际的差异，主要体现民族口头文学的传承上。老年人大多掌握本民族的口头文学，如民间故事、苗族民歌、古老话等，25 岁以下的大都不会了。该村的交际用语主要是白苗苗语，族内交流都习惯使用自己的母语，在与其他民族交流时有时用汉语，有时用苗语，因为该村的汉族有的也会说苗语。

砚山县阿基乡阴塘村是个白苗支系的聚居村，有 40 多户，200 多人。该村的苗族第一语言是白苗语。由于周边分布着壮族、彝族、汉族寨子，

---

① 黑山村的情况由熊朝兰提供，黑山村是她的家乡。谨致谢忱。

绿阴塘村的白苗人不同程度学会了壮语、彝语、汉语。砚山县八嘎乡石排村是个白苗聚居村，约有 150 户，500 人。该村周围的村寨居住着壮族、彝族、汉族。石排村的白苗人不同程度学会了壮语和汉语[①]。

（四）汉族兼用民族语

与苗族、壮族等少数民族杂居的汉族，大多学会了少数民族语言，从而形成"汉语—民语"的双语群体。例如：广南县篆角乡坝熬村龙树脚寨，是苗族和汉族杂居的自然寨。该寨有 55 户，221 人，苗族人口占一半以上。该寨的苗族均以苗语为第一语言，而寨子里的汉族均会说苗语。广南县曙光乡杨家屋基村是白苗聚居村，有 32 户，180 人。该村周边的其他民族也会用苗语进行交流[②]。

二 富宁县语言使用状况

下面从社会人文、语言使用、边境镇概况 3 个方面介绍富宁县的情况。

（一）社会人文概述

富宁县东接广西百色市和靖西县，南连广西那坡县，西南部与越南江河省的同文、苗旺两县接壤，又与文山州麻栗坡县隔南利河相望；西靠文山州广南县；北与广西西林、田林两县毗邻。富宁县下辖有 13 个乡镇，居住着汉族、壮族、苗族、瑶族、彝族、仡佬族等民族人口 41.51 万人，其中少数民族人口占 31.7 万人，占人口总数的 75.9%。少数民族中壮族人口最多，有 23.2 万人，占总人口的 55.89%。富宁县与越南山水相连，现有国境线长 77 千米，处于中越边境线的中部；有省级一类口岸 1 个（田蓬口岸）；边民互市点 2 个（田蓬、和平），有边境通道 60 多条与越南相通。全县所辖的 13 个乡镇中只有田蓬镇与越南接壤。

（二）富宁县语言使用状况

富宁县主要有壮族、苗族、瑶族、彝族、仡佬族 5 个世居少数民族，这 5 个少数民族都有自己的语言，除仡佬族外，壮、苗、瑶、彝族同族之间或同支系之间使用自己的母语。各民族之间普遍以汉语方言为通用语言。在多民族杂居的村寨或地区，各少数民族除说自己的母语和

---

① 黑山村、绿阴塘村、石排村的情况分别由李明英、杨金平、熊旭金提供。谨致谢忱。

② 龙树脚村的情况由杨昌文提供，杨家屋基村的情况由王朝梅提供，该村是她的家乡。谨致谢忱。

汉语方言外，还会使用其他民族语言。由于民族众多，语言资源丰富，富宁县各民族的语言生活在语言使用类型和使用场合以及双语教育等多个方面具有自己的特点。

1. 语言使用类型

(1)"母语—汉语"型

又称为双语型，是指该群体除使用自己的母语外，还兼用汉语，是具有使用母语和汉语方言两种语言能力的社交群体。这一双语模式在富宁县呈现"壮语—汉语""苗语—汉语""彝语—汉语""优勉语/金门—汉语"4种类型。壮、苗、瑶、彝族分布的乡镇基本保留了自己的母语，但为了族际交际的需要，这些民族的群众都兼用了分布通行最广、功能最强的语言——云南汉语方言。例如：富宁县新华镇岩纳村龙角寨是一个白苗聚居的自然寨，该寨距离富宁县城19千米，有15户81人，都是白苗。该村有80多年的历史，之前村里住的是瑶族，1930年前后瑶族搬走之后，迁来的第一家苗族用20根银条向当地的地主买下了该村的土地。该村苗族的第一语言是苗语，汉语是后来习得的，至今仍有的老人还不会讲汉语①。富宁主要有壮族、苗族、瑶族和彝族的"母语—汉语"双语化得益于义务教育和电视的普及。

(2)"母语—民语—汉语"型

此类型很普遍，居住在杂居寨或杂居区的民族由于互相交往而习得对方的语言。如富宁木央镇田坝村委下寨、木桑组的苗族会彝语和汉语方言。又如：富宁县木央镇田坝村委会木梗村小组是个白苗聚居的村民小组。该小组周边是大板瑶居住的寨子，寨子属于跨聋小组，有好几百户瑶族人家，是田坝村民委所在地。木梗村小组的苗族和跨聋小组的瑶族经常往来，他们学会了对方的语言。

(三) 边境镇乡镇概况

田蓬镇位于滇中国云南、广西与越南河江省的接合处，与越南河江省的苗旺县和同文县接壤，国境线长60千米。该镇距离富宁县城69千米，距离越南苗旺县城35千米，距离同文县城分别28千米。田蓬镇5.54万人，辖20个村委会、375个村小组。其中有4个村委会27个村民小组直接与越南接壤。中国富宁的田蓬口岸与越南的上蓬口岸向对应。田蓬镇境

---

① 龙角寨是由李荣昌提供的，该寨是他的家乡。谨致谢忱。

内有田蓬、木杠、和平3个互市点。越南方镇与越南的互市点是田蓬街，每6天赶一次街。居住在边境线两侧，居住着苗族、汉族、彝族、瑶族、壮族等跨境民族，这些跨境民族通婚、互市、互助，语言相通、习俗相同，彼此认同，交往密切。

例如：富宁县田蓬镇木桌村委会难民小组，该村距离城区69千米，有11户53人，均为苗族的白苗支系，该村有35年历史。该村村民的祖辈从中国去越南，子辈搬回中国。现在在越南河江省苗旺县还有亲戚。以前过年时，难民村的村民还去越南走亲戚。难民村的村民第一语言是白苗苗语，第二语言是汉语，汉语大多是在上小学以后学会的。该村村民的母语水平相差不大，代际的差异主要体现在民族口头文学的传承上，因为，老年人大多掌握本民族的口头文学，如苗族民间故事、苗族民歌、古老话等，而年轻人不会了。该村的交际用语主要是白苗苗语，族内交流习惯使用自己的母语，母语水平都保留得很好。

三 麻栗坡县语言使用状况

(一) 麻栗坡县社会人文概括

麻栗坡县位于滇越边境的中段，南与越南河江省的同文县、安明县、官坝县、渭川县、黄树皮县、河江市五县一市接壤。全县总面积2395平方千米，辖麻栗、大坪、董干、天保4个镇，猛硐瑶族乡和下金厂、八布、杨万、六河、铁厂、马街6个乡，下设9个社区93个村委会1946个村（居）民小组[1]。有7个乡镇与越南接壤，国境线长277千米，占云南省中越边境线总长的20.5%。据《麻栗坡县志》(2011年)记载，麻栗坡县居住着汉族、壮族、苗族、瑶族、彝族、傣族、蒙古族、仡佬族8个民族，其中少数民族人口11.17万人，占总人口的40.4%。县境内有1个国家级口岸（天保口岸）、14个边民互市点和108条边境通道，天保口岸与越南河江省的清水河口岸对接。麻栗坡是文山州乃至云南省通往越南首都河内和东南亚地区的重要门户和陆路通道之一。

麻栗坡县与越南接壤的7个乡镇为：麻栗镇、猛硐瑶族乡、天保镇、下金厂乡、八布乡、杨万乡和董干镇。分布着壮族、苗族、瑶族、彝族、仡佬族、傣族、蒙古族7个少数民族。

---

[1] 侬文雯：《云南年鉴——麻栗坡县》，云南年鉴社2016年版，第499—500页。

(二) 麻栗坡县语言使用状况

麻栗坡县有苗族、壮族、瑶族、彝族、傣族、蒙古族、仡佬族7个少数民族。其语言使用可分为母语保留型、母语濒危型和母语转用型3类。

1. 母语保留型

(1) 苗族

苗族人口有4.35万人，占全县总人口的16.65%，分布在全县的12个乡镇。有白苗、青苗、绿苗3个支系。白苗自称"蒙逗"，青苗自称"蒙施"，绿苗自称"蒙爪"。这3个支系都属于蒙支系的亚支系。这3个支系的语言都属于苗语川黔滇方言川黔滇次方言第一土语。由于麻栗坡白苗支系人数较多，与白苗杂居的青苗和绿苗不说自己的支系语言，转用白苗支系的语言了。如居住在勐硐乡的青苗和绿苗，都说白苗苗语了。苗族族内之间的交流说苗语，族际之间说汉语。

(2) 壮族

壮族人口3.10万人，占全县总人口的12.14%，有侬人和土人两个支系。侬人自称"布侬"，他称"侬人"，居住在八布河、盘龙河、畴阳河、南利河沿岸的麻栗镇、大坪、南温河、六河、杨万、新寨、八布等乡镇。土人自称"得佬"，他称"土族""土佬"，主要居住在大坪和南温河等乡镇。麻栗坡县的苗族称壮族为"夷"或"筧"，瑶族称之为"侬"。

麻栗坡的侬人和土人都保留各自的母语。侬人的母语和土人的母语虽然都属于壮语南部方言，但不能通话。由于土人支系人少，且与侬支系杂居，因此土人一般能听懂侬人的母语。壮族在族内交流说壮语，族际交流说汉语。

(3) 瑶族

瑶族蓝1.84万人，占全县总人口的7.1%，有蓝靛瑶和优勉瑶两个支系。蓝靛瑶自称"门"或"金门"，他称"蓝靛瑶"。优勉瑶自称"优勉"或"勉"，他称"角瑶"。瑶族多散居在边远山区、半山区箐林下泉溪边。勐硐瑶族乡、八布乡、六河乡、杨万乡分布较为集中。瑶族在边境线以内分布最多。瑶族的蓝靛支系语言和优勉支系语言不能通话，各支系内部交流说各自的支系语言，支系之间和族群之间说汉语。

(4) 彝族

彝族0.49万人，占全县总人口的1.9%，有倮倮、普拉、孟武、普标、拉基等支系。普拉支系分布在南温河乡分水岭、小寨等自然村，新寨乡老寨、中寨、新发寨等地。倮倮支系有白倮、花倮、普标倮。白倮居住在新寨乡的新寨、城寨，至今仍保留部落和古代着装。普标倮居住在普弄、普峰、龙龙等村寨。拉基分布在茅坪、玉皇阁对汛及南温河一带。

麻栗坡县彝族的各支系都有自己的语言，白倮支系和花倮支系以及普拉支系的部分群众保留自己的母语以外，孟武、普标、拉基等支系的语言已经消亡。

（5）傣族

傣族1178人，占全县总人口的0.45%，大部分居住在南温河乡的南温河、城子上、戈令、八宋、南楼，船头的里头寨和勐硐乡的昆脑寨，少部分居住在麻栗镇、大坪镇、董干镇。勐硐、南温河地区的傣族是清朝初期从越南迁来的，经营特产秃杉板发财后定居勐硐、南温河，继而发展为当地土司。南温河乡城子上村委会上中寨村的黄姓祖籍在越南清化省。戈令村委会鲍姓、王姓祖籍在泰国。

麻栗坡傣族普遍使用傣语和汉语。麻栗坡傣族所说的傣语属于傣语西双版纳方言。傣族有传统文字，但麻栗坡的傣族并不会傣文。

2. 母语濒危型

仡佬族1138人，占全县总人口的0.44%，有白仡佬、青仡佬、花仡佬、红仡佬4个支系。1957年，仡佬人归入彝族。1984年，恢复为仡佬族。全县仡佬族有19个姓。1996年统计有1166人，其中新寨乡有50户210人，董干镇有16户80人，杨万乡有49户210人，铁厂乡有107户480人，麻栗镇有2户3人。1997年统计全县有1178人。与麻栗坡毗邻的越南河江省的安明县、苗旺县、同文县也有仡佬族分布，与麻栗坡县的仡佬族语言相通、习俗相同，互相来往，关系较好[①]。

仡佬族的母语处于濒危状态。濒危表征是：

第一，仡佬语使用人口总量小，使用范围窄，语言功能弱化。在仡佬族居住较为集中的村寨中，年青一代少有人能够流利地使用仡佬语，年纪较大的人群中也仅有个别老人掌握简单的词语和句子。仡佬语已经不作为

[①] 苗、壮、瑶、彝、傣、蒙古、仡佬等民族情况引自《麻栗坡县民族志》，云南民族出版社2001年版，第1—2、109—250页。

仡佬族民众日常生活交流的语言工具，其使用范围和功能目前仅限于宗教仪式如祭祀活动中。部分仡佬族村寨因为祭祀仪式的需要，如麻栗坡县铁厂镇董渡新寨村，同宗同族的仡佬族会聚在一起学习仡佬语和经文，熟练经文者会被选为魔公，负责主持族内重大祭祀活动①。

第二，仡佬族第一语言由仡佬语转换成汉语，大部分仡佬人为汉语单语人。仡佬语已经不作为第一语言向下一代传承，汉语替代仡佬语成为仡佬族儿童最先学会的语言，母语几乎得不到传承。同时，汉语承担了母语在家庭、村寨和公共环境中的交际功能，汉语的使用范围和频率远远高于仡佬语。

第三，仡佬语中其他语言成分明显。少数熟练掌握仡佬语的母语人，在其使用仡佬语的过程中夹杂不少汉语借词或是杂居民族的词汇，大多数动植物名称都以汉语表达②。

3. 母语转用型

麻栗坡县的蒙古族是北方蒙古的后裔，居住在铁厂、马街两乡，多与汉族杂居。麻栗坡县的蒙古族已经丢失了蒙古语，转用汉语。麻栗坡县彝族的孟武、普标、拉基等支系的语言已经消亡。

（三）7个边境乡镇概况

下面由北往南依序介绍这7个边境乡镇。

1. 董干镇：位于麻栗坡县东北部，南与越南河江省同文县接壤。镇政府驻在董干村委会，镇政府所在地距离文山州府170千米，距离昆明480千米。居住着汉族、壮族、苗族、瑶族、彝族、蒙古族、仡佬族、白族8个民族，2007年年末总人口45571人，农业人口总数45349人，占总人口的99.51%。汉族23122人，占总人口的50.34%；少数民族22222人，占总人口的48.76%。少数民族中，苗族18529人，占总人口的40.66%；壮族2509，占总人口的5.5%；彝族986人，占总人口的2.16%；其他少数民族40人。辖16个村民委员会，352个村民小组（314个自然村）。16个村委会到目前为止，均实现了通水、通电、通路、通电话、通电视。这16个村委会中有6个村委会49个村民小组4392户18956人与越南接壤，有马林、马崩、者挖、普弄4个边民互市点。2007年，

---

① 浦加旗、陆芳：《文山州仡佬族祖先崇拜、自然崇拜及其文化内涵》，《文山师范高等专科学校学报》2005年第2期。

② 李锦芳、韩林林：《红仡佬语概况》，《民族语文》2009年第6期。

董干镇完成边贸进出口总额 18913 万元，其中，进口 8399 万元，出口 10514 万元，出口商品主要有化肥、粮食、电器、布匹、五金交电、百货等，进口商品主要有药材、矿石等。6 个边境村委会分别是马林、马崩、麻栗堡、马坤、者挖和普弄。

（1）马林村委会：距镇政府所在地 16 千米，居住着汉、苗两个民族，2007 年年底，全村共有 930 户 4162 人，人均纯收入 1408 元，人均有粮 177 公斤，有耕地 3592 亩，其中田 247 亩，地 3345 亩。有边沿村小组 11 个，分别是马生、上弄一、上弄二、大弄、半坡、卷湾、踩山坪、牛厂、卡子、寨上、瑶仁弄。

（2）马崩村委会：距镇政府所在地 24 千米，居住着苗、倮（彝族）两个民族，2007 年年底，全村共有 584 户 2537 人，人均纯收入 1197 元，人均有粮 162 公斤，有耕地 2315 亩，其中地 2315 亩。有边沿村小组 11 个，分别是金竹山、上寨、大火焰、毛、芭蕉托、上黑山、长弄、麻弄、地棚、吴家寨。

（3）麻栗堡村委会：距镇政府所在地 25 千米，居住着汉、苗、彝等 3 个民族，2007 年年底，全村共有 341 户 1402 人，人均纯收入 1176 元，人均有粮 162 公斤，有耕地 2026 亩，其中田 118 亩，地 1908 亩。有边沿村小组 11 个，分别是水源头、半坡、大马苏、小马苏、麻栗堡、山脚、岩洞坪、大丫口、新堡、竜嘎、新寨。

（4）马坤村委会：距镇政府所在地 7 千米，主要居住着汉、苗两个民族，2007 年年底，全村共有 862 户 3769 人，人均纯收入 1294 元，人均有粮 204 公斤，有耕地 3171 亩，其中田 37 亩，地 3134 亩。有边沿村小组 3 个，分别是小弄、坪子、湾子。

（5）者挖村委会：者挖村委会距镇政府所在地 9 千米，居住着汉、苗、彝等 3 个民族，2007 年年底，全村共有 750 户 3265 人，人均纯收入 1294 元，人均有粮 281 公斤，有耕地 2863 亩，其中地 2863 亩。有边沿村小组 3 个，分别是兴隆湾、草果洞、小寨。

（6）普弄村委会：距镇政府所在地 18 千米，居住着汉、苗、仡佬等 5 个民族，2007 年年底，全村共有 930 户 3995 人，人均纯收入 1428 元，人均有粮 200 公斤，有耕地 3708 亩，其中田 598 亩，地 3110 亩。有边沿村小组 10 个，分别是铳样、铳善、铳文、坪上、滕家洞子、上小卡、下小卡、普弄上村、普弄山边、普弄中间①。

2. 杨万乡：位于麻栗坡县的东北部，距县城 81 千米，东南面与越南河江省安明县接壤，国境线长 28 千米，杨万乡与越南安明县交界有中越边境的 358 号界碑。界碑距越南安明县白德社仅 2 千米。全乡国土面积 105.79 平方千米，居住着汉族、壮族、苗族、瑶族、彝族、仡佬、蒙古族 7 个民族。辖 6 个村民委员会和 75 个自然 85 个村民小组。2006 年年末总人口 12684 人，农业人口总数 12546 人，占全乡总人口的 98.91%。少数民族 8530 人，占全乡总人口的 67.25%②。少数民族中苗族、壮族、瑶族人口较多。边界线的越南一侧，也同样居住着苗族和瑶族。边境线两侧的边民互相走亲访友，用苗语、瑶语和壮语交流，没有语言障碍。

杨万乡有一个与越南边境互市市场直接对接的市场。该市场叫作"九号界边贸市场"。该市场位于中越边境线 358 号界碑处。由于原来此处是 9 号界碑，故位于 358 号界碑的边贸市场叫"九号界边贸市场"。该市场距离杨万乡政府 20 千米，距离越南白德社 2 千米、普弄社 6 千米、安明县城 20 千米。该市场占地面积 45 亩，2009 年 9 月 21 日开街。交易日有近万人来此交易，每年交易额 3 亿元以上。

3. 八布乡：位于麻栗坡县东部，乡政府位于八布村委会所在地，距县城 53 千米，距昆明 520 千米。南与越南河江省官坝县接壤，国境线长 27 千米。全乡国土面积 172.98 平方千米，居住着汉族、壮族、苗族、瑶族、蒙古族等 5 个民族。2006 年末总人口 20446 人，农户数 4643 户，农业人口 20345 人，农业人口占全乡总人口的 99.5%。少数民族人口 14876 人，占总人口的 72.75%。少数民族中壮族和苗族人口较多。全乡辖 8 个村民委员会和 131 个村民小组③。

4. 下金厂乡：位于麻栗坡县的中部，乡政府驻下金厂村委会，距麻栗坡县城 25 千米，距昆明 435 千米，东南与越南河江省官坝县接壤。辖 6 个村民委员会和 96 个村民小组，全村有耕地面积 14806 亩，人均耕地 1.3 亩，森林覆盖率达 42.3%，居全县之首居。住着汉族、苗族、瑶族、

---

① 董干镇情引自 https：//baike.baidu.com/item/%E8%91%A3%E5%B9%B2%E9%95%87/10257882？fr=aladdin。

② https：//baike.baidu.com/item/%E6%9D%A8%E4%B8%87%E4%B9%A1/4188986。

③ https：//baike.baidu.com/item/%E5%85%AB%E5%B8%83%E4%B9%A1/10257917？fr=aladdin。

壮族等民族，共有 11599 人，其中少数民族人口 2488 人，占总人口的 21.45%。少数民族中以苗族最多①。

5. 天保镇：位于麻栗坡县的南部，东与越南河江省接壤。辖 6 个村委会 2 个社区 74 个自然村 106 个村民小组。有黄瓜录、马家湾、南洞、芭蕉坪、苏麻湾、马鞍山、八里河、吊竹坪 8 个边境村寨。居住着汉族、壮族、苗族、瑶族、彝族、傣族、蒙古族、仡佬族等 8 个民族。2013 年全镇总人口 17257 人，其中少数民族人口 9108 人，占总人口的 52.8%。少数民族中，瑶族和壮族人口较多②。

6. 麻栗镇：位于麻栗坡县的西南部，南与越南河江省接壤，国境线长 17.7 千米。镇政府位于麻栗坡县县城，距州府文山 80 千米，距省会昆明 425 千米，国家级口岸天保 40 千米，距越南首都河内 340 千米，文山州乃至云南省通往东南亚的重要门户和陆路通道之一。该镇居住着汉族、壮族、苗族、彝族、瑶族、蒙古族等 6 个民族，辖 12 个村民委员会和 3 个社区，236 个村民小组，2007 年年末总人口 47515 人，农业人口总数 32846 人，占全镇总人口的 69.12%，少数民族 11030 人，占总人口的 23.20%。少数民族中，壮族人口最多③。

7. 猛硐瑶族乡：位于麻栗坡县西南部，是麻栗坡县唯一的民族乡。南与越南河江省渭川县老寨社、黄树皮县南汀社接壤，国境线长 37 千米。乡政府距县城 50 千米，距天保口岸 25 千米。猛硐瑶族乡是对越自卫还击和防御作战的战场。全乡面积 215 平方千米，辖 5 个村民委员会 83 个村民小组，居住着瑶族、苗族、壮族、汉族、傣族 5 个民族。2007 年总人口 14518 人，农业人口 14124 人，占全乡人口的 97.28%。少数民族 14515 人，占总人口的 96.6%。少数民族中，瑶族人口最多。该乡的 5 个民族均为跨境民族，在越南一侧也有分布。

---

① baike.baidu.com/item/下金厂乡/10257905? fr=Aladdin。

② https：//baike.baidu.com/item/%E5%A4%A9%E4%BF%9D%E9%95%87/5806491? fr=aladdin。

③ https：//baike.baidu.com/item/%E9%BA%BB%E6%A0%97%E9%95%87/73402? fr=aladdin。

四 马关县语言使用状况

（一）社会人文概况

马关县位于云南省东南部，文山壮族苗族自治州南部，是一个集边境、民族、贫困、山区、老区、原战区于一体的县份，全县面积2676平方千米。该县南与越南河江省的箐门、黄树皮和老街省的新马街、猛康四县接壤，国境线长138千米。2015年，全县共辖9镇4乡1个农场管委会、124个村民委员会（社区）、1995个村民小组。辖区内有小坝子镇、都龙镇和金厂镇3个镇与越南接壤①。

（二）马关县少数民族语言使用状况

该县主要有汉族、苗族、壮族、彝族、傣族、瑶族、布依族、蒙古族、白族、仡佬族、回族等11个民族，总人口37.73万人，其中汉族18.99万人，50.33%，少数民族占总人口的49.67%。少数民族中，苗族人口8.25万人，壮族人口5.89万人，彝族人口2.89万人，傣族0.68万人，布依族0.67万人（2015年）②，瑶族0.19万人。该县的11个民族中，汉族除使用汉语外，与苗族、壮族杂居的，还兼用苗语和壮语。布依、蒙古族、白族、仡佬族、回族都丢失了自己的母语，转用汉语。苗族、壮族、彝族、傣族、瑶族5个民族仍保留自己的母语，这些民族的母语除用于日常交际，还用于媒体。文山州的广播电台每天都有壮语、苗语、瑶语的节目，电视台有壮语、苗语、瑶语的新闻。下面描写这5个民族的语言使用状况。

1. 苗族语言使用状况

马关县的苗族属于蒙支系，其内部分为5个亚支系：白苗（自称"蒙逗"）、青苗（自称"蒙诗"）、绿苗（自称"蒙爪"）、"蒙邶"和"蒙巴"。白苗话与其他4个支系语言在语音上差别较大，但能够通话。这5个大支系所说的苗话均属于川黔滇方言川黔滇次方言的第一土语。由于人口优势、聚族而聚、跨境分布、地处山区、交通不便、农业经济等诸多因素，马关县居住在村寨里的苗族都很好地保留了自己的母语，在家庭、村寨、族内交际族均使用苗语。由于长期与其他民族往来，除兼用汉

---

① http://www.ynmg.gov.cn/info/1505/11348.htm。
② http://www.ynmg.gov.cn/info/1652/16869.htm。

语，部分苗族还兼通壮语、彝语或瑶语。

苗族历史上没有文字，1956年，中国科学院派出了少数民族语言调查第二工作队，对苗族语言进行了调查研究，并以拉丁字母为苗族创制了苗文方案，并于第二年在苗族地区试验推行。马关县使用的是川黔滇方言苗文方案。1982—1985年，马关县派出大量苗族青年参加文山州民族干部学校举办的多期苗文培训班；1984年开始，马关县扫盲办公室先后在小坝子、金厂、夹寒箐、木厂、山车和马白等多个乡镇举办少数民族文字培训6期。1987年9月，县民委、县教育局联合在夹寒箐镇田头小学进行双语教学实验，把苗语民族文字引用小学全日制教学，实行双语教结合。2005年，县教育局、县民族宗教局选择金厂民族小学作为苗汉双语教学点①。

2. 壮族语言文字使用状况

马关县的壮族普遍使用自己的母语，母语是族内交际的语言工具，广泛用于村寨、集市、医院、政府等族内交际的语言使用场合。与外族人或外地人交流多用云南方言。

例如：马关县都龙镇辣子寨村委会南小组。该小组是壮族聚居小组，属壮族侬支系，自称"布侬"。该小组距离乡政府所在地都龙10千米。连接南松和乡镇府的公路是水泥路，公路建在陡峭的山坡上。南松小组南边是牛场、上下田房，西边是娃娃洞，西北边是唐子边，北边是河边。以龙炭山为界，西北边是南松，东南边是越南。南松小组共有77户，人口318人，共有287位是6岁以上具有正常语言能力者。这287位壮族人，能熟练使用壮语的人数是284人，占调查人数比例的98.95%；能熟练使用汉语的有273人，占调查人数的95.1%。南松布侬人长辈对晚辈、晚辈对长辈以及同辈之间都使用母语，在家里、寨子里使用壮语，在乡政府、集贸市场、医院、学校等交际场所本族之间也用壮语。

中越边境的壮族长期使用壮语交流。南松小组种植了大面积的香蕉和甘蔗。农忙时节，与南松隔山相望的越南壮族经常来南松找活干，南松壮人会雇用这些越南壮人帮忙采收香蕉、甘蔗等，包吃住一天30—40元不等，活干完后就回到自己的越南家里。这期间南松壮人与越南壮人用壮语交流，相互都懂对方的壮语②。

---

① 马关县苗学会：《马关苗族》，云南民族出版社2009年版，第109页。
② 戴庆厦、余金枝、李春风等：《民族语文活态保护与双语和谐乡村建设研究——云南马关县都龙镇个案调查研究》，中国社会科学出版社2015年版，第48—55页。

历史上，壮族曾经参照汉字自创过一套古壮字，但只限于壮族宗教人员掌握，使用范围也仅限壮族典籍记录，如《布洛陀摩经》《鸡卜经》，也有一部分壮族民间歌手用于记录壮族民歌。1949年以后，国务院组织专家编创了一套拼音壮文，云南省民委根据这套拼音壮文，编制了云南拼音壮文方案。可惜拼音壮文没有得到推广，认识的人不多[①]。

3. 瑶族语言文字使用状况

马关瑶族有蓝靛瑶（又称山子瑶，因种植蓝靛得名）、大板瑶（又称盘瑶）两个支系。蓝靛瑶使用的语言为汉藏语系苗瑶语族瑶语支勉语。马关县的瑶族虽然人数不多，但都保留了自己的母语。由于人数少，除了说母语用于族内交际，还普遍兼用汉语用于族际交流。由于与苗族和壮族杂居，瑶族的部分群众还会说壮语和苗语。

例如：瑶族聚居的村民小组——都龙镇金竹村箐脚小组。箐脚小组是金竹山村委会所辖16个小组之一，距离都龙政府所在地30千米，距离金竹山村委会4千米。村子被两条小溪包围，下暴雨的时候，山洪暴发，村民被堵在寨子里，不能出寨。箐脚小组共有32户，104人，其中瑶族有97人、汉族7人。通过对该小组85位瑶族人语言使用的调查，发现有84位能熟练使用母语，85位能熟练使用汉语，有15位能熟练使用苗语，10位既能熟练苗语又能熟练使用壮语。箐脚小组的村民之所以兼用苗语和壮语，是因为它所属的金竹村委会，全村有803户人家，3216人，其中苗族人口最多，占54%，壮族占36%。平时与苗族和壮族交往较多慢慢习得了对方的语言。

4. 彝族语言使用状况

彝族仍使用自己的语言，但存在地域上的不平衡性，部分彝族寨子出现了母语转用现象或母语濒危现象。如夹寒箐镇丫口寨的彝族，与苗族杂居生活，只有老人之间会使用彝语，中青少年龄段几乎不使用母语，母语传承出现了明显的代际断裂[②]。不仅杂居寨，彝族聚居寨也会出现母语转用现象。都龙镇辣子寨村委会下辖的辣子上寨、辣子下寨和倮倮坪3个彝族聚居寨，母语为彝语普拉话，但这3个相邻的彝族村寨至少已经有3代

[①] 文山州民族宗教事务委员会编：《文山州世居少数民族日常用语简要读本》，文山州民族宗教事务委员会，2016年，第7页。

[②] 材料来源于马关县夹寒箐镇居民熊应花的访谈。

人不会讲彝语，村寨、家庭以汉语方言为第一语言①。而与辣子寨和倮倮坪相隔不远的娃娃洞和五口洞，也是彝族普拉支系的寨子，但这两个寨子的母语则保留较好。娃娃洞从十多岁的孩子到老年人都能较好地使用彝语普拉话，五口洞的青年人和老年人也都使用普拉话，但孩子的彝语不如娃娃洞②。就整个马关彝族来看，整体转用其他语言的情况并不多见，大部分居住于山区的彝族仍然会说彝语，彝语仍是他们最重要的语言工具和身份认同标记。

5. 傣族语言使用状况

马关县的傣族有3个支系：白傣（水傣）、红傣、黑傣，仍使用自己的语言，但语言内部使用存在地域上的不平衡性，有的村寨出现了母语丢失转用其他语言的现象。居住在都龙镇的白傣（水傣）母语保留程度低，如：哪郎寨为壮傣杂居寨，均已丢失母语而转用壮语③。居住在都龙镇唐子边村的傣族，与壮族杂居，该村的傣族既会傣语，也会壮语。居住于古林箐镇的红傣和木厂、仁和、篾厂、大栗树乡的黑傣则仍使用本民族语言，母语保留程度较高。田坝心小组傣族对母语的使用在20—39这个年龄段开始衰退，在6—19岁这个年龄段断裂。都龙镇坝心小组是一个壮族、傣族、汉族、苗族、瑶族的杂居寨，6岁以上（含6岁）具有语言能力的有374人。其中，壮族258人，傣族83人，汉族27人，苗族4人，瑶族2人。这83位傣族人能熟练使用傣语的只有50人，占该村傣族总人数的60.2%，有接近一半的傣族人将壮语作为第一语言，发生了语言转用。

6. 布依族语言使用状况

布依族主要连片聚居在马关县木厂、仁和、都龙、大栗树、马白等乡镇的30个自然村中，最大的布依族村寨是木厂镇杨茂松村，共172户

---

① 罗骥、余金枝：《民族语文活态保护与双鱼和谐乡村建设研究——云南马关县都龙镇个案调查研究》，中国社会科学出版社2015年版，第5、209页。

② 罗骥、余金枝：《民族语文活态保护与双鱼和谐乡村建设研究——云南马关县都龙镇个案调查研究》，中国社会科学出版社2015年版，第55—65页。

③ 材料来自杨廷友（男，苗族）的访谈，他生长在马关县都龙镇金竹村，对当地情况比较了解。

756人。① 布依族由贵州都匀、平越（今福泉市）迁至文山州后，由于缺少语言环境，以汉语方言为主要交际语言，较少讲布依语，现居住于马关县内的布依族已经不再使用本民族语言而转用汉语方言或是其他杂居民族的语言。

7. 回族、蒙古族和白族语言使用状况

回族、蒙古族和白族在马关县由于长期与汉族交往，已经不使用自己的母语，转用汉语方言。仡佬族语言属汉藏语系苗瑶语族仡佬语支。马关县内仡佬族分布较少，通常与其他民族杂居生活。除麻栗坡县还有较少的老年人掌握少量的母语词汇外，整个文山州的仡佬族都不会使用仡佬语，仡佬族内部一般使用汉语方言，与其他民族杂居的仡佬族，有的也会壮语、苗语、瑶语或彝语。

（三）马关县少数民族语言使用的几种类型

马关县民族众多，又有沿边的地理特征，其语言生活的多样性和丰富性特征体现在语言使用的多种类型和边民交往等多个方面。

1. 语言使用类型：马关县的语言使用分为以下4种类型。

（1）"母语—汉语"型

这一双语模式在马关县苗族、壮族、彝族、瑶族、傣族中分别对应为"苗语—汉语""壮语—汉语""彝语—汉语""勉语方言/金门方言—汉语""傣语—汉语"5种具体类型。语言呈"母语—汉语"型的这几个少数民族中，苗、壮、彝族在马关县的人口数均在2万以上，傣族、瑶族人口低于1万，但也在兼用汉语的同时保留着自己的母语。这5个少数民族虽然都保留着自己的母语，但是各自的保留程度存在差异。总体来看，苗、壮、瑶族的母语保留程度最高，彝、傣母语保留程度稍低，杂居寨和聚居寨的母语活力度不一致。除此，同一语言内部的不同支系间保留程度也各有不同。

（2）"汉语—民语"型

与少数民族杂居的汉族既保留自己的母语，又兼用当地的少数民族语言，从而成为"汉语—民语"的双语群体。例如：都龙镇水洞厂中寨是个苗族、汉族、彝族的杂居寨。全寨共有56户，232人。苗族166人，

---

① 吴延贵：《云南省文山州布依族发展历史及宗教习俗》，中国布依网，https：//www.zgbyz.com.cn/h-nd-356.html? groupId=-1。

汉族54人，彝族12人。该寨6岁以上具有正常语言使用能力的汉族人有50位。能熟练使用苗语的有39人，占调查总人数的78%，略懂苗语的有11人，占调查人数的22%①。全村的汉族没有一位不会苗语。又如：马关县八寨镇河冲村，是一个苗族汉苗支系的聚居村。共有30多户人家，其中有2户人家是汉族。这两户汉族人虽然苗语说得不及苗族人好，但他们都能用苗语交流②。

（3）"壮语—汉语—傣语"型

"壮语—汉语—傣语"型是多语型的一种，主要出现在与壮族杂居的傣族中，这一类型的语言使用者虽然仍然保留和使用母语，但语言习得顺序已经发生改变，在使用者自己及子女中，第一语言已经不再是母语，而转用为壮语。如都龙镇田坝心小组上组是壮傣杂居的自然村，该村傣族家庭中多使用壮语和汉语，部分家庭使用壮语、傣语和汉语③，母语在家庭内部被使用到的情况较少，壮语和汉语替代母语承担其交际和传承功能。同属都龙镇的金竹山村委会的哪郎村呈现出与田坝心相同的语言情况，该村壮族普遍保留自己的母语，傣族则转用壮语和汉语，壮语作为第一语言使用，汉语作为兼用语，而傣语的使用频率则较低，甚至在年轻人中已经出现了代际断裂。马关县傣族中出现以壮语为第一语言的多语型的现象的原因有三：一是傣族多与壮族同寨而居，壮族人口远远多于傣族，在经济交往和文化生活中傣族不可避免地要与壮族接触，接受并使用壮语。二是长期共同生活劳作中，傣族对壮族和壮语的认同度较高。三是傣语和壮语同属汉藏语系壮侗语族壮傣语支，语音语法上有较高相似度，据当地人反映二者较为相像，学起来很容易④。

（4）汉语单语型

汉语单语型按人数分为"全民汉语单语"型和"部分汉语单语"型。"全民汉语单语"型体现在回族、白族、蒙古族、布依族和仡佬族这5个

---

① 罗骥、余金枝：《民族语文活态保护与双鱼和谐乡村建设研究——云南马关县都龙镇个案调查研究》，中国社会科学出版社2015年版，第116页。

② 下河冲的情况由该村村民候昌萍提供。谨致谢忱。

③ 罗骥、余金枝：《民族语文活态保护与双鱼和谐乡村建设研究——云南马关县都龙镇个案调查研究》，中国社会科学出版社2015年版，第211页。

④ 罗骥、余金枝：《民族语文活态保护与双鱼和谐乡村建设研究——云南马关县都龙镇个案调查研究》，中国社会科学出版社2015年版，第212页。

少数民族的语言生活中。回族中除了接受过经堂教育的穆斯林能够说阿拉伯语外,普通民众日常生活中都是使用云南汉语方言,白族在马关县分布较少,且白语本身汉语借词较多,与汉语较为相近,因而该县白族普遍使用汉语方言。蒙古族自明末清初定居于马关县后,与其他民族杂居分布,虽然仍保留自己的部分风俗习惯,但语言文字上通用汉语汉文。布依族最早由贵州都匀迁往马关县时使用的是布依语,至20世纪中期,尚有少数老人能讲,而现在居住在马关的布依族都讲汉语,只是还带着布依语的语音特点①。仡佬族在马关县分布人数少,其语言内部各支系差异较大,通解度较低,转用汉语的历史较长,故汉语方言成为日常生活中最常使用的语言。云南汉语方言在云南地区明显的地域性优势使得这5个少数民族仅靠汉语便能完成与其他民族间的交流。

"部分汉语单语"型出现在都龙镇的彝族村寨中。都龙镇的部分彝族寨子出现了转用汉语的现象。例如:都龙镇辣子寨村委会下的辣子寨上、下小组和倮倮坪这3个彝族聚居寨均出现全民转用汉语②,这部分彝族已经不再使用彝语,成为汉语使用者。

汉语单语型按居住地可分为"城区汉语单语"型和"乡村汉语单语"型。居住在城区及城区周围的部分少数民族群众,由于生活中较少使用到民族语,汉语方言成为日常交际唯一的语言,故而逐渐不再使用母语,至其下一代,母语不再传承,转用汉语。"乡村汉语单语型"现象并不多见,却是每个乡镇都存在的一种语言使用现象。这种现象出现在二三十岁这一青年群体,他们的民族身份是少数民族,但由于家庭内部不使用母语而用汉语方言,而本身也没有学习母语的意愿或意愿不强,母语的传承在他们身上没有得到延续。

(5)"汉语—母语—其他少数民族语"型

这种类型主要出现在彝族、傣族居住的部分村寨中。这一类型中,母语虽然还有保留,但使用对象固定,使用场合较少,汉语替代了母语的最主要的交际功能,成为日常生活的第一用语。如苗族和彝族杂居的夹寒箐镇牛马榔村委会丫口寨,该村彝族村民日常生活中主要使用汉语方言,彝

---

① 文山州民族宗教事务委员会编:《文山州世居少数民族日常用语简要读本》,云南民族出版社2016年版,第7页。

② 罗骥、余金枝:《民族语文活态保护与双鱼和谐乡村建设研究——云南马关县都龙镇个案调查研究》,中国社会科学出版社2015年版,第5页。

族老人之间会使用彝语交流，中年人和年轻人掌握彝语的程度较低，在家庭和村寨中较少使用彝语。由于与苗族长期生活，该寨村民普遍会听会讲苗语，但只有在与苗族交流时才会使用到。

(四) 边境乡镇概况

马关县辖区内由东往西有都龙镇、金厂镇、小坝子镇3个镇与越南接壤，其基本情况分述如下：

1. 都龙镇

都龙镇位于马关县东南部，南与越南河江省箐门县和黄树皮接壤，国境线58.4千米，有两条公路与越南对接。该镇是全国第三大锡都，铟、锡、铜、铅等矿藏储量丰富。矿业为全镇的主要经济增长点。镇政府驻地距马关县城23千米。全镇总面积211.89平方千米，辖1个社区7个村民委员会，153个村民小组。境内居住着汉族、苗族、壮族、瑶族、傣族、彝族等11个民族，总人口33965人，少数民族人口占总人口的70.8%。

该镇的都龙口岸位于茅坪村委会、中越边境线197号界碑老国门处，距茅坪村委会2千米，距越南箐门县城40千米，距都龙镇政府所在地23千米。1954年3月，中越两国政府开通了"中国都龙—越南箐门"口岸，1960年关闭，1963年底复通，1974年再次关闭，1991年复开。2015年，国务院正式批准都龙口岸为国际性常年开放公路客运货运口岸开放。2018年，越南外交部复照中国都龙—越南箐门口岸正式开放。都龙口岸是马关县通往越南的重要通道①。

都龙口岸和都龙镇的赶街日，前来赶集的除都龙境内各少数民族外，还有来自越南的壮、苗、瑶等跨境民族。越南来的壮族、苗族和瑶族，都身穿自己的民族服装，来集市卖果蔬、自织的棉布。他们用各自的民族语言与顾客交流。

2. 金厂镇

金厂镇位于马关县境东南部，东南与越南河江省箐门县和老街省新马街县接壤，国境线长41千米，有大小18条人行便道直通越南。镇政府驻地距县城53千米，距国境线1.5千米，全镇面积69.3平方千米。地势东南高、西北低，罗家坪大山主峰为最高点，海拔2002米，小白河172号界碑为最低点，海拔为220米。峡谷立体气候明显，海拔800米以上为温

---

① http://www.ynmg.gov.cn/info/1424/34064.htm。

凉地带，海拔 800 米以下为热带、亚热带地区，年均气温 18℃。全镇辖 3 个村委会 38 个村民小组，居住着汉、壮、苗等 7 个民族，总人口 9900 人，其中少数民族人口 9391 人，占总人口的 95%，苗族人口 7799 人，占总人口的 79%。2017 年，农民人均纯收入 6613 元，边境贸易进出口总额 16675 万元[①]。

3. 小坝子镇

小坝子镇位于马关县南部边缘，是一个集边疆、民族、贫困、山区和原战区于一体的乡镇。与越南老街省的新马街县和猛康隔河相望，国境线长 38.6 千米。全镇有沿边村小组 14 个，855 户，5536 人，有通往越南的 3 个便道（大梁子、鸣哩和岩龙）和一个通道（黑河渡口）。辖 4 个村委会 73 个村民小组 3599 户 15510 人，境内居住着汉、壮、苗、彝、瑶等 9 个民族，少数民族人口占总人口的 87%。以小坝子、田湾、黑河渡口集贸市场为依托，全镇有专业从事日用百货、农特产品及大牲畜交易等边贸从业人员 580 人，非公经济个体户 167 户，边贸进出口总额 1335 万元，比 2016 年增长 11%[②]。

（五）滇越边境个案：箐脚苗族寨苗语的跨境功能

箐脚村小组隶属文山州马关县金厂镇老寨村委会，是一个青苗聚居村。箐脚村紧邻边境线上的 179 号界碑，与越南河江省箐门县八围树社桃子湾村鸡犬相闻，关系紧密。越南桃子湾村主要由白苗构成，部分村民与箐脚村村民同宗同源，两村语言相通，交往密切。苗语在该村的语言生活中发挥着两项最为重要的功能：一是跨境交流功能；二是非跨境交流功能。这两个语言功能构成箐脚苗族村语言生活最具特色的内容，为我国语言生活景观中跨境语言交往提供可参照的活范本。

1. 金厂镇老寨村委会箐脚村概况

金厂镇下辖的 3 个村委会中，三家寨和中寨主要分布着壮族，其中中寨主要属于壮族的拉基人。老寨村委会苗族是主体民族。老寨村委会所辖的 19 个村小组中，除了新寨村是汉族聚居的村民小组、旧里村小组和下坪子村小组是壮族聚居的村民小组，其余 16 个村小组都由苗族聚居的小组，苗族人口占这 16 个小组总人口的 98.5%。

---

① 材料引自马关县政府网，http://www.ynmg.gov.cn/zjmg/xzgk/j_c_z.htm。
② 材料引自马关县政府网，http://www.ynmg.gov.cn/zjmg/xzgk/xbzz.htm。

箐脚村是这16个苗族小组中的一个，村民为青苗支系，自称"蒙佐"。据村子里的老人讲述，清朝道光年间，苗族先人从贵阳往东迁至云南，一部分落脚在文山城里，一部分分布在西畴县上租地种植。后因为赔付不起租金，部分居住在西畴县的苗族南迁至箐脚村。刚迁来时，整个村子只有12户人家。按当时苗族迁徙到该区域的时间来看，箐脚村大概有100年的历史。箐脚村是老寨村委会中离滇越边境线最近的自然村之一，紧邻越南河江省箐门县八围树社桃子湾村，村寨内有179号中越界碑，村民步行五分钟左右就能到达越南地界，而部分家庭距边境线直线距离不超过50米。箐脚村至少有两条可供车辆通行的道路能去往越南。一条是水泥路，这条水泥路从箐脚村一直通到与越南河江省箐门县八围树社的上天雨村。另一条是摩托车可通行的泥巴小路。

村寨的学龄儿童在天雨小学学习到四年级，五年级及以上要到25千米外的金厂镇就读。由于路途遥远，大部分五年级以上的学生只有周末回家，平时住校。当地重视义务教育和高等教育，对没有完成九年义务教育就辍学的学生，经过劝说无效后，政府会采取取消低保的措施对其家庭进行惩罚。而考上大学的学生除享受国家"雨露计划"提供的优惠政策外，还能获得地方性教育补贴：考上一本奖励1500元，二本奖励1000元，专科奖励500元，重点大学再另外嘉奖。近年来，箐脚村苗族在义务教育阶段内辍学率越来越低，但义务教育完成后大多选择去打工，至2018年，本村在读高中生3人，大专及以上3人，已毕业大学生3人。没有中国户口的越南学生只能接受初级教育，难以继续高中及以上教育。

2. 箐脚村苗族的跨境交流

至2016年7月，该村有85户，310人，其中99.5%是苗族。苗语是箐脚村村民的母语，是村民日常交流的默认语言工具。紧邻箐脚村的越南村寨——桃子湾村，村民也是苗族，属于白苗支系。距离箐脚村稍远的越南村寨——小二藤寨，也是一个苗族聚居寨。这些毗邻的中越苗族边民互通婚姻、走亲访友、互市互助，完成跨境交流的语言工具就是苗语。苗语是两国苗族的通用语，在中越两侧边民的跨境交往承担着跨越国界的交际功能。

至2018年，箐脚村有跨国婚姻9户，均为越南妇女嫁入中国，年龄集中在30—40岁，这是因为女方多来自越南离箐脚村最近的桃子湾村，桃子湾社形成较晚，适婚女子人数不多。箐脚村和桃子湾村居住的边民有很深的血缘关系，一位名叫马 H 仙的越南媳妇讲道："我们家以前就是从中国过去的，现在还有亲戚在中国，我的叔叔、舅舅和表姐妹好多都在箐脚村和天雨村。"马 H 仙嫁来箐脚村已经有十年了，大儿子 9 岁，在天雨村委会上小学三年级，小儿子 8 岁，与大儿子在同一学校上二年级。马 H 仙的妹妹 7 年前也嫁给了同村的苗族，正好是其丈夫的弟弟。我们问是不是她介绍的，她说："她跟他（丈夫）结婚前就认识了，放牛时候认识的。"另一位越南妇女罗 G 花的前夫是越南人，她与前夫育有一儿二女，前夫去世后，她带着小女儿改嫁到中国，现小女儿已经 14 岁，在金厂镇中心小学上六年级。与第二任丈夫养育的小儿子现在正准备上小学一年级。在家庭内部的语言使用上，由于女方只会苗语，苗语就成为家庭交际的唯一用语。马 H 仙的丈夫说："我媳妇的苗语说得比我还好。"

去越南走亲访友对于箐脚村和越南一方的苗族边民来说已是常态。箐脚村大部分苗族村民的亲戚生活在越南。过去交通不方便时，离得远的亲戚朋友逢年过节或红白喜事时才能见上一面；现在交通工具尤其是摩托车提供了交通上的便利，双方交往更加频繁。村民王 K 芬的大伯父、二伯父和四伯父居均住在越南的桃子湾村，距离她家不过百米处便是 179 号界碑，从界碑向越南望去，就可以清晰地看到她几个堂兄的家。她说："他们那边杀个鸡都会喊我们去吃。我们这边有事也会和他们一起商量。"可见国境线分割的是国界，而不是亲情和同胞情。边境县两侧的血亲和姻亲关系，有利于边疆稳定和边民和谐。

边民互市是边境地区独具特色的生活场景。箐脚村附近的官方互市点除金厂镇还有水头镇外，越南边民想要再往北走，就需要办理出境通行证。所以每逢金厂镇的"街子天"，大量的村民就会从四面八方赶到金厂镇镇上，越南边民骑着摩托或开着面包车去镇上赶集。苗族服饰和生活日用品是最热销的商品，越南边民此时也会带家禽来集市上销售。置身于热闹的边境小市集中，苗语、云南方言不绝于耳。

无论是在以上 3 个典型的跨境生活场景，还是诸如婚丧嫁娶等场合中，苗语都具有绝对优势的跨境交流用语。苗语不仅作为中越边民的语言交际工具，更重要的是，在由苗语构成的语言空间中，同一语言使用者的民族认同得到加强、民族身份得到强化，这有利于边境地区的安全与稳定。

3. 箐脚村苗族的非跨境交流

箐脚村村民除了是边境线上的苗族，其身份还是中国公民，除与越南苗族交往，箐脚村村民更多接触到的还是本村村民和周边村寨的其他民族。在村寨中，苗语能够充分满足村民间的交际需求，而一旦离开村寨这一固定空间，箐脚村村民就要在交际中有选择性地使用其他语言。箐脚村苗族兼用语类型按照语种数量可以分为两类：一是双语型，即除了苗语外，仅兼用汉语；二是多语型，即除兼用汉语外，还兼用壮语、瑶语等其他民族语言。

（1）苗汉双语型

箐脚村苗族在使用母语的同时，还能熟练地兼用汉语，并根据不同的交际对象、不同的交际场合熟练地进行苗语和汉语的语码转码。总体来看，汉语掌握能力呈峰型分布：6岁至14岁，汉语能力随着年龄的增加而增强，为峰型的上升段；14岁至40岁汉语能力趋于稳定，此年龄段内汉语水平相当，处于汉语使用能力的高峰段；40岁以上汉语能力随着年龄的增长而减弱，处于峰型的下降段。这一现象与村民受教育程度、与外界交往情况有关。6岁或7岁为适龄儿童入学年龄，在此之前，他们更多地处在家庭和村寨单一的语言空间内，即使在其他公共场合和电视上接触到汉语，也是短时的。入学后，他们融入以汉语为主要用语的语言空间，进入汉语水平的快速提升期。14—40岁的苗族由于外出学习、打工等，更多接触到的是非苗语的语言环境，使用汉语的场合和机会多于村寨里的儿童和老人，这一年龄段使用汉语最多也最为熟练，汉语水平高于其他年龄段。40岁以上者多在家务农者，没有使用汉语的交际需求。

虽然汉语水平存在年龄差异，但箐脚村的村民还是普遍兼用汉语，即使从越南嫁过来的妇女，也能说上几句汉话。其原因主要有两点：一是随着交通设施的完善、网络通信的发达，村民和外界的接触越来越频繁。二是苗族民众对汉语的接受程度高，语言心态开放。不少受访者表示，汉语尤其是汉语普通话很重要，"会说普通话，光荣！"

值得一提的是，在大众媒体领域，汉语的辐射面积和覆盖人群更为广泛。文山州是全国苗语广播的首发地，从1979年6月起，文山人民广播电台开始采用汉族、壮族、苗族、瑶族四种语言进行播音。2011年8月，文山广播电视台专门设立文山广播电视台少数民族广播影视译制中心，专门从事少数民族语言广播电视台节目采编译制播出和少数民族语言电影的译制。译播范围包括中央、省台新闻，采制播出文山本土的民语新闻、法治、文艺节目，进行壮语、苗语、瑶语电影故事片及科教片的译制工作①。边民基本可以收看到苗语播出的电视节目。另外,边境上两国广播电视发射台(站)信号会相互覆盖,双方居民可以都到对方电台,箐脚村边民反映,"我们这边一开电视就能见着那边(指越南)的(电视节目),那边也是可以看到我们这边的"。我们了解到,虽然能够观看到中越的苗语节目,但箐脚村收看苗语节目的人却很少。一是有些时候信号弱,节目转播不畅;二是专门的苗语节目内容不够吸引人,观众更愿意收看最新的电视剧;三是箐脚村居民普遍能够听懂普通话,有多种选择;最重要的是,苗族内部方言区别较大,文山广播电台播放苗语节目使用的苗语与当地人使用的苗语在语音方面有较大区别,部分村民表示"看不懂,听不懂"。因此,即使在村寨这样高度聚合的单一语言空间中,汉语在大众传媒方面的影响远非苗语能及。

(2) 多语型

在箐脚村,部分苗族除了兼用汉语,还能听懂甚至使用壮语、瑶语等语言。金厂镇间杂其他民族,各个少数民族关系融洽。在赶集、外出务工交流时,语言使用者能够学习到其他民族的语言。66岁的宋G武老人是一位掌握苗、壮、瑶、汉4种语言的多语使用者,他1968年初中毕业后,曾在金厂镇、新寨小学和箐脚小学(现已停办)等学校任教。宋G武老人向我们讲述他学会多种语言的经历:从小就会说壮语,还是学生的时候,同班中有壮族同学,"互相说对方的话溜得很"。汉语也是从小就会说,小学老师讲课用云南方言,初中老师讲课用普通话。年轻的时候有朋友是越南的瑶族,越南朋友不会说汉语,宋G武就边学边讲,慢慢就掌握了瑶语。宋G武生任教期间,除使用汉语方言和普通话外,他常常需要辅以民族话和不同民族的学生交流:"不跟他们用民族话说,他们就听不懂。"像宋G武老人这样年轻时就掌握多种语言的老人在箐脚村并不在少数,这是因为在大家汉语水平普遍较弱的年代,互相学习对方母语才能满足族际的交流需要。

随着与外界接触的增多,兼用汉语成为箐脚村村民与境内其他民族交往时最常见的语言现象。汉语成为不同母语使用者之间最便捷的语言工具。

4. 箐脚村苗族语言生活的特点

(1) 境内外语言交流和谐互补。通过对箐脚村语言生活的考察,可以发现多语互补是箐脚村语言生活的最显著特征,甚至构成了该村语言生活的全部。箐脚村语言互补关系主要表现在两个方面，即境内外苗语的互补和苗语与其他语言的互补。相较于箐脚村苗语借用汉语词汇现象，越南桃子湾村的语言使用较为单一，苗语语音和表达上也相对更为纯正地道。箐脚村母语中一些不常用的表达，因为与境外苗语交流而得到了补充。因此，两国边民的频繁交往客观上促进了箐脚村苗语的保留。另一方面，兼用汉语扩宽了箐脚村苗族的交际范围。在苗语不能及或较少涉及的场景中，汉语替代苗语实现交际目的，与苗语形成交叉互补、和谐共生的语言生态空间。

（2）语言兼用出现代际差异，多语兼用只出现在老年群体中。60岁以上人群是多语兼用的主力军。20岁以下的年轻人中几乎没有人兼用其他少数民族语言。20岁以下的年轻人汉语水平普遍较高，这是因为汉语成为不同民族的年轻人的兼用语，不再需要掌握对方民族的母语来完成交际需要。

（许林、余金枝）

第二节　红河哈尼族彝族自治州三个边境县语言使用状况

红河哈尼族彝族自治州地处云南省东南部，北连昆明，东接文山，西邻玉溪，南与越南社会主义共和国接壤，北回归线横贯东西。全州辖4个县级市、6个县和3个少数民族自治县，共13个县市。4个市是：个旧、开远、蒙自、弥勒。6个县是：泸西、建水、石屏、元阳、红河、绿春。3个自治县是：屏边苗族自治县、河口瑶族自治县、金平苗族瑶族傣族自治县。这13个县市中只有河口、金平、绿春3个县与越南接壤，边境线长848千米。有河口和金水河两个国家级口岸。红河州基本特征是多山区、多民族、贫困人口多、边境线长。2012年该州共有456.1万人，其中少数民族人口241万，占总人数的57.5%[1]。红河州有哈尼、彝、苗、瑶、壮、布依、拉祜、布朗、回、汉10个世居民族。这些民族呈大杂居、小聚居的分布格局。除回族外，哈尼、彝、苗、瑶、壮、布依、拉祜、布

---

[1] 红河州政府网站，http://www.hh.gov.cn/。

朗等少数民族均保留自己的母语。

一　河口瑶族自治县语言使用状况

（一）河口瑶族自治县社会人文状况

河口瑶族自治县位于云南省红河州东南部，由于地处红河与南溪河汇口处，故得名"河口"。该县总面积1332平方千米，国境线长193千米（其中河界73千米，陆界120千米）。南部与越南社会主义共和国老街省老街市、谷柳市相邻①，东北与马关县接壤，西面隔红河与金平县相望，北靠屏边县。

1992年国务院批准河口为沿边开放县，河口口岸为国家一类开放口岸，设立边境经济合作区。河口县虽然97%的地区都是山区，但交通非常便利，滇越铁路大桥、南溪河公路大桥、红河公路大桥与越南的谷柳公路大桥、新坡大桥浑然一体，蒙河铁路（泛亚铁路东线）、昆（明）河（口）高速公路、红河航道经这里与越南互联互通，是云南省乃至西南地区通向东南亚、南太平洋最便捷的水陆交通要道，是昆（明）—河（内）—海（防）经济走廊进行跨国交流的中心枢纽，也是我国与越南、东南亚各国进行文化交流的重要门户。全县辖4乡2镇，27个村委会，285个村民小组，4个社区，4个国营农场②。全县总人口10.78万人（2017年），有瑶、汉、壮、苗、彝、傣、布依等7个世居民族。

河口县是云南省唯一一个以瑶族为主体的自治县。瑶族自称为"勉"，意为"瑶人"。主要分布于瑶山乡、老范寨乡、莲花滩乡的高山箐林地带，桥头乡和南溪镇也有一定数量的分布。关于河口瑶族的支系，不同的著述有不同的说法。《河口县志》根据瑶族语言、服饰和民俗的差异，分为红头瑶、蓝靛瑶、白线瑶、沙瑶4种。

（二）河口县语言使用状况

河口县的各民族由于居住习惯和进入时期的先后，形成了"瑶族居山箐，苗族、彝族住高山，壮、傣、布依聚于近水的河谷，汉族住街边"的民族分布聚落。除布依族外，其他5个少数民族都说自己的语言，同族同支系的人交际交流使用母语，不同支系的同族人一般仍以汉语方言为交

---

① 河口瑶族自治县地方志编纂委员编：《河口县志》，生活·读书·新知三联书店1994年版。

② 河口瑶族自治县人民政府门户网站，http：//www.hk.hh.gov.cn。

际语言,其中红傣语言已失传。由于民族众多,语言资源丰富,河口县各民族的语言生活在语言使用类型和使用场合以及双语教育等多个方面具有自己的特点。

1. 语言使用类型

(1)"母语—云南方言"型

这一类型的群体除使用自己的母语外,还兼用云南方言,是具有使用母语和云南方言两种语言能力的社交群体。这一双语模式在河口县呈现为"瑶语—云南方言""壮语—云南方言""苗语—云南方言""彝语—云南方言""傣语—云南方言""粤方言—云南方言"等6种类型。前5种类型在瑶、壮、苗、彝、傣等分布的乡镇均有分布,这说明在这5个少数民族分布的乡镇基本保留了自己的母语,但为了族际交际的需要,这些民族还兼用了云南省地方通用语——云南方言;最后一种类型"粤方言—云南方言"比较特殊,属于双方言型,即母语是粤方言,兼用语是汉语。操这一双方言类型主要分布在河口镇的部分汉族当中。这部分汉族的先民迁自广西和广东两广人的后裔,他们由于经济上的优势和"乡土"观念的影响,仍然保留了自己的母语粤方言,但需要兼用云南方言以满足族际交流的需要。

母语和兼用语的使用在特定的场合受到限制。宗教活动一般会对语言有特别的要求。比如,河口瑶族崇信万物有灵,道教经文是各种祭祀活动的主要依据。念经祭祀用语一律采用"师公语",有别于瑶族日常用语"通用语"。又如,在桥头乡小打拉村苗族"杀敬门猪"的祭祀活动中,严禁使用汉语;而在另一些祭祀活动(如"开财门")中,则必须使用汉语[①]。

(2)"母语—云南方言—粤方言"型和"母语—云南方言—壮语—粤方言"型

这一类型又称多语型,是指某一民族除使用自己的母语外,还兼用两种或两种以上语言或方言,这些语言或方言在他们的语言生活承担不同的交际功能。多语型的形成受到经济生活、族群杂居、人口数量等因素的制约。"母语—云南方言—粤方言"型出现在自称为"布蕊"的壮族人的语

[①] 熊玉有:《云南河口县桥头乡小打拉村苗族语言使用情况调查》,《贵州民族学院学报》(哲学社会科学版)2010年第3期。

言生活中。他们除保留自己的母语壮语外,还兼用云南方言和粤方言。
"母语—云南方言—壮语—粤方言"类型出现在被称为"沙瑶"瑶族人的
语言生活中。他们由于与壮族沙人相邻,除使用母语瑶语外,无论男女均
能兼用壮语(沙语)、云南方言和粤方言。

(3)"汉语"型

此类型包含着性质完全不同的两个次类:第一类是汉族使用汉语;第
二类是少数民族丢失了自己的母语而转用汉语。汉族在河口各地均有分
布,其中汉族聚居村主要集中在河口镇、河口城郊区、桥头乡、南溪镇以
及瑶山乡的马思驿。除两广后裔保留了母语粤方言外,其他汉族均使用云
南方言。随着河口口岸商贸日趋繁荣和普通话教育的普及,其他汉族不仅
使用云南方言,还更多地使用普通话相互交流。第二类是指布依、红傜
和部分彝族丢失了自己的母语转用汉语。例如:桥头乡的小田房寨是一个
彝汉杂居寨,其中的彝族祖孙三代都不会说彝语,全部转用了云南方言。

2. 民族语言的使用状况

(1) 瑶族语言使用状况

瑶语属于汉藏语系苗瑶语族瑶语支,分布在河口的瑶语被划为勉语勉
金方言金门土语①,但实际上河口瑶族不同支系之间语言差异较大,蓝靛
瑶与红头瑶仅少数单词相同,互相不能通话,白线瑶、沙瑶的语言与蓝靛
瑶基本相通。瑶族男性大多通晓汉语,沙瑶由于长期与壮族的"沙人"
为邻,所以沙瑶男女除瑶语、云南方言和粤方言外,还兼通壮语(沙
语)。河口瑶族语言有两种,即"师公语"和"通用语",通用语是生活
用语,师公语则是念经、祭祀或演唱古老的民歌用语,不会念经祭祀的
人,根本听不懂师公语。

瑶族是河口县自治民族,由广西迁来,瑶族聚居村主要分布在瑶山
乡、老范寨乡、莲花滩乡的高山箐林地带,在南溪镇、坝洒农场和桥头乡
也有少量瑶族聚居村。瑶山乡的牛塘和莲花滩乡的嘎拉西是两个瑶、苗杂
居村,南溪镇的马场和马格是两个瑶、汉杂居村。瑶族各支系都保留了自
己的母语,除了保留自己的母语还普遍兼用汉语。

(2) 壮族语言使用状况

河口壮族也是从广西迁来,全县壮族8618人(1990年),壮族聚居

---

① 毛宗武、蒙朝吉、郑宗泽:《瑶族语言简志》,民族出版社1982年版,第11页。

村主要分布在河口镇郊区和桥头乡的部分村寨，以及坝洒、蚂蝗堡、南溪镇马多依上下寨和川东；壮、汉杂居村主要在河口镇城郊，桥头乡和南溪镇也有少量分布；壮傣杂居村只有桥头乡的新寨和甘田寨。壮族语言属汉藏语系壮侗语族壮傣语支。河口的壮族自称"布侬""布蕊"（亦称布雅衣）"布傣"，他称"侬人""沙人""土佬"。该县的壮族使用母语壮语外，大部分还兼用粤语和汉语。侬人、沙人、土佬虽然被划归为壮族，但语言不通，他们在互相交往中只能使用汉语。

（3）苗族语言使用状况

全县苗族人口10410人（1990年），从贵州迁来。苗族聚居村主要分布于桥头乡和莲花滩乡，南溪镇和瑶山乡也有少量分布；苗、汉杂居村则有桥头乡的翻山寨等五个村寨以及南溪镇的下寨和戈哈。该县苗族的语言属于苗语川黔滇方言川黔滇次方言第一土语，大多数苗族都能兼用汉语。

苗族母语保留较好。比如桥头乡的小打拉村，就属于全民母语保留型，但出现了性别差异和代际差异。在性别差异方面，主要表现为男性苗语中的汉语借词相对较多，在打猎、丧葬、祭祀等方面的词汇较为丰富，而女性苗语中关于纺织、服饰等方面的词汇则明显多于男性，在一些亲属称谓方面有男称与女称的区分。在代际差异方面，分别表现在语音、词汇、语法三个方面。语音方面，老人保留着苗语的清化鼻音声母 m̥、n̥、ŋ̥ 和舌面音 ȶ、ȶh、n̠ȶ、n̠ȶh 等，中年人的清化音已经变为 m、n、ŋ̊，舌面音变为舌尖中音 tʂ、tʂh、n̠ʂ、n̠ʂh，而青少年儿童的舌面音开始变为舌尖前音 ts、tsh、nts、ntsh。词汇方面，老人仍保留着一些苗语传统词，中青年人已经不再知道，同时借入了更多科技类的汉语借词。语法方面，老人采用"中心语—修饰语"的语序，而中青年人则受到汉语语序的影响，部分词语已经采用了"修饰语—中心语"的语序[①]。苗语在族内使用十分广泛，遍及家庭、村寨、集市等场合以及婚庆节日、宗教祭祀等活动中，而在医院、政府、学习等公共场合则会使用汉语。

（4）彝族语言使用状况

全县彝族人口2949人（1990年），主要从建水、石屏迁来。彝族聚居村主要分布在桥头乡的大打拉、老卡牛场、蚂蝗坡和莲花滩乡的中岭

---

① 熊玉有：《云南河口县桥头乡小打拉村苗族语言使用情况调查》，《贵州民族学院学报》（哲学社会科学版）2010年第3期。

岗、干龙井。河口彝族自称"母基泼",他称"卜拉""倮罗"。语言属于汉藏语系藏缅语族彝语支,分桥头、老卡、中岭岗3个土语区,互相基本不能通话,一般以汉语为交际语言。聚居村的彝族基本保留母语。杂居村的彝族已经转用云南方言,如桥头乡的小田房是一个彝、汉杂居寨,彝族有17、18户,祖孙三代已经全部转用云南方言。

(5)傣族语言使用状况

全县傣族人口1702人(1990年),主要分布于桥头乡、南溪、坝洒,大多与壮族杂居。现住河口的傣族自称"傣俩""傣浪",他称"红傣""黑傣",属旱傣。这些旱傣从文山州开远大庄摆依寨迁来,而水傣则是从西双版纳迁来。傣语属于汉藏语系壮侗语族壮傣语支,其中红傣语言已经消亡。

(6)布依族语言使用情况

该县布依族共有1724人(1990年),主要聚居于桥头乡的老董上下寨、夹马石、荒田坡和老苏箐,也有与傣、壮、汉族杂居的。河口布依族自称"东苗""仲家",因其来自贵州都匀地区,故又称"都匀"人。他们迁至云南后,由于多与汉、壮、傣民族交往,已不再使用本民族语。

(7)汉族语言使用情况

河口汉族人口28965人(1990年),主要分布于河口镇、桥头街和国营农场。河口汉族的来源有两支。一支是在民国以前大部分为"黑旗军"将士的后裔和流落的滇越铁路路工,他们主要来自两广地区,因此以粤方言为通用语,尤其在河口城区(包括北山、洞坪、槟榔寨沿铁路到南溪),无论是家庭用语,还是集市等公共场合,甚至在小学教学中,使用的都是粤方言。1930年,当时的云南省教育厅多次在学校中推行云南方言教学无果后,采取了一种"双语"教学,即念诵课文时用云南方言,讲解课文内容时用粤方言。当时,当地汉族能兼用云南方言的人并不多。由于两广汉族"乡土"观念重,使得他们在社会交往和市场买卖中,对非广人有所歧视和排斥,而且在集市交易时如果使用粤方言则会得到实惠和便利[①]。另一支汉族是从四川迁来,现居于桥头乡耗子洞、西洋寨、箐口、东瓜林一带。他们使用云南方言进行交际。

---

① 李涛、段家宏主编:《话说红河·河口》,云南人民出版社2009年版,第11—20页。

(三) 河口县边境乡语言使用状况

1. 边境乡镇概况

河口县所辖的 6 个乡镇中，有桥头苗族壮族乡、南溪镇、河口镇、瑶山乡 4 个乡镇与越南接壤。

（1）桥头苗族壮族乡：东南部与越南老街省猛康县接壤，国境线长 81 千米，占全县国境线的 42%，有 35 座界碑，有 26 个村民小组分布在边境线上，有纸厂、老卡两个省级口岸，纸厂口岸与越南猛康县猛康乡连接，老卡口岸与越南猛康县花龙乡相连。该乡辖 8 个村委会 116 个村民小组，共 16988 人，其中农业人口 15969 人，占全乡总人口的 94%；苗、壮、瑶、傣、布依等 13 个少数民族人口 13080 人，占全乡总人口的 77%。有 25 个村民小组分布在国境线上。苗族聚居在下湾子、老街子村多为苗族。壮族聚居在中寨村。布依族聚居在桥头、老汪山村。瑶族聚居在簿竹箐、竹林寨村①。

（2）南溪镇：东南面与越南社会主义共和国毗邻，边境线长 60 千米。全镇总人口 5312 人（2007 年），千人以上的世居民族有苗族、瑶族。辖 4 个村民委员会，39 个村民小组。是苗、瑶、布依、汉等 15 种民族杂居的镇。

（3）河口镇：河口镇是河口瑶族自治县的政治、经济和文化中心，与越南的老街省省会老街市隔河相望，国境线长 56 千米。镇内有国家一类口岸河口口岸。2014 年河口镇已基本实现城镇化。镇内的中越公路通往越南老街，中越铁路大桥将滇越铁路滇越南的南北段连接起来。截至 2008 年年末，全镇共有居民 626 户 1721 人②。

（4）瑶山乡：隔红河与越南相望，国境线长 10 千米。总人口 10797 人，瑶族是该乡的主体民族，有 8644 人，占全乡人口的 80.05%；苗族 1538 人，占全乡人口的 14.24%；汉族仅有 45 人（2003 年）③。

2. 边境乡镇语言使用特点

边境乡镇主要居民是瑶族和苗族。这两民族都保留自己的母语。边境乡镇的瑶族属于优勉支系，苗族属于苗族的"赫蒙"支系。"赫蒙"支系在越南是一个独立的民族，根据其自称称为"赫蒙"族。越南的"赫蒙"

---

① 数据来源于 https：//baike.baidu.com/桥头壮族苗族乡/8468963。
② 数据来源于 https：//baike.baidu.com/河口镇/2861275。
③ 数据来源于 https：//baike.baidu.com/瑶山乡.12635750?fr=aladdin。

族又分为"蒙豆"(白苗)、"蒙抓"(绿苗)等亚支系,这些亚支系又有自己的支系语言。越南苗族的这些支系语言与河口苗族语言是可以通话的。

3. 河口口岸语言使用特点

河口口岸作为国家一级口岸,吸引着越来越多的越南人到河口做边贸生意,由于语言沟通和交流的需要,许多越南家长将孩子送到河口的中小学甚至幼儿园学习汉语;同时,许多河口的中国家长也认识到学习越南语的重要意义,不仅自己参加越南语速成班,也把孩子送到越南老街、河内等地上学。

二 金平苗族瑶族傣族自治县语言使用状况

(一)金平苗族瑶族傣族自治县社会人文状况

金平苗族瑶族傣族自治县位于云南省红河州南部,哀牢山脉的东南端,西接绿春县,北连元阳县并隔着红河与个旧市、蒙自县为邻,东隔红河与河口县相望,南与越南老街省及莱州省接壤,国境线502千米,国境线长度位居全省第二。该县总面积3677平方千米,山区面积占总面积的99.72%。拥有金水河国家级一类口岸和十里村热水塘、马鞍底地西北2个边民互市点[1]。

民国23年(1934),金河、平河2个设治局合并为县,取名为金平县[2]。根据《金平县志》记载,由于金平县矿产资源丰富,尤以产金出名,所以"金平"县名也与产金有关[3]。目前,金平县下辖4镇9乡,93个村委会,4个社区,1150个村民小组及1个农场[4]。全县总人口37.56万人(2018年),有苗、瑶、傣、哈尼、彝、汉、壮、拉祜(苦聪人)、布朗(莽人)等9个世居民族,少数民族人口占全县总人口的87.6%,

---

[1] 红河州金平苗族瑶族傣族自治县人民政府网站_边陲金平_金平县基本县情(2018年5月23日发布)(http://www.jp.hh.gov.cn/bcjp/jpgk/201805/t20180523_265913.html)。

[2] 中华人民共和国国家民族事务委员会网站_民族知识_民族自治地方_民族自治县、旗_云南_金平苗族瑶族傣族自治县(http://www.seac.gov.cn/art/2012/7/30/art_1723_26019.html)。

[3] 金平苗族瑶族傣族自治县地方志编纂委员会编:《金平县志》,生活·读书·新知三联书店1994年版。

[4] 中华人民共和国国家民族事务委员会网站_民族知识_民族自治地方_民族自治县、旗_云南_金平苗族瑶族傣族自治县(http://www.seac.gov.cn/art/2012/7/30/art_1723_26019.html)。

各民族大都跨境而居，不仅是红河州世居民族最多的县，也是云南省跨境民族最多的县①。

金平县是红河州唯一一个由多民族自治的民族县。在三种主体民族中，苗族人口有10.3万人（2016年），居全县9个民族第一位，除了阿得博乡，其余12个乡镇均有分布。金平苗族均自称为"蒙"，内部有6个支系，分别是"蒙棱"（hmongb lens）、"蒙逗"（hmongb dleub）、"蒙多"（hmongb dlob）、"蒙巴"（hmongb buak）、"蒙沙"（hmongb shuat）、"蒙叟"（hmongb soud），相应的他称分别是花苗、白苗、黑苗、青苗、汉苗和大花苗，绝大多数是从川黔滇三省结合部先迁入文山，后又迁入金平的②。金平瑶族中，自称"优勉"（他称"红头瑶"）的数量最多，自称"门"（他称"蓝靛瑶""平头瑶""沙瑶"）的次之，主要是元、明、清时期分别由两广先迁入云南文山，之后又陆续迁入金平的③。金平傣族根据社会文化差异和历史渊源不同分为4个支系，分别是自称"傣端"（一说为"鲁傣鲁南"④）、"傣罗迷"（一说为"傣罗"）、"傣泐"和"布芒"的4个小族群，相应的他称分别是白傣（或水傣）、黑傣（或旱傣）、普耳傣和曼仗傣⑤。

（二）金平县语言使用状况

金平县除了汉族，还有苗、瑶、傣、哈尼、彝、壮、拉祜（苦聪人）、布朗（莽人）等8个世居少数民族。由于历史原因及传统生产方式、生活习俗的差异，金平县各民族的分布呈现出以下特征：苗族大多居住在海拔1000—2000米缺水干旱的岩溶山区，在营盘、铜厂、老勐3个乡镇比较集中；瑶族则大多居于海拔1000—1800米林茂泉清的山区；傣、壮相伴分布在海拔800米以下炎热无霜的河谷地带，在勐拉镇和者米乡最为集中；哈尼、彝、汉交错分布，多居住在海拔1000米左右的半山区；

---

① 中华人民共和国国家民族事务委员会网站_民族知识_民族自治地方_民族自治县、旗_云南_金平苗族瑶族傣族自治县（http://www.seac.gov.cn/art/2012/7/30/art_1723_26019.html）。

② 金平苗族瑶族傣族自治县苗学会：《金平苗族》，中国文史出版社2016年版。

③ 金平苗族瑶族傣族自治县地方志编纂委员会编：《金平县志》，生活·读书·新知三联书店1994年版。

④ 金平苗族瑶族傣族自治县地方志编纂委员会编：《金平县志》，生活·读书·新知三联书店1994年版。

⑤ 刀洁：《布芒语研究》，民族出版社2007年版。

拉祜族（苦聪人）分布于者米、勐拉、金水河3个乡镇靠近国境海拔2000米的高山区；布朗族（莽人）仅分布在海拔1200—1500米的金水河镇的南科、乌丫坪2个村公所的4个自然村①。金平县的8个少数民族都有自己的语言，族内交际都会使用母语，族际交际会使用云南方言作为通用语。在多民族杂居地区，各少数民族除说自己的母语和汉语方言外，有的还会使用其他少数民族语言。由于民族众多，语言资源丰富，金平县各民族的语言生活在语言使用类型和使用场合以及双语教育等多个方面具有自己的特点。

1. 语言使用类型

（1）"母语—汉语"型

又称为双语型，是指该群体除使用自己的母语，还兼用汉语，是具有使用母语和汉语方言两种语言能力的社交群体。这一双语模式在金平县呈现"苗语—汉语""瑶语—汉语""傣语—汉语""哈尼语—汉语""彝语—汉语""拉祜语—汉语""壮语—汉语"等7种类型。这7种类型在苗、瑶、傣、哈尼、彝、拉祜等分布的乡镇均有分布，是金平县分布最广泛的语言类型。这说明在这7个少数民族分布的乡镇基本保留了自己的母语，但为了族际交际的需要，这些民族的群众都兼用了分布通行最广、功能最强的语言——云南汉语方言②。

（2）多语型

多语型，指某一民族兼用两种或两种以上语言，这些语言在他们的语言生活中承担了不同的交际功能。多语型的形成受到经济生活、族群杂居、人口数量等因素的制约。在金平十分普遍。例如，者米拉祜族乡的黑傣中有一些就是多语者，他们除了使用自己的母语黑傣语，还能兼用白傣语、汉语、哈尼语、拉祜语③。布朗族（莽人）通晓莽语、傣语、汉语。曼仗傣40岁以上的人多能使用自己的母语布芒语并兼用白傣语；40岁以下的除了能使用布芒语和白傣语，大多还能兼用汉语。

---

① 金平苗族瑶族傣族自治县地方志编纂委员会编：《金平县志》，生活·读书·新知三联书店1994年版。

② 刀洁、和少英：《守望国境线上的家园——金平傣族的社会文化》，云南大学出版社2007年版。

③ 刀洁、和少英：《守望国境线上的家园——金平傣族的社会文化》，云南大学出版社2007年版。

2. 少数民族语言使用状况

（1）苗族语言使用状况。金平县的苗语与红河全州及文山州等地的苗语同属川黔滇方言中的川黔滇次方言。大部分苗族是"苗—汉"双语人，历史上无苗文。新中国成立后工作队为他们设计过拼音文字，1983年7月在铜厂、营盘2个乡相继试办培训班，随后扩大到勐垃、老勐和金河等镇，深受苗族人民欢迎①。

（2）瑶族语言使用状况。瑶语属汉藏语系苗瑶语族瑶语支。瑶族一般是"瑶—汉"双语人，也有"瑶—汉—苗—哈尼"多语人。瑶语没有文字，它会借用汉字的形义与瑶语语音结合，创造新字，汉字瑶念，如将"我"读作"亚"。在长期的使用过程中，部分字在形义上已经脱离了汉字的书写规范，如"地"写作"上土下也"、"父母"写作"父上父下"。有的完全是新造字，如"姑娘"写作"女车"。他们用汉字抄录"本命书"（家谱）、刻碑文、记录山歌、传说故事、宗教仪式经典等。文字学习仅在男子中进行，以"师传徒受，火塘传习"法世代相传。1984年，以拉丁字母为基础的瑶文在勐桥乡开办扫盲试点班，但未能推广开②。

金平瑶族有5万多，人是优勉支系和金门支系，聚居在勐拉、者米和大寨3个乡，都掌握自己的支系语言。优勉支系之间交流用优勉话，金门支系之间交流用金门话，不同支系之间用汉语。金平瑶族部分掌握哈尼语，部分掌握苗语，大部分人会苗语。

（3）傣族语言使用状况。金平傣族的4个支系都有自己的语言，其中白傣和普洱傣不仅有语言，还有各自的文字。普洱傣的文字与西双版纳的傣泐文相同，而勐拉坝白傣使用的文字称为"傣端文"，与越南北部自称"傣端"的傣族使用的文字相同，被傣文民族语文工作者称为"金平傣文"。黑傣和曼仗傣有语言，但没有文字。这4种语言中，白傣、普洱傣和黑傣的语言较为接近，而曼仗傣所用的布芒语则差异较大，基本不能通话。布芒语使用范围较小，仅限于曼仗上、下2个寨子内部使用，使用人口200余人，大多都是"布芒—白傣—汉"多语者，有的还能再兼用

---

① 金平苗族瑶族傣族自治县地方志编纂委员会编：《金平县志》，生活·读书·新知三联书店1994年版。

② 金平苗族瑶族傣族自治县地方志编纂委员会编：《金平县志》，生活·读书·新知三联书店1994年版。

与之杂居的苗语等①。1983年开始，县民委、教育局在勐拉新勐小学试行双语教学，并在成年人中进行扫盲，但效果不佳而未能推广②。

（4）哈尼族语言使用状况。不同自称的哈尼族因地域关系有语言差异，但相互接触数日即可通话。历史上哈尼族无文字，1957年哈尼语文工作队制定了拉丁字母形式的《哈尼文字方案（草案）》，1958年在县内试验推行未能成功。1983年在大寨、阿得博、营盘等乡试行，目前部分人能使用③。哈尼族都保留自己的母语，大多还兼用当地汉语。

（5）彝族语言使用状况。金平彝语主要分"诺苏""姆基""阿鲁""老乌"4种支系语言。有古老的超方言表意文字，1个字形代表1个意义。由右而左书写。彝文散存民间的文献，内容涉及政治、经济、文学、艺术、伦理、语言、天文、地理、生产技术、历法、医药等④。

（6）拉祜族语言使用状况。金平拉祜族有苦聪、黄拉祜、白拉祜有3个支系，这3个支系分别自称锅挫、拉祜西和拉祜普，共7000多人，白拉祜在国内只生活在金平县者米乡的良竹寨，约700人。3个支系都保留自己的母语，但情况有差异。黄拉祜的母语保留得最好，但由于文化程度普遍偏低，住在偏远山区的50岁以上的黄拉祜群众大部分听不懂普通话，调查有困难。黄拉祜大多会说当地汉语方言，都说哈尼语，在集市上都说哈尼语。

苦聪大寨保留母语较好。住在聚居寨的苦从人母语保留较好，住在杂居寨的年轻苦聪人有的不会说苦聪话，出现了母语衰变，但都会说哈尼语。

白拉祜母语保留得很好。曾有一个上了大学的白苦聪，汉语都还不太好。白拉祜都会说哈尼语⑤。

（7）莽人语言使用状况。莽人属于布朗族，是中越跨境民族。莽人

---

① 刀洁：《布芒语研究》，民族出版社2007年版。
② 金平苗族瑶族傣族自治县地方志编纂委员会编：《金平县志》，生活·读书·新知三联书店1994年版。
③ 金平苗族瑶族傣族自治县地方志编纂委员会编：《金平县志》，生活·读书·新知三联书店1994年版。
④ 金平苗族瑶族傣族自治县地方志编纂委员会编：《金平县志》，生活·读书·新知三联书店1994年版。
⑤ 金平拉祜族的语言使用情况由聊城大学常俊之博士提供。谨致谢忱。

在中国只有近 700 人，主要分布在云南与越南交界的金平县金水镇和南科靠近中越边境的原始森林里。在越南，莽人有 3 千人（2009 年），是独立的民族，分布在与中国、老挝接壤的莱州省勐碟、封土、笙湖和奠边省的勐磊。中国的莽人自称"莽"，意思是"山民"或"聪明"。越南的莽人自称"哈莽"，"哈"是人的意思，"莽"是流浪的意思。莽人世世代代居住在金平县和越南莱州一带，据说越南的莽人是从中国一侧迁去的，后来又有一部分从越南迁回中国一侧。莽人的生产工具简单，近一二十年才学会使用锄头。莽人的历法较为原始，一年有 12 个月，每月的开始是以某种花开、鸟叫、虫鸣为标志。莽人有在嘴唇的周围纹蛇、鸟脚、菜叶状的成人礼习俗①。

莽人的母语是莽语，莽语属南亚语系孟高棉语族。由于人口少，莽人必须兼有周边民族的语言或当地强势语完成族际交流的需要，从母语单语演变为"莽—傣—汉"的多语群体②。

三 绿春县语言使用状况

（一）绿春县社会人文状况

绿春县位于云南省南部，哀牢山南端，红河州西南部。东依元阳、金平两县，北靠红河县，西邻墨江县、西南与江城县接壤，东南与越南奠边省勐念县的毗连，国境线长 153 千米，总面积 3096.86 平方千米。县城距河口边境口岸、金平金水河口岸分别为 312 千米、132 千米。

绿春是中国境内哈尼族居住最集中的地方，绿春县原名"六村"，其含义即为县城周边有 6 个哈尼村寨。1958 年建县时，周恩来总理根据县境内青山绿水、四季如春的特点，亲自将县名确定为"绿春"并沿用至今。现全县辖 6 乡 3 镇，81 个村委会，6 个社区，738 个村民小组，781 个自然村。全县总人口 230879 人（2010 年），有哈尼、彝、瑶、傣、拉祜、汉等 6 个世居民族，少数民族人口占总人口的 98.7%，其中哈尼族人口有 201850 人，占 87.4%，是全国少数民族人口比例最高的县份之一③。

---

① 范宏贵、刘志强：《中越跨境民族研究》，社会科学文献出版社 2015 年版，第 166—169 页。

② 金平苗族瑶族傣族自治县地方志编纂委员会编：《金平县志》，生活·读书·新知三联书店 1994 年版。

③ 戴庆厦主编：《云南绿春县哈尼族语言使用现状及其演变》，商务印书馆 2012 年版。

哈尼族是绿春县主体民族，其源于古代氐羌族。唐代，"昆明"部族中出现了"和蛮"及"和泥"的分支，这是历史上最早的哈尼族称。后因频繁的战乱，哈尼先民被迫离开滇中腹地，南迁进居红河南岸哀牢山。据哈尼族父子连名的谱系记载，至宋代，现绿春县城一代已经有哈尼族居住村落。至 2010 年绿春县全县总人口 230879 人，其中哈尼族人口有 201850 人，占 87.4%，遍布全县 9 个乡镇。哈尼族的自称主要是"哈尼"，由于地域区别，还有多种自称和他称。

（二）绿春县语言使用状况

绿春县有哈尼、彝、瑶、傣、拉祜等 5 个世居少数民族，其中哈尼族、彝族、拉祜族、瑶族 4 个少数民族在绿春边境大量分布。这 5 个少数民族都有自己的语言，本族人间交际交流使用母语。汉语方言是绿春各个民族通用的语言。在多民族杂居之地，各少数民族除说自己的母语和汉语方言外，还使用其他民族语言。由于民族众多，语言资源丰富，绿春县各民族的语言生活在语言使用类型和使用场合以及双语教育等多个方面具有自己的特点。

1. 语言使用类型

（1）"母语—汉语"型

又称为双语型，是指该群体除使用自己的母语外，还兼用汉语，是具有使用母语和汉语方言两种语言能力的社交群体。这一双语模式在绿春县呈现"哈尼语—汉语""彝语—汉语""优勉语/金门—汉语""傣语—汉语""拉祜语—汉语"等 5 种类型。这 5 种类型在哈尼、彝、瑶、傣、拉祜等分布的乡镇均有分布，是绿春县分布最广泛的语言类型。这说明在这 5 个少数民族分布的乡镇基本保留了自己的母语，但为了族际交际的需要，这些民族的群众都兼用了分布通行最广、功能最强的语言——云南汉语方言。

虽然都为双语型，但在母语的使用场合和兼用汉语的人数比例上却存在差异。造成差异的原因主要是地理分布和民族构成。从地理分布上看，同一个民族，居住离城镇较远山区的，兼用汉语的人数比例低于居住在城镇或城镇周边的。如居住在距离绿春县城西边一公里处的大兴镇大寨村小组，虽然是个哈尼族聚居的自然村，但全村 6 岁以上的村民掌握哈尼语的人数比例高达 98.6%，熟练使用汉语的人数比例达 82.5%。该村的语言使用呈现普遍掌握母语和汉语的语言特征①,是较为典型的全民双语型。另一哈尼族村寨广吗村小组②兼用汉语的人数比例则略低于大寨村小组,为79.8%。其中熟练使用的占统计人数的52.5%,"略懂"汉语的占27.3%。据了解,虽同属大兴镇大寨村委会,但与大寨村小组相比,广吗村离绿春县城较远,约有7千米公路里程,直到2002年修建盘山公路前,都是一个相对封闭的哈尼山寨。这种因地理分布而造成兼用汉语人口比例差异的情况也存在于绿春县彝、拉祜、瑶、傣族这4个少数民族中。

从民族构成看,居住在聚居寨的少数民族,兼用汉语的人数比例要低于杂居寨。因为在聚居寨,用本民族语言就能满足交际的需要,若不出寨子,就不需要说汉语。因此在这些寨子里,有些不经常外出的老人,大多不会或不愿意说汉语。若居住于多民族杂居寨,则存在兼用汉语的需要。

(2)"母语—哈尼语—汉语"型

又称多语型,是指某一民族兼用两种或两种以上语言,这些语言在他们的语言生活中承担不同的交际功能。多语型的形成受到经济生活、族群杂居、人口数量等因素的制约。这种类型多出现在彝族、瑶族、拉祜族、傣族与哈尼族杂居的寨子。这些杂居寨的民族,在经济交往和文化生活中不可避免地要与哈尼族接触。而哈尼族在当地人口数量占绝对优势,哈尼语自然而然成为当地的区域强势语,这5个少数民族必然兼用哈尼语。如三猛乡爬别村委会爬别村是一个彝、哈尼杂居的自然村,该村老年人和一部分中年人还会讲彝语,但由于该村及周围村寨以哈尼族居多,故该村彝族除使用彝语外,还兼用哈尼语和汉语,且哈尼语的水平高于汉语。一些民族多且较为集中的村寨,即使是单一民族聚居寨,也会兼用哈尼语。如平河镇大头村委会拉祜寨村,该村周围分布着哈尼寨和瑶寨,但该村拉祜族主要兼用哈尼语和汉语。而周围的瑶寨也在保留本民族语外,还主要使用哈尼语。大头村委会的瑶寨和拉祜族寨仅有个别村民能够互相使用对方的语言。普遍兼用的还是地域强势语——哈尼语。位于三猛乡苏丫村的彝族聚居寨,70多户居民也基本上都会说哈尼语。

(3)"汉语"型

此类型包含着性质完全不同的两个次类:第一类是汉族使用汉语,第

---

① 戴庆厦主编:《云南绿春县哈尼族语言使用现状及其演变》,商务印书馆2012年版。
② 戴庆厦主编:《云南绿春县哈尼族语言使用现状及其演变》,商务印书馆2012年版。

二类是少数民族丢失了自己的母语而转用汉语。汉族在绿春各地均有分布，由于汉语的强势地位和云南汉语方言各地的通解度较高，完全能够通话，因此无论是世居的汉族还是外来汉族人员，都使用汉语。第二类与其说是汉语型，还不如说是母语丢失型或母语不用型。属于母语丢失型和母语不用型的人数虽然不占多数，但居住在绿春县城的少数民族群众，特别是年轻人有部分不会说或不使用自己的母语了。由于来绿春县城人口流动性强，外来人员多的地区，具有与山区村寨不同的经济文化生活。母语的丢失除县城外，也出现在山村。虽然这只是个案，但它毕竟代表了绿春县语言生活的一种类型，或许是一种新的语言生活演变模式。如：大黑山乡的干龙潭村，是一个哈尼族聚居的寨子，99%的居民为哈尼族，寨子里的哈尼人大多都能熟练使用自己的母语，但令人感到意外的是：1997年至2011年出生的青少年，仅有少数人掌握自己的母语哈尼语，大部分人都丢失了自己的母语而转用汉语了，他们的第一语言都是汉语，大部分情况下他们与父母等家庭成员交流也是使用汉语。为什么会在整个村寨母语保留较好的语言使用环境中会出现某一年龄层次的母语传承断裂，导致该年龄段的人群形成母语转用的特殊现象？这与干龙潭村的经济生活模式和这部分青少年家庭有关。干龙潭村曾是嘎处村委会下的一个橡胶厂所在地，由于离乡政府较近，交通便利，居住人口越来越多，因此自建村以来橡胶种植就是该村主要经济来源之一。频繁的橡胶交易使一些村民对汉语的认同度较高，对下一代熟练掌握汉语的意愿较为强烈，因此即使在家庭成员都会母语的情况下，仍会有意创造汉语环境让孩子多使用汉语[①]。

(4)"汉语—哈尼语"型

此类型是指汉族既能使用汉语，又兼用哈尼语。此类型在绿春县并不多见，只出现在汉族与哈尼族杂居的边远山寨中。如绿春县三猛乡爬别村委会加禾村小组。该村民小组最初都是汉族，都只会说汉语。由于该村周围分布的欧普村、阿东村、车龙村、哈生村、西哈东村等5个哈尼族聚居寨，该村的汉族与周边的哈尼族交往密切，再者为了生存繁衍，该寨的汉族与周边的哈尼族通婚，族际婚姻家庭逐渐替代族内婚姻家庭，加禾村逐渐变成汉族与哈尼族的杂居寨。由于家庭是语言习得的第一场所，而家庭

[①] 李云净：《云南绿春县大黑山乡哈尼族语言使用现状调查研究》，硕士学位论文，中央民族大学，2016年。

中女性大多承担后代的语言教育,这种族际婚姻家庭逐渐改变了家庭用语是汉语的单语模式,变成了"汉语—哈尼语"的双语模式。当然,与周边村寨的哈尼族交往也是该寨汉族使用哈尼语的重要因素。

2. 语言使用场合

(1) 家庭、村寨

家庭和村寨语言使用状况主要可分为两种类型:一是使用母语,二是使用母语和兼用语。

以母语为家庭和村寨的交际用语主要出现在哈尼、彝、瑶、傣、拉祜等民族聚居的寨子。不仅这些寨子是单一民族的聚居寨,而且周边也是相同民族的聚居寨,这样就形成某一民族的较大范围的聚居区。在这样一个地理空间中,比较容易形成某一少数民族的特定语言社区,在这一社区内,使用本民族语言就能完成交际。例如平河镇瑶族高度聚居的新寨、东角小寨、平河寨等11个村寨中,瑶语是瑶族同胞在家庭和村寨中使用最为频繁的语言。彝族聚居的牛孔乡土嘎、牛孔、那卡、贵龙等4个彝族聚居寨,彝族民众掌握母语的人数比例达百分之百。彝语是家庭和村寨这一语言社区的最为重要的交际工具。傣族聚居的骑马坝乡骑马坝村委会、拉祜族聚居的半坡乡俚沙村等村小组,情况也是如此。

使用母语和兼用语为家庭和村寨交际用语的主要出现在杂居寨。有的村寨的兼用语是汉语,有的是哈尼语。兼用语的选用主要是受居住地民族人口数量的制约。如三猛乡爬别村委会爬别彝族村,部分上了年纪的村民相互之间说彝语,但是年青一代几乎都兼用哈尼语,其哈尼语水平几乎与周边村寨的哈尼人相当。在爬别彝族村,哈尼语和彝语在家庭和村寨内的使用频率不分上下。当然,也有主观因素影响语言兼用。语言使用者对语言的功能进行评价,然后选用功能强的语言来学习使用。少部分聚居寨的村民认为汉语是先进文化的载体,是他们走向外面世界的桥梁。为了给下一代提供学习汉语的语言环境,他们特意在家庭中使用汉语,如大黑山乡干龙潭村。

(2) 乡镇、集市等公共场合

乡镇和集市是公共交际场所,汇集着汉、哈尼、彝、瑶、傣、拉祜等不同的民族。由于多民族汇聚,这乡镇、集市便形成了汉语和民族语言构成的多语场。多语场中的语言选用虽然具有任意性,但我们发现这些语言的选用却出现了较为有序的层级。一般规律是首选哈尼语,其次是当地汉语方言，最后才是其他少数民族语言。即使在绿春县城这样人流量大、多民族聚集的地区，哈尼语也是集市上使用人数最多、使用频率最频繁的语言。除哈尼族外，其他少数民族与非本民族交流时，会选用汉语方言交际。与本民族同胞交流时，则使用自己的母语。

在村委会、乡政府、医院等公共场合，语言的选用主要是受到交际者民族身份的制约。一般的规律是族内选用母语，族际之间选用哈尼语或汉语方言。

(3) 学校

绿春县是云南省较早推行双语教学的少数民族地区。截至2016年，绿春县已有166所中学推行"汉语+少数民族语"双语教学模式。其中，大寨民族小学和纳卡小学被列为云南省"双语双文"教学试点单位。这两所学校根据自身所处的地理条件和生源情况，分别开展"汉语+哈尼语"和"汉语+彝语"双语教学模式：大寨民族小学位于大兴镇，哈尼族是该镇的主体民族，当地哈尼人都会自己的母语，具有进行双语教育的语言条件；另一个重要的因素是大兴镇为哈尼语标准语音点所在地，"汉语+哈尼语"双语模式符合学生的双语学习需求。"汉语+彝语"模式在纳卡小学推行。该小学位于彝族高度聚居的牛孔乡，当地的彝族孩子在上学之前主要是母语交际，"汉语+彝语"双语模式适合用于彝族孩子的启蒙教育。

除使用双语教学来帮助少数民族学生学习语言，绿春县还用汉字、哈尼文字编写了《绿春县民族民间美术》《绿春县民族舞蹈与音乐》2套乡土艺术教材，用于对哈尼族学术传授哈尼语和哈尼族民间艺术。

课堂上师生交流一般使用普通话，双语课堂上鼓励学生使用哈尼语或者彝语，并以演讲、演唱、手抄报等多种活动带动学生双语学习的热情。课下同一民族的学生之间用母语交流，其他民族的同学与哈尼族同学交流时，也会选用哈尼语。拉祜族、彝族、瑶族、傣族等在该县人数较少的民族学校，由于彼此不懂对方的母语，则选用普通话或汉语方言交流。一些学校为营造多民族氛围，鼓励学生穿民族服装，写民族文字，在校园醒目处悬挂或粘贴用汉语、哈尼语、彝语3种文字书写的图文并茂的名言警句牌和标语等。校园广播平台也用双语播音。通过这些措施使双语环境视听化，创造浓厚的双语学习氛围。绿春县不仅重视双语教育环境，对双语教师也十分看重，每年定期举行双语教师培训工作，仅2015年绿春县就开展了双语教学技能培训3次,培训双语教师216人[①]。

(4) 电视、网络

至2015年,绿春县200多个自然村已完成农村有线广播"村村响"工程施舍建设,特别是边境乡镇半坡乡和平河镇广播覆盖率已达90%以上。农村有线广播每天早、中、晚3个时段定时播放州县新闻,在不定时段用汉语和哈尼语双语播放农村交通安全政策宣传。在不同民族相对集中的村寨,分别采用群众易懂的哈尼、彝、瑶、傣等民族语言对自然灾害、社会突发事件以及乡村重要信息进行及时播报[②]。2009年,绿春电视台创办民语新闻节目,采用普通话和哈尼语译制两种方式播报新闻。所有民语栏目都由绿春广播电视台自主编播,民语新闻每周二、周四、周六首播,次日重播,其他栏目每月一期。根据农村群众的劳作时间安排的播出时间为每天18:00。其他民语栏目如《跟我学说哈尼语》、哈尼语经典影视作品等也广受群众好评。[③]

除了利用传统电视媒体传递州县各类信息,绿春文化体育和广播电视局还利用手机网络,推出官方微信公众号"绿春文体广电",此微信公众好每天发布汉语和哈尼语的绿春新闻,内容涉及绿春县政府工作、文化体育、广播影视及旅游、梯田管理等新闻动态,同时还介绍哈尼族文化历史,推出哈尼语、哈尼文教学栏目。

3. 民族语言的使用状况

(1) 哈尼族语言使用状况

哈尼语属于汉藏语系藏缅语族彝语支,分哈雅方言、碧卡方言和豪白方言3个方言,3个方言下又分次方言和若干土语。按照绿春县哈尼族各支系的自称,绿春县哈尼族有哈尼、碧约、卡多、西摩洛、白宏、哈欧、期弟(阿松)、果作等8个支系。自称"哈尼""哈欧""果作""期弟(阿松)"的四个支系使用的语言属于哈尼语哈雅方言下的哈尼次方言,除"哈尼"支系在绿春全县有分布,自称"哈欧"的主要分布在大兴的岔弄、老边、马宗及三猛乡的桐珠、哈德等地;自称"期弟""阿

[①] 石荣:《绿春:双语教学助推民族教育发展》,《云南教育(视界时政版)》2016年第2期。

[②] 李恒九、李翠:《绿春县农村有线广播"村村响"工程建设探讨》,《科技播》2015年第7卷第5期。

[③] 绿春县哈尼语栏目开播8年惠民惠农,http://www.ynmzsb.cn/hp-nry.aspx?id=8695。

松"的主要散居于牛孔、大水沟、大黑山3个乡；自称"果作"的主要分布在平河乡的车里、新寨、东哈、则东等地。"碧约""卡多""西摩洛（也叫峨怒）"支系使用的语言是哈尼语碧卡方言，这3个支系主要分布在牛孔、大黑山、半坡、骑马坝等4个区。白宏支系使用哈尼语豪白方言，主要居住于大水沟乡。

哈尼族各支系都较好地保留了自己的母语，从绿春全县范围来看，基本每个聚居村寨哈尼语的使用率都可达到95%。从哈尼语的功能看，并未出现衰退的迹象。虽然老一代人感觉到年轻一辈所说的哈尼语汉语借词较多，一些哈尼语的固有词年轻人不会说了，但他们并不担心哈尼语的传承前景。因为，除在县城，其他村寨中的青少年基本都能使用哈尼语交流，难以看到哈尼语濒危的迹象。

哈尼语在族内使用十分广泛，遍及家庭、村寨、集市等场合和婚庆节日、宗教仪式等活动。此外，哈尼语不仅是哈尼族的族内交际用语，还被彝、瑶、拉祜、傣、汉等其他民族兼用，哈尼语成为绿春县的强势语言。

哈尼族在医院、政府、学习等公共场合会使用汉语。从整体上看，越靠近县城城区的哈尼族，兼用汉语的程度越高，分布于乡镇偏远山区的哈尼族村寨中，一半以上的哈尼族村民会用简单的汉语交流。长远来看，在交通、广播传媒和九年义务教育的普及下，兼用汉语的人数会越来越多，程度也会不断加深。

（2）彝族语言使用状况

绿春县彝族有10851人（2010年），主要分布在大兴镇、骑马坝乡、大水沟乡、三猛乡和牛孔乡。牛孔乡彝族聚居程度最高，人数最多。牛孔乡彝族自称"尼苏"，所说彝语属彝语南部方言元金次方言下的绿春牛孔尼苏土语。彝族的母语使用情况大致可分为聚居型、杂居型两类。

大兴镇、骑马坝乡、牛孔乡、三猛乡、大水沟乡的彝族村寨主要为聚居型，彝语保留得较好，呈现全民稳定使用母语的语言现象。杂居型彝族村寨在以上五个乡镇均有分布。杂居寨彝语也保留，但与聚居村落的彝族相比，散居分布的彝族母语掌握和使用程度较低，甚至在年青一代中已经有母语转用的现象：哈尼语替代彝语成为一种趋势，哈尼语已成为彝族年轻一辈的第一语言。如三猛乡爬别村委会爬别村，该村彝族与哈尼族同住一寨，仅有一些老年人还是使用彝语，中青年普遍使用哈尼语，而在饮食、服饰等方面该村彝族也和哈尼族趋于一致，不同的是哈尼族过"十月年"，相当于汉族的春节。爬别村彝族过汉族春节，因此在当地会出现一半人过春节一半人过"十月年"的节庆现象。

绿春县彝族主要兼用汉语方言或是哈尼语，或是两种语言都使用，如彝族聚居的大水沟乡中寨，该村彝族使用本民族语外，大部分人还能同时使用汉语方言和哈尼语。部分彝族还能够使用瑶、拉祜或是傣语这3种语言中的一种。但这种现象并不具有代表性，不能代表彝族兼用语言情况的整体。就整个绿春县彝族来看，几乎不存在整村掌握3种少数民族语言的现象。多语现象仅出现在个别彝族村民中，他们的生平经历、社会关系等个人因素是他们掌握多民族语的重要原因。

（3）瑶族语言使用状况

该县的瑶族有9696人（2010年），主要分布在平河镇、牛孔镇、骑马坝乡和大兴镇。平河镇有瑶族村寨11个，共627户3197人，占全县瑶族人口的46.8%，是全县瑶族人口最多的一个镇[①]。大兴镇有2个瑶寨：马宗村委会十二脚村和龙丁村委会龙丁瑶；牛孔镇瑶族主要居住在者俄村委会者瑶村。分布在平河镇、骑马坝乡和大兴镇的瑶族瑶语为勉方言下的广滇土语；分布在牛孔乡的瑶族瑶语为金门方言下的滇桂土语。

绿春县的瑶族基本是聚居，因此即使周围是其他少数民族村寨，瑶族母语的保留程度也很高。平河镇是绿春县瑶族最为聚集的地区，各个瑶寨瑶语保留完好，母语活力度高，母语使用和传承在平河镇瑶族村寨中呈现全民性。其他乡镇的瑶族村寨如牛孔镇者瑶村、大兴镇马总村委会十二脚村等，瑶族也基本都会说自己的母语。在语言兼用方面，瑶族主要兼用哈尼语和汉语，仅有少数人还能兼用彝语或拉祜语。

（4）傣族语言使用状况

绿春县的傣族主要分布在骑马坝乡。绿春县傣族母语是傣语红金方言。骑马坝乡总人口共有12815人，傣族人口在该乡排位第二，为1543人[②]，其中又以骑马坝村傣族最多。骑马坝村是一个多民族杂居的村寨，

[①] 云南红河绿春县平河乡地名网，http：//www.tcmap.com.cn/yunnan/lvchunxian_pinghexiang.html。

[②] 云南红河绿春县半坡乡地名网，http：//www.tcmap.com.cn/yunnan/lvchunxian_banpoxiang.html。

傣族和哈尼族人数相当，有 1500 人左右，其他民族人口有 314 人①。虽然是多民族杂居，但该村傣族母语保留较好，在家庭内部基本使用傣语，同村的傣族基本也是使用傣语交流，除使用自己的母语外，傣族还兼用哈尼语和汉语，且兼用哈尼语和汉语的程度较高。

(5) 拉祜族语言使用状况

绿春县的拉祜族有 3232 人，除三猛乡、大兴镇和大水沟乡外全县 6 个乡镇均有分布，他们所说的拉祜语属于拉祜西方言。拉祜族在绿春县主要是成寨聚居。聚居地的拉祜族母语保留程度较高，村寨和家庭中使用较为频繁，母语的传承情况也较好，没有出现母语转用现象。

绿春拉祜族主要兼用哈尼语和汉语中的一种或是两种都使用，兼用哈尼语的人数比兼用汉语的人数多。

(三) 绿春县边境乡镇语言使用的特点

虽然有哈尼、彝、瑶、拉祜、傣等 5 个跨境少数民族，但绿春境内滇越边境线上成片相邻而居的民族只有哈尼、瑶、拉祜这 3 个民族。由于有一定的距离，彝、傣族与越南的同一民族并不相邻，即使相互间有往来也仅是个别现象，故而本节仅介绍哈尼、瑶、拉祜 3 个民族的跨境语言交往情况。

1. 边境乡镇的语言使用特点

绿春县的平河镇和半坡乡位于滇越边境线上。平河镇与越南莱州省勐碟县的都龙乡和阿龙相连。平和镇的哈尼族、瑶族和拉祜族等与越南边境线内同一民族成片分布，他们同根同源，在生活上互帮互助，互通有无，还互相通婚，双方交往密切。半坡乡和越南勐谍县相邻，哈尼族和拉祜族在滇越边境线的两侧虽然是跨国界线而居，但相连成片。边境线两侧的民族都保留自己的母语，母语成为同一民族跨境交流的语言工具。

边境线两侧的哈尼族在越南的族称与中国一致，居住环境也相同，喜居山腰，擅长山地种植和开垦梯田。2006 年数据显示，越南哈尼族有 12500 人②，分布于莱州省孟德县和老街省的巴刹县，莱州省的封土县、清河县也有少量分布。越南哈尼族主要有糯美、哈尼、果作 3 个支系。糯

---

① 百度百科骑马坝，https: //baike.baidu.com/item/%E9%AA%91%E9%A9%AC%E5%9D%9D%E6%9D%91/9767757。

② 周建新：《中越中老跨国民族及民族关系》，民族出版社 2006 年版，第 74 页。

美支系主要居住在封土县和巴刹县雨底一带；哈尼支系主要居住在清河、勐谍二县；果作支系主要居住在勐碟县。绿春县哈尼族与边境线一侧的越南哈尼族同根同源，双方说的都是哈尼语哈雅方言下的哈尼次方言，语音、词汇上差别较小，并且由于越南一方的哈尼族较少与其他语言接触而保留更多的哈尼本语词或本语的语序，而这些本语词和本语的语序在绿春已经趋于消亡。平河镇和半坡乡哈尼语中的汉语借词有的在越南哈尼语中并不存在。

除哈尼族外，边境线两侧还分布着瑶族和拉祜族。平河镇有11个瑶寨和1个拉祜寨，半坡乡拉祜族在二甫村委会居住得较为集中，其下辖的倮沙村是绿春县内拉祜族最为集中的村寨。平河镇瑶族基本是聚居，普遍使用瑶语。在和周边哈尼族长期的交往中部分瑶族人能够使用哈尼语，包括越南一侧的瑶族也能够用简单的哈尼语与哈尼族交流。边境线上的拉祜族与越南拉祜族长期频繁往来，村寨内拉祜语保留程度较高，使用较为频繁。边境线上中国一方的拉祜族兼用汉语和哈尼语，越南的拉祜族不仅用拉祜语与绿春的拉祜族用母语交流，还能用哈尼语与绿春的哈尼族交流。

由于边境两侧的哈尼族、瑶族和拉祜族相邻而居，彼此认同，因此，出现较多的边境跨国婚姻。通常是同一民族族内通婚，也有少数族际通婚。在这两个乡镇的跨境婚姻家庭里，使用最多的语言是哈尼语、优勉语、拉祜语，只要掌握这些民族语言就能在这两个边境乡镇正常交流。

与非边境乡镇的语言使用相比，边境乡镇的少数民族语言功能更多地承担了与越南同一民族或周边民族的沟通功能。这一跨境沟通功能增加这些少数民族的使用范围和使用功能，促进了边境民族的团结和边境语言文化的交流。

2. 边民互市点的语言使用特点

绿春县与越南交界的边境线上有平河镇集贸市场、平河镇坪口水塘集贸市场、半坡乡二普集贸市场3个边民互市点，2条官方性边民通道和多条边民双方习惯性往来出入通道。平河镇集贸市场每到赶集日，边境线两边汉、哈尼、拉祜、瑶各族乡民都会到平河镇赶集。买卖间隙，乡民们见到同族亲戚朋友便用母语相互问候，与其他民族的同胞交谈时，或是用汉语方言，或是用大家都会说的其他少数民族语言。

（四）绿春县语言使用的特点

绿春县语言使用的 3 个特点：

1. 少数民族语言保留较好。母语仍然是族内交际的默认语言，用于家庭、村寨、集市、医院、宗教活动等族内交际的任何场所。

2. 哈尼语是该县的强势语言。其强势性表现为瑶、拉祜、傣等少数民族兼用哈尼语的人数多于兼用汉语的人数。原因是绿春县哈尼族人口占绝对优势，且居住范围广，哈尼语使用的场合和机会较多，哈尼语能够充当跨族群的公共语言工具。

3. 哈尼语、优勉语、拉祜语具有跨境交流的功能。哈尼族、瑶族的优勉支系、拉祜族均分布在中越边境县的两侧，由于地缘相邻、语言相通、习俗相同，彼此间互为认同、互婚互市，母语自然成为边境交流的语言工具。由于具有跨境交流的功能，这些语言的使用功能和使用层次得以提高。

（余金枝、许林、韩蔚）

第三节　普洱市社会人文及其与越南接壤地区语言使用状况

一　普洱市社会人文概况

普洱市别称思茅，是云南省西南部的地级市。东临红河、玉溪，南接西双版纳，西北连临沧，北靠大理、楚雄。东南与越南、老挝接壤，西南与缅甸毗邻，国境线长约 486 千米（与缅甸接壤 303 千米，老挝 116 千米，越南 67 千米）。普洱市辖 1 区 9 县，2012 年全市人口 258 万人，总面积 45385 平方千米。2007 年 1 月 21 日，思茅市更名普洱市。普洱市曾是"茶马古道"上的重要的驿站，是著名的普洱茶的重要产地之一，也是中国最大的产茶区之一。普洱市下辖 1 区 9 县，分布着汉、哈尼、彝、拉祜、佤、傣等 14 个世居民族，少数民族人口占 61%。普洱市下辖 9 县都是少数民族自治县，其中江城哈尼族彝族自治县离老挝、越南两国最近。

二 江城县与越南接壤地区语言使用状况[①]

普洱市所辖的9个县,与越南接壤的只有江城哈尼族彝族自治县。该县位于普洱市东南部,因李仙江、曼老江、勐野江三江环绕故名江城。江城县与老挝的丰沙里省,越南的奠边省、莱州省边境区域山水相连,民族同源。国境线长183千米,是云南省唯一与两个国家接壤的县,具有独特的"一县连三国""一县接三州市"的地缘优势。总面积3460.6平方千米,总人口12.4万人,居住着哈尼、彝、傣、瑶、拉祜等24种少数民族,少数民族占总人口的81.3%。全县辖7个乡镇,其中曲水乡是中国、老挝、越南三国的交会点,中老越共同修筑的零号界桩位于曲水乡境内海拔最高的十层大山上。

曲水镇位于江城县东部,距县城65千米,距普洱市212千米。东与越南接壤,南与老挝毗邻,西与本县勐烈镇、国庆乡、嘉禾乡相连,北与绿春县隔江相望,位于三国交界处。国境线长达74千米,其中:中老段7千米,中越段67千米,东西最大横距27.3千米,南北最大纵距19.5千米,全镇总面积588.3093平方千米。

曲水镇辖绿满、坝伞、拉珠、田心、龙塘、高山、怒那7个村民委员会,59个村民小组。主要有汉族、哈尼族、彝族、傣族、拉祜族5个民族,这五个民族在边境线的越南一侧也有分布。全镇总人口10343人,少数民族人口9154人,占全镇总人口的88.5%,其中哈尼族人口7201人,占69.6%。镇内基础教育设有1所中心校,1所中学。中心校下设5所完小,3个校点[②]。

曲水镇内的哈尼族、彝族、傣族、拉祜族都保留自己的语言,并兼用汉语。母语用于境内外族内交际,汉语用于族际交际。

(许林)

[①] 由于江城县只有1个镇与越南接壤,有4个镇与老挝接壤,故江城县的社会人文和语言使用详见"滇老边境"一章。

[②] 百度百科, https://baike.baidu.com/item/%E6%9B%B2%E6%B0%B4%E4%B9%A1/8107? fr=aladdin。

第七章　中老边境地区语言使用状况

老挝与中国交界的省份只有云南省，因此中老边境其实就是滇老边境。云南南与老挝接壤，边境线793.8千米。由西到东接壤的县分别是勐腊县和江城哈尼族彝族自治县两个县。这两个县与老挝的南塔、丰沙里和乌多姆赛三省接壤。有3条柏油公路从勐腊将滇老边境地区连接成片。勐腊县和江城县主要分布着傣语、彝语、哈尼语、瑶语、苗语、拉祜语、克木语、卡米语等8种少数民族语言。这些语言不仅是边境县城各民族的族内语言交际工具，也是中老跨境民族的语言交际工具，傣语还是少数民族之间的族际语言交际。中老边境少数民族语言使用的基本特点是：分布在聚居寨的少数民族基本上保留了自己的母语，兼用汉语；分布在杂居寨的少数民族有的出现母语转用或母语濒危的状况。

第一节　勐腊县语言使用状况

本节将对勐腊县社会人文概况、语言使用的几种类型、各民族语言使用状况、语言使用场合分析、语言教育和媒体传播、勐腊县与老挝接壤乡镇的语言使用状况进行依序概述。

一　勐腊县社会人文概况

勐腊是傣语的音译，意为产茶之地。勐腊县是云南省最南端的一个边境县，隶属于云南省西双版纳傣族自治州，位于北纬21°08′—22°25′，东经101°06′—101°50′，总面积7056平方千米。该县的东部和南部与老挝北部的南塔、勐赛、丰沙里3省接壤，中老边境线677.8千米。西边与缅甸隔澜沧江相望，西北与景洪市相接，北面与普洱市江城县毗邻。滇老边境的寨子或山水相连，或村寨相望。万象公路、昆曼公路和曼庄通道直通老挝3省的省会。万象公路是云南第一条通往东南亚国家首都的公路，从昆明直达老挝的首都万象。昆曼公路从昆明直达泰国的曼谷，途经老挝北部的南塔和波桥两省。曼庄通道途经勐腊县尚勇镇曼庄村委会、曼庄村和南欠村小组，出境与老挝的丰沙里省相连。另外，玉磨铁路已于2016年4月开工，预计2021年通车，该铁路从玉溪起始到中国的老挝边境磨憨，也是一条通向老挝的国际大通道的连接线。此外还有国家级陆路口岸磨憨口岸与老挝的磨丁口岸对接以及澜沧江—湄公河入境第一站关累码头。分布在易武、勐伴、勐润、勐满、关累、尚勇等乡镇分别连接老挝的小河边、曼宽、孟莫、班海、班寨等地的地方通道和山间大小通道数十条，这些大小通道和口岸将勐腊与老挝连接成片，促进滇老边境民族的经济文化交流。而且边民结亲访友，互市互济，往来不断，具有悠久的历史[①]。

全县辖勐腊、勐捧、勐仑、关累、勐满、勐伴、尚勇、易武8个镇，瑶区和象明2个乡，勐腊、勐捧、勐满和勐醒4个农场管委会[②]。全县共有7个居委会、52个村民委员会、529个村民小组[③]。

二 语言使用的几种类型

勐腊县共有常住人口29.19万人，汉族人口数为10.65万人，占总人口的36.49%。除汉族外，还居住着傣、哈尼、彝、瑶、壮、苗、回、拉祜、佤、布朗、基诺等26个少数民族，少数民族人口18.54万人，占总人口数的63.51%[④]。其中傣族6.37万人，占总人口数的21.82%。哈尼族6.25万人，占总人口数的21.41%。彝族2.48万人，占总人口数的8.50%；瑶族1.91万人，占总人口数的6.54%[⑤]。除上述民族，还有自称为"克木"和"排角"的族群。克木人在勐腊仅有一千多人，归为布朗

---

① 林文勋：《滇西边境县研究丛书——勐腊县》，云南大学出版社2015年版，第4—9页。
② 勐腊年鉴编纂委员会：《勐腊年鉴》，2014年，第35页。
③ 《勐腊县概况》，西双版纳傣族自治州政府，2017年，http://www.xsbn.gov.cn/88.news.detail.dhtml? news_id=41472。
④ 《勐腊县概况》，西双版纳傣族自治州政府，2017年，http://www.xsbn.gov.cn/88.news.detail.dhtml? news_id=41472。
⑤ 《勐腊县概况》，西双版纳傣族自治州政府，2017年，http://www.xsbn.gov.cn/88.news.detail.dhtml? news_id=41472。

族，但在老挝有近50万，是独立的民族。"排角"人属哈尼族的一个支系。

勐腊县大多是单一民族构成村落，也有的是不同的少数民族构成的村落或少数民族与汉族杂居，各少数民族均保留了自己的母语。自国家推行九年义务教育以来，勐腊县各民族的孩子入学率达100%，小升初的比例也在90%以上，并且电视、网络、媒体的用语多为汉语普通话，在课堂上讨论问题、在与外地人交往，使用汉语普通话或方言。而一些除傣族以外的少数民族或族群聚居的村寨周围都是傣族村寨，由于长期与傣族交往，这些村寨中的部分少数民族受到傣语的影响，他们也兼用傣语，由此，勐腊县形成了其独特的语言使用状况类型。总体来说，勐腊县的语言使用状况分为"母语—汉语"型、"母语—傣语—汉语"型、"汉语单语"型、"母语转用"型4种类型。

（一）"母语—汉语"型

勐腊县绝大部分村寨语言使用类型属于这一类型。这一类型中的母语指多种民族语言，由此，此类型包括"傣语—汉语""哈尼语—汉语""苗语—汉语""彝语—汉语""蓝靛瑶语—汉语""拉祜语—汉语""基诺语—汉语"等。"傣语—汉语"型主要分布在傣族集中分布的地区，如勐腊镇、勐捧镇等所辖的傣族聚居村落。"哈尼语—汉语"型主要分布在勐腊镇的补蚌村、勐满镇的大广、勐伴镇的回落村等哈尼族集中分布的村落。"苗语—汉语"型分布在磨憨镇的磨龙村。"彝语—汉语"主要分布在以彝语为主体民族的易武镇。"瑶语蓝靛话—汉语"型主要分布在瑶区乡。

（二）"母语—傣语—汉语"型

"母语—民族语—汉语"型是指少数民族既保留自己的母语，还兼用其他的少数民族语言和汉语。兼用的少数民族语言一般是当地使用人数较多的区域强势语。该类型在勐腊县主要呈现"瑶语—傣语—汉语""苗语—傣语—汉语""基诺语—傣语—汉语""克木语—傣语—汉语""卡米语—傣语—汉语"等。这些类型的共性是都兼用傣语。由于傣族在勐腊县有6.37万人，占总人口数的21.82%，且傣族是该县的世居民族，历史悠久，具有很深的文化底蕴，因此傣语在勐腊县属于区域强势语，成为其他少数民族的兼用语。其他少数民族聚居的村寨周围多是傣族聚居村寨，长期与傣族交往，他们除使用自己的母语以外，也掌握傣语，因而语言使用类型出现了"母语—民族语—汉语"型。不过此种类型大多发生在年长的母语人。年轻人由于受教育及工作的需要，接触汉语的频率要比长期生活在农村的老一辈人多，他们很少有机会接触傣语，因而，绝大部分除傣族以外的年轻母语人他们的语言使用类型不属于此类。

"瑶语—傣语—汉语"型主要分布在勐伴、曼腊、易武、关累等以傣族为主而又分布有少数瑶族的村落中，且是年长的部分瑶族属于此类型。这些老一辈瑶族或聚族而居或散居于傣族村寨，聚族而居的瑶族以及散居于傣族寨子的瑶族长期都与周围的傣族交往密切，年长的瑶族因而不仅使用母语、兼用汉语，也兼用作为区域强势语的傣语。

"苗语—傣语—汉语"型分布在像勐腊镇曼纳伞村这样以傣族为主又仅有少数苗族居住的村落，且一般是老一辈苗族属于此类型。苗族长期与傣族密切交往，受区域强势语傣语的影响，老一辈母语人形成了"苗语—傣语—汉语"的语言使用形式。

"基诺语—傣语—汉语"型，基诺族人口较少，而其居住的周边又都是傣族，在日常生活和生产过程中与傣族交往密切，会说傣语，因而形成了"基诺语—傣语—汉语"的语言使用状况。

"克木语—傣语—汉语"型，主要分布在尚勇镇尚冈村委会王四龙村和勐腊镇曼迈村。"哈尼语—傣语—汉语"主要分布在勐腊镇的曼庄村、龙林村等哈尼族聚居而周边有傣族村落围绕的村寨。克木人聚族而居，得以很好地保留自己的母语，同时，周边傣族村落围绕，克木人长期与傣族来往，大多数克木人都会说傣语，再加上教育和媒体的普及，他们同时兼用傣语和汉语，形成了"克木语—傣语—汉语"的语言使用类型。

"卡米语—傣语—汉语"型分布在像磨憨镇曼庄村南欠村小组这样以卡米人聚居而周边都是傣族聚居的村寨。卡米人的周边生活着傣族，与傣族交往密切，傣语电视普及，很多卡米人在业余时间观看傣语的电视节目、听傣语的歌曲。傣语一般用于和傣族人交流。

(三) 母语转用型

母语转用型是指一些少数民族在历史发展过程中，受到区域强势语或者国家官方语言的影响，母语没有得到很好地保留，以区域强势语或者官方语言作为自己日常的交际工具的语言使用类型。

分布在勐腊县曼纳伞村的彝族，还有散居在傣族寨子里的布朗族、苗族、瑶族、拉祜族，他们已经不会说自己的母语了，少数转用傣语而多数转用汉语。这样的情形发生在少数民族散居的地区,他们周边都是傣族或汉族,长期交往之下,母语受到强势语的影响,没有得到很好的传承。另外,一些少数民族村落如彝族村落也已不再使用彝语而成了汉语单语型村落。

(四)"汉语单语"型

勐腊县汉族常住人口有10.65万人,占总人口数的36.49%。汉族大多聚居于各镇中心、散居于各少数民族村寨,虽然镇中心的汉族接触主体民族傣族的机会比较多,但是大部分的汉族并不会傣语,并且随着汉语教育和媒体的普及,各少数民族村寨的人大多会使用汉语,这些少数民族与汉族交往时,大多使用汉语与汉族交流,因而,勐腊县的大部分汉族属于汉语单语型。

三 各民族语言使用状况

勐腊县居住着傣、哈尼、彝、瑶、壮、苗、回、拉祜、佤、布朗、基诺等20多个少数民族,人口较多的民族有傣族、哈尼族、彝族、瑶族、汉族等。丰富的民族资源造就了得天独厚的民族语言文化,以下就勐腊县一些主要的少数民族的语言使用情况作简单介绍。

表7-1　　　　　　　　勐腊县民族语言使用状况

族群	人口(万)	比例(%)	分布的乡镇	语言使用
傣	6.37	21.8	勐腊、尚勇、勐仑、勐满、勐伴、勐捧	傣语、汉语
哈尼	6.25	21.41	勐润、芒果树等乡镇	哈尼语、汉语
彝	2.48	8.50	象明、曼腊、易武、勐伴等乡镇	彝语、汉语
瑶	1.91	6.54	瑶区、勐伴、曼腊、易武、关累、勐腊、勐满、象明、尚勇	瑶语、汉语
克木	0.3①	1.03	尚勇镇、勐腊镇	克木语、傣语、汉语
汉	10.65	36.49	全镇	汉语
其他	1.23	4.23	全镇	母语、傣语、汉语

下面对表7-1的主要民族以及个别少小民族或族群作一个简单的

---

① 罗骥、余金枝:《语言和谐论集》,四川大学出版社2014年版,第102页。

介绍。

(一) 傣族

主要集中分布在勐腊、尚勇、勐仑、勐满、勐伴、勐捧等乡镇，散居在勐润、曼腊等乡镇。勐腊县的傣族有6.37万人，以水傣支系为主，兼有旱傣和花腰傣。该县的傣族较好地保留了自己的语言文化。该县的傣族基本保留自己的母语，傣语在该县使用范很广，不仅在傣族的家庭、村寨、乡镇、学校，以及宗教活动场所作为母语人的交际工具，而且还通用于布朗族、哈尼族、拉祜族、基诺族、瑶族、佤族等民族和克木人之间。傣族历史上有过4种不同形体的文字，如今盛行的是新傣文，即1955年经中央批准改进后的傣文。新傣文有42个声母，两个声调符号，分高低两个音符组，6个音节，便于书写、印刷，易于推广。不过鉴于傣族古籍文献都是用老傣文记载，为了继承和传扬傣族文化以及国际交流，1986年州政府又作出恢复了使用老傣文的决定。老傣文不仅在西双版纳的傣族、布朗族中使用，在泰国、缅甸、老挝等国也使用。傣语作为跨境语言，不仅在我国使用，也在老挝等接壤国中被使用，傣语在跨境交流中起到了重要的作用。

(二) 哈尼族

勐腊县有哈尼族6.25万。分布在勐润、芒果树等乡镇，一般居住于山区、半山区。哈尼语分为哈雅、碧卡、豪白3种方言，勐腊县的哈尼语多属哈雅方言中的雅尼次方言。勐腊县的哈尼语本无文字，1981年西双版纳州制定了一套哈雅方言雅尼次方言的文字方案在西双版纳试行，同年西双版纳州人民广播电台、西双版纳州电视台用哈尼文进行播音至今，内容涉及政治、经济、文化、科学等广泛领域。

哈尼语在哈尼族村寨、家庭中，是他们首选的交际工具，有较高的母语活力。哈尼族的语言使用类型有"哈尼语"单语型、"哈尼语—汉语"型和"哈尼语—傣语—汉语"型3种。在哈尼族聚居的村寨中，年老的一些母语人由于很少出门，与外界接触少，属于"哈尼语"单语型。哈尼族聚居的村寨中，年青一代通过电视、学校教育以及互联网等学会了汉语，大多属于"哈尼语—汉语"型。而散居于傣族村寨的哈尼族，由于长期与傣族交往，学会了傣语，成为"哈尼语—傣语—汉语"型。

老挝琅南塔、丰沙里等老挝北部省份分布有大量的阿卡人，勐腊县的哈尼族与老挝的阿卡族同根同源，阿卡人保留了自己的语言、服饰和节日，该县的哈尼语与老挝的阿卡语能够通话，因此该县的哈尼语既承担境内同族人的语言交际功能，也承担了与老挝阿卡人交流的功能。

补过人自称"补过"，意为"土生土长"，傣族称其为"补过"，意为"首创"。文献中多记作"补过""补角""布角""补交"等。补过人近1000人，分布在勐腊镇城子村委会的曼帕村、补过村、曼龙代村委会的曼回村，勐捧镇温泉村委会的南泥村。勐腊镇的补过人被国家归为哈尼族，勐捧镇的补过人则被归为布朗族。补过人深受傣族文化的影响，女子着傣族服饰，也跟傣族一样文身，信仰佛教，过傣族的泼水节、关门节、开门节。补过人会说自己的补过话，与哈尼语的亲缘较近，两种语言甚至能够通话。过去，大多数补过人精通傣语和傣文，因为不过人信仰南传上座部佛教，佛教经文是用傣文书写。过去男子出家学傣文，女子拜佛听经，补过人与傣族交流密切，因此过去补过人基本上都会说傣语。现在由于出家学习傣文的补过人少了，懂傣语傣文的人也少了，四五十岁以上的补过人多会说傣语，四十岁以下的补过人则大多已经不会了[①]，只会补过话和汉语了。

排角人自称"出说"，他称"排角"，因其女性的头饰以黑布扎成牛角状而得名。排角人现有400余人，其中200多人居住在老挝乌德县，其余生活在勐腊县勐伴镇曼岗村。中老两国的排角人族源相同、语言相通、习俗相近，至今仍相互通婚，长期保持着频繁的友好往来。截至2014年8月，曼岗村共有48户198人，其中男性102人，女性96人（包括8名从老挝嫁入的女性）。排角人的母语一直得到较好的传承[②]。排角人除了掌握自己的母语之外，年老的人通晓傣语，中青年人多兼用汉语。

（三）彝族

勐腊县的彝族属尼苏支系，有2.48万人，分布在象明、曼腊、易武、勐伴等乡镇，居住在山区、半山区。该县彝族的语言使用出现了母语保留和母语转用两种类型。母语保留主要分布在易武镇。由于易武镇是一个以彝族为主体民族的镇，彝族聚族而居，能够很好地保留母语，又因为教育和媒体的普及，形成了"彝语—汉语"的语言使用状况。

---

① 李然、李伟良：《西双版纳补过人傣化问题研究》，《三峡论坛》（三峡文学理论版）2015年第9期。

② 黄彩文、梁锐：《想象"他者"：中老边境地区排角人的身份建构与族群认同》，《西南民族大学学报》（人文社会科学版）2018年第1期。

母语转用型主要分布在除易武镇以外散居于汉语为主体民族的地区。由于居住区域汉族比较多，长期与汉族打交道，学校也学汉语，于是不再使用母语，仅有少数村寨还讲彝语。

(四) 瑶族

勐腊县的瑶族有1.91万人，分布在瑶区、勐伴、曼腊、易武、关累、勐腊、勐满、象明、尚勇等乡镇。该县的瑶族主要有自称"尤门"（蓝靛瑶）、"勉"（顶板瑶）两支。该县的瑶族大多能使用自己的母语，未出现群体性母语转用现象。语言使用可分为"瑶语—汉语"型和"瑶语—傣语—汉语"型2种。这两种语言使用类型存在分布的差异和代际的差异。

分布的差异体现在，"瑶语—汉语"型主要分布于瑶族聚居的瑶区乡，瑶族在该乡是主体民族，瑶族之间用瑶语交际。随着汉语的推广，形成了"瑶语—汉语"型。而散居于其他镇的瑶族由于周边都以傣语作为区域强势语，与傣族交往过程中学会了傣语，于是形成了"瑶语—傣语—汉语"型。代际差异体现在"母语—汉语"是该县瑶族主流的语言使用类型，"母语—傣语—汉语"是非主流的语言使用类型。

(五) 克木人

勐腊县的布朗族仅指自称为"克木"的克木人。克木人在我国境内只有3000多人，但在老挝、泰国、缅甸、越南等地却是人口比较多的一个民族。特别是在老挝，克木族是第二大民族，人口有50万之多。勐腊县的克木人主要分布在勐腊镇的曼迈、曼岗，勐满镇的曼暖远、曼蚌索，尚勇镇的王四龙、中南西、东洋，勐捧镇的曼种、回结、回伞等。每个克木人的寨子都有寺庙、和尚，经文都用傣文记载。除以克木语作为交际工具外，克木人的官方用语和宗教用语均使用傣语。由于克木人频繁使用傣语，克木语中吸收了不少傣语词汇，如"铁""枪""锄头"等生活用语。克木语没有文字，但多数男子均识傣文并使用傣文。随着经济的发展，克木人与外界的交流频繁，并且通过双语教学部分克木人掌握了傣文和汉文，成年男女都能讲流利的傣语，在公共场所里也能用汉语与外界进行交流，因此，克木人的语言使用类型是"克木语—傣语—汉语"型。

(六) 壮族

勐腊县内壮族由于长期与傣族交往和杂居，本民族语言除少数老人知晓外，平时都讲傣语。新中国成立后国家虽然帮助他们创造了壮族文字，但未普及至勐腊，部分壮族人会使用傣文。入学读书的壮族青少年懂汉语和汉字①。

（七）佤族、布朗族和基诺族

佤族无文字，进过学校读书的青少年识汉字②。佤族近代因与汉族、彝族相处交往，受汉族、彝族经济文化影响很大，多讲汉语、彝语。服饰大部分与汉族相同。只有老年人还保存本民族的某些特点③。

布朗族没有本民族文字，通用傣文和汉字④，少部分布朗族会布朗语，大部分转用傣语和汉语。

基诺族由于与汉族、傣族交往频繁，大多数人通晓汉语或傣语。基诺族无本民族文字，进过学校读书的部分青壮年懂汉语和汉字⑤。

四 语言使用场合分析

语言使用场合包括家庭、村寨、集市、城镇、政府、学校、医院、宗教场所、婚丧场合、节庆场合、媒体等。一种语言若在这些场合均被使用，就说明这种语言的活力高，不存在濒危的危险。若仅在家庭、村寨等很小的范围内被使用，则说明这个语言的活力不够高，有出现濒危的危险。

1. 家庭

家庭是母语习得和传承的最为重要的场合。傣族、哈尼族、彝族、卡米人、克木人等少数民族或族群的母语传承状况良好，哪怕不同年龄段的人在词汇量的掌握上存在一些差异，但这并不影响他们使用母语与家庭成员交流，母语是家庭成员最重要的语言交际工具。

2. 村寨

村寨是仅次于家庭的语言传承场合。在各少数民族聚居寨，在村寨里村民们都用母语交流。在杂居寨，由于傣语是区域强势语，其他年长的少数民族群众与傣族人或懂傣语的人交流时使用傣语，年轻人则多用汉语。

3. 集市、城镇、政府、医院等公共场所

勐腊县的集市、城镇、政府、医院等公共场所是多民族的汇集地。这

---

① 云南省勐腊县志编纂委员会：《勐腊县志》，云南人民出版社1986年版，第112页。
② 云南省勐腊县志编纂委员会：《勐腊县志》，云南人民出版社1986年版，第122页。
③ 云南省勐腊县志编纂委员会：《勐腊县志》，云南人民出版社1986年版，第115页。
④ 云南省勐腊县志编纂委员会：《勐腊县志》，云南人民出版社1986年版，第115页。
⑤ 云南省勐腊县志编纂委员会：《勐腊县志》，云南人民出版社1986年版，第116页。

些场合的语言选用受到了交际者的民族身份和语言是否强势的双重制约。在这些公共场合，人们一般用汉语方言或汉语普通话进行交流，但若交际对方是本族人时，则用本民族语进行交流。

4. 学校

学校用语可分为课堂和课外。课堂上，一般要求教师用普通话授课，学生在课上发言或者课上讨论问题也用汉语普通话。在课后学生们讨论学习问题大多用普通话或云南方言。学生之间则是本族同学用母语。但由于傣族是主体民族，其他民族的学生与傣族的学生接触久了，也学会用一些简单的傣语与傣族同学交流。

5. 宗教场合

勐腊县的宗教场所主要是佛教和基督教的活动场地以及各民族进行传统信仰活动的场地。勐腊县以傣族居多，傣族大多信奉南传佛教，佛经一般由傣文记载，其他民族虽也有自己的信仰，但是也受傣族的影响，有的也信奉南传佛教。在佛教的祭祀场合，无论什么民族，大都使用傣语，只有在进行各自民族的原始宗教活动时才会使用母语。勐腊县还有少部分基督教信仰者，他们大部分是汉族，也有少数是苗族或其他民族。在做礼拜时牧师一般用汉语讲道，在苗族聚居的地方，则用苗语讲道。

6. 婚丧

勐腊县各民族都有自己的婚俗和丧俗。在婚丧嫁娶活动场合，人们一般说母语，但近年来，散居区的少数民族群众在婚礼和丧礼活动中也用汉语。

7. 节庆

勐腊县各少数民族都有自己的节日，节庆活动中，大多使用自己的母语交流。

傣族一年中有3个重大节日，即关门节、开门节和傣历新年节。关门节傣语叫"毫瓦萨"（傣历9月15日，公历7月中旬），开门节傣语叫"哦瓦萨"（傣历12月15日，公历10月中旬）。傣历新年傣语叫"桑勘比迈"或"楞贺桑勘"，现称"泼水节"（公历4月12日至16日）。此外，还有一个节日叫"赕塔"（敬塔节）。这些传统节日中，傣族族内之间讲傣语，族际之间讲汉语。

哈尼族传统节日主要有嘎汤帕（1月2—4日）、和耶苦扎（每年农历六月属牛日举行，为期4天）。在节日中，哈尼族族内之间用母语交流，与傣族或其他民族交流，则用傣语或汉语。

彝族的节日有大年（春节）、小年（正月十五），最隆重的节日有"彝族节"（俗称二月八）和"火把节"（农历六月二十四日）。在节庆期间，族内交流用彝语，族际交流用汉语。

拉祜族的主要节日有拉祜扩节（与春节相同）、火把节（农历六月二十四日）、尝新节（农历八月上旬稻谷成熟时）。节庆期间，族内用母语进行交际，与傣族交流用傣语，与其他民族交流用汉语。

基诺族的节日主要有"特懋克"节（农历12月）和新米节（公历9月间，在旱谷即将成熟时，选定吉日，各家独自举行）。节庆期间，基诺族用母语主持和交际，但是有其他民族在场时，也会用汉语或傣语与他们交流。

瑶族的主要节日有盘王节、春节、元宵节、清明节、端午节、目莲节、新米节，其中盘王节（农历十月十六日）是瑶族最盛大的节日。盘王节，家家聚餐，村村寨寨敲铜鼓，人人穿起节日盛装，载歌载舞。节庆期间活动都用母语进行，只在与外族人交流时才用汉语。

五 语言教育和媒体传播

（一）语言教育

勐腊县的语言教育以双语教育和为老挝培养汉语翻译人才为特色。

1. 双语教育

（1）在学校推行民族语和汉语两种语言。勐腊、勐仑、关累、勐捧、勐满、尚勇、勐伴等傣族集居的乡镇，学校实施傣语和汉语双语教学。

（2）少数民族聚居的村落，行政村一般都设置有小学，低年级的少数民族学生由于汉语能力较弱，学习比较吃力，教师用母语辅助教学，到了高年级才完全使用汉语教学。在傣族聚居的村子，教师用傣语辅助教学；在易武镇彝族聚居的村子，教师用彝语辅助教学；在瑶区乡瑶族聚居的村子，教师用瑶语辅助教学。

2. 为老挝培养汉语人才

勐腊县地处西双版纳东南部，与老挝接壤。随着中老双方交往的不断深入和合作领域的不断拓宽，老方需要大量的中文翻译人才。在这种情况下，老挝北部省县提出希望勐腊县为他们培养中文翻译人才的要求。2001年，勐腊县职业高级中学举办了"首届老挝籍汉语翻译人才培训班"，有57位学员。从2001年到2013年9月，培训班共招收477名老挝学生，主要民族是老龙族，学制 3 年，学习汉语①。磨憨与老挝磨丁口岸接壤，磨憨口岸是我国通向老挝唯一的国家级口岸。磨憨小学吸引了越来越多的老挝籍学生来校学习。

（二）媒体传播

媒体包括电视、电影、报纸、杂志、手机、微信、网络等媒介。勐腊县使用民族语言的媒体主要是广播电视。目前广播电视媒体全县普及。由于西双版纳是傣族自治州，整个州都能接收到傣语新闻节目。由于哈尼族人口仅次于傣族，所以，西双版纳的新闻节目用傣语、哈尼语和汉语各播报一天。另外，勐腊县制作播出傣语版的《勐腊新闻》，内容包括政治、经济、文化等方方面面。瑶语、彝语等其他民族语言，则没有这样的传播机会，只在过节时举行民族文艺汇演时，才播放其他民族语言的歌曲和文艺节目。目前，勐腊县尚无翻译成傣语或者其他少数民族语的电影，无傣文版报纸和杂志。一些少数民族的年轻人用微信与本族人交流时，会借助汉字记录自己母语词的音，达到用母语交流的目的。

六　勐腊县与老挝接壤乡镇的语言使用状况

勐腊县所辖的 8 个镇和 2 个乡，有勐腊、勐捧、勐满、勐伴、关累、易武、尚勇 7 个镇镇与老挝接壤②。与老挝接壤的 7 个镇中有磨憨口岸、关累港以及其他大大小小的通道。边民之间往来频繁，互通有无。这 7 个与老挝接壤的边境镇与其他 3 个非边境乡镇相比，其语言使用状况具有自己的特点。

（一）勐腊镇语言使用状况

勐腊镇总面积 820 平方千米，东与老挝交界，边境线长 51.05 千米。勐腊镇最大的河流南腊河，为澜沧江的支流，南腊河流经勐伴、瑶区、勐捧、磨憨、关累等 6 个乡镇，由东北向南经中、老、缅三国交界南腊河口处汇入澜沧江。

勐腊镇总人口 41852 人，居住着傣、汉、哈尼、彝、瑶、克木人等十多个民族③，主体民族是傣族。勐腊镇下辖曼庄村、曼纳伞村、曼龙代村、补蚌村、曼旦村、城子村、龙林村 7 个村，镇政府驻地曼庄村。表

---

① 林文勋：《滇西边境县研究书系——勐腊县》，云南大学出版社 2015 年版，第 133 页。
② 勐腊县旅游局：《行政区划》，http：//www.mltravel.gov.cn/Content.aspx?xk=210。
③ 《勐腊年鉴》，2014 年，第 51 页。

7-2 是勐腊镇各村的民族及其语言使用情况。

表 7-2　　　　　　　勐腊镇 7 个村的民族及其语言使用状况

	民族	人口（人）	语言使用
曼庄村	傣族	730	傣语、汉语
龙林村	傣族	250	傣语、汉语
	彝族	49	汉语
	瑶族	126	瑶语、汉语
曼纳伞村	傣族	691	傣语、汉语
	哈尼族	1443	哈尼族、汉语
	回族	5	汉语
曼龙代村	傣族	3270	傣语、汉语
	哈尼族	334	哈尼族、汉语
补蚌村	哈尼族	941	哈尼族、汉语
	瑶族	212	瑶语、汉语
曼旦村（东邻老挝）	傣族	802	傣语、汉语
	哈尼族	794	哈尼族、汉语
城子村	傣族	1415	傣语、汉语
	哈尼族	702	哈尼族、汉语

下面对表 7-2 中的 7 个村的情况做一些介绍：

1. 曼庄村以傣族为主，还居住有少数哈尼族和汉族，村民大多讲傣语。不过随着九年义务教育的普及，全村人会汉语。傣族的语言使用存在代际差异，即年轻人的傣语水平不及年长者，年长者有的只会傣语，几乎不会汉语。由于该村哈尼族人口少，有的转用了汉语。

2. 龙林村主要有傣族、哈尼族、瑶族，除了讲自己的母语，还兼用汉语，有的年轻人几乎不会母语，转用汉语。

3. 曼纳伞村主要有傣族、哈尼族和少部分彝族居住，因为各民族聚族而居，他们的母语保留良好，除了将母语作为交际工具，也兼用汉语。

4. 曼龙代村以傣族为主。傣语是当地的强势语，其他民族除了使用自己的母语以外，也会一些傣语，同时兼用汉语。

5. 补蚌村以哈尼族为主，还有彝族和瑶族，由于各民族聚族而居，母语保留良好。他们还兼用汉语。

6. 曼旦村东邻老挝，以哈尼族、傣族为主。曼旦村下辖的南浪村小组东与老挝的南回村接壤，南浪村小组是以"王""杨"两种姓氏构成的单一民族村寨，所有村民都是哈尼族阿卡人。哈尼语不仅是他们族内的交际工具，同时也是与邻国老挝的阿卡人建立睦邻友好关系的语言纽带。除本民族语言，汉语是当地村民在日常生活中使用最多的语言。

7. 城子村以傣族为主，还有哈尼族和汉族。傣族和哈尼族母语保持良好。由于该村傣语为强势语，因此哈尼族也会一些简单的傣语句子。

（二）勐捧镇语言使用情况

勐捧镇位于勐腊县南部，西与老挝交界，国界线102.6千米，距县城27千米。面积663平方千米，楚雄—勐捧、曼纳伞—邦善公路穿境而过。镇内居住着傣族、哈尼族、彝族、布朗族、克木人、汉族等民族，主体民族是傣族，总人口65010人（2013年）。勐捧镇既是中心集镇，又是边境口岸镇①。勐捧镇下辖8个村委会，其中，曼回庄村和曼贺南村与老挝相邻。表7-3是勐捧镇各村分布的民族及语言使用情况。

表7-3　　　　勐捧镇8个村的民族和语言使用状况

	民族	人口（人）	语言使用
勐捧村	傣族	3162	傣语、汉语
勐哈村	傣族	5722	傣语、汉语
	哈尼族	172	哈尼语、汉语
景坎村	傣族	1011	傣语、汉语
	哈尼族	1202	哈尼语、汉语
温泉村	哈尼族	1637	哈尼语、汉语
	布朗族	202	布朗语、汉语
曼种村	布朗族	390	布朗语、汉语
	哈尼族	1634	哈尼语、汉语
曼回庄村	傣族	374	傣语、汉语
	哈尼族	1204	哈尼语、汉语
勐润村	傣族	1460	傣语、汉语
	哈尼族	692	哈尼语、汉语

---

① 勐腊县地方志编纂委员会：《勐腊年鉴》，德宏民族出版社2014年版，第59页。

续表

	民族	人口（人）	语言使用
曼贺南村	傣族	1445	傣语、汉语
	哈尼族	1130	哈尼语、汉语

下面简介表7-3中的8个村的语言使用状况：

1. 勐捧村是一个傣族聚居村，村民讲傣语。但年轻人的傣语水平不及年长者。另外，年轻人使用汉语的频率很高，而年长的母语人除了傣语，几乎不会汉语。不过随着汉语的普及，全村除了老年人以外，也都兼用汉语。

2. 勐哈村以傣族为主，同时也分布着少数哈尼族。除了讲自己的母语，哈尼族和傣族都兼用汉语。哈尼族的年轻人有的出现几乎不会母语，转用汉语。

3. 景坎村和曼贺南村以傣族、哈尼族为主。傣语和哈尼语在该村均保留良好，但是语言使用状况存在代际差异。即老年人几乎只会说自己的母语，中年人除了使用母语，也兼用汉语。年轻人只说简单的母语，甚至不说母语，使用汉语的频率高比母语高。

4. 温泉村和曼种村均以哈尼族为主，同时也有少数布朗族分布。哈尼语保留良好，只是哈尼人语言使用存在代际差异。年老的布朗族会说布朗语，但是年轻人几乎不会说布朗语了。

5. 曼回庄村和勐润村以哈尼族为主，有少数傣族人。哈尼语在该村保留良好，但母语使用存在代际差异。该村的傣族由于人口较少，只有老年人和中年人说傣语流利，年轻人因为学习和工作接触汉语频率高，观念上也认为汉语更重要，因而出现语言转用现象，大部分年轻人转用了汉语。

（三）勐满镇语言使用情况

勐满镇位于勐腊县城西南部，东与尚勇镇、磨憨国家一级口岸相连，西南与老挝南塔省勐新县交界，全镇国境线长42千米。勐满镇是一个以傣族为主体民族，还有哈尼、瑶、汉等13个民族杂居的边境小镇。勐满镇的哈尼族主要是爱尼支系。勐满镇距老挝国境线12千米，距老挝勐新县城24千米，是中国通往老挝的重要陆路通道之一[①]。勐满镇下辖勐满、

---

① 勐腊县地方志编纂委员会：《勐腊年鉴》，德宏民族出版社2014年版，第60页。

大广和曼赛囡村3个村委会，表7-4是3个村的民族人口及其语言使用状况。

表7-4　　　　　　　　　勐满镇3个村的语言使用状况

	民族/族群	人口（人）	语言使用
勐满村	傣族	2568	傣语、汉语
	哈尼族（爱尼）	571	哈尼语
大广	哈尼族（爱尼）	2268	爱尼语、汉语
	瑶族	457	瑶语、汉语
曼赛囡村	哈尼族（爱尼）	592	爱尼语、汉语
	傣族	31969	傣语、汉语

表7-4中的勐满、大广和曼赛囡3个行政村均以傣族和哈尼族的爱尼支系为主。傣族人口最多，哈尼族人口次之。傣语和爱尼语具有跨境交际功能，用于勐满镇与老挝的傣族和哈尼族之间的族内交流。傣族和哈尼族较好地保留了他们的母语。该镇的彝、瑶、布朗、苗、克木等少数民族或族群，则出现了母语衰变现象，老一辈只会说母语，中年人会说母语和汉语，而年轻人则转用汉语。以上是从地域的角度来看勐满镇的语言使用状况，接下来从民族的视角来看各民族的分布及语言使用情况。

（四）磨憨镇语言使用情况

磨憨镇位于勐腊县东南部，东与老挝接壤，南与磨憨边境贸易区相连。国境线长174千米。边境有15号、16号、17号、18号4块界碑，是我国的重要口岸。曼庄—磨憨公路连接县城，并达老挝，是西双版纳傣族自治州与老挝的陆上通道。磨歇盐矿采盐历史悠久，远销老挝。总面积803平方千米，辖6个行政村。镇政府驻尚勇，距县城51千米。该镇以傣族为主，也居住有汉族、苗族、瑶族、哈尼族等多种民族。汉族约占总人口的18%，傣族约占总人口的41%，哈尼族约占总人口的13%。以下是该镇各村民族分布及语言使用情况。

表7-5　　　　　　　　　磨憨镇语言使用状况

	民族/族群	人口（人）	语言使用
尚勇村	傣族	1323	傣语、汉语

续表

	民族/族群	人口（人）	语言使用
磨憨村	傣族	668	傣语、汉语
	瑶族	339	瑶语、汉语
曼庄村	傣族	1427	傣语
尚冈村	傣族	2094	傣语、汉语
	瑶族	107	瑶语、汉语
	哈尼族	355	哈尼语、汉语
	克木人	425	克木语、傣语、汉语
龙门村	不详	不详	不详
磨龙村	苗族	867	苗语、汉语
	拉祜族	636	拉祜语、汉语
	瑶族	316	瑶语、汉语

下面对表7-5中的6个村的语言使用状况做简要的介绍：

1. 尚勇村和曼庄村是傣族聚居村，村民讲傣语，不过语言使用存在代际差异，即年轻人的傣语水平不及年长的母语人。另外，年轻人使用汉语的频率很高，而年长的母语人除了傣语，几乎不会汉语。不过随着汉语的普及，全村除老年人以外，也都兼用汉语。

2. 磨憨村以傣族和瑶族为主。除了讲自己的母语，傣族和瑶族同时都兼用汉语。该村傣族和瑶族母语使用存在代际差异，即年轻人的母语水平不及年长的母语人。另外，年轻人使用汉语的频率很高，而年长的母语人除会傣语和瑶语，几乎不会汉语。

3. 尚岗村以傣族为主，同时还分布着瑶族、哈尼族和克木人。该村各民族都保留有自己的母语，语言使用存在代际差异。老一辈人和中年人均能熟练使用母语进行交际，但是年轻人只能进行简单的母语交流。傣语作为区域强势语，尤其影响着克木人的交际用语，大部分的克木人都会讲傣语，甚至在寺庙里学习过的克木人，还会傣文。

4. 磨龙村以苗族、拉祜族、瑶族为主。该村各民族母语保留良好，母语使用存在代际差异。该村各民族由于人口较少，只有老年人和中年人说流利的母语，年轻人因为学习和工作接触汉语频率高，观念上也认为汉语更重要，因而出现语言转用现象，大部分年轻人都转用了汉语。以上是从地域的角度来看磨憨镇的语言使用状况，接下来从民族的角度看各民族的分布及语言使用情况。

（五）勐伴镇语言使用情况

勐伴镇位于勐腊县东北部，镇政府驻地勐伴村，距勐腊县城38千米，距西双版纳傣族自治州府210千米，总面积640平方千米，是一个半山区边境镇。东北部与老挝接壤，国境线长达94.35千米。该镇所辖的勐伴村、回落村、金厂河村和曼燕村与老挝接壤。该镇是一个多民族聚居的半山区镇，除瑶、傣两个主体民族，还有哈尼、壮、汉、彝、苗、布朗等民族，总人口10367人，其中，瑶族4212人，占人口比例的40.62%。傣族2412人，占23.27%。哈尼族1446人，占13.9%。其他民族2297人，占22.21%。

表7-6　　　　　　　　　勐伴镇语言使用状况

	民族/族群	人口（人）	语言使用
勐伴村	排角人	182	排角话、汉语
	傣族	1976	傣语、汉语
	爱尼人	596	爱尼话、汉语
	瑶族	1139	瑶语、汉语
曼燕村	爱尼人	309	爱尼话、汉语
	瑶族	1201	瑶语、汉语
	壮族	272	状语、汉语
	傣族	547	傣语、汉语
回落村	爱尼人	1037	爱尼话、汉语
	瑶族	1117	瑶语、汉语
金厂河村	瑶族	1481	瑶语、汉语

下面对表7-6中的4个村的语言使用状况进行概述：

1. 勐伴村是一个多民族聚居村，排角人、傣族、哈尼的爱尼支系和瑶族均聚族而居。各民族或族群均保留了自己的母语，不过母语使用存在代际差异。即老年人几乎只讲母语，中年人兼用汉语，年轻人或母语不及老年人好或转用了汉语。老年排角人兼用傣语，年轻人不兼用傣语而兼用汉语。

2. 曼燕村以爱尼族、瑶族、壮族和傣族为主，瑶族人口最多。各民族或族群均保留了自己的母语，不过母语使用存在代际差异。即老年人几乎只讲母语，中年人兼用汉语，年轻人几乎不会说母语，大部分转用汉语。

3. 回落村以爱尼人、瑶族为主。爱尼语和瑶语在该村均保留良好，但是语言使用状况存在代际差异。即老年人几乎只会说自己的母语，中年人除使用母语，还兼用汉语。年轻人只说简单的母语，甚至不说母语，使用汉语的频率比母语高。

4. 金厂河村以瑶族为主。瑶语保留良好，只是哈尼人语言使用存在代际差异。即老年人几乎只会说自己的母语，中年人除使用母语，也兼用汉语。年轻人有的只会说简单的母语，有的不会说母语，使用汉语的频率比母语高。以上是从地域的角度来看勐伴镇的语言使用状况，接下来从民族的角度看各民族的分布及语言使用情况。

（六）关累镇语言使用情况

关累镇位于勐腊县西部的国界线上，西与老挝接壤、隔澜沧江与缅甸隔江相望，国境线长74千米，其中，中老国境线长11千米。该镇辖5个行政村，政府驻芒果树村坝落，距县城78千米。楚雄—勐捧公路穿境。关累港是湄公河—澜沧江畔的口岸，可通老挝、缅甸、越南、柬埔寨、泰国①。该镇是以哈尼族（当地人称"爱尼"）为主的边境口岸大镇，其他民族还有傣族、瑶族、彝族、苗族等。少数民族人口12128人，其中，哈尼族7449人，占人口总数的58.99%；傣族3377人，占人口总数的25.73%；瑶族1106人，占人口总数的8.89%；其他民族185人，占人口总数1.4%。边境线两侧的边民通婚、走亲访友，常来常往。

表7-7　　　　　　　　　关累镇语言使用状况

	民族/族群	人口（人）	语言使用
芒果树村	哈尼族（爱尼人）	1820	爱尼语、汉语
坝荷村	哈尼族（爱尼人）	996	哈尼语、汉语
	傣族	430	傣语、汉语
勐远村	傣族	2774	傣语、汉语
藤篾山村	哈尼族（爱尼人）	1255	哈尼语、汉语
	瑶族	575	瑶语、汉语
曼岗村	哈尼族（爱尼人）	1744	哈尼语、汉语

---

① 百度百科，http://baike.baidu.com/view/2540531.htm。

下面对表 7-7 的 5 个村的情况做简要介绍：

1. 芒果树村和曼岗村以哈尼族为主。哈尼人均保留了自己的母语，母语使用存在代际差异。即老年人几乎只讲母语，中年人和年轻人兼用汉语。

2. 勐远村是傣族聚居村，村民讲傣语，但是语言使用存在代际差异，即年轻人的傣语水平不及年长的母语人。另外，年轻人使用汉语的频率很高，而年长的母语人除傣语，几乎不会汉语。不过随着汉语的普及，全村除老年人以外，都兼用汉语。

3. 坝荷村以傣族为主，同时也分布着少数哈尼族。除讲自己的母语，哈尼族和傣族都兼用汉语。哈尼族年轻人有的出现了母语转用现象。

4. 藤篾山村以哈尼族的阿卡支系为主，也分布着瑶族。哈尼族和瑶族都保留了自己的母语，不过母语使用存在代际差异。即老年人几乎只讲母语，中年人兼用汉语，年轻人几乎不会说母语，大部分转用汉语。以上是从地域的角度来看勐伴镇的语言使用状况，接下来从民族的角度看语言使用情况。

（七）易武镇语言使用情况

易武镇位于勐腊县北部，东与老挝交界，国境线长达 100 千米。全镇土地面积 878.2 平方千米。主要有汉、彝、傣、瑶等 13 个民族，汉族和彝族人口各为三分之一，其他少数民族占三分之一[1]。易武镇辖 6 个行政村，其中，曼腊村和曼乃村东邻老挝[2]。

表 7-8　　　　　　　　　易武镇语言使用状况

	民族	人口（人）	语言使用
易武村	彝族	770	彝语、汉语
麻黑村	瑶族	834	瑶语、汉语
纳么田村	傣族	1166	傣语、汉语
	瑶族	443	瑶语、汉语
曼腊村	瑶族	763	瑶语、汉语

---

[1] 百度百科，http：//baike.baidu.com/view/1716238.htm
[2] 勐腊县地方志编纂委员会办公室：《勐腊年鉴》，芒市：德宏民族出版社 2014 年版，第 72 页。

续表

	民族	人口（人）	语言使用
曼乃村	瑶族	638	瑶语、汉语
	哈尼族	110	哈尼语、汉语
倮德村	哈尼族	639	哈尼语、汉语

下面对表7-8中的6个村的语言使用状况做简要介绍：

1. 易武村以彝族为主，彝语保留良好，彝族语言使用存在代际差异，年轻人的彝语水平不及年长的母语人。另外，年轻人使用汉语的频率很高，而年长的母语人除彝语，几乎不会汉语。不过随着汉语的普及，全村除老年人，都兼用汉语。

2. 麻黑村、曼腊村和曼乃村以瑶族为主，瑶语保留良好，不论男女老少都熟练使用瑶语进行交流。

3. 曼乃村以哈尼族和瑶族为主，瑶族人口最多。该村两个民族母语均保留良好。倮德村以哈尼族为主。语言使用存在代际差异，年轻人的哈尼语水平不及年长的母语人。另外，年轻人使用汉语的频率很高，而年长的母语人除傣语，几乎不会汉语。随着汉语的普及，全村除了老年人以外，都兼用汉语。

（杨文静、余金枝）

第二节　江城哈尼族彝族自治县语言使用状况

本节包括以下内容：江城县社会人文状况、世居民族语言使用状况、语言使用场合分析、江城县沿边民族语言使用状况及简短的小结。

一　江城县社会人文状况

江城县地处云南省南部，是普洱市所辖的边疆县之一。南与老挝接壤，东南与越南接壤，边境线长达183千米（中越段67千米，中老段116千米），是云南省唯一与老挝、越南两国接壤的县城，素有"一城连三国"之美誉。县内有一个国家级口岸：中老勐康陆路口岸（2013年12月正式对外开放），以及3个边境通道（中越龙富陆路通道、中老牛洛河陆路通道以及中老漫滩陆路通道）。李仙江沿江城东北边境流过，曼老江沿西部边境流过，江城县境有三面以江为界，加之本县中部的勐野江，犹如以县城为圆心的一条半径很大的环状河流，故得名"江城"。

东西横跨 112 千米，南北纵距 64 千米，全县面积 3544.38 平方千米。江城县辖 5 个镇 2 个乡 51 个村（社区）民委员会 546 个村民小组。县城所在地勐烈镇，海拔 1119 米，距省会昆明公路里程 586 千米，距市政府驻地思茅区 153 千米。①。

二 世居民族语言使用状况

江城县是一个以哈尼族、彝族为主体民族，还有汉族、傣族、瑶族、拉祜族、苗族等 20 多个民族聚居的哈尼族彝族自治县。全县总人口 12.78 万人，其中彝族 17865 人，傣族 8339 人，苗族 1610 人，瑶族 5379 人，哈尼族 66510 人，汉族 2.48 万人②。少数民族占总人口的 81.3%。这些少数民族大多保留自己的母语。哈尼、彝、傣、瑶、苗、拉祜等民族是跨境民族，在老挝也有分布。少数民族的分布，一般是一个村寨为一个民族，只有少数村寨是几个民族杂居；不同民族的村寨交错分布。从全县范围看，各民族基本上是大分散、小集中。

表 7-9 江城县世居民族语言使用状况

族群	人口（人）	比例（%）	分布的乡镇	语言使用
哈尼	66510	53.42	勐烈镇（大寨）、曲水镇（怒那、坝伞、高山）、嘉禾乡、宝藏镇	哈尼、汉语
彝	17865	14.34	国庆乡	彝语、汉语
傣	8339	6.70	整董镇（曼滩）	傣语、汉语
瑶	5379	4.32	康平镇（瑶家山村）	瑶语、汉语
苗	1610	1.30	整董镇	苗语、汉语
汉	24800	19.92	勐烈镇及其他	汉语

下面对表 7-9 提供的信息做进一步分析：

1. 哈尼族

哈尼族是江城县人口最多的民族，分布在全县所有乡（镇）。主要聚

---

① http://www.jcx.gov.cn/ysjc/jcgk.htm。
② 数据由云南省民语委谢红梅博士电话采访江城县民宗局白静静同志所得。谨致谢忱。

居在曲水镇和嘉禾乡，哈尼族分别占这两个乡镇总人口的 67% 和 77% 以上，其次是宝藏镇，占该镇总人口的 53% 以上。江城的哈尼族支系很多，成立自治县以前他们的自称和他称共有 17 种：碧约、卡多、卡别、期弟、西摩洛、白宏、布孔、布都、白壳、腊米、阿梭、多塔、本人、阿卡、额都、麻黑、窝尼等。从语言、服饰、习俗等方面来识别，碧约、卡多、卡别是三种支系，白宏、布孔、布都、阿梭、多塔属于豪尼支系，期弟、腊米属于哈尼支系，西摩洛属于哦怒支系，白壳、本人、阿卡、额都、麻黑、窝尼是哈尼族支系的别称。例如"布都"又有人叫阿梭、堕塔，或堕塔阿梭。又如"布孔"有人叫"麻黑"。布孔语"麻黑昌"是汉语"不知道"的意思，"麻黑"实际上是外族人强加给布孔人的带歧视性的称呼。县内哈尼族各支系的语言大同小异，其中碧约、卡朵、切地、西摩洛支系的语言基本相通；布都、布孔支系语言相同①。

在曲水镇、嘉禾乡和宝藏镇，由于哈尼族人口众多，哈尼人均很好地保留了自己的母语。在村寨、家庭中，哈尼语是他们首选的语言交际工具。寨中一些老年人由于很少与外界接触少，只会说哈尼语。年青一代通过电视、学校教育以及互联网等学会了汉语，是"哈尼语—汉语"双语人。而在哈尼族人口较少的乡镇，如康平镇坝卡村的一些哈尼族村落，受到汉语的影响，全寨人都发生了语言转用，成了汉语单语人。江城县的哈尼族与老挝的阿卡族同根同源，能够通话。

2. 彝族

除整董镇、嘉禾乡、宝藏镇、曲水镇彝族不满 1000 人外，其余的乡镇都在千人以上。彝族比较集中的国庆乡，有 4000 余人，占全乡总人口的 38% 以上。江城县的彝族有倮倮、阿鲁、老乌、阿宗、蒙化等 6 种称谓。倮倮属改苏支系，香堂、阿鲁属腊鲁支系，老（拉）乌属阿武支系，蒙化属腊罗支系，阿宗是彝族支系的别称。江城县的彝族支系中，倮倮支系人口最多。他们是 200 多年前陆续由峨山、新平、元江、玉溪、墨江、景东、普洱等地迁入的。田房、大新的彝族多数由元江迁入，个别户来自绿春。普家村的彝族由峨山迁入，三家村的彝族由新平迁入，阿渣寨的彝族由玉溪、元江、新平、建水等地迁入。在本县少数民族中，彝族是经济

---

① 哈尼、彝、傣、瑶、苗、拉祜、汉的情况介绍均引自云南省江城哈尼族彝族自治县志编纂委员会俞承商编纂《江城哈尼族彝族自治县县志》，云南人民出版社 1986 年版，第 52—351 页。

文化比较发达的民族。过去彝族的宗教信仰是多神崇拜，自1918年基督教传入江城，一部分彝族改信基督教，他们的风俗习惯随之有所改变。

彝族人口较多的乡镇，彝语得到较好地保留。例如：国庆乡的彝族很好地保留了自己的母语，彝语是他们首选的语言交际工具，寨中还有部分老年人不会讲汉语。该乡彝族群众大部分能使用彝语和汉语。在彝族人口较少的乡镇，如整董镇和康平镇，除个别老年人能说几句简单的彝语，绝大多数彝族群众都转用了汉语。康平镇瑶家山村的彝族，已经不会讲彝语了。整董镇彝族村寨的彝族也不会讲自己的母语。

3. 傣族

江城县的傣族有旱傣、水傣、花腰傣、白傣等支系。县内各地傣族的语言基本相通，但社会结构、宗教信仰差异较大，各自都有一些独特的风俗习惯。生产、饮食与周围的哈尼族、汉族相近。整董镇的傣族旧称水傣，信仰小乘佛教[①]。江城县傣族人口有60%分布于康平镇，其次主要聚居于整董镇。整董是具有浓烈的傣族民风的一个镇。整董镇的曼克老、坝伞、曼老街、中平、勐康、水城、南旺、平掌、高山、拉珠10个村都有傣族聚居。

康平镇和整董镇傣族聚居的村落，傣语保留良好，只是存在代际差异，老一辈人很多不会说汉语，语言使用情况是母语单语型。而绝大多数傣族，尤其是年轻人，其语言使用类型都是"傣语—汉语"型，年轻人中有一部分由于从小生活在县城，受汉语的影响，几乎不会说傣语，出现语言转用现象。

4. 瑶族

江城县的瑶族自称"孟"，说汉语时自称"瑶家"，对外族统称"汉家"。以寨为单位聚居，不与外族杂居。江城的瑶族由于历史上不定居等原因，造成了社会经济发展十分缓慢。他们选高山居住，以种山谷为主，毁林开荒，刀耕火种，除种陆稻（山谷）和蓝靛外，也种少量玉米、黄豆、棉花等，饲养水牛、黄牛。此外，还从事狩猎[②]。

江城县的瑶族主要聚居于康平镇瑶家山村，勐康甘蔗园、和平村瑶家

[①] 云南省江城哈尼族彝族自治县县志编纂委员会俞承商编纂：《江城哈尼族彝族自治县县志》，云南人民出版社1986年版，第359页。

[②] 云南省江城哈尼族彝族自治县县志编纂委员会俞承商编纂：《江城哈尼族彝族自治县县志》，云南人民出版社1986年版，第364页。

山、么等村老朱寨和海明村高山寨,也是瑶族聚居村寨。这些瑶族寨子的瑶族均较好地保留了自己的母语,从老到少都会讲瑶语,年青一代由于接受义务教育或出外打工,学会了汉语,语言使用类型属于"瑶语—汉语"型。瑶族比较重视自己民族的语言和文化的传承,如康平镇瑶家山村民族主要以瑶族为主,他们有自己的瑶族文化传习馆,定期组织村民学习瑶族文字以及瑶族文化。

5. 汉族

汉族在江城县分布较广,散居于全县多数地方,只有猛烈镇和中会乡汉族比较集中,分别占总人口的 59.5% 和 51.7%。其余乡都有汉族散居①。由于汉语是通用语言,汉族居住的地区又无强势的少数民族语言,因而江城县的汉族全民讲汉语,都是汉语单语人,没有兼用少数民族语言。

三 语言使用场合分析

1. 家庭、村寨

在族内婚姻家庭和少数民族聚居寨,母语是最重要的语言交际工具。由于寨中的老年人大多只会自己的母语,虽然中青年掌握母语和汉语两种,但由于汉语兼用不具备全民性,母语的功用要大于汉语。人们茶余饭后、开会或活动,都使用母语进行交际,村寨成为语言习得、语言交流的重要场合。多民族杂居的村落情况则有不同,在家庭和村寨不一定使用母语。

2. 学校、集市、城镇、政府、医院等公共场所

学校用语可分为课堂和课外。课堂上,教师用普通话授课,学生发言或者讨论问题也用普通话。课外,学生们讨论学习问题多用普通话或云南方言,本族学生之间、师生之间交流,则多用母语。集市、城镇、政府、医院等公共场合几乎都用汉语,只有各民族特定赶集的场所,才会使用少数民族语。

3. 宗教活动、节庆

江城县的民族信仰佛教、基督教和原始宗教。傣族大多信奉南传佛

---

① 云南省江城哈尼族彝族自治县编纂委员会:《江城哈尼族彝族自治县县志》,云南人民出版社 1986 年版,第 370 页。

教，佛经一般由傣文记载，在佛教活动中就用傣语和傣文。例如：傣族聚居的整董镇漫滩村，在佛教的祭祀场合，全民使用傣语。江城县民宗局副局长告知，江城县基督徒有 19000 多人，信徒大部分是哈尼族、苗族、彝族和汉族，也有少部分是傣族和瑶族。在做礼拜时牧师一般用汉语讲道，在苗族聚居的地方，则有用苗语讲道。

江城县各少数民族都有自己的节日，庆典活动一般说自己的母语。傣族的关门节、开门节和傣历新年节，傣族族内交际说傣语，族际之间说汉语。哈尼族传统节日嘎汤帕和耶苦扎，在节庆日中，哈尼族之间说母语，与傣族交流说傣语，与其他民族说傣语或汉语。彝族过大年（春节）、小年（正月十五）和"火把节"（农历六月二十四日）时，族内交流用彝语族际交流用汉语。瑶族过盘王节时，节庆仪式必须说母语，与外族人交流时才用汉语。

四 江城县沿边民族语言使用状况

（一）江城县沿边民族语言使用的几种类型

江城县与老挝接壤的有整董镇、康平镇、曲水镇和猛烈镇 4 个镇。这些镇的村落大多是单一民族构成村落，少部分是由不同少数民族或少数民族与汉族构成的杂居村落。这些村落的少数民族大部分保留了自己的母语，只有少数出现了母语濒危。如沿边的一些哈尼族村寨，虽然是哈尼族聚居寨，但是会说哈尼语的所剩无几。总体来说，江城县沿边民族的语言使用状况大致可分为"母语—汉语"型、"母语转用"型和"汉语单语"型 3 种。

1. "母语—汉语"型

江城县沿边 4 镇的大部分少数民族村寨属于这一类型，此类型可细分为"哈尼语—汉语""傣语—汉语""苗语—汉语""彝语—汉语""瑶语—汉语"等小类。"哈尼语—汉语"型主要分布在猛烈镇、曲水镇。"傣语—汉语"型主要分布在傣族聚居的整董镇，如整董镇漫滩村。"苗语—汉语"型分布在康平镇、猛烈镇的苗族村寨。"彝语—汉语"型主要分布在彝族人口较多的康平镇和猛烈镇。"瑶语—汉语"型主要分布在康平镇。

2. "母语转用"型

母语转用型是指一些少数民族在历史发展过程中，受到区域强势语或者国家官方语言的影响,丢失了自己的母语,以区域强势语或官方语言等非母语作为自己的语言交际工具。

江城县出现母语转用的是康平镇。例如:康平镇瑶家山村龙塘组,该组有彝族、哈尼族、傣族3种少数民族,但是该村的男女老少,没有一个人会讲自己的母语,他们都转用了汉语。又如:康平镇勐康村坝卡村小组是一个哈尼族聚居的村寨,但是全村除了从老挝嫁过来的女子会讲哈尼语以外,男女老少无人会讲哈尼语,都转用了汉语。

3. "汉语单语"型

江城县汉族占总人口的81.4%[1]。汉族或聚居于各镇中心,或散居于各少数民族村寨。由于广播电视等媒体以及学校教育强化了汉语的功能,而且少数民族语言在江城县各地区均未具有区域强势性,因而江城县的汉族都只使用汉语,未兼用民族语。这一点有别于其他地区。

(二) 江城县与老挝接壤乡镇的语言使用概况

江城县所辖5镇2乡中,与老挝接壤的乡镇有勐烈镇、整董镇、康平镇、曲水镇等4个镇。康平镇有国家级口岸勐康口岸,江城县至老挝乌德的班车每天发一个班次,运程90千米。与老挝接壤的这4个镇,其语言使用状况与其他非接壤乡镇相比,跨境交流的特征更突出,因此有必要对这4个乡镇做简要的介绍。

1. 康平镇

康平镇位于江城县西部的曼老江畔,东南与老挝交界,国境线长76.5千米。该镇的勐康的勐康口岸于2013年12月28日开通,每星期五赶集。康平镇与老挝接壤的村主要是界碑村、两棵树村、勐康村和瑶家山村。康平镇总人口数24403人。其中汉族人口为10166人,少数民族人口数为14237人。勐烈镇各民族人口及语言使用概况见表7-10。

表7-10　　　　　勐烈镇各民族人口及其语言使用概况

民族	人口（人）	主要分布区	语言使用
傣族	1708	康平镇（勐康村二官寨组,）	傣语、汉语
彝族	2945	康平镇勐康村（茶厂一组,清水河组,上坝卡组,综合社组,大庙组,坝卡咖啡三队),康平镇两棵树村（大烂坝组,攀枝花组,阿田寨组,麻栗树组),康平镇界碑村（二组),康平镇界碑村（龙塘组)	彝语、汉语

---

[1] 《江城哈尼族彝族自治县基本情况》由江城县民宗局提供（2016年采访),谨致谢忱。

续表

民族	人口（人）	主要分布区	语言使用
哈尼族	5678	康平镇勐康村（茶厂一组、二组、三组、四组、五组，村清水河组，村岩脚组，村白花山组，石门坎上下组，臭水箐组，马场组，玻璃箐组，上下坝卡组，综合社组，大庙组，曼通组，坝卡咖啡一队、二队、三队，勐先寨组，新欣组，报木冲组），康平镇界碑村（龙塘组）	哈尼语、汉语
苗族	721	康平镇勐康村（龙潭箐组，小农场组，），康平镇两棵树村（大烂坝组，攀枝花组，阿田寨组，麻栗树组），康平镇界碑村（一组，二组）	苗语、汉语
拉祜族	228	不详	拉祜语、汉语
瑶族	2833	康平镇勐康村（新进组，甘蔗园组，），康平镇瑶家山村（两家组，莫作组，狗滚塘组，漫博山组，上下新山组，王纳碑组，老象脚组，中象脚组，新象脚组，六家组，大碑组，岔箐组，两棵树组）	瑶语、汉语
合计	24403		

下面对表7-10的情况做几点补充说明：

（1）康平镇汉族人口最多，分布在全镇。少数民族中，哈尼族人口最多，其次是彝族、瑶族和傣族，还有部分苗族、拉祜族和佤族①。该镇的民族大多聚族而居，大多保留自己的母语，不过保留程度存在代际差异，有些哈尼族、彝族杂居的寨子，哈尼族和彝族转用了汉语。如：瑶家山村龙塘组，全组多是哈尼族，但却没有人会说哈尼语，人数较少的彝族人也不会讲彝语。

（2）康平镇瑶家山村席草塘寨东南与老挝接壤。席草塘寨是该行政村离老挝最近的寨子。这个寨子主要是哈尼族，也有少数彝族人。有一条山间小道通往老挝，时常有边民往来。我们去调查时，刚好赶上其中一家有老挝的亲戚过来，带来老挝的啤酒及其他饮食。根据问卷调查发现，在场的哈尼族、彝族均不会讲自己的母语，但是由于与老挝的边民往来密切，他们中有很多人会讲老挝语，有的还会讲一点傣语。因为旱傣是跨境语言，在老挝分布很广。他们交谈过程中，说话用老挝语或汉语。

（3）界碑村南与老挝接壤。该村有十个自然村小组，其中8个小组均以汉族为主，另外2个小组以苗族、彝族为主。以苗族为主的村子，母

---

① 谢红梅采访了江城县民宗局的白静静同志，谨致谢忱。

语保留良好，苗族、彝族、汉族杂居的寨子，苗族、彝族几乎都转用汉语。

（4）两棵树村南与老挝接壤。该村与老挝直接接壤的村小组是攀枝花组、金宝地组、阿田寨组和麻栗树组。该村各小组均是汉族、苗族、彝族杂居的寨子，苗族、彝族母语保持良好，不过存在代际差异。

（5）勐康村南与老挝接壤，除二官寨组以傣族为主以外，其余的寨子均以哈尼族、汉族为主。傣族母语保留良好。哈尼族与汉族杂居的寨子、靠近汉族聚居寨的哈尼族寨子，哈尼语保留得不太好，年轻人，尤其是小孩子，转用了汉语。在上坝卡组，年轻的哈尼人、彝族人均不会讲自己的母语，这也可能是因为宗教信仰的影响，该村大多数人信仰基督教，教堂里的《圣经》是用汉文写，讲道和唱诗歌也用汉语。

2. 整董镇

整董镇位于江城县西南部，东南与老挝相接，该镇的漫滩村，自2004年至今，整个镇有137个家庭与老挝、越南的人通婚①。整董镇总人口数8000人，其中汉族人口为1931人，少数民族人口数为6069人。少数民族中，傣族人口2578人，哈尼族2141人，瑶族957人，彝族371人，苗族15人，白族3人，回族2人，傈僳族1人，拉祜族1人。

该镇的哈尼族大多保留了自己的母语，不过，存在代际差异，年青一代由于外出求学、务工，很少有人讲哈尼语，语言使用范围缩小，他们只在家里和村子里讲哈尼语。傣族主要分布在整董镇的漫滩村，该村地理位置与西双版纳的勐腊县接近，由于傣族聚族而居，而且傣族大部分信奉小乘佛教，佛经由傣文抄录，因此，傣族不仅很好地保留了母语口语交际能力，还很好地保留了傣文。彝族和瑶族也保留自己的母语，并兼用汉语。

3. 曲水镇

曲水镇位于江城县以东，离县城65千米。东与越南相接，南与老挝近邻，西与本县勐烈镇、国庆乡、嘉禾乡相连，北与绿春县隔江相望。在中、老、越三国交接处。国境线长74千米，其中中老段7千米，中越段67千米。东西最大横距27.3千米，南北最大纵离19.5千米，全乡588.3093平方千米②。2005年，曲水镇被评为哈尼族歌舞（嘎尼尼、阿

---

① 相约久久网站。

② 江城县县志编纂委员会：《江城哈尼族彝族自治县县志》，云南人民出版社2012年版，第130页。

迷车）之乡①。民间通道20多条，官方2条。该镇总人口10684人，其中哈尼族（碧约和卡多两个支系）8348人，占总人口的78.14%；傣族人口1765人，占总人口的16.52%；彝族308人，占总人口的2.88%。人口较多的哈尼族、傣族和彝族在老挝均有分布。该镇哈尼族、傣族母语保留良好，但彝族出现了语言转用现象，原因是人口少并且散居。

4. 勐烈镇

猛烈镇位于江城县城东南部，南面的牛洛河村与老挝接壤，国境线长68千米。辖区东西最大横距57千米，南北最大纵距19千米。勐烈是傣语地名，"勐"是坝子，"烈"是河，"勐烈"意为河边之平坝。勐烈镇一直是江城的政治、经济、文化中心。该镇辖7个村委会、2个社区、48个自然村、53个村民小组、28个居民小组。总人口26248人，其中少数民族人口数为20535人占总人口的81.3%。该镇哈尼族人口最多，其次是彝族、傣族，也有部分苗族和瑶族分布②。哈尼族、彝族和傣族大多保留了自己的母语，不过具有代际差异，另有一些村子的哈尼族、彝族和傣族，虽然它们是人口比较多的民族，但是，随着汉语的普及，很多年轻人甚至只会用一些简单的傣语或者哈尼语与家人和本村的人进行交流，除此之外，他们均用汉语方言或者汉语普通话进行交流。而老一辈的母语人可能只能用母语和别人交流。他们虽然能听懂汉语，但是几乎不会说汉语。人口比较多的傣族、哈尼族尚且如此，那么其他少数民族的语言更是存在这样的语言使用代际差异。

（三）国门学校建设和国际跨国教育

江城地处边界，与老挝、越南接壤，素有"一城连三国"的美称，我国边民与邻国公民往来历史悠久。自2009年以来，江城共实施国门学校建设项目2个，分别是康平镇勐康小学和曲水镇中心完小，学校距中老国境线很近。近年来，随着我国经济的不断发展，两国人民的交往也在不断增强，老挝边民常过来走亲戚，老挝的官员、教师、学生经常来学校参观、访问。随着勐康小学的硬件设施进一步提升，学习环境进一步改善，

---

① 江城县县志编纂委员会：《江城哈尼族彝族自治县县志》，云南人民出版社2012年版，第134页。

② 谢红梅采访江城县民宗局白静静同志。

许多老挝边民纷纷要求将子女送来勐康"国门"小学就读。[①] 2013 年，全县共接收老挝借读小学生 45 人，占全县小学总数的 0.48%，分别在曲水、勐烈、整董、康平等四个乡镇的 10 所小学就读，所有来华就读的学生，均能够与国内学生一起公平地接受教育，平等地享受国内一切政策和优惠。2013 年 6 月，受市、县外办的委托，承担了对老挝丰沙里华文学校教师培训班的 50 名中小学教师分别作了题为"教师的心理健康与调试"及"中华文化简介"的讲座，对增进中老友谊，推动中老教育的共同发展起到了积极作用。[②]

五 小结

1. 江城县语言使用的总体特点是：大部分少数民族聚居的村落，这些聚族而居的少数民族大部分保留了自己的母语，但是母语使用存在代际差异，另有少部分聚族而居的村寨发生了语言转用现象，其他杂居寨子里的少数民族，均转用了汉语。

2. 江城县南与老挝接壤，克木人、排角人使用的克木语、排角语不仅是我国境内母语人的交际工具，而且是老挝同族人的语言交际工具。中老少小族群的跨境语言交流促进母语的保留。

3. 随着江城县经济的不断提升，为了促进经济的发展和文化的交流，全民学习和推广汉语是一个不可逆转的重要趋势。汉语普通话和汉语方言的语言地位不断提升。

（杨文静、余金枝）

第三节　中老边境语言使用的两个个案

一　勐腊县南欠村小组语言使用状况

南欠村小组隶属西双版纳州勐腊县磨憨镇曼庄村委会。南欠村小组是

[①] 林文勋：《滇西边境县研究书系——江城》，云南大学出版社 2015 年版，第 177—178 页。

[②] 林文勋：《滇西边境县研究书系——江城》，云南大学出版社 2015 年版，第 179—180 页。

一个以卡米人为主的村寨，除卡米人之外，还有汉族、傣族、普煛族、阿卡人和克木人。卡米人是一个跨境民族，有自己的语言，属于南亚语系孟高棉语族德昂语支。20世纪30年代从老挝迁入我国，在2009年的民族识别中归为布朗族。目前卡米人人口只有147户675人，分布于磨憨镇南欠村和勐伴镇的卡米新寨。国外的卡米人主要分布在老挝的南塔省和丰沙里省。因南欠村独特的地理位置和生活环境，当地卡米人不仅会说卡米语、云南方言、普通话，还会傣语、老挝语、哈尼语、克木语和湖南话。虽然中国只有两个村寨有卡米人且总人数才675人，但南欠村卡米语保留很好，母语活力较高。下面将对南欠村的语言使用状况进行详细论述。

（一）南欠村小组概况

南欠村小组共70户312人，以卡米人为主，此外还有境内汉族20户、傣族1户、克木人1户和境外阿卡人9户、普煛族3户、卡米人15户。据当地波岩坎老人讲述，1939年有9户人家从老挝的丰沙里省搬迁到南欠村，1958年又有12户从老挝丰沙里省温代县迁移至此，该村在此基础上慢慢发展起来。南欠村小组距离村委会5千米，距离磨憨镇23千米，距离老挝丰沙里省23千米。村子周边有十来户汉族人家，主要从红河、墨江、文山等地迁来，在此租地种植。离此半公里左右的沙坝和更远一点的水果厂以外地人为主，来此已有十余年。

本村学生初中及以下就读于磨憨镇，高中就读于勐腊县，但一般初中毕业后就回村务农。村寨为鼓励村民上学提高本村文化水平视情况给予一定的金额奖励。在习俗方面，卡米人虽然住的是傣式竹楼、平常会穿汉服或傣装，但仍然保留着自己民族的传统。在过年过节时也会穿着自己做的民族服装。和老挝的卡米人一样主要过红花节和新米节，不过其他民族的节日。在红花节当天，卡米人会唱歌祈福宴请四方宾客，包括宴请老挝亲戚，旨在祈求大自然宽恕砍伐树木之人平安，祝被砍伐的森林得到复苏轮回。而新米节则由村寨自行定日子，每家各自祭祖，不邀请朋友亲戚。在姓氏方面，卡米人也有自己的规定，主要以性别划分，男孩跟父亲姓，女孩和母亲姓。

（二）南欠村卡米人语言使用情况

1. 卡米人母语保留较高的活力

为了对南欠村卡米人的母语情况有个大概了解，我们抽样进行了400词测试和问卷调查，并对该村村长、小组长、年纪大且阅历丰富的老人等进行了访谈。调查结果发现该村母语高度活跃,卡米人熟练并广泛使用自己的母语,但口头文学在传承上出现了代际差异。

(1) 卡米人母语保留较高的活力的表现

在我们走访调研过程中发现,南欠村虽有34户人家不全是卡米人,但全村人都会说卡米语,卡米语活力较高。主要表现在:

①全民熟练使用卡米语

为更好了解卡米人卡米语掌握情况,我们抽样对不同年龄段不同性别的卡米人做了400词测试,测试结果显示南欠村卡米人熟练掌握卡米语。而在我们接触过程中,除当地卡米人能灵活使用母语外,外嫁进来的老挝媳妇也能够熟练地使用卡米语进行交流。虽然南欠村有33户人家不全是卡米人,但是境内的汉族、傣族和境外的普洱族、阿卡人的孩子都会说卡米语。据村长介绍,卡米人第一语言基本都是卡米语。无论哪一个民族,在村寨里长大的孩子第一习得的语言就是卡米语。村外长大的孩子在与卡米亲戚交流的过程中也学会了卡米语。

②卡米语在语言传承过程中没有出现明显差异

为了解卡米语的代际传承情况,我们划分了四个年龄段对6岁以上的人群进行了400词测试,7位被测试者的结果是优秀,1位是良好。良好的这一位男孩今年11岁,父亲是湖南人,母亲是卡米人。因为在学校住宿,接触的都是其他民族的学生,多用普通话交流,在家和村寨才用卡米语。长期生活在汉语环境与自身知识情况的原因,其测试结果为良好。

③口头文学传承出现代际断裂

卡米人在口头文学传承方面出现了代际断裂,中年以上的基本听过老人讲述但能够完整叙述的占少数,而年轻的小辈对此不甚了解,甚至没有多少人听过。而断裂原因是由多方面共同造成的。一是掌握口头文学的人数寥寥无几且以老年人为主,常常是有心而无力;二是当下新鲜事物太多,年轻人对此不感兴趣,不愿意去学习了解;三是大多数中年人没有主动意识将口头文学传承下去,很少向自己的子女讲述这类事情。村长向我们介绍卡米人有一种名叫"占芭"的民族传统歌曲,这种歌曲不仅卡米人会,克木人和傣族也会,曲调一样但歌词不同,唱词时间也各不相同,根据每个人情况而定。歌曲主要是回忆往昔的痛苦悲伤,借此发泄内心的伤感。这种歌曲悲伤至极,每次歌唱都会让人不禁流泪,所以也不怎么愿意歌唱。

(2) 南欠村卡米人母语活力较高的成因分析

①聚居的民族生活为卡米语的使用提供了语言环境

中国的卡米人虽然人数不多，但都聚居生活，卡米语是当地使用最频繁和交流最重要的交际工具，村子里的其他民族即便不会说卡米语也都能听懂。村子里的一位大姐告诉我们，村里外嫁进来的媳妇在本村待久了就会说卡米语，一般五六年之后就能用卡米语沟通交流了。他们村嫁进来的普因媳妇和阿卡媳妇现在都是用卡米语和他们聊天。

②深厚的民族情感为卡米语的传承奠定了情感基础

在我们调研过程中发现卡米人都很有意识地主动保护和传承自己母语，为自己能够说卡米语而感到自豪。他们表示一定要掌握自己的母语并将其传承下去，这既是民族身份象征，也是与生俱来的民族使命感。其中一位11岁的小男孩表示虽然他说不清楚为什么要学卡米语，但他作为一名卡米人应该要会说卡米语，毕竟自己是其中的一分子。全村老少对卡米语的重视和浓厚的民族情感保障卡米语顺利传承。

③跨国同族的交往为卡米语的发展创造了有利条件

卡米人是跨境民族，而南欠村又与老挝毗邻，优越的地理环境促进了两国卡米人之间的交流，扩大了卡米语交际范围。村子里的人经常会去老挝做生意、串亲戚、找对象，而老挝的卡米人也经常会来村寨串门等。虽然是不同国籍，但都是同一民族，有种天然的亲密感，所以双方经常往来，这都为卡米语的发展创造了有利条件。

④母语的广泛使用为卡米语的保留营造了良好氛围

为保留传承卡米语，卡米人在可以用到卡米语的地方、有卡米人在的地方都使用卡米语。如家庭、村寨、集市、村里的广播、老挝卡米人所在地等。这都为卡米语的保留营造了良好的氛围和生存空间，也促使卡米语保留了较高的活力。

2. 南欠村卡米人语言兼用情况

南欠村的卡米人是跨境民族，最初是从老挝迁入到我国。南欠村所在之地毗邻老挝，常与老挝来往、双方互相嫁娶，所以当地人基本都会老挝语。此外，西双版纳是一个以傣族为主的地州，外来经商务工的人也多，有的在相互交往过程中学习了彼此语言。卡米人语言兼用情况复杂，大致可分为以下3类：

(1) 兼用普通话及汉语方言

南欠村除年岁比较大的从未外出过的卡米人和几个老挝媳妇不会说普

通话之外，其他人基本都会说会听普通话。普通话一般用于和汉族人打交道，也常在村寨外、学校和其他公共场所中使用。南欠村村民普通话水平较高，主要有3点原因：一是国家大力推广普通话，该地政府深入贯彻国家语言政策重视推广普通话；二是该地独特的地理位置和民族手工艺吸引了外地人来此经商等，为加强交流促进本村经济发展，村民主动学习普通话；三是南欠村村民意识到普通话在生产生活中的重要性，不仅自己学习也注重下一代普通话的学习。在我们调研时，村长夫人跟我们说现在越来越多的外地人来这里务工经商，为更好地发展本村经济和与外界交流，大家都在努力学习普通话。

南欠村卡米人兼用的汉语方言包括两种：湖南话和云南话，根据对象不同而选择不同的语言。因地处云南，常与云南人打交道，所以村子里大部分人都会听会讲云南话，少数小孩虽然不会讲云南方言但基本都能听得懂。此外，因为来磨憨镇经商务工的湖南人很多，村子里的村民有的在外结交了湖南朋友，有的与湖南人结亲，村子里也有湖南姑爷，在彼此工作生活交往过程中，有的卡米人跟湖南人学会了讲湖南话，有的虽然不会说湖南话但也能听懂。

在民汉双语型的卡米人中，青少年多为"民语—普通话"型，40岁以上多为"民语—方言"型。这与不同年龄段接触的语言环境相符合，青少年主要活动范围是村寨和学校，这两个地方主要是用卡米语和普通话交流；而中老年活动范围主要在村寨或其他公共场合，接触对象多为农民工人，而这些人主要用卡米语或方言进行沟通交流。

（2）兼用其他少数民族语言

卡米人兼用的其他少数民族语言包括傣语、哈尼语和克木语。30岁以上的基本都会听会说傣语，且以女性居多。西双版纳的主体民族是傣族，傣语伴随着卡米人的生活、学习、工作、交流等方方面面。在公共场所、建筑物、电视媒体等地方都存在着傣语和傣文的身影，这些直接或间接促使了卡米人学习掌握傣语。很多妇女在业余时间观看傣语的电视节目、听傣语的歌曲。女性接触傣语次数比男性更为频繁，所以相对而言会傣语的女性更多。傣语一般用于和傣族人交流。

村里人大部分都会说哈尼语，并且以男性居多。一方面是因为南欠村和老挝的阿卡人（即哈尼族）互通婚姻，村里有9户人家是阿卡人，在相互生活过程中学会了哈尼语；另一方面是因为在外交往过程中常与哈尼族接触，与他们一起工作生活学会了哈尼语。南欠村小组所属的曼庄村委会中的牛棚小组是哈尼族，双方往来密切，而外出务工的以男性居多女性偏少，所以男性会哈尼语的数量高于女性。

村子里还有一部分人会说克木语。据当地老人和村长讲述在流传下来的一则民间故事中谈及了卡米人和克木人，两者本是一家人，克木人是老大，卡米人是老二，因误会分食不均最后分家了。克木人也有此传说，大家认为当初是因误会而分家的，还是一家人。虽然克木人也不多，但两家往来密切。此外克木语和卡米语之间差别不大，容易学习。但克木人数量少，接触面窄，所以只有一些经常在外的卡米人会克木语。

（3）兼用境外语言

卡米人兼用境外语言主要是老挝语，据村长介绍，该村 18 岁以上的人基本都会说老挝语。这既有历史原因，也有现实原因。南欠村的卡米人最初就是从老挝迁入中国，原本就会老挝语。因地处中老边境，双方往来频繁，既有经济贸易往来，也有婚姻往来。小组长岩坎告诉我们，村里人不读书之后经常去老挝周边走动、和老挝人做生意等，老挝人也常过来串亲戚做生意。南欠村共有 27 户是从老挝婚嫁迎娶过来的，其中 3 户是普囡族、9 户是阿卡人、15 户是卡米人。虽然国籍不同，但都是卡米人，所以往来很密切，和同族人交流都是用卡米语，和老挝其他民族的人交流时会用老挝语。

南欠村卡米人所掌握的语言纷杂但具有民族特点和地域特点。因卡米人是一个中老跨境的民族又地处中老边境，所以卡米人不仅会汉语还会老挝语。因南欠隶属西双版纳，其主体民族是傣族，周边又居住着哈尼族，卡米人在这样的环境下学会了傣语、哈尼语和云南方言。因卡米人独特的手工艺又吸引了大量外地人尤其是湖南人来此，在接触过程中又促使卡米人学会了湖南话。

从南欠村卡米人的语言情况来看，我们看到：一是跨境民族跨地域的往来为其语言保留和发展提供了很大的动力，中老卡米人的交往为卡米语的存在和发展做出了一定贡献。二是一个地区的主体民族或多或少都会影响该地的非主体民族的语言，卡米人受到主体民族傣族的影响，所以卡米人会傣语，甚至在服饰、建筑方面都参照傣族。三是一个国家的语文政策对民族语言的生存和发展有着很大的影响，我国"主体—多样性"的语言政策为普通话的普及和民族语言的发展提供了政治保障，卡米人在这样的环境下既传承了卡米语也学会了普通话和其他语言。

（周雅，余金枝）

二 江城县曼滩村语言使用状况

江城县哈尼族彝族自治县的整董镇自清朝雍正年间就有傣族居住，整董镇境内有 10 个傣族自然村落，曼滩村是这些傣族自然村落中的一个，几百年来保持着自然生态、原始古朴的傣家建筑。除了傣族以外，曼滩村还有瑶族、哈尼族等民族。① 到 2016 年，曼滩村辖 20 个村民小组，有农户 550 户，有乡村人口 2472 人。② 整董镇东南与老挝相接，国境线 38 千米。自 2004 年至今，整个镇有 137 个家庭与老挝、越南的人通婚，③ 民族涉及傣族、瑶族和哈尼族，这 3 个民族在老挝主要分布在约乌县的宗和寨、班嘎村等村寨。曼滩村从 2017 年开始，先后有 19 位老挝女子嫁入曼滩村曼滩小组和席草塘小组，其中 13 位傣族，5 位瑶族，1 位哈尼族。

（一）曼滩村小组概况

曼滩是普洱市江城县整董镇一个以傣族为主、多民族聚居的村落。曼滩小组是曼滩村委会下的一个村组，共有 112 户，478 人。村寨历经百年沧桑，融合多元文化，民风民俗独特，充满无限生机；村寨依山而建，背靠青山，面向平坝；寨内溪水穿流，村前田地平阔，后山林茂竹密。傣族分旱傣、水傣、花腰傣、白傣等，曼滩村的傣族为水傣。④ 与版纳、德宏以竹子为主调的民居相比，曼滩村小组的民居也是杆栏式建筑，寨内传统的干栏式建筑竹楼 98 户，民居的房顶用一种由黑泥制作的黑色挂瓦钩挂铺就，遮风挡雨，通透凉快；民居分两层：上层用来生活起居，下层用来饲养牲畜或堆放杂物。整栋房屋用无数根圆木支撑，有些柱子差不多和村寨同龄，上面依稀还有当年大刀加工留下的印记。

曼滩村小组与老挝的约乌县接壤，村民之间多有往来，自 2009 年 11 月至今，先后有 14 位老挝女子嫁入曼滩村小组，她们中有 13 位是傣族，1 位哈尼族。据村民介绍，老挝嫁过来的傣族女子，属于傣族中的水傣

---

① 一个能让艺术家驻足的地方——曼滩村。
② 普洱市江城县哈尼族彝族自治县整董镇曼滩村委会村情概况。
③ 相约久久网站。
④ 江城县县志编纂委员会：《江城哈尼族彝族自治县民族志》，云南人民出版社 2012 年版，第 10 页。

支，她们的语言与曼滩村小组的傣族的傣语并无差别，所以他们属于同一民族且能互通语言。

(二) 曼滩村傣族语言使用状况

曼滩村以傣族为主，为了对该村寨母语使用情况有个大概了解，我们抽样调查了 7 位傣族，其中 1 位是从老挝嫁过来的傣族，对他们进行了语言问卷和 400 个基本词测试。测试结果分析如下：

1. 曼滩小组母语使用活力度高

从母语使用层面看，曼滩村组的傣族均能熟练使用母语，包括调查到的那位老挝媳妇。村民在村中日常都用傣语交流，只有遇到其他民族的人，才会使用汉语进行交流。在学校里，孩子们几乎不讲傣语，他们在课堂上讲普通话，课间和同学交流用汉语方言，只有每周两次的"少年宫"课会教傣语。虽然如此，孩子们的母语使用能力并未下降，他们在村中依然使用傣语。这与村中良好的母语环境分不开，虽然村中有许多从老挝嫁过来的女子，不过她们大部分也是傣族，来到曼滩语言并无障碍。

2. 曼滩小组词汇量存在代际差异

我们对曼滩村不同年龄的村民进行 400 词测试，发现年长者的词汇量掌握得都很好，不过，正在读高中或以下的孩子，他们的词汇量明显比年长者低。一位初三的学生赵海盈称他们在 6、7 岁入学之后，几乎都讲汉语，学校里只有"少年宫"课会讲傣语。他的词汇量与年长者有明显差距，一些生产工具的名词以及动词，还有一些不常见的动植物，在他去学校前的日常生活中很少接触到，老一辈人也没有教给他相应的傣语，等到入了学，老师用汉语告诉他相关的内容，于是，在他的日常生活中，常见的事物，他们可以用傣语说，但是一些不常见的东西，在提及时，就会用汉语代替，久而久之，就出现了词汇上的代际差异。

(杨文静、余金枝)

第八章　云南少数民族双语教育及语文政策

第一节　云南少数民族双语教育

云南是一个多民族的边疆省份，人口 5000 人以上的世居少数民族有 25 个。这 25 个少数民族，除回族、满族、水族使用汉语外，其余 22 个少数民族使用 26 种少数民族语言。

云南的多民族、多语种构成了与其相适应的多文种。云南少数民族原有文字种类很多。据 20 世纪 50 年代调查，原有民族文字的 11 个少数民族中，共有 23 种文字。

中华人民共和国成立后，从 20 世纪 50 年代起，党和人民政府成立专门机构和组织专业队伍，对哈尼、傣、傈僳、拉祜、纳西、佤、景颇、苗、彝、白等 10 个民族语言进行了全面系统的调查研究。在此基础上，先后帮助哈尼、傈僳、纳西、佤、景颇（载瓦支系）、苗、壮 7 个民族创造了 9 种文字（其中哈尼族、苗族各 2 种）；帮助傣、拉祜、景颇（景颇支系）3 个民族改进了 4 种文字，其中傣族为 2 种。

党的十一届三中全会以后，帮助独龙族在原有文字（日汪文）的基础上设计了以拉丁字母为基础的拼音方案（草案）；根据苗族人民的要求，帮助苗族改进了滇东北老苗文；开展了对原有彝文的规范工作。除属彝语北部方言区的彝族可用凉山规范彝文外，其他 5 个方言区则在原有彝文的基础上，规范一种以表意为主的彝文方案。

到 1989 年，云南已有彝族、白族、哈尼族、壮族、傣族、苗族、傈僳族、拉祜族、佤族、纳西族、瑶族、景颇族、藏族、独龙族 14 个民族正在推行或试行 22 种民族文字或拼音方案。目前比较通用的是 14 个民族

18种文字。各少数民族语言文字在民族教育、社会扫盲、新闻出版、广播电影电视等领域取得了显著成绩，少数民族语言文字的使用范围日益扩大。

一　云南民族教育的历史

云南民族教育事业的发展经历了中华人民共和国成立至今60多年的历程。1950年以前，云南广大民族地区生产力发展水平低，发展不平衡，文化教育落后，仅有少部分土民去私塾或边地小学求学，部分地区甚至没有正规的学校教育，民族教育形态及体系尚未形成。1950年，昆明军管会接管了民国政府在民族地区办的45所民族小学、3所中学，由省直管并划拨经费。同时，接管了民族地区的70所教会学校和2所私立中学。1951年8月，创建云南民族学院（今云南民族大学）。1952年，明确民族中小学教育为全省基础教育的重点，从内地派遣了一批干部和教师到边疆民族地区从事教育工作，创办一批食宿包干的省立民族中小学，学生得到免费衣物、食宿和学习用品。许多地、州、县也举办了一批民族中小学，根据学生不同情况给予补贴。就读于普通中小学的民族生，优先得到人民助学金。1956年10月，全省第一次民族教育工作会议召开，讨论并明确了云南民族教育的内容、性质和任务，民族中小学教育得到较快发展，部分小学开始推行民族语文教学。省教育厅成立民族教材编译室，编印傣、景颇、拉祜、佤、哈尼等民族文字的小学课本。1957年后，根据国家就地办学方针，取消寄宿制学校，对有特殊困难的学生给予部分费用补助。民族小学下放到县以下管理，民族中学下放到地州管理。1959—1961年3年困难时期和一系列政治运动中，民族地区受欢迎的办学形式遭到削弱，民族中小学教育一度萎缩。1963年10月，召开全省第二次民族教育工作会议，传达中央对教育的指示精神，民族教育再次走上正轨。"文化大革命"时期，许多地区取消了一系列扶持民族中小学和民族教育的特殊政策措施，否定在民族地区广受欢迎的办学形式和教学内容，省民族教材编译室被撤销，民族地区中小学教师和教育工作者蒙冤受屈，民族教育遭受浩劫，教育质量全面下降。

二　新时期民族教育的现状

党的十一届三中全会后，加强民族教育，采取多种措施促进民族中小学教育发展。对边境一线 20 千米内的民族中小学生，给予生活补助。对贫困山区学生，实行"三免费"（免学费、书籍费、文具费）。从教育经费中拨出专款，重点建设边疆一线和重要口岸学校。每年从支援不发达地区资金中，拿出 10%—15% 用于民族地区教育。1980 年，决定每年从省级机动财力和支援不发达地区基金中，拨款先后举办 40 所寄宿制民族中小学（即省定民族中小学），对寄宿学生给予生活补助。1983 年，决定每年拨款 1500 万元（1985 年后增加到 2100 万元），举办半寄宿制高小 3000 所。部分州、县举办一批民族中小学，省属重点中学和条件较好的县一中举办民族班。同时，还根据实际情况延长学制和适当放宽少数民族儿童入学年龄。

1988 年，省政府召开第三次全省民族教育工作会议，提出发展民族教育的十条措施：从省级机动财力和支援不发达地区基金中拨出专款，在教育水平、办学条件相对较好的少数民族聚居区，开办了迪庆州民族中学等 40 所省定民族中小学，按一类标准配齐教学设备，省财政对省定民族中小学寄宿生每生每年给予 300 元的生活补助。巩固和完善 3000 所半寄宿制高小；在民族地区中小学中，加强双语、双文教学；加强对"一师一校"的管理；在没有民族中学的 35 个贫困县一中，增设民族部；在云南教育学院实验中学（现为云南民族中学，是第 41 所省定民族中学），为 12 个特困民族开办民族部；加强民族师范建设；在 10 所地州民干校，举办职业技术培训班等。从 1988 年起，省财政连续 3 年，每年安排 2500 万元专项扶持发展民族教育。

2000 年后，进一步采取多种措施促进民族教育发展。由云南省民族事务委员会牵头，省教育厅、省财政厅配合，对边境沿线村委会的小学生，以及独龙族、德昂族、基诺族、怒族、阿昌族、布朗族、普米族等 7 个人口在 10 万以下的少数民族聚居区和藏区农村小学生、初中生，实施免教科书费、杂费、文具费的"三免费"教育，并逐步扩大实施对象范围至 129 个边境乡（镇）、7 个人口较少民族聚居区的 23 个乡（镇）和 85 个村委会及迪庆州 29 个乡（镇）义务教育阶段的农村学生。"三免费"教育，为云南边境地区、人口较少民族聚居区和藏区中小学生提供一个相对平等的受教育机会，也为国家"两免一补"政策实施提供了思路和借鉴。

云南省民族事务委员会，每年从省级民族机动金中安排专项经费，对云南师范大学附中、云南民族中学每年分别面向州（市）招收的100名、150名少数民族高中学生，按每生每年1200元的标准给予生活补助；安排专项经费，支持云南民族大学建设。2000年，云南省招生考试委员会（现为云南省招生考试院）、省教育厅、省民委共同出台《关于各类学校招收少数民族学生有关问题的规定》，对云南省19个世居民族学生参加中高考给予加分录取照顾、民族预科降分录取政策。2000年起，先后在云南省建筑工程学校、云南农业大学、云南省民族中专、云南林业职业技术学院，举办特有民族中专班、大专班、本科班，主要招录布朗族、基诺族、普米族、阿昌族、怒族、德昂族、独龙族、景颇族、傈僳族、拉祜族、佤族、苗族、瑶族、藏族、纳西族（摩梭人）等考生，并给予免学费及补助生活费。

2008年起，云南省每年组织300余名少数民族教师和民汉双语教师，到昆明进行业务技能培训、学习、观摩。2011年，《云南省中长期教育改革和发展规划纲要（2010—2020年）》出台，首次将"民族教育"作为独立章节列入"规划"，作为"发展任务"和"重大项目"之一组织实施。通过多年努力，云南民族教育已形成民族班、民族中小学、民族中专、民族大学等民族学校教育与普通学校教育相互交融、协调发展的完整体系。

民族学校教育办学层次，有学前教育、义务教育、普通高中教育、职业教育、少数民族预科教育和高等教育。教学内容，除包含普通教育的所有内容外，还包含民族语言、民族文化、民族艺术、民族体育等民族传统文化教育。云南民族自治地方的78个县（市）有普通高校11所、中等职业学校136所、中小学校8218所、民族中小学400余所。33个贫困县的一中有民族部，云南师范大学附中有民族部。有7所民族中专和1所民族大学。至2012年12月，云南省各级各类学校共有少数民族在校生306.53万人，占在校生总数的32.80%。

三 云南双语（文）教学的历史

中华人民共和国成立初期，云南大部分少数民族地区不通汉语。为了尊重少数民族文化，降低少数民族学生的学习难度，采取有效措施提高少数民族学校教育的质量，早在20世纪50年代初，就在民族地区民族学校分类开展双语教学。1952年，云南省将西双版纳傣文、德宏傣文、景颇文、拉祜文、藏文 5 种少数民族语文试用于小学教育，出版了 12 种小学课本和扫盲教材，49 种读物。1955 年，云南省教育厅成立民族教材编译室（后并入云南民族出版社），正式在民族地区部分小学一年级推行民族语文教学，对于没有民族文字的民族，用民族语言辅导，直接教授汉语文。

1957 年秋季，云南省教育厅采用景颇文、载瓦文、傈僳文、拉祜文、哈尼文、佤文、彝文 7 种民族文字课本，在部分民族小学试教。

1964 年，通过对前几年双语教学经验的总结，在实行双语文教学的民族小学，实行"二三分段""三三分段"以及"二四分段"，在经济条件较好的县、镇、区所在地，实行"二三分段"，即一、二年级为一段，主要学习民族语文，三、四、五年级为一段，主要学习汉语文。在农村小学实行"二四分段"，在西双版纳傣族地区，由于必须学三年民族文字才能更好地学习汉语，因此实行"三三分段"。采取这些学制，是考虑到儿童经过 2—3 年民族语文学习后，已经能适应农村对民族文字的需要，也能更好的帮助学习汉语文。在少数民族杂居区的多民族学校和没有文字的民族聚居区学校，一般直接教授汉语文，用民族语言辅助教学。

"文化大革命"期间，云南民族地区一度停止了民族语文教学。教学方法、教学内容等与全国统一，学校的民族特点被抹杀，教学质量低。

1982 年，教育部制定颁发的《全日制民族中小学教学大纲（试行草案）》中指出："汉语文事实上已成为各民族之间通用的语言文字……在使用本民族语言和文字进行教学的中小学中，学生首先应当学好本民族语文，有条件的也应当学好汉语文。"

遵照指示，云南省积极开展双语文教学。德宏州在 420 所小学分别开设了傣文、景颇文、载瓦文、傈僳文等民族语文课，怒江州在 92 所小学开设傈僳文课，临沧地区有 23 所小学开设了佤文课，西双版纳、楚雄、迪庆、红河等民族自治州恢复和新开设了民族语文课。从 1982 年起，云南省教育厅联合民委系统先后建立了 6 所双语文实验小学，分别是沧源县贺南小学（佤文）、丽江县巴拉支小学（傈僳文）和玉龙小学（纳西文）、澜沧县班利小学（拉祜文）、潞西县营盘小学（景颇文）、剑川县西中小学（白文），重点开展双语文教学实践，取得一定成绩。至 1988 年，云南省共有 11 个民族 14 种民族文字在上千所小学开展双语教学，参加的学生达 5 万多人。

这一时期，云南的双语教学主要分 2 种类型，即双语单文、双语双文。双语单文，指只学习汉语文，用民族语辅助教学的形式，对没有民族文字或在杂居区有文字的民族大多实行这一形式，这也是云南省双语教育的普遍形式。双语双文，主要针对有文字的聚居区的少数民族，大体可以分为 3 种形式。一是双语分课形式。一年级开设少数民族语文课，二年级开设汉语课，双语文分课教学至 6 年级，民语文课逐年减少，汉语文课逐年增加。二是双语同课形式。学生先学 1 年少数民族文字和半年汉语拼音会话，二年级开始只学习汉语文，但在课堂上用民族文字帮助注音、解释。三是先分后合形式。低年级先学民族语文，中年级用民汉对译教材同步学习双语文，高年级以学习汉语文为主。总的来说，云南少数民族的双语教学，都是用民族语或民族文帮助更好的学习汉语文，到了初中一般都不再实行双语教学。

除此之外，20 世纪 80 年代，一度中止的民族文字扫盲工作又开始如火如荼地举行。到 1987 年年底，云南省已有彝、白、哈尼、壮、傣、苗、傈僳、拉祜、佤、纳西、景颇、藏、瑶和独龙等 14 个民族用 19 种文字开展扫盲工作。实现了丽江拉巴支和兰香两个傈僳文无盲乡。澜沧拉祜族自治县东回区阿永乡，经过 15 个月的努力，实现了青少年拉祜文无盲乡。金平县阿得博乡水源村实现了哈尼文无盲村。随着形势的发展，云南民族文字扫盲有的由单语文扫盲发展到双语文扫盲；有的由单纯的扫盲教育发展到科技、法律和文化培训。此项工作，为云南民族语文的推广，提升广大少数民族的文化素质做出了重要贡献。

四　云南双语（文）教学的现状

20 世纪 90 年代后期，云南自发开展双语文教学的学校慢慢减少，云南省的双语教学多数是双语单文型，用民族语辅助教学，提升汉语水平。2011 年 11 月，云南省教育厅联合有关部门在昆明市、楚雄州、红河州等 12 个州市启动了 14 个民族 18 个语种 32 所校点的新一轮民汉双语教学实验。2013 年还专门组织人员对双语试点学校的双语实施情况进行调查。调查结果显示，民族聚居区开展民汉双语教学的班级，成绩提高快，学习兴趣浓厚，学生不会因为听不懂而辍学。

云南省民语委办的梁红在调查石林糯黑小学（彝文）的双语推广情况发现，20 世纪 90 年代后期，石林县在学校推广"由母语直接过渡到普通话"教学，多年来，糯黑小学教学成绩一直处于低谷。2011年6月以前，学校教学除对刚刚入学的幼儿园小班学生偶尔采取彝语辅助教学外，其他基本上实行普通话教学。由于母语向普通话直接跨越，学生的理解能力有了偏差，因此，糯黑小学的学生在圭山镇所属的8所学校中，学期末全年级的考试科目中平均分要么倒数第一、要么倒数第二。2011年列为双语实验学校实施双语教学以后，成绩稳步提升，到2013年末，以平均分92.73分的佳绩，跃居全镇的各校点之首，双语教学成果可见一斑。其他傣族、白族、哈尼族、壮族等双语学校实施双语教学的班级成绩也优于普通班。

目前，云南开展双语文教学的有以下4类。

（一）32所双语实验学校的双语文教学

2011年11月，云南省教育厅联合有关部门在昆明市、楚雄州、红河州等12个州市启动了14个民族18个语种32所校点的民汉双语教学实验。这32个双语实验学校的双语教育大致情况如下：（1）试点班与普通班并行，试点班民族语占比较重，贯穿1—6年级的学校，如藏文的香格里拉县民族小学。该小学从小学低年级到小学高段都开设了藏语文，在小学高段（5年级）每周开设一节藏文数学课。试点班每周7节藏文课，一节藏文数学课，其他10个普通班每周4节藏文课，一节晚自习。（2）低年级开设民族语文，高年级不再开设民族语文，但保留民族语文兴趣班。大多数文种为此类型。（3）母语文教学与民族文化传承相结合。如纳西文的双语学校，丽江古城区束河完小和玉龙县白沙完小。这两所学校将母语文的学习融入纳西东巴文、白沙细乐、民间美术等课程中，形式多样，生动有趣，收到较好的效果。

（二）民族聚居区部分学校自发进行的双语文教学

在西双版纳、德宏、迪庆等民族自治地方，有部分小学开展低年级的双语文教学。此类学校，有的在学前班、一年级开展民族语文教学，课时5—6节；有的在三年级、四年级开设民语课，一般一周1—2节；有的以每周一次兴趣班的形式开展，全校师生都可以参与。据教育厅不完全统计，开展此类双语教学的学校大约有2949个教学班84095名在读学生。

（三）与外方合作的双语文教学

云南省的双语教学还有一种形式，即与外方合作开展双语教学。2003年6月，世界少数民族语文研究院（SIL）与云南省民委、云南省民语委签署了"关于合作开展白语文工作项目的意向性协议",经云南省人民政府批准立项后,于 2004 年年初开始在大理州剑川县石龙村实施。此项目的主要工作是在剑川县石龙村小学进行白汉双语文教学实验,促进当地少数民族基础教育的发展。该项目通过自编教材,将民族语文教学与白族传统文化知识有机结合,开发白族学生的智力和天赋,改变了学生的学习态度,提高了学生的学习兴趣和学习成绩,在探索适合民族地区学前双语教育的有效模式上进行了有益的尝试。2010 年 6 月,世界少数民族语文研究院(SIL)东亚部与云南省教育厅、云南省民语委签署了"关于云南省实施零障碍双语教学项目的合作协议",在大理剑川和西双版纳分别开展白汉、傣汉双语教学工作。目前这一项目已经结束。

(四)无文字民族和杂居区民族的双语单文教学

云南 25 个世居少数民族还有阿昌、普米、怒等 8 个少数民族有语言无文字,这些民族多居住在边远山区,针对部分聚居区学龄前儿童不通汉语情况,在小学低年级用民族语辅助教学,帮助提高学习成绩。云南民族的分布总体呈大杂居小聚居的态势。有些有文字的民族虽然跟其他民族杂居,又有自己的小聚居区,这些分布类型的民族,低年级也用民族语辅助教学,高年级直接用汉语教学。据省教育厅不完全统计实施这一类型的双语教学的有 438 个教学班,13443 名在读学生。

五 云南双语教学的反思

回顾历史,云南双语教学、云南民族教育自新中国成立以来经历了 60 多年的风风雨雨。其间,有轰轰烈烈也有停滞不前,有理性回归也有重视不够。

无论如何,云南双语教育对云南少数民族教育的发展,对少数民族文化素质的提升都是利大于弊的。对于不通汉语的少数民族学生,通过"先民后汉,民汉并举"的方式开展双语教学,是符合学习规律的。对于不通汉语的少数民族学生,直接教授汉语汉文,难度非常大,教师难教学生难学,学习积极性不高,学生不愿上学。笔者在做下乡调查过程中,经常听到 35—50 岁的少数民族回忆上学时因为听不懂汉语,宁可回家放牛、干活的故事。

目前,由于集中办学,村级很少有小学,孩子要到较远的地方读寄宿小学,虽然师资力量有所提升,但少数民族孩子学习双语的机会更少了。

同时由于片面强调升学率，部分学校的民族语文教学工作有意无意地拖延取消。

(一) 云南双语教学存在的问题

近几年，通过云南民语委办公室对云南少数民族双语教学基本情况的调查，大致存在以下4个问题。

1. 双语教学力度不够。大部分双语学校双语教学时间过短，6个学年只有1个学年开授有民语课，而且每周只有一节民语课。有的是一、二年级开授，有的是四、五年级开授，高年级孩子学习积极性不高，一方面由于课业压力重，另一方面由于认知水平的发展，对于民语课教授的"青蛙、兔子"之类的识字知识不感兴趣。我们双语教学要遵循孩子的学习规律和学习兴趣，才能更好地开展工作。

调查中发现，部分学校把民语课作为课外兴趣班开办，还有部分学校开办民族文化传承兴趣班，请本民族非物质文化传承人授课，如剪纸、葫芦笙演奏等，各年级师生均可参加，每周一次，效果不错。

2. 师资培训针对性不强。部分中小学老师反应双语培训内容跟教学相关性不大，不能解决老师在课堂教学中遇到的困难。培训力度不够，一年一次培训，一次培训20—30人，满足不了广大农村双语教师的需求。

3. 双语教材发放滞后。大部分学校没有教材，翻译的与九年义务小学语文课本同步的民族语文教材，对云南各少数民族来说难度太大，并不适合大部分学校使用，而且这套教材有些双语教学点也不能按期领到。大部分学校使用州县自己编写的识字课本，但教材数量不够，多数学生没有教材。

4. 双语经费不足，重视不够。云南省民语委办公室2013年的调查显示，大部分实行双语教学的学校没有额外的经费，32所双语实验学校只在2011年省教育厅拨了部分启动经费，后面的经费就中断了，只是每年举办师资培训。各级部门的评估只注重汉语成绩，认为学习民族语文会加重孩子负担，忽视了民族语文在提高汉语文学校中的重要作用。

(二) 外方合作双语项目带给我们的反思

世界少数民族语文研究院（SIL）与云南省民委、云南省民语委合作开展的"白语文工作项目"对于探索我国农村双语教学具有积极的意义。其教材编写上根据农村儿童的最初经验来编写。教材内容围绕农村儿童熟悉的田野和动物来编写，还有民间故事、儿歌等，这些教材因地制宜，把当地的传统故事和学生生活作为内容，学生非常喜欢，在很大程度上激发了孩子们学习的兴趣和热情。

在教师的选择上，通过开展成人培训，在项目点初中毕业后返乡青年中挑选符合要求的学员作为学前班双语教师的候选人，并对他们进行民族语文和专业教学训练。包括如何在教学过程中使用游戏和活动使学生更有效地学习、如何使用日常物件作为教具帮助学生理解和操练所学知识、如何进行课堂管理、如何根据教案备课等方面的训练，同时还培训编故事、创作新儿歌（如学颜色、数数字）等。双语教师人才缺乏，也可以在村里就地选择优秀的青年，经过短期培训，担任民族语文低年级教师。

(三) 几点建议

目前，由于电视的普及，孩子从小看电视，加上父母也说汉语，入学前不懂汉语的已经比较少了。相反，很多年轻的父母只教授孩子普通话，不跟孩子讲民族语，本民族语言文化的传承受到新的挑战。部分杂居区的少数民族青少年已经不会讲民族语，只会讲汉语。针对这一情况，云南双语教学的形式和内容需要做一点调整。

1. 编写贴近各民族生产生活的双语教材。融入乡土知识、本民族传统文化，包括地理环境、风土人情、特色食物、民间故事、传说、歌谣、传统小调等。

2. 将双语教学与民族文化传承结合起来，开展各类民族文化歌曲、舞蹈兴趣班，用生动有趣的方式学习民族语文，传承少数民族优秀文化。

3. 让社区参与进来，就地培养返乡青年作为少数民族双语教师。呼吁家长在家跟孩子讲民族语，传承母语文化。语言决定思维，多学一种语言对孩子思维能力的发展非常有益，希望教师、家长在帮助孩子学好普通话的同时，督促孩子说一点民族语，不要忘记自己的母语文化。

（谢红梅）

第二节　国家语文政策在云南的实施情况

语言文字不仅是表达思想情感和沟通交流的工具，也反映了一个国家和民族的文明程度，与社会生活密切相关。语文政策是人类社会群体在语言交际过程中根据对某种或者某些语言文字所采取的立场、观点而制定的相关的法律、条例、规定、措施等，它在经济、政治、文化等方面起着非常重要的作用，因此各个国家都十分重视语文政策。我国最早的语文政策可以追溯秦朝，当时秦始皇统一六国之后，颁布了"书同文"，以法律形式将全国文字统一为小篆。此后很多朝代也开始推行自己的语文政策。

1949年新中国成立之后，我国将民族语言平等作为国家重要的语文政策之一，并在此基础上确立了"主体—多样性"的语文政策。该政策包括两个方面：一方面是"主体性"，即国家通用语言文字——普通话和规范汉字；另一方面是多样性，主要针对各少数民族语言与文字。该语文政策不断发展延续至今，既保证了普通话和规范汉字的主体地位，又促进了各民族语言文字的发展，符合我国国情。

一 "主体性"语文政策

我国"主体性"语文政策主要是针对国家通用语言文字制定的政策。自"普通话"于1955年正式确立为汉民族共同语并明确定义以来，国家先后发布多条指示要求在全国范围内推广普通话，甚至在1982年将"国家推广全通用的普通话"写进了宪法。而我国的通用汉字也是历经多次废止和修订才确立，现在通行的简化字是在1956年1月28日审订通过的《汉字简化方案》基础上略有改变。下面将从内容和影响两方面介绍"主体性"语文政策。

（一）"主体性"语文政策的内容

我国制定的"主体性"语文政策主要是为了让国家通用语言文字合乎规范并广泛推广达到全民规范使用的目的，内容主要包括：

1. 规范语音。1955年10月召开的"全国文字改革会议"和"现代汉语规范问题学术会议"期间，确定将汉民族共同语正式命名为"普通话"，并明确定义，其中规定"以北京语音作为标准音，以北方话作为基础方言"。这既有历史原因也有现实条件。北京是我国政治、经济、文化中心，且历史上有多个朝代在北京定都，所在地的语言也多次成为"官话"，成为各大方言区的共同使用的语言。所以北京语音被选为标准音、北方话被选为基础方言。此外，国家也对异读词等情况进行审音达到语音规范。1956年成立的普通话审音委员会多次对异读词进行审音，规范了现代汉语的标准读音。

2. 规范词汇。规范词汇主要用词典体现。我国在规范词汇方面最具影响力的著作是《新华字典》和《现代汉语词典》，它们的出版为普通话的推广和汉字的规范起到了不可替代的作用。

3. 规范语法。普通话语法规范可追溯到吕叔湘与朱德熙合写的《语法修辞讲话》，这部书分析了大量的病句帮助读者理解语法规范化的问题，为语言规范化使用起到重要作用。此后中国语法学家集体编写的《暂拟汉语语法教学系统》又是另一部规范语法的著作，该书总结了现代汉语语法研究成果，产生了巨大影响。

4. 规范标点符号。中国早期文献并没有标点符号，清末时期才开始出现新式标点符号。中华人民共和国成立后，出版了《标点符号用法》，规范了标点符号的使用。

5. 规范汉字书写顺序。早期汉字书写主要是从上到下，从右到左。随着西方科学文化的传播，中国文化界提出自左向右书写汉字的问题，并在1956年之后，全面实行汉字横写。

6. 规范汉语拼音。汉语拼音作为通用语言文字拼写和注音工具，能辅助汉字发挥作用，在国际和信息化时代发挥着重要作用。中国关注汉语拼音方案的制定始于清朝末年。1956年召开的知识分子问题会议确立了汉语拼音方案采用拉丁字母。经过多次修改讨论，1958年第一届全国人民代表大会第五次会议正式批准了《汉语拼音方案》。

7. 大力推广国家通用语言文字。我国一直致力于推广普通话和规范汉字，不仅在汉语方言地区，也包括少数民族地区。为推广国家通用语言文字，在我国法律和相关政策条例等方面多次提及。如2011年中共第十七届六中全会上通过的《中共中央关于深化文化体制改革推动社会主义文化大发展大繁荣若干重大问题的决定》中明确推出要"大力推广和规范使用国家通用语言文字"。

（二）"主体性"语文政策的影响

虽然在确立推行"主体性"语文政策的过程中我们也遭遇了很多曲折，但还是取得了一些成绩，给我们生产生活带来了一定的影响，主要包括：

1. 明确了普通话的含义和规范汉字的形状，确立了普通话和规范汉字的主体地位。我国是一个多民族、多语言和多文字的国家，历史上我国的官方语言和文字跟随着政权的变更、都城的改变等而发生改变，我国的官话经历了从最初的雅言到后来的蒙古语、南京官话、满语、北京官话、国语最后到现在的普通话这么一段漫长的演变过程。汉字字形也经历了甲骨文、金文、大篆、小篆、隶书、楷书、草书等，从古代的繁体字到现在的简体字。直到 2000 年修订通过的《中华人民共和国国家通用语言文字法》确立了普通话和规范汉字，并明确其作为国家通用语言文字的法律地位。

2. 促进不同地区、不同民族之间的交流，为国家稳定和各民族共同繁荣发展起到了一定的作用。我国有 56 个民族，但境内语言却有上百种，现行少数民族文字 30 多种，此外还有各种方言。不同语言、方言和文字之间的差别有大有小，不能达到全民通话的目的。在这样的情况下，需要一种大家都共用的语言和文字来解决通话、传承、记录的问题，为此国家通用语言文字应运而生。从政治、文化、教育、经济、社会、历史等各个角度来看，普通话和规范汉字是最合适成为国家通用语言文字的。国家以法律的形式出台制定相关语文政策，用强制手段保证了普通话和规范汉字的运用和推广，推动了各民族之间的交流，促进了各民族的发展和国家的稳定。

二 "多样性"语文政策

我国实行"多样性"的少数民族语文政策，并以法律形式表现出来，如我国宪法第四条规定"各民族都有使用和发展自己的语言文字的自由"。在中国特色社会主义新时代，我国深入贯彻落实党和政府关于少数民族语言文字的政策法规，维护各民族使用发展自己民族语言文字的权利，为少数民族语言文字工作顺利开展提供保障。下面我们将从"多样性"语文政策的内容和影响两方面进行阐述。

（一）"多样性"语文政策的内容

我国实行"多样性"的语文政策主要包括以下几个方面：

1. 少数民族自愿自择语言文字。中国语言文字复杂，即便是同一民族不同地域、不同支系的语言也有很大的差异，无法互相通话。为此，我国制定了自愿自择的原则，少数民族能够自行选择语言，保障每个人享有使用语言文字的权利。少数民族在生活工作中既可以使用当地通用汉语言文字，也可以使用自己本民族的语言文字，还可以选择其他少数民族的语言文字。

2. 少数民族享有使用本民族语言文字的权利。一是在民族区域自治区，政府机关、社会团体、企业、事业单位等地方实行汉文和少数民族文字并用。二是在重要场合为少数民族提供同声传译和文字文件译本。如在全国人民代表大会、中国共产党全国代表大会、中国人民政治协商会议等重要会议上，我们为蒙古、藏、维吾尔、哈萨克、朝鲜、彝、壮等7个少数民族配备同声传译和民族文字文件译本。三是少数民族公民有权使用本民族语言文字进行诉讼。四是我国专门设立了少数民族语言文字工作机构和翻译机构，各地方根据自行需要建立了相关机构来保障少数民族享有使用本语言文字的权利。

3. 国家扶持少数民族语言文字的发展。一是扶持少数民族语文翻译、出版事业。扶持少数民族作家用自己的语言文字进行创作，从中央到地方建立了一系列少数民族语言文字工作机构和出版社、印刷厂等。二是扶持少数民族语文的传统媒体和新媒体事业。全国根据少数民族需要刊印了民族语言文字报纸和报纸杂志等，中央和地方有多家广播电台用少数民族语言进行播音，用民族语言文字译制电影片，鼓励少数民族艺术工作者用民族语言进行汇报演出。内蒙古、新疆、西藏、云南等地都有专属少数民族语文的电视、广播频道。国家投资研究设计出少数民族语言文字输入法和民文网站。三是国家扶持少数民族古籍整理事业。国家投入大量经费帮助整理和抢救少数民族古籍。

4. 鼓励少数民族语言文字教学。开设民族院校和专业，使用少数民族文字课本，使用少数民族语言教学。我国共有18所民族类高等院校，此外各地区还开设了其他少数民族班和课程等。

5. 鼓励各民族干部群众互相学习语言文字。语言具有地域性，在一定地域中，单一的语言不能完全满足生活实际需要，尤其是在少数民族居住地。所以需要倡导各民族相互学习语言文字，尤其是少数民族地区工作者，只有学会当地的语言文字，才能更好融入当地环境，了解少数民族实际需要，才能做好本职工作，促进经济发展和推动社会进步。

6. 开展少数民族语言文字国情调查。我国多次开展少数民族语言文字调查，了解我国少数民族语言文字情况，为我国制定和修改语文政策提供科学依据。如20世纪80—90年代，国家民委文化宣传司和中国社会科学院民族研究所联合开展中国少数民族语言使用情况调查。2017年4月，国家民族事务委员会在《国家民委关于印发"十三五"少数民族语言文字工作规划的通知》中明确指出要加强少数民族语言文字基本情况调查与科研工作。

7. 开展少数民族语言文字规范化标准化信息化建设。随着当今科学技术的发展，开展少数民族语言文字规范化标准化信息化建设迫在眉睫。2012 年国务院印发的《少数民族事业"十二五"规划》和 2012 年国家语委发布的《国家中长期语言文字事业改革和发展规划纲要（2012—2020 年）》都提及要开展少数民族语言文字规范化标准化信息化建设。

8. 培养少数民族语言文字科研人才。民族语言文字要发展离不开科研人才。但我国从事民族语言文字研究的人才还比不上从事汉语文研究的人才。故提出要加大对少数民族语言文字科研人才的培养。通过依托民族院校、民族语文翻译机构等地方，建立培训基地和培训机构，培养民族语言文字研究者。

（二）"多样性"语文政策的影响

我国少数民族语言有上百种，文字有 30 多种，实行"多样性"的语文政策既体现了我国各民族平等，也有利于各民族团结。其主要贡献在于：

1. 以法律形式确保少数民族语言文字与汉语文平等，受到国家保护和尊重。我国颁布的《中华人民共和国宪法》《中华人民共和国民族区域自治法》和其他政策法令中都对民族语言文字的使用和发展作了规定，保障各民族都有使用和发展本民族语言文字的权利。

2. 科学保护了各民族语言文字。随着经济、科技等发展，我国语言情况正在发生变化，很多少数民族语言和方言的活力在逐步减弱，甚至出现濒危的情况。在这种状况下我国的语言文字政策也发生了变化，不仅仅是给予少数民族自由选择使用语言文字的权利，并且明确提出要"科学保护各民族语言文字"。在加快推广普通话和规范汉字的同时，也要抢救面临衰危的语言和方言，用现代技术手段进行记录保存。国家语委的《中国语言资源有声数据库建设》、国家新闻出版总署的《中华字库》、中国社会科学院民族所的《少数民族古文字的搜集整理与字库制作》等都是国家科学保护各民族语言文字工作的体现。

3. 帮助少数民族语言文字进行规范化标准化信息化处理，更好地服务于少数民族语言文字的发展。科研院所和民族院校配合地方民族语文工作部门开展的民族语言文字规范标准制定、民族语言文字处理与应用软件的开发、民族语言文字网站的建立、民族语言文字的机器翻译、民族语言文字的语料库和知识库的建立等工作，让民族语言文字走上规范化标准化信息化道路，也更好为民族语言文字的发展提供动力。

4. 培养出大批翻译人才和民族语文研究工作者。由于国家语文政策的需要，各类院校开始培养翻译家和民族语文研究工作者，甚至专门开设少数民族语言等课程和专业，帮助少数民族更好地发展使用自己的语言和文字。在翻译家和民族语言研究工作者的努力下，出现了大批翻译作品和语言研究文章，为党和政府更好地认识少数民族语言文字、更好地制定出切实可行的语文政策提供参考，也加深了不同民族之间的文化交流、增进彼此感情。

三 国家语言政策在云南省的落实

云南是中国少数民族最多的省份，其语言文字丰富多彩、各具特色。云南省的语文政策是在国家"主体—多样性"语文政策的指导下，结合云南省民族众多、方言复杂的实际情况而制定实施的。下面我们将从云南省语言文字使用情况的发展历程、云南省语文政策的内容和云南省语文政策的影响3部分进行阐述。

（一）云南省语言文字使用情况的发展历程

云南语文政策是结合云南省语言文字使用情况而制定的，在论述云南语文政策之前，我们先对云南省语言文字的发展历程进行回顾。云南语文使用情况发展历程包括汉语文使用情况和少数民族语文使用情况发展两方面，汉语文发展较为稳定，而少数民族语文使用情况大致经历了初始、停滞、恢复和发展4个时期。下面具体介绍云南少数民族语言文字使用情况发展历程。

1. 初始时期

这一时期主要是从20世纪40年代到"文化大革命"前，我国开始对云南省少数民族语言文字情况进行调查研究，并以此为参照，制定出符合云南省语文情况的语文政策。20世纪40年代，云南省开展了少数民族语言文字调查研究。50年代，又多次走访调查少数民族语言文字情况，基本摸清云南少数民族语言文字使用情况，并为少数民族改革和创制新文字。如1952—1957年派出的少数民族语言调查工作队帮助傣族、拉祜族改革文字，帮助傈僳族、佤族、苗族、彝族、纳西族、哈尼族、壮族和景颇族创造新文字①。

2. 停滞时期

这一时期主要处在"文化大革命"期间。当时云南少数民族语言文字政策被迫停止推行，云南少数民族语言文字停止使用，相关的民族语文工作机构被撤销，少数民族语言文字工作陷入了停滞。

3. 恢复时期

这一时期是从20世纪80年代到2000年。20世纪80年代以后，随着"文化大革命"的结束，云南少数民族语言文字发生巨大变化，为此又重新对少数民族语言使用情况进行普查，其间出版了《中国少数民族语言使用情况》一书，专门对云南少数民族语言使用情况进行了论述。

4. 发展时期

这一时期从2000年开始至今。随着西部大开发战略的实施，国家政策越来越向西部地区倾斜，云南省经济情况发生改变，语言文字使用情况也随之变化。越来越多的专家学者投身云南研究云南民族语言文字情况，相关的专著论文也越来越多，包括对云南民族语言文字现状的研究、云南少数民族语言文字在语言接触过程中的演变情况研究、新时期云南民族语言文字和谐情况研究等。这一时期对少数民族语言文字的研究也越来越深入和广泛。

(二) 云南省语文政策的内容

随着云南少数民族地区经济社会的发展，少数民族语言文字规范问题、部分少数民族语言文字濒临消失问题、少数民族语言文字科学发展等问题急需解决，为此，云南民语委等相关部门在国家语文政策的指导下，基于充分开展调研的基础上制定了云南省的语文政策，主要包括：

1. 大力推行普通话和规范汉字。云南省在贯彻落实国家通用语言文字政策的过程中，大力重视学校教育中语言文字规范化政策的落实，对不同阶段的师生的普通话水平和规范汉字的应用能力进行检查评估，分批验收。通过开展普通话口语水平测试，编写各类有关普通话、规范汉字方面书籍推广普及普通话。2002年，云南省通过基层调研、邀请语言专家和法学专家论证、各级部门和有关领导审议等，于2004年公布了《云南省国家通用语言文字条例》，为云南省的语言文字工作开展提供政策保障。

---

① 和学仁、周耀文：《云南少数民族语文工作回顾》，《民族语文》1980年第3期。

2. 帮助少数民族创制、改革和推行民族文字。20世纪50年代，云南省先后为傣族、拉祜族、景颇族、哈尼族、苗族、彝族、壮族、傈僳族、佤族、纳西族、景颇族等少数民族创制、修改文字，并通过报纸、广播、课本、图书、授课等方式推行和发展少数民族语言文字。对于省内有语言没有文字又不通汉语的民族，根据群众需要和意愿，为他们设计文字方案或拼音符号，通过试行再逐步推广。对于有的民族出现的新老文字并存问题，根据"自愿自择"原则，由群众自行选择使用。

3. 推行双语教学。云南省少数民族众多，很多民族都有自己的语言文字，在20世纪50年代，也有大部分群众只会民族语文不会汉语，所以要推行双语教学。一方面是为了帮助少数民族学习汉文，学习先进的文化技术等；另一方面是为了保证民族语文的传承和发展。

4. 鼓励干部相互学习语言文字。要求在自治地方或民族地区工作的汉族干部和少数民族干部要认真学习各自语言文字，加强交流，推动工作顺利开展。

5. 开展民族文字扫盲工作。在推行民族文字的地区开展扫盲工作，及时总结经验教训，向各地推广经验。

6. 加大少数民族语文人才的培养。云南省各地民族院校适当提高招生比例或增设班级等，加大对少数民族语文人才的培养力度；注重培养原有的民族语文人才，提供培训机会、提高待遇，保障民族语文工作者更好地发挥作用。

7. 建立健全民族语文工作机构。各地州市县根据自身条件组建了民族语文机构，成立了民族语文机构的地区配齐配强队伍，推动民族语文工作再上新台阶。

8. 加强少数民族语言文字的抢救和保护。2013年施行的《云南省少数民族语言文字工作条例》中明确提出要开展少数民族语言文字的保护和抢救，要加大对少数民族语言文字资源数据库的建设。

9. 扶持与少数民族语言文字有关的工作开展。对从事少数民族语言文字影视、广播、刊物、书籍、网站、演出节目、文学作品、翻译等方面的工作者给予一定经费，鼓励并帮助他们传承保护少数民族语言文字。

（三）云南省语文政策的影响

云南省的语文政策出台后，对云南省的方方面面产生一定影响，主要包括：

1. 为云南省少数民族语言文字工作提供法律依据。云南省制定的语文政策尤其是《云南省少数民族语言文字工作条例》，以法律形式保障云南省少数民族语言文字工作顺利开展和进行。

2. 尊重了云南少数民族的语言文字习惯。云南有25个少数民族使用26种语言和22种文字，每个民族的语言文字习惯都不一样：有的民族已转用汉语，如回族、水族、满族；有的民族有多种语言，如景颇族有景颇语和载瓦语；有的民族使用多种文字，如苗族有川黔滇次方言苗文、滇东北规范苗文和滇东北老苗文。云南语文政策按国家语文政策要求给予各民族公民自愿选择使用的语言和文字的权利，各民族既可以继续使用本民族语言文字，也可以转用其他民族的语言文字。

3. 对保护云南省少数民族濒危的语言和文字、维护云南语言文字的多样性创造了条件、提供了保障。云南省虽然语言文字资源丰富，但也有很多语言文字面临濒危的危险，针对此情况，云南省各级民族事务主管部门制定方案和规划，调查研究少数民族语言文字，利用现代化手段抢救和保护濒危语言文字。

4. 对维护云南的民族团结和边疆稳定起了重要的作用。

四 云南推行语言文字政策的经验与问题

总体上来看，我国制定的一系列的语文政策符合我国国情，遵循我国语言文字实际情况，也为我国民族平等、民族团结和各民族共同繁荣起到重要作用。从前文的描述中我们也可以看到我国语文政策取得了一些成绩，提供了一些经验，但我国语言文字情况复杂，语文政策还有些问题并未涉及或涉及未深，下面将从经验和问题两方面对我国语文政策进行阐述。

（一）经验

语文政策具有很强的政治导向性，语文政策的好坏关系到一个国家的发展和社会的稳定。一个好的语文政策应该考虑到以下几个因素：

1. 语文政策要因地制宜，区别对待。语言文字的社会应用情况复杂，从我国通用语言文字政策和少数民族语言文字政策可以看出，语言政策要充分考虑到各地区不同的语言文字情况，区别对待，不能一刀切。一刀切的语文政策不仅不利于语言文字的发展，甚至会伤害到各民族之间的情感，影响社会稳定与和睦。

2. 语文政策要从实际出发，符合国情。一个好的语文政策应该从实际出发，符合这一国家或地区的实际情况。我国是一个多民族、多语言和多文字的国家，实行语文一体化容易产生民族矛盾、不利于民族团结，实行语文多元化不利于各民族交流，存在分离风险，而实行"主体—多样性"语文政策既可以保证各民族之间的交流、维护社会稳定，又可以保证各民族语言发展、促进民族团结。此外，各省份语言文字情况千差万别，在具体落实国家语文政策时，要结合本省的实际情况制定政策，将其量化到具体语言文字工作中。

3. 语文政策必须与时俱进，不能因循守旧。语文政策的变动既要遵循语言发展变化的规律，也要切合不同地区、不同方面的社会生活的实际情况，求同存异，灵活处理。语文政策的调试方向应是求同存异，因地制宜[①]。

（二）问题

随着国内外环境的变化发展，我国的语言文字也受到一定影响，如我国提出的"一带一路"倡议，加深了与东南亚等其他国家的关系发展，很多小语种越来越被需要。与此同时，我国的语文政策也要跟随时代的步伐进行调整改变。在新时代，我国语文政策面临一系列新问题，主要是存在以下几点问题：

1. 少数民族语言文字在传承过程中受到冲击。随着现代社会快速发展，尤其是信息技术和互联网的普及，国家通用语言文字和少数民族语言文字之间的差距越来越大，少数民族语言文字在传承过程中遭到了冲击，有的语言甚至面临濒危的危机。这既不利于我国民族文化的发展，也不利于少数民族语言文字政策的落实和推广。

2. 中国语言文字规范化标准化信息化建设相对薄弱。一方面，我国汉语文规范化标准化信息化建设在逐步提高，但随着网络信息的快速发展，出现越来越多的网络词汇等，这些网络用语有的不规范，不利于我国语言文字的规范化标准化信息化建设，如何规范网络用语让其更好地为我们所用是亟待解决的问题。另一方面，我国少数民族语言文字颁布的标准不够明确和细致，与国际标准的衔接程度不够，影响了少数民族语言文字信息化建设。此外，少数民族语言文字信息处理人才匮乏等原因，拉大了

---

① 李如龙：《华人地区语言生活和语文政策研究》，《厦门大学学报》2004年第3期。

汉语文和少数民族语文在信息化处理技术水平的差距，不利于少数民族语言文字的使用、传承和记录。

3. 少数民族语言文字政策不够完善。在少数民族语言文字教育工作中，对少数民族语言文字创造和推广过程中还存在人员缺乏、资金不足、管理有待加强等问题，这些直接影响到了我国语文政策的推广和工作的开展。

4. 和世界发达国家相比，我国通用语言的普及程度还存在较大差距。世界发达国家和地区通用语言文字的推广和普及工作基本完成，而我国虽然一直在大力推广和普及普通话和规范字，但是受到地形、文化、交通等各方面因素的影响，汉语方言地区和少数民族地区的国家通用语言文字普及程度还远远不及发达国家水平，因此推广普通话和规范汉字还是一项长期而艰巨的任务。

5. 鼓励非英语语种发展的语文政策相对缺乏。为推动促进国际区域经济文化一体化发展，我国和周边多个国家建立了友好的外交关系，但是其中有很多母语是非英语国家，如"一带一路"倡议中所涉及的东南亚国家，这迫切需要小语种人才和小语种学习环境。但当前我国在这一方面略有不足，无法很好地满足现在的需求。需要国家制定区域性的多元化的语文政策，促进非英语语言的发展。

（周雅）

参考文献

陈海宏、谭丽亚：《云南少数民族语言使用研究回顾与展望》，《西南石油大学学报》2011年第6期。

戴庆厦、罗骥、余金枝等：《民族语文活态保护与双语和谐乡村建设研究——云南马关县都龙镇个案调查研究》，中国社会科学出版社2015年版。

戴庆厦、余金枝、闻静等：《云南玉龙县九河白族乡少数民族的语言生活》，商务印书馆2014年版。

戴庆厦、陈国庆、余金枝等：《勐腊县克木语及其使用现状》，商务印书馆2012年版。

戴庆厦、李泽然、邓凤民等：《云南绿春县哈尼族语言使用及其演变》，商务印书馆2012年版。

戴庆厦、刘劲荣、白碧波等：《澜沧拉祜族语言使用及其演变》，商务印书馆2011年版。

戴庆厦、蒋颖、余金枝等：《耿马县景颇族语言使用及其演变》，商务印书馆2010年版。

戴庆厦、余金枝、余成林等：《片马茶山人及其语言》，商务印书馆2010年版。

戴庆厦、蒋颖、崔霞等：《西摩洛语语言使用现状及其演变》，商务印书馆2009年版。

戴庆厦、时建、邱月等：《阿昌族语言使用及其演变》，商务印书馆2008年版。

戴庆厦、蒋颖、邱月等：《云南蒙古族嘎卓人语言使用现状及其演变》，商务印书馆2008年版。

戴庆厦：《试论新时期的民族语文工作》，《民族教育研究》2004年第4期。

道布：《中国的语言政策和语言规划》，《民族研究》1998年第6期。

和学仁、周耀文：《云南少数民族语文工作回顾》，《民族语文》1980年第3期。

黄行：《当前我国少数民族语言政策解读》，《中国社会语言学》2014年第31期。

李莉、张兰仙：《少民族自治州贯彻语言文字政策研究述评》，《时代农机》2016年第311期。

李如龙：《华人地区语言生活和语文政策研究》，《厦门大学学报》2004年第33期。

李宇明：《国家通用文字政策论》，《世界汉语教学》2013年第31期。

丽江地区地方志编纂委员会编纂：《丽江地区志》，云南民族出版社2000年版。

罗骥、余金枝主编：《中国少数民族语言保护调查研究》，中国科学出版社2016年版。

马学良主编：《汉藏语概况》，民族出版社2003年版。

祁文秀、曹新富：《云南少数民族语言多样性和政策选择——〈云南省少数民族语言文字工作条例〉解读》，《今日民族》2013年第35期。

沈海英：《中国语言政策研究综述》，《昆明理工大学学报》2014年第33期。

孙宏开、胡增益、黄行：《中国的语言》，商务印书馆2007年版。

王福美：《我国语言政策与语言规划研究概述》，《民族翻译》2014年第34期。

余江英：《试论"一带一路"背景下的云南关键语言选择》，《吉首大学学报》2016年第312期。

云南省地方志编委会：《云南省地方志·卷五十九·少数民族语言文字志》，云南人民出版社2003年版。

云南省方志编纂委员会：《云南省志》，云南人民出版社2003年版。

云南省语言文字工作委员会办公室：《云南省语言文字工作研究》，《玉溪师范学院学报》2006年第34期。

中国社会科学院语言所、中国社会科学院民族学与人类学研究所、香港城市大学语言资讯科学研究中心：《中国语言地图集·少数民族语言（第2版）》，商务印书馆2012年版。

中国社会科学院民族学与人类学研究所：《中国少数民族语言使用情况》，中国藏学出版社1994年版。

附　　录

照片

云南文山苗族蒙支系服饰

曼朗村的孩子在学傣文

滇越边境的箐脚村

瑞丽一寨两国

瑞丽一井两国

滇缅边境瑞丽市的傣族奘房

云南峨山彝族农历二月子日拜树（黄龙光拍摄）

后　　记

　　2007年至2010年读博期间，我有幸参加导师戴庆厦先生带领的"中央民族大学'985工程'"项目组，调查云南墨江县西摩洛语的使用现状、耿马县景颇族语言使用现状、片马茶山人的语言生活、四川盐源县各民族的语言和谐，及泰国万伟乡阿卡族及其语言使用状况、泰国清莱拉祜族的语言状况。2010年博士毕业后来到云南工作，除了自己调查云南马关苗族和泰国难府波县苗族的语言生活之外，还参加戴先生课题组调查云南玉龙县九河白族乡少数民族的语言生活、云南马关县都龙镇的语言和谐、云南勐腊县和老挝琅南塔省克木人的语言生活、泰国优勉族及其语言。语言国情调查研究成为我研究苗语之外的副业。2015年，承蒙戴庆厦先生邀请，我加盟北京语言大学"中国周边语言文化协同创新中心"郭风岚教授主持的"中国边疆边境地区语言文化资源建设"项目，负责子课题"云南边境地区语言文化资源建设"（课题编号：15WT05-Z03）。2016年1月立项，本来应该是2018年12月结项，我央求郭风岚教授宽限2个月，让我用寒假来完成任务。大年三十，我的家人在看春节联欢晚会，我在赶稿，一直熬到2019年3月初，才交稿。2022年初，交付出版时，听取了丛书总主编郭风岚教授和朱艳华教授的建议，将书名定为《云南语言状况调查研究》。

　　既然项目的着眼点是边疆边境地区语言状况，其子课题也应该遵循这个立意。云南边境线长4060公里，边境县（市）25个。其中滇缅边界1997公里，有17个边境县（市）；滇越边界1353公里，7个边境县（市）；老边界710公里，2个边境县。基于云南的边疆边境特点，我们从宏观视角和微观视角来审视云南语言状况。宏观视角反映云南语言状况的全貌，体现云南语言资源的丰富性和差异性。微观视角深入调查研究云南边境地区的语言状况，揭示其特点。基于这一构思，我们构建了下表的框架，第一、二、三、八章写云南语言生活的全貌，第四、五、六、七章写边境地区语言状况，提出了"文献梳理→田野调查→书稿撰写"的研究思路，并将任务承包到人（详见编撰任务表）。

《云南语言状况调查研究》撰写任务表

编撰章节		编纂人员
第一章　社会人文状况		龚露　余金枝
第二章　云南语言使用状况	第一节　汉语使用状况	李玉静　余金枝
	第二节　少数民族语言的使用状况	余金枝　梁佳
	第三节　云南少数民族文字使用状况	和智利
第三章　云南少数民族使用语言的状况		余金枝　梁佳
第四章　边境地区语言使用状况	第一节　云南边境地区的地理人文状况	余金枝　杨露
	第二节　云南边境地区语言使用状况	余金枝　杨露
	第三节　边境地区语言使用特点	余金枝
第五章　滇缅边境地区语言使用状况	第一节　滇缅边境北段语言使用状	余金枝
	第二节　滇缅边境中段语言使用状况	余金枝　杨露　侬常生
	第三节　滇缅边境南段语言使用状况	侬常生　余金枝　韩蔚
第六章　滇越边境地区语言使用状况	第一节　文山州三个边境县语言使用状况	许林　余金枝
	第二节　红河哈尼族彝族自治州边境县语言使用状况	余金枝　许林　韩蔚
	第三节　普洱市江城哈尼族彝族自治县语言使用状况	许林　余金枝
第七章　中老边境地区语言使用状况	第一节　西双版纳傣族自治州勐腊县语言使用状况	杨文静　余金枝
	第二节　普洱市江城哈尼族彝族自治县语言使用状况	杨文静　余金枝
	第三节　中老边境语言使用的两个个案	周雅　杨文静　余金枝
第八章　云南少数民族双语教育及语文政策	第一节　云南少数民族双语教育	谢红梅
	第二节　国家语文政策在云南的贯彻情况	周雅

上表中的成员来自云南师范大学汉藏语研究院的4名教师、5名研究生和云南民族大学民族文化学院的3名研究生，是他们的心血凝聚成了这部著作。我负责全书的布局谋篇、调查设计、文稿审改、查漏补缺、田野调查。侬常生博士刚从北大引进就跟随我去芒市、瑞丽、寻甸调查，做了大量的访谈实录，并主写"滇缅边境南段语言使用状况"，辅写"滇缅边境中段语言使用状况"的部分内容。和智利博士刚入职就积极承担了

"云南少数民族文字使用状况"的写作。杨露博士一进汉藏语研究院就负责了全书的地图绘制及地图出版审批,并协助我补写部分章节。

谢红梅是汉藏语研究院戴庆厦院长在云南师范大学地理学部带的博士生,是云南省少数民族语文指导工作委员会的研究员,由她来写"云南少数民族双语教育"再合适不过,这是她多年从事民语工作的经验总结。

杨文静是汉藏语研究院的硕士生。"中老边境地区语言使用状况"是她几赴中老边境村寨调查得来的第一手数据。许林是汉藏语研究院的硕士生,"滇越边境地区语言使用状况"是她多次去中越边境村寨调查并和我反复讨论修改写成的。周雅是我在云南民族大学带的硕士生,她除了撰写"云南少数民族双语教育及语文政策"以外,还跑到中老边境做了一个个案。龚露是汉藏语研究院的硕士生,为了写"社会人文状况",她跑遍了昆明的图书馆。韩蔚是我在云南民族大学带的硕士,她提供的文稿来自于她做布朗语博士论文调查所收集到的第一手材料。李玉静是我在云南民族大学带的硕士生,"汉语使用状况"是她查阅无数资料并几易其稿磨成的。梁佳是泰国东方大学的博士生,帮助我收集资料。

完成这本书是很不容易的,这当中既有全体作者的共同努力,又有各方面的帮助和支持。当时还在汉藏语研究院工作的彭茹博士邀云南财经大学满欣老师,亲赴中缅边境沧源县调查,收集大量的第一手材料。全书完稿后,李浩帮助校对全书。在德宏州调查时,得到了芒市教育局教科中心、德宏民族出版社、德宏电视台的大力支持。在瑞丽调查时,得到云南民族大学民族文化学院罗海麟书记的帮助。

这本书的出版,还要感谢中国社会科学出版社宫京蕾编辑。她把书稿当成自己的作品,认真较对,精心设计,考虑到美观,建议将作者群及分工放在后记,为本书的出版付出了不少心血。

对以上的帮助,在此表示诚挚的谢意。

余金枝

2023 年 3 月 9 日